21世纪高等院校旅游管理类创新型应用人才培养规划教材

旅游文化创意与策划

徐兆寿 主编

王 力 冯玉新 副主编

内容简介

本书首先对国内外涉及旅游文化创意与策划的理论进行梳理，再结合旅游目的地规划实例进行分析，使读者能够理论与实务相结合地了解典型性景区的创意策划是如何形成的，它的概念是如何产生的，它的文化背景又是如何挖掘和重塑的；通过客观分析和理性探讨相结合的方式，对旅游资源规划开发中文化创意与策划的切入点及应遵循的原则、要素、程序等做了进一步规律性的总结探讨。

本书可作为本科、大中专院校旅游管理、文化产业、市场营销、资源环境与城乡规划等专业的教材，也可供景区管理者、旅游从业者等相关人员参考使用。

图书在版编目(CIP)数据

旅游文化创意与策划/徐兆寿主编. —北京：北京大学出版社，2015.1
(21世纪高等院校旅游管理类创新型应用人才培养规划教材)
ISBN 978-7-301-25166-9

Ⅰ.①旅… Ⅱ.①徐… Ⅲ.①旅游文化—高等学校—教材 Ⅳ.①F590

中国版本图书馆 CIP 数据核字(2014)第 282008 号

书　　　　名：	旅游文化创意与策划
著作责任者：	徐兆寿　主编
策 划 编 辑：	刘　蜀
责 任 编 辑：	刘　蜀
标 准 书 号：	ISBN 978-7-301-25166-9/C·1070
出 版 发 行：	北京大学出版社
地　　　　址：	北京市海淀区成府路205号　100871
网　　　　址：	http://www.pup.cn　新浪官方微博：@北京大学出版社
电 子 邮 箱：	编辑部 pup6@pup.cn　总编室 zpup@pup.cn
电　　　　话：	邮购部 010-62752015　发行部 010-62750672　编辑部 010-62750667
印　 刷　 者：	北京虎彩文化传播有限公司
经　 销　 者：	新华书店
	787毫米×1092毫米　16开本　21.75印张　516千字
	2015年1月第1版　2024年7月第9次印刷
定　　　　价：	43.00元

未经许可，不得以任何方式复制或抄袭本书之部分或全部内容。

版权所有，侵权必究
举报电话：010-62752024　电子邮箱：fd@pup.cn

前　言

旅游文化创意与策划有别于一般的旅游文化，也有别于一般文学创意的基本概念，它是作用于和主导于整个旅游开发过程中的一种特殊文化形态。党的二十大报告指出，要"坚持以文塑旅、以旅彰文，推进文化和旅游深度融合发展"。文化是旅游业的灵魂，缺乏灵魂，旅游业便无生命力可言；而文化又是一种潜在的旅游产品，要发挥文化在旅游业中的灵魂作用，必须经历一个转化过程。因而，如何挖掘文化精髓，以经营旅游业的手段来经营文化，并全方位地展示和弘扬文化精品，将文化潜在价值转化为现实的旅游产品，赋予旅游产品丰富的文化内涵，使旅游目的地形质和谐，洋溢饱满的人文精神和浓郁的文化氛围，就成为旅游文化创意与策划的题中之义。

旅游文化创意与策划是对旅游目的地的历史、文化、民俗、地貌、物产、交通、餐饮、宗教、工商、气候等方面进行全方位的考察，从人类传承文化的角度出发，以当地河山特色及物产为基点，找出最适合本地区开发旅游业的区位，从而促进当地经济发展的一门学问。分析上述特殊文化形态的结果，就形成了"旅游文化创意与策划"这一学科。

本书定位于培养应用型本科人才，立足于提高学生的整体素质与创意策划能力，坚持理论与实务相结合，以培养创新意识为灵魂，培养应用能力为根本。

全书共分为12章。第1章主要对文化、创意、策划的基本概念进行了界定，提出了旅游文化创意与策划中应该注意的基本问题，以及如何对不同类型的旅游文化进行有针对性的策划，以使其文化效应得到最大程度的发挥。第2章主要阐释了国内外相关学者对策划程序阶段的认识，论述了旅游文化创意与策划的原则、基点、要素、路径及步骤。第3章主要论述了文化产业与创意产业的概念、构成，中国和其他国家文化创意与文化策划产业的发展现状、趋势及应注意的问题，以及文化创意产业对旅游业发展的积极作用。第4章主要论述自然旅游资源的概念、特征、主要类型和旅游价值等问题。第5章主要论述人文旅游资源的概念、特征、主要类型和旅游价值等问题。第6～12章主要论述区域文化的概念、特征及区域文化的自然、人文特征和内涵，并通过案例分析、知识扩展、阅读材料等辅助内容，培养学生对旅游大区、旅游省的区域分析比较能力，进而为做出有针对性的文化创意与策划奠定良好的基础。

根据培养应用型本科人才的需要，本书在体系和结构上进行了一定创新，把基本理论与发展前沿、理论知识与实践能力、课堂导学与课外自学融为一体，使其实用性有了很大提升，本书主要特点如下。

(1) 系统性。系统、科学、全面地反映了旅游文化创意与策划理论的科学体系及其最新发展。

(2) 应用性。每章都配有与本章内容紧密相关的国内外案例，供读者综合运用旅游管理学知识分析其中的成败得失，便于读者从中探求旅游文化开发的真谛。

(3) 前瞻性。注意吸收近年来国内外旅游文化创意与策划学研究方面的最新成果。

(4) 趣味性。穿插了导入案例、经典案例、看图学策划、经典人物、课后阅读和小思考等模块，使文章内容生动活泼，可读性强。还设计了即问即答和复习思考题模块，便于读者自我检查学习效果，及时查漏补缺，拓宽思维，从而提高分析和解决实际问题的能力。

全书由徐兆寿提出写作思路和框架结构，并负责修改、总纂定稿，以及编写绪论、第1~3章、第12章，冯玉新负责编写第4章、第6章、第8章、第10章，王力负责编写第5章、第7章、第9章、第11章，杨文婵、王耀斌、夏冰、张志宏参与了资料收集和校对工作。

编者在编写本书的过程中参阅了大量的专著和论文，在书后的参考文献中无法一一列出，在此谨向这些作者致以衷心的感谢！

由于编者水平有限，疏漏之处在所难免，敬请广大读者批评指正，编写组全体成员在此表示万分感谢！

编　者
2024 年 6 月

目 录

绪论 1
 0.1 创意策划——旅游开发的灵魂 1
 0.2 创意策划——发展经济的引擎 2
 0.3 创意策划与旅游资源的匹配 3
 0.4 创意策划资源是旅游资源的升华 5

第1章 旅游文化创意与策划的基础 8
 1.1 旅游文化 10
  1.1.1 文化的概念 10
  1.1.2 文化的特点 11
  1.1.3 旅游文化 12
 1.2 创意与策划 16
  1.2.1 创意的概念 16
  1.2.2 策划的概念 17
 1.3 旅游策划 19
  1.3.1 旅游策划的概念 19
  1.3.2 旅游策划的基本要求 19
  1.3.3 旅游策划与旅游规划的关系 .. 20
  1.3.4 旅游策划创意的特色 21
  1.3.5 旅游策划的现实意义 22
 1.4 旅游文化创意与策划 24
  1.4.1 文化——旅游策划的生命之源 25
  1.4.2 旅游策划中的文化创意与策划 26

第2章 旅游文化创意与策划的要素 35
 2.1 旅游文化创意与策划原则 37
 2.2 旅游文化创意与策划程序 40
  2.2.1 国内外学者对策划程序阶段的划分 40
  2.2.2 旅游文化创意与策划程序的基本模式 41
  2.2.3 旅游文化创意与策划的程序 .. 42

 2.3 旅游文化创意与策划的基点与要素 51
  2.3.1 旅游文化创意与策划的基点 51
  2.3.2 旅游文化创意与策划的要素 52
 2.4 旅游文化创意与策划的路径及步骤 53

第3章 旅游文化创意与策划产业 60
 3.1 文化产业与创意产业 62
  3.1.1 文化产业 62
  3.1.2 创意产业 63
  3.1.3 文化产业与文化创意产业的区别 65
 3.2 中国文化创意产业的发展形态 66
 3.3 文化创意旅游产业对发展旅游业的作用 69

第4章 自然旅游资源的文化创意与策划 74
 4.1 自然旅游资源 76
 4.2 自然旅游资源的类型 78
 4.3 自然旅游资源的特征 78
 4.4 自然旅游资源的文化创意与策划 79
  4.4.1 自然旅游资源文化创意与策划的核心要素 81
  4.4.2 自然旅游资源的文化创意与策划的主要原则 81
  4.4.3 自然旅游资源文化创意与策划的要点 83
 4.5 自然生态类旅游产品文化创意与策划应用实例 83

4.5.1 自然生态类旅游产品 83
4.5.2 自然生态类旅游产品特征 83
4.5.3 自然生态类旅游产品的创意与策划要点 84

第 5 章 人文旅游资源的文化创意与策划 93

5.1 人文旅游资源 95
5.2 人文旅游资源的类型 95
5.3 人文旅游资源的特征 96
5.4 人文旅游资源的文化创意与策划 100
    5.4.1 人文旅游资源文化创意与策划的核心要素 100
    5.4.2 人文旅游资源文化创意与策划的基本原则 101
5.5 人文旅游资源文化创意与策划应用实例 101
    5.5.1 遗址遗迹类 101
    5.5.2 建筑与居落类 106
    5.5.3 陵墓类 110
    5.5.4 园林类 115
    5.5.5 社会风情类 119

第 6 章 旅游文化创意与策划的地域特征(西北地区) 126

6.1 区域文化的内涵及特征 128
6.2 西北区域文化 128
    6.2.1 西北区域文化概述 128
    6.2.2 西北区域旅游资源特色 130
6.3 西北旅游亚区旅游资源概述 131
    6.3.1 宁夏 131
    6.3.2 新疆 136
    6.3.3 甘肃 140
    6.3.4 内蒙古 144
    6.3.5 陕西 148
    6.3.6 青海 154

第 7 章 旅游文化创意与策划的地域特征(西南地区) 164

7.1 西南区域与区域文化 166
7.2 西南旅游亚区旅游资源概述 168
    7.2.1 重庆 168
    7.2.2 四川 170
    7.2.3 云南 175
    7.2.4 贵州 178
    7.2.5 西藏 182

第 8 章 旅游文化创意与策划的地域特征(华北地区) 197

8.1 华北区域与区域文化 199
8.2 华北旅游亚区旅游资源概述 203
    8.2.1 北京 203
    8.2.2 天津 204
    8.2.3 山西 205
    8.2.4 河北 208
    8.2.5 河南 211
    8.2.6 山东 216

第 9 章 旅游文化创意与策划的地域特征(长江中下游地区) 232

9.1 长江中下游区域与区域文化 234
9.2 长江中下游旅游亚区旅游资源概述 235
    9.2.1 江苏 235
    9.2.2 安徽 238
    9.2.3 湖北 241
    9.2.4 湖南 245
    9.2.5 江西 249

第 10 章 旅游文化创意与策划的地域特征(东南沿海地区) 262

10.1 东南沿海区域与区域文化 264
10.2 东南沿海旅游亚区旅游资源概述 266
    10.2.1 上海 266

10.2.2　福建 268
　　10.2.3　浙江 271
　　10.2.4　香港、澳门 277
　　10.2.5　台湾 280

第 11 章　旅游文化创意与策划的地域特征
　　　　　(岭南地区) 290
　　11.1　岭南区域与区域文化 292
　　11.2　岭南旅游亚区旅游资源概述 294
　　　　11.2.1　广东 294
　　　　11.2.2　广西 299

　　11.2.3　海南 302

第 12 章　旅游文化创意与策划的地域特征
　　　　　(东北地区) 316
　　12.1　东北区域与区域文化 318
　　12.2　东北旅游亚区旅游资源概述 321
　　　　12.2.1　黑龙江 321
　　　　12.2.2　吉林 324
　　　　12.2.3　辽宁 326

参考文献 333

绪　　论

0.1　创意策划——旅游开发的灵魂

旅游业作为新兴的朝阳产业，日益成为很多地方发展经济的支柱产业之一。

伴随着旅游活动的深入人心与旅游产业的快速发展，原有的旅游体制、旅游形态已逐渐不能适应当代社会的旅游观念和旅游趋势。因此，传统旅游体制的改革，传统旅游方式的进化，特别是传统旅游观念的转变，已经成为当代中国旅游产业不可阻挡的历史潮流。

发掘和开发旅游资源，让这些旅游资源更好地成为当地经济起飞的动力，这就是旅游文化创意与策划的核心内容。

具体地说，旅游文化创意与策划就是对旅游地的经济、文化、地域开发提出一个总体规划概念，为当地的规模经济开拓提供一个架构性的蓝图，为决策机关、当地百姓、投资商及相关人士提供一个切实可行的实施或咨询方案。诚如孙中山先生所说："科学时代应知而后行，方可免于错误与费时，而收事半功倍之效。所以我们必须因行而知，因知而后行，如此递进不已，事业方能成功。"

1. 旅游文化创意与策划研究对象和目的

旅游文化创意与策划研究的对象，涵盖了旅游主体和旅游客体在发生关系过程中所创造的文化。它包括：

(1) 旅游目的地人民的传统文化。

(2) 旅游目的地人民的传承习俗。

(3) 旅游主体在和客体发生关系时，因交流而感受到的文化差异，揭示了当地人物、山河、地域、物产与文化之间的内在联系。

(4) 景区文化在旅游开发过程中所起的作用。

作为一门学问，旅游文化创意与策划从广义角度来说，是研究在商品经济运作环境下，人们如何合理地改造自然、开发自然；如何最有效地利用当地的山川河流；如何依据前人所创造的文化遗产；如何立足本国、本土、本乡，同时又放眼世界，创造出具有时代精神、地域特色、传承精神和现实经济发展的旅游业开发新构思。

因此，旅游文化创意与策划内涵不仅包括了研究普遍意义的人类、文化、旅游和规划，更重要的是，要系统地研究旅游与人类历史进程中的文化是如何完美、和谐地与经济融合起来的，并以地方文化为核心，去构建景区山河的旅游开发蓝图，以文化及人类生存环境为动力，推动旅游业向更宽广、更纵深、更有利于当地居民利益的领域发展。本书的核心，是解决如何更有利于现实经济发展、如何造福于当地民众等类似的问题。同样，也回答了"开发什么样的景点才能赢得游客最大程度的认同，并且获得最高效益回报"等人们所关注的问题。

2. 创意策划是景区建设的灵魂

旅游文化创意与策划的综合性很强，它与传统的历史学、地理学、城市规划学等学科有所区别，与旅游规划学、园林规划学、产业规划学、旅游经济学、旅游文学、旅游资源学、旅游管理学、旅游社会学、旅游营销学、旅游心理学、旅游美学等现代学科有着千丝万缕的联系。不过，旅游文化创意与策划作为一门功课，与对某些社会现象进行单方面研究的学科不同，它主要针对城镇及旅游景点的开发及旅游活动中的社会文化现象进行综合的考察和研究，并提出一个现实的开发方案，从总体上揭示人类文化在旅游开发活动中的本质现象，以及现在及将来的发展、变化规律。

0.2 创意策划——发展经济的引擎

当然，一个成功的旅游目的地策划，并非是一件轻而易举的事，它是一项细致复杂的系统工程，不仅凝聚了无数人昼夜不息的心血结晶，也代表着众多人挥汗劳作的艰辛成果。同时，它还涉及地理、历史、经济、文化、建筑、土木、园林、美学、动植物、工商、水电、交通、饮食、环保、卫生诸方面的知识，可以说，囊括了各行各业综合知识的运用。

一项优秀的景点策划和一条桃杏争艳旅游线路的成功设计，能够推动一个地区的经济发展，这是毋庸置疑的。今天，很多地方政府已经把发展旅游经济列为当地发展经济的支柱产业之一，表现了领导者的远见卓识。

中国宽阔的纵腹地区拥有丰富的旅游资源，许多地区至今没有得到有效的开发利用。当前，中西部地区的大量民工涌向发达地区打工，人才不断流向沿海城镇。但是，人们也许并没有意识到，他们是"坐在金山上，捧着金饭碗"，却没有有效地利用家乡现有的山川河流、人文历史等资源，为地方创造出更多的财富，令人颇为痛心。当然，这也为旅游创意策划者施展才华提供了宽阔的天地。旅游业对地方经济的发展举足轻重，直接效益表现为：

(1) 能够明显增加当地人民的经济收入和创汇能力。

(2) 能够提供大量的就业机会。

(3) 能够间接带动其他行业的发展，如航空、海运、铁路、公路、出租汽车、旅馆业、旅游销售商、餐饮、百货零售业、通信、加油站等。

(4) 能够连锁启动相关产业，如建筑业、养殖业、农副业、轻工业、房地产业、银行业、邮电通信等，对整个区域的国民经济发展起着推动作用。

(5) 由于旅游业的某些部门对于从业人员的技术素质要求相对较低，因而，对于解决下岗职工和大批农村剩余劳动力无疑是一条有效的出路。

有研究表明，如果旅游企业直接收入1美元，相关行业的收入就能增加4.5美元。旅游部门每增加1个就业人员，就能为社会增加5个就业岗位。因此，从某种意义上来说，一个地区只要拥有足够的旅游资源，也许就意味着该地区拥有了发展经济的优势条件。

那么，如何寻找旅游资源，如何开发旅游资源，如何让这些旅游资源成为当地经济起飞的动力，就是本书所要研究的中心内容。

0.3 创意策划与旅游资源的匹配

对于旅游目的地创意策划者来说，首先就是要发现旅游资源。

1. 发现旅游资源

可以这样说，旅游目的地文化创意策划是整个旅游规划的灵魂和统帅，谋划成功，意味着该地区未来开发的成功已经有了可靠依据，旅游目的地开发的成功已经得到了基本保障，人们已经握有了区域经济开发与起飞的主动权。

一般而论，旅游资源的拥有存在着先天和后天两种因素，既有大自然的赋予和祖先的馈赠，也有来自现代人的智慧和创造。特别是对于那些经济、商贸、工农业生产处于相对劣势的地区而言，旅游资源的开发和利用尤显重要。同时，旅游行业又是一个资源消耗小、关联带动性极强的行业，能够有效地启动当地各行各业的经济建设。

环顾当今世界，各国当局无不对本国的旅游观光业采取干预和鼓励措施，以期推动各行各业的发展，从而带动整个区域经济的起飞。例如，新加坡人口有限，国土窄小，几乎没有什么自然资源。但是，其年接待游客高达数百万人次，达到本国人口的数倍之多，旅游收入占国内生产总值的比例极高。新加坡发展旅游业的成就，不能不说是一个奇迹，不能不归功于大众的智慧和政府规划的成功。

同时，它也说明了另一个问题：一个地区旅游资源的多寡，并不决定该地区旅游业的兴衰成败。显而易见，旅游业的发展比其他产业更容易取得成效。因此，众多有远见的领导者同时也是最热心推动本国、本地区观光业发展的领导人。

2. 卓有成效的策划

我国是一个千年文明古国，绝大部分地区都拥有优越的自然资源，并且有着深厚的文化沉淀。但是，不少地区由于经济发展水平较低，受到基础设施不够完善、资金力量薄弱、人才缺乏、交通不便、思维观念相对狭隘等因素的制约，单靠自身力量很难发挥旅游产业的规模效应。因此，政府宏观层面的规划和扶持就显得特别重要，对旅游地进行广义的规划和微观的创意策划也就显得特别必要了。

从另一个角度来看，如果没有对旅游资源采取有效的保护措施和进行有效的管理，也会引起资源的人为破坏、流失或者退化，从而造成不可弥补的损失。但是，如果允许旅游业盲目发展，也有可能引起生态环境的污染及景观的破坏，为地方造成不可弥补的损害。所以，卓有成效的景区规划已经成为旅游业可持续发展不可或缺的一环。有人把拓展旅游业说成是"开启地方经济起飞的金钥匙"，此话虽然有点夸张，但是不无道理。

我国大部分贫困地区处于山区、半山区或者荒漠地区，因受资金匮乏、居民受教育程度相对较低、基础产业薄弱、经济结构单一、交通闭塞等因素的制约，经济相对滞后，给开发旅游业带来了一定的障碍。

不过，我们也应当看到，正是由于上述原因，也使得这些地区的自然景观、文化传统、民风民俗、老宅古桥巨树等未被现代化进程的浪潮所破坏。特别是某些边远山区、丘陵地带，多年来人们也许没有意识到，这些触目皆是的自然风貌、人文景观、文化背景等，能够为当地创造出巨大的财富，兴办旅游业是该地区居民致富的一条最有效的途径。

换言之，那里的旅游资源还没有被挖掘出来，或者说，正在等待着人们去开发。

例如，浙江西南地区和安徽、江西等地的山山水水、古村落建筑群、风貌特异的民俗民风等，由于地处偏远而获得了保存，到目前为止，也并没有获得实质开发。今天，环浙高速公路的开通，各种铁路及地方公路的运行，浙徽、浙赣、浙闽高速公路的竣工，以及周边地区经济发展的蒸蒸日上，为那里的旅游业开拓创造了前所未有的良机，需要的只是策划者的决心、智谋和独到的眼光。

建德的梅城镇是一个千年古城，曾经是浙西的政治、经济、文化中心，一度曾是我国南北水运枢纽。翻开史书，再读读唐宋诗词、明清小说，不难发现，对于睦州府、严州府这两个地名，人们几乎可以说是耳熟能详了，这就是指的现在的梅城镇。浙西地区处于我国最富裕地方之一的"长三角"边缘，优越的区位、雄伟壮丽的山河，加上深厚的文化，会对国内外游客产生巨大的吸引力。

我国沿海地区及"长三角"、"珠三角"地区经济繁荣，人们生活水平蒸蒸日上，它们成功的模式正在迅速地向中西部纵深腹地扩展。相信不久的将来，地域宽广的中西部地区也会后来居上，成为经济开发的成功典范。而旅游业的开发，则可能成为其他经济领域拓展的领头雁。此一目标正是本书要达到的预期效果。

3. 想出开发旅游资源的高招

发展旅游业首先需要的是旅游资源和旅游吸引物。

大西北有大片荒漠，乱石遍野，植被稀少，人迹罕至，可竟然有人把这里开发成了旅游景点。荒漠的粗犷、苍凉、古朴与江南水乡、闹市繁华的观赏形成了鲜明的反差和时代的距离，这就是它的旅游亮点吗。

将"一文不值"的"荒凉"变成致富的财源，这就是旅游创意策划者的高明之处。

一个绝妙的规划创意，正是旅游创意策划者心血的结晶。它来源于广博的知识积累，来源于千辛万苦的调查研究，来源于对当地自然环境的深刻认识，来源于对祖国河山的热爱，来源于对当地人民的深情厚谊，也来源于长期积累的"慧眼独具"的才智。只有经过艰苦努力，才能"指点江山"、"点石成金"，琢磨出开发旅游资源的新蓝图，造福于子孙后代。

旅游规划者的精明之处，在于找到当地与别处不一样的地方，找出旅游区的特色，也就是那里的山河地理、人文历史的风貌及它的独到之处，使人们来到这里处处称奇、游兴浓厚，继而流连忘返。因而，旅游创意策划者需要有独特的眼光和从全局出发的创意观念，并对开发地进行综合考察，才能得出精辟的见解。

0.4　创意策划资源是旅游资源的升华

旅游地规划的成功，离不开规划者对旅游资源开发的科学评价和对旅游地功能的正确定位。而某些景区初期开发失利，有相当部分原因是对于景区开发评价的失误。

1．平庸——创意的天敌

旅游资源本身是一个综合的系统，有自然的、历史的、现代的，也有无形的和有形的。旅游地的功能也是多种多样的，有的适合于观赏，有的适合于运动，有的适合于探险，有的适合于休闲，有的综合了以上各种功能，不能一概而论。

少数文化乐园的开发，由于前期投入大量资金、投资者急功近利、门票定位过高、宣传力度不足、景区亮点有限、周边景观不配套等因素，结果游客寥寥无几。某些城镇在规划建设时，缺少对旅游功能的考虑，在布局、城镇建筑的风格上毫无特色可言，整个地区呈大统一模式，原有带着浓厚地方特色的民族建筑不断减少，多数建筑物的地方风格、民族特色退化，房屋式样雷同，"兵营式"设计致使城镇整体缺少观赏价值，其旅游观赏功能也会随之减弱。因而，这些地方或城镇就很难"炒"起一方的旅游业。

成功的策划需要策划者有不一样的"点子"、出其不意的构想，能够为当地的规模经济开发做出贡献，能够想出使投资商的投入获得预期经济效益的高招，能够为景区经济发展贡献力量。因此，雷同、平庸、照搬、缺少亮点及毫无新意是旅游地规划构思的天敌。

2．找出当地的特色

只有找出当地与别处不一样的地方，并且加以整合、提炼，才能形成最有成效的规划构思。例如，在一些少数民族城镇，带有地方民族风格的建筑物成了少数几个点缀品，多数房屋式样近似，和别处差别不大，人们到那儿去旅游的兴趣就会大打折扣。因为求新、求异、求变、求乐是旅游者普遍的心理。

中国有着几千年的文明史和秀丽的山川河流，每一个地区都有其独特的地理风貌、人文历史和其他潜在的旅游资源。有些东西在当地看来很寻常，但是在别的地方的人看来，却是至珍瑰宝，只是需要规划者对当地的旅游资源和所处位置有一个清醒的分析和认识。因此，我们不能盲目悲观，也不能夜郎自大，要对旅游资源有一个客观的综合评价，并且，要用理性的方式对自然风景和人文特色进行调查和综合，在开发上做适当的引导，找出本地的特色来，这样创意策划就成功了一半。

3．宣传——不可或缺的一环

对于当地的旅游资源，媒体首先要广为宣传，使其在本地和周边人群中家喻户晓。杭州在景区宣传上就有过很多成功的经验，他们创造了一切可能的条件，利用本地的"平面、立面"媒体广为宣传，在车站的宣传墙上都可以看到"忆江南，最忆是杭州"的诗词。

因此，在旅游目的地开发中，我们要尽可能多地寻找特色，尽可能地挖掘本地的文化资源，做到让旅游地在当地及周边市、县人群中无人不晓、无人不知。可以采取对景区公园不收门票、对本地人发放优惠公园年卡、对老年人乘公交车减免票、公园茶室对离退休人员饮茶费用减半等措施，尽一切可能提升景区人气。

当地的新闻媒体对于本地的景区，一定要竭尽全力地推介。特别是一些新景点，切不可袖手旁观，无限期地等待开发商的赞助费用。因为对于本地景点的宣传，是这个地区经济开发的起点，是前奏曲，并非仅仅是开发商个人的事。旅游业发展好了，其他各行各业也会受其影响，报刊、电视、广播等媒体也会相应受益，它们自然责无旁贷。

4．旅游目的地开发机会多多

旅游目的地开发初始，应以吸引本地人游览为主，采取"滚雪球"的方式筹集资金，人气旺盛了，地价也就会跟着上涨，开发才能逐步延伸。一个景点只要在当地有影响力，资金可采取"招标引资"的办法筹措，利用政府的信用程度、管辖能力和财政实力作为号召，使其在旅游业的规划上发挥至关重要的主导作用。

当然，旅游地本身首先要适合本地人的口味和消费水平，才会得到人们喜爱和追捧。近年来，随着"双休日制"、"年休假"的确立，民众有了更多的休闲时间，只要采取有效的宣传手段，就一定会有客源。不能好高骛远、舍近求远、贪大嫌小，应当先着眼于本地和邻近县市的客源市场。

初始，可以先开展一些短线游、一日游、会展游，并慢慢扩展。只有这样，才能投资少、见效快，达到事半功倍的效果。例如，一些国家有意识地鼓励人们进行国内游、近郊游或会议游，以吸引本国和当地的游客为主，给予种种的优惠，以廉价、奇特、创新、休闲为号召，并且，对行业、团体的会议或展览给予特别的折扣。

当人们走在城市近郊的公路上，首先映入眼帘的是成群结队的背包族。正是这些背包族构成了当地旅游热点的一道亮丽风景线，这样的旅游地创意策划也就成功了一大半。等到有了一定的基础之后，再在远程客源和国际上广为宣传，进一步扩大影响，开拓新的客源市场。需要强调的是，一个旅游点策划的成功与否，首先在于能否获得本地游客的认同。

5．政府干预

只要一说到政府的干预，人们马上就会想到大手笔的投资和大规模项目的上马，其实，这只是一个方面，有意识地宣传导向也是关键的一步。例如，进行摄影大赛和征文比赛，并在媒体上有意识地广泛刊登报道。有些地区不失一切时机对旅游地进行宣传，例如，过节时，某些单位在某地进行"联欢"，由媒体进行跟踪报道，使得更多的人认知该旅游地。

有意识地鼓励媒体多刊载一些与旅游地相关的新闻，对于旅游地文化的宣传和旅游地历史的挖掘，都是不可缺少的环节。笔者在某地参加旅游发展论坛时，当地有关部门负责人邀请众多作家、新闻记者到访，参观本地新景区，并鼓励他们写出更多介绍本景区的文章或报道，政府网站也尽力搜寻各地报章对于本景区的报道，及时转载。从而扩大景区知名度，吸引人们对那里美景的注意和向往，这就是一个"投小本创大利"的有效途径。

有了游客和知名度，当地的经济自然会开始启动，如地价的上涨，资本的蜂拥而至，商店、旅馆、餐厅的开办，旅行社的进驻，银行网点的设立等。政府所要做的只是定出规则来，如如何保护利用旅游资源、如何开发新的旅游资源、如何优化道路水电、如何维护旅行者的权益、如何促使现有的旅游资源"永续利用"、如何吸引新的旅客群体的到来等。当然，必要的基础设施建设等前期工作的投入，需要规划者的勇气、决心、智慧和独到的眼光。

经典案例

卡塞尔的故事——异想天开的旅游策划

我们身边总有一些喜欢幻想的人，他们对任何事情都喜欢提出一些看上去不合逻辑的奇思妙想，他们的想法常常被当作笑料传播。不过，就在大家的笑声中，他们却获得了成功。

越南战争期间，美国好莱坞曾经举办过一场募捐晚会，由于当时的反战情绪比较强烈，募捐晚会以1美元的收获而收场。在这次晚会上，一个叫卡塞尔的小伙子一举成名，他是苏富比拍卖行的拍卖师，这唯一的1美元就是他募得的。在晚会现场，他让大家选出一位漂亮姑娘，然后由他来拍卖这位姑娘的吻，最后，他终于募集到了难得的1美元。当好莱坞把这1美元寄往越南前线的时候，美国的各家报纸都进行了报道。

这无疑是对战争的嘲讽，多数人也都把它当作一个笑料。然而德国的猎头公司却发现了这位天才，他们认为卡塞尔是棵摇钱树，谁能运用他的头脑，必将财源滚滚。于是建议日渐衰落的奥格斯堡啤酒厂重金聘请他为顾问。1972年，卡塞尔移民德国，受聘于奥格斯堡啤酒厂。在那里，他果然不断有奇思妙想，他甚至开发出美容啤酒和沐浴用啤酒，这使奥格斯堡啤酒厂一夜之间成了全球销量最大的啤酒厂。

而卡塞尔最引人注目的举动是在1990年，他以德国政府顾问的身份主持拆除柏林墙。这一次，他让柏林墙的每一块砖都变成了收藏品，进入了全世界200多万个家庭和公司，创造了城墙售价的世界纪录。

启示：

千万不要轻视和嘲笑你身边那些耽于幻想的人。除非你的广告源自一个大创意，否则它会如夜晚航行的船只般无人知晓。目前，旅游企业需要大创意震醒那些漠不关心的消费者——让他们注意你的广告，记住它，而且采取行动。

(资料来源：http://hi.baidu.com/jointmedia)

第1章 旅游文化创意与策划的基础

教学目标

知识要点	掌握程度	相关知识
旅游文化	掌握	文化的概念、旅游文化的概念、旅游文化的结构
创意与策划	了解	创意的概念、策划的概念
旅游策划	掌握	旅游策划的概念、基本要求,旅游策划与旅游规划的关系,旅游策划创意的特色、旅游策划的现实意义
旅游文化创意与策划	重点掌握	旅游文化创意与策划的定义、不同类型的旅游文化、旅游策划中的文化创意

技能要点

技能要点	掌握程度	应用方向
旅游文化提升策划	重点掌握	策划能力锻炼,能运用多种策略激发创意,能通过模仿创新法对旅游文化进行提升策划
理论分析技能	了解	结合旅游文化创意与策划的实际案例,对相关概念进行总结、提炼,形成个人见解

第1章 旅游文化创意与策划的基础

导入案例

为洛克菲勒找女婿

在美国的一个乡村,一位老农与儿子相依为命,老农一直想给儿子铺垫一个好的人生前程,于是他向一位商业策划高手求助。

一天,高手找到美国首富洛克菲勒(图 1.1)说:"我想给你的女儿找个对象。"洛克菲勒说:"快滚出去吧!"高手又说:"如果你未来的女婿是世界银行的副总裁,可以吗?"洛克菲勒想了想,就同意了。

图 1.1 洛克菲勒

然后高手找到了世界银行总裁说:"你应该马上任命一个副总裁!"总裁先生摇摇头说:"不可能,这里这么多副总裁,我为什么还要任命一个副总裁呢?"

高手说:"如果你任命的这个副总裁是洛克菲勒的女婿,可以吗?"总裁想了想,就同意了。

点评

老农的儿子、石油大王的女婿、世界银行的副总裁,三种"资源"本是风马牛不相及的,但经过策划高手的一番整合,资源的商业价值就凸显了出来。这当然是一个虚构的小故事,说明在现代商战中没有"不可能完成的任务"。在旅游业战略层面,资源整合是系统论的思维方式。就是要通过组织和协调,把企业内部彼此分离的职能、企业外部的合作伙伴整合成一个整体服务系统,取得"1+1>2"的效果。在旅游业的战术层面,资源整合是优化配置的决策。就是根据企业的发展战略和市场需求对有关的资源进行重新配置,以凸显企业的核心竞争力,并寻求资源配置与客户需求的最佳结合点。以上目标的实现,均离不开有创意的旅游策划。

(资料来源:http://management.yidaba.com/glgs/200348.shtml)

创意策划是一门科学,更是一门艺术。创意策划是人类活动的必然现象,大到总统竞选,小到穿衣戴帽,无处不见创意策划的身影。当你走出家门希望在异地生活中寻找旅游的乐趣时，良好的创意策划便是满足你这一需求的必备条件。旅游创意策划是一项怀着希望去打造的系统的"完美工程"，煽情是它的发动机，互动和参与是它的希望，独特是它的标签，效益和利润是它的目的。

1.1　旅游文化

旅游者外出旅游，其根本目的是追求文化精神需求的满足。为使旅游业更好地满足旅游者文化精神的需求，研究什么是文化，什么是旅游文化，具有重要的意义。

1.1.1　文化的概念

1．中国古代文化的概念

根据中国古代典籍，文化一词是指"文"与"化"的复合。"文"是指文字、文章、文采，"化"则有化生、造化、改变的含义，所以，文化又指人的教养和德行。

2．国外文化的概念

(1)文化学奠基者、英国人类学之父泰勒(图 1.2)的《原始文化》一书认为，文化是由知识、信念、艺术、伦理、法律、习俗，以及作为社会成员的人，所需要的其他能力和习惯所构成的综合体。

图 1.2　泰勒

(图片来源：http://zh.wikipedia.org/wiki/爱德华·伯内特·泰勒)

(2)《苏联大百科全书》(1973 年版)认为，广义的文化是社会和人在历史上一定的发展水平，它表现为人们进行生活和活动的种种类型和形式，以及人们所创造的物质和精神财富；而狭义的文化则仅指人们的精神生活领域。

3．中国现代文化的概念

《现代汉语词典》(商务印书馆 2012 年第 6 版)认为，文化是人类在社会历史发展过程中所创造的物质财富和精神财富的总和。

1.1.2 文化的特点

1．文化的创造性

文化是人类群体在其改造自然、改造社会的各项实践活动过程中，在其主观意识的能动作用下，经过漫长的历史积淀所创造的社会历史产物，而非自然界自发生成的。人类是创造文化的主体，文化总是和人类社会联系在一起的。所以，文化的创造性就在于它是人类创造的，而非自然界自发形成的。

2．文化的时空性

文化的时空性是指文化的产生与演化的时间性和空间性。文化的时间性是指文化的起源、形成、变迁和发展的过程，也是一个积累与积淀、层次与统一、进化与分化的过程。文化的空间性是指不同国家、不同民族的文化，总是在一定的空间领域产生、存在和发展的，从而形成了不同的文化群体、文化类型和文化圈。

3．文化的连续性

文化的连续性是指文化的历史发展具有演变、积淀的连续特性。文化不是一成不变的，不是僵化的。文化之所以是人类行为活动成果的历史积淀，就在于它具有连续、演变、发展的特性。正是由于这种连续性，文化才能被代代继承并不断发展下去。

4．文化的开放性

文化的开放性是指文化具有面对世界、面对全人类的特性。各个国家、民族的文化，虽然都以自己的独特形式出现，但却不是封闭的，它是面对世界和全人类的，因而可以相互交融、汇集，这正是文化的开放性。文化既有自己的文化圈和文化群体，但又是属于全人类的文化。

5．文化的阶级性

在阶级社会中，文化具有阶级性，表现为不同的阶级都要利用文化为本阶级的利益服务。统治阶级的文化是占统治地位的文化，是为统治阶级利益服务的，是体现了统治者利益的文化。例如，我国封建社会"三纲五常"的文化理念，就是为封建统治阶级服务的；"平等、民主、自由、博爱"的文化理念，是为资产阶级利益服务的；而"为人民服务"、"人民群众是国家的主人"的理念，则是为社会主义工农大众服务的。

6．文化的民族性

随着民族的形成和发展，文化具有民族个性的特征。例如，不同的民族、语言、文字、心理素质，或不同的民族性格、习俗、民族传统与生活方式等，都是民族个性特征的体现。

7．文化的价值性

文化的价值性是指物质文化和精神文化所展现的价值性特征。可以说，文化水平越高、文化思想境界越高的人，其精神文化、行为文化展现的价值就越高；越是在高文化理念的指导下创造的物质文化，其价值就越高；旅游创意策划、企业管理策划、事业发展谋略、科学技术发明，都是它的文化价值的展现。

8．文化的制约性

文化的制约性是指文化的精神层面和制度层面对人类行为层面和物质层面所具有的制约特性。例如，人们的观念、信仰、习俗不同，人们的住房、建筑、婚丧礼仪、生产、生活、娱乐等也会有各自的特点。

9．文化的对象性

文化的对象性是指具体的文化总是具有指向具体客观事物的特性。例如，人们因欣赏自然景观而产生的精神感受，是人们的主观心智对客观世界的景观产生感悟体验的结果。这种感悟就是"人化"，这里面对的对象就是自然景观。可见，文化的对象性是文化的特征。

1.1.3 旅游文化

1．旅游的概念

研究旅游文化，首先应研究什么是旅游。旅游，概括地说，就是指人们从事旅行、游览的活动，这是人们一种特殊的精神文化生活方式；具体地说，旅游是指人们为了使其文化精神需求得到满足，离开常住地，前往旅游目的地所进行的具有劳作与休闲双重性质的非迁居性的观光游览活动。旅游概念的界定见表1-1。

表1-1 旅游概念的界定

性质	类型	目的	学术界定	备注
价值创造性旅游（偏重于劳作性的旅游）	会议旅游、商务旅游、公务旅游、疗养旅游、宗教旅游、探亲旅游、休闲保健旅游、避暑旅游、探险旅游、地质旅游等	会议、商务、宗教、会务、疗养	旅游者只有在完成了首要目的，创造了首要任务的价值后，才开展游览观光活动，学术界将此种旅游活动称为非观光旅游	两种类型的旅游活动不是决然分开的，有时往往交融在一起
价值欣赏性旅游（偏重于休闲性的旅游）	观光旅游、民俗旅游、娱乐旅游、都市旅游、森林旅游、山水旅游等	不具有创造价值的任务，而是以休闲观光为首要目的	尽管名称不一，但实际上都属于观光游览活动的性质，其首要目的就是开展与其名称相一致的旅游活动，学术界将此种旅游活动称为观光旅游	

2．旅游文化的概念

旅游文化是指人类在其旅游生活方式中所形成的一种门类文化的形态，它是人类总体文化中的一种门类文化。在总体文化领域中，门类文化多种多样，如历史文化、宗教文化、民俗文化、园林文化、饮食文化、服饰文化、企业文化、艺术文化等。所以，旅游文化只是总体文化分门别类的一种门类文化，或者说是文化的一种分支。文化是人类在社会历史发展过程中所创造的物质财富和精神财富的总和。旅游文化则是人类在其旅游活动历史发展过程中所创造的旅游门类的物质财富和精神财富的总和，也是人类在其旅游活动历史发展过程中所形成的旅游哲理内核和旅游成果积淀。

具体地说，旅游文化是指旅游者这一主体借助旅游介体，在面对旅游客体的吸引而开展旅游活动的过程中所形成的一种旅游门类文化形态。这一形态是一种与旅游有关的人类生活方式的文化现象，它是相互作用的结果。也就是说，旅游文化是旅游主体在其旅游动机、情趣的驱使下，受到旅游客体文化价值的吸引，又通过旅游介体的线路组织、活动安排，由这三者的相互作用，在旅游活动中所形成的一种旅游门类文化形态。

旅游文化结构的三大领域是旅游主体文化、旅游客体文化和旅游介体文化。

(1) 旅游主体文化，是指旅游主体(旅游者)在其旅游活动过程中，所展现的其自身的文化内涵，以及与旅游活动相关联的文化事象的一种旅游文化形态，包括旅游者的文化素质、思想观念、情趣爱好、性格习惯、生活方式、行为模式等，也包括旅游者所在国(地区)的文化特征、旅游者的职业、经济状况、消费、追求、宗教、信仰，以及与旅游主体相关联的文化事象。

(2) 旅游客体文化，是指在旅游主体开展旅游活动的过程中，旅游客体(自然旅游客体和社会人文旅游客体)能吸引并满足旅游主体文化需求，所展现的文化内涵，以及其与旅游相关联的文化事象的一种旅游文化形态，如自然旅游景观文化中的山水文化、岩溶文化、江河文化、湖泊文化、竹木文化、海洋文化、地质文化、天体文化、气象文化、园林文化等，社会人文旅游景观文化中的历史文化、宗教文化、民俗文化、建筑文化、饮食文化、服饰文化、娱乐文化、艺术文化、文学等。

(3) 旅游介体文化，是指旅游介体为服务于旅游主体开展旅游活动，所展现的文化积淀，以及与旅游服务、供给相关联的文化事象的一种旅游文化形态，包括旅游管理文化、旅游饭店文化、旅行社文化、旅游服务文化、旅游娱乐文化、旅游文化教育、旅游政策法规及旅游企业文化等。在古代，整个旅游过程中的一切相关事宜都是由旅游者自行料理的。所以，旅游介体和旅游介体文化事象是现代旅游的产物。

知识扩展

关于旅游文化结构的讨论

由于角度不同，标准不一，学术界对旅游文化结构的理解也不同。主要归纳为以下几种观点。

1. 文化结构

旅游文化是文化大系统中的一个子系统，旅游文化的产生与发展，必然建立在一般文化的基础之上。于是，一些学者干脆直接套用文化的结构模式，将旅游文化分为旅游物质文化、旅游制度文化和旅游精神文化。

(1) 旅游物质文化，也称旅游文化的物质层面，指蕴藏丰富文化意义的自然景观和人文景观，其上附加的必要的游乐设施，以及为旅游者服务的交通工具、饭店、餐馆和其他设备。

(2) 旅游制度文化，也称旅游文化的制度层面，指旅游文化主体所处国家的管理部门或有影响的大旅游商所制定的各种法规、制度及相关的企业管理规则等。

(3) 旅游精神文化，也称旅游文化的精神层面，指旅游活动及旅游业经营管理中反映出的特定文化心理、价值观念和思维方式等观念形态。

旅游文化的物质、制度、精神三大层面要素不是各自孤立的，而是相互交织渗透并联在一起，共同组成了旅游文化这一不同形态特质的复合体。它从简约发展到丰富，不断承传，并在一定的时空中嗣续。

这种套用文化结构的分析方法缺乏对旅游文化本身的考虑。

2. 地域结构

旅游文化以其整体性著称，但在统一性的基础上，各地区又显示出独特的差异性。以中国古代旅游文化为例，就有齐鲁旅游文化、三晋旅游文化、关陇旅游文化、吴越旅游文化、荆楚旅游文化、巴蜀旅游文化和岭南旅游文化等地域结构。

3. 要素结构

卢云亭先生从旅游的三大基本要素出发，将旅游文化分为旅游主体文化、旅游客体文化和旅游介体文化。

(1) 旅游主体文化，包括旅游者自身的文化素质、兴趣爱好、性格心理、行为方式及旅游者的政治主张、思想和信仰，以及旅游者的职业、生活背景等。

(2) 旅游客体文化，包括旅游历史文化、旅游地理文化、旅游饮食文化、旅游服饰文化、旅游园林文化、旅游建筑文化、旅游宗教文化、旅游民俗文化、旅游娱乐文化、旅游文学艺术，以及人文化的自然景观等。

(3) 旅游介体文化，包括旅游餐饮文化、旅游商品文化、旅游服务文化、旅游管理文化、旅游文化教育、导游文化、旅游政策法规，以及其他旅游中介文化。

4. 内容结构

旅游活动是文化性很强的活动，内涵十分丰富。按照旅游活动食、住、行、游、购、娱等活动内容，旅游文化可以分为旅游饮食文化、旅游服饰文化、旅游园林建筑文化、旅游娱乐文化、旅游宗教文化等。

5. 主体结构

马波先生从旅游文化的两个主体和旅游交换的过程角度把旅游文化分为旅游消费文化(包括旅游消费行为文化、旅游审美文化)和旅游经营文化(包括旅游产品经营文化、旅游企业经营文化、旅游目的地经营文化)两块。前者是以旅游者为主体的文化，后者是旅游经营者(旅游从业人员)所反映或创造的文化。

(资料来源：沈祖祥．旅游文化概论[M]．福州：福建人民出版社，1999.)

小思考

你认为旅游文化结构的研究应从什么角度,以什么为依据,以什么为标准,才是科学的分析方法。请结合实证分析和本节的论述,谈谈自己的看法。

知识扩展

上海的外滩被人称做万国建筑博览群,它显示了一个特定历史时期的建筑风貌,从而反映出一个时代的特征。旅游目的地的历史积淀、和平交往、战争征服和宗教影响等,使得许多名胜古迹成为多种文化叠加的载体。

阅读材料

万国建筑博览群

有万国建筑博览群(图1.3)之称的外滩,英文名称为 the exotic building clusters in the Band of Shanghai。它是百年上海的一个影子,也是旧上海资本主义的写照。外滩位于黄浦江和苏州河的交汇处,与浦东陆家嘴金融区隔江相望。它北起北苏州路,南至金陵东路,长约1800米,地形呈新月形。

图1.3 万国建筑博览群

外滩原来是上海城厢外北面的沿江滩地,旧时俗称"黄浦滩",筑路后,名为黄浦路,1945年更名为中山东一路。

1843年上海开放后,英国第一任驻沪领事巴富尔看中了外滩一带,在1845年以上海道台公布的所谓"上海土地章程"为根据,划定外滩在内的800亩(1亩≈666.67平方米)土地为英租界。1849年法国也在英租界的南侧划定986亩土地为法租界。但临江而立的巍峨参差的万国建筑博览群是在20世纪初,特别是在二三十年代才建造起来的。它从这一时期起,逐步成为远东最大的经济中心的象征。经过百年历史沧桑的外滩,在1992—1993年大规模的改造工程后，旧貌换新颜，景色更为迷人，被中外游客评为上海"最喜爱的风景点"。

外滩是上海标志性的景点，到上海必游外滩，否则就等于没来过上海。它的总体布局可以五条线来概括：①万国建筑博览群(这条路上的 26 幢中外建筑形成了一条亮丽的风景线)；②10 车道的中山东一路贯通了四方的交通；③外滩的绿化、城雕、喷泉；④浦东新兴的陆家嘴金融贸易区；⑤外滩情人墙。

建筑有上海总会大楼、亚细亚大楼、有利大楼、日清大楼、中国通商银行大楼、大北电报公司大楼、招商局大楼、浦东发展银行大楼、上海海关大楼、交通银行大楼、华俄道胜银行大楼、台湾银行大楼、麦加利银行大楼、友邦大厦(原桂林大楼、字宇大楼)、和平饭店南楼(原汇中饭店)、和平饭店北楼(原沙逊大厦)、中国银行大楼、怡泰邮船大楼、中国工商银行大楼、怡和洋行大楼、中国光大银行大楼、上海机关事务管理局、外白渡桥、上海大厦、俄罗斯联邦上海总领事馆、气象信号台等。

(资料来源：http://baike.baidu.com/view/466159.htm.)

1.2 创意与策划

1.2.1 创意的概念

"创意"就是我们平常在生活中所说的"点子"、"主意"或"想法"，广告创作中常常说的"大创意"就是"Big Idea"。这些所谓的"点子"、"主意"、"想法"一般都来源于个人的创造力、技能或才华。创意人人都有，发展到现代因为有些创意成果可以给人们带来巨额收入，便开始形成知识产权。

创意概念包含相互联系的双重关系：一是创意术语，即创意的字面含义；二是创意观念，即创意的内在含义。创意概念的界定见表 1-2。

表 1-2 创意概念的界定

创意概念	分 类	具体内容
创意术语	宏观创意	泛指一切可视的创作现象，这不仅包括文学艺术，还包括日常生活在内的整个的人的生活方式，即人的文化存在的样式
	个体创意	特指个人的创作，就是个人的情感、灵感、直觉、想象、才情、智慧等在创意作品中的自由倾泻
	应用创意	指创意的目的不限于单纯的个人欣赏和品鉴，而是与产业的目的相联系，也就是使创意走向产业，实现产业化
创意观念	文化的创意观念	创意是作为文化现象而发生和存在的
	审美的创意观念	创意是被赋予了特殊审美品质的
	产业的创意观念	创意最终是产业的创意，或者说产业是创意的对象，是创意的最终完成

第1章 旅游文化创意与策划的基础

经典人物

创意产业之父：约翰·霍金斯

约翰·霍金斯(图 1.4)是国际创意产业界著名专家，英国经济学家，世界创意产业之父，版权、媒体及娱乐业研究方面的领军人物，知识产权宪章的负责人和提供创意及知识产权咨询的创意集团的主席及创始人之一。

约翰·霍金斯毕业于基尔大学，获国际关系文学学士学位，并获得了英国建筑师协会颁发的城市设计文凭。约翰·霍金斯是哥伦比亚国际互联网公司负责人之一，同时也是该公司的顾问，他还是 Equator 集团、电视投资公司、世界学习网及其他公司的负责人，同时也是创意商学院的主席。

他曾为美国广播公司、英国广播公司、中国中央电视台、欧盟委员会、联合国、IBM、韩国信息战略发展研究处、伦敦发展机构、新闻集团、日本公共广播电视台、星空电视、墨西哥 Televisa 电视台、时代华纳环球影视提供过咨询，也曾为包括澳大利亚、加拿大、中国、法国、意大利、日本、墨西哥、摩洛哥、波兰、新加坡、英国和美国在内的 20 多个国家的公司及政府提供过咨询。

图 1.4　约翰·霍金斯

约翰·霍金斯是林肯大学创意产业领域的客座教授，出版了《沟通在中国》《创意经济》《CODE：数字化经济中的协作及所有权问题》和《了解电视》等著作。他还经常进行各种演讲及宣传。

1997 年英国布莱尔政府听从了约翰·霍金斯的建议，开始扶持创意产业，由此约翰·霍金斯被称为创意产业之父。

自 20 世纪末英国政府率先提出发展思路后，创意经济的概念迅速在全球走红，纷纷被美、欧、日等发达国家提高至战略发展层面。

(资料来源：http://baike.baidu.com/view/877516.htm)

文化创意产业被称为 21 世纪全球最有前途的产业之一，已经成为许多国家和地区经济发展的支柱产业。在其发展中，旅游产业扮演着参与者和展示者的角色。旅游产业之所以能和文化创意产生千丝万缕的联系，是因为在生产力快速发展的今天，文化、精神和心理需求已成为多数旅游者的追求目标。旅游产业只有去适应这种市场大势，发掘文化内涵，增强文化竞争力，才能求得生存和可持续发展。

1.2.2　策划的概念

策划在《辞源》中指策略、谋略、计划，其基本含义是指为未来事项筹谋献策。从组词结构上分析，策划由"策"和"划"组合而成。"策"有计谋、谋略、战略、谋划、预测的意思；"划"有计划、规划、方案、设计的意思。关于策划的概念，学术界至今还没有统一的看法，可谓言人人殊。学术界关于策划的定义见表 1-3。

表1-3　学术界关于策划的定义

类　　别	定　　义
管理行为说	策划是一种有效的管理方法
选择决定说	策划是一种决定，是在多个计划、多个方案中寻找最佳的计划或方案，在选择中做出决定
事前设计说	策划是为实现特定的目标，在行动之前所要实施的行动设计
思维程序说	策划是人们的一种思维活动，是人类通过思考而设定目标及为达到目标而进行的最基本、最自然的思维活动

经典人物

著名策划咨询专家：苏珊

苏珊(美籍华人，图1.5)毕业于美国加州大学，获心理学博士和MBA学位。1986年至今，苏珊作为一个经验丰富的策划咨询专家，在世界各地主持或参与了上百个重大项目的策划，涉及的策划和咨询内容包括了品牌塑造和管理、营销战略和通路管理、核心竞争力再造和发展战略、政府关系、企业文化、城市战略营销、城市旅游资源开发、城市危机管理体系、城市品牌塑造和区域可持续发展战略、国际战略联盟、公共关系、慈善事业、招商引资、企业家素质和领导力等。

图1.5　苏珊博士

(图片来源：http://news.sina.com.cn/o/2005-09-23/06157013860s.shtml)

在20多年的职业生涯中，苏珊以心理学和现代经营管理学实用手段的完美融合为基础，形成了一套自己独立的管理、咨询、策划、全球资源整合和跨国经营等方面的独特理念及方法，为世界500强中众多企业和上百家中国本土企业提供了具有实效性和可操作性的策划和咨询服务。在回到中国的时间里，她先后多次在中国各主要城市为政府官员、企业家、职业经理人、重点大学的MBA学生进行了演讲。

(资料来源：http://www.nfcpgx.org.cn/bencandy.php？fid=58&id=85839)

尽管在不同的文化背景和角度下，对策划一词的理解侧重有所不同，但其都是为了提出能针对性地解决问题的实施方案，即策划是对未来将要发生的事情，按照特定的程序运作后所做出的推断和决定。因此，策划可称为"策略方案"(Strategical Planning)和"战术计划"(Tactical Planning)，是指人们为了达成某种特定的目标，借助一定的科学方法和艺术，为决策、计划而构思、设计、制作策划方案的过程。

小思考

策划活动自古就有，你能列举出中国古代策划方面的人物及其事迹吗？

1.3 旅游策划

1.3.1 旅游策划的概念

简单地说，旅游策划是对某旅游组织或旅游产品进行谋划和构想的过程。旅游策划的基础是旅游资源，核心是旅游产品，关键是创意和创新。总体方法是依托创造性的思维整合旅游资源，期望实现旅游资源与市场的优化拟合并同时实现旅游业发展的双重目标。

旅游策划是以旅游资源为基础，通过创造性的思维分析旅游资源和旅游市场，设计旅游产品，实现旅游产品与旅游市场对接并同时实现旅游业发展目标的过程。其核心是通过创造性思维，将各种资源根据市场的需要进行整合，找出资源与市场间的核心关系，建构可采取的最优途径，形成可直接实施的明确方案，并对近期的行动进行系统安排，从而打造出具有核心竞争力的旅游产品，实现旅游者的完美体验。旅游策划以创意和创新为关键，它应凸显民族的、区域的文化概念，坚持以旅游者为本的科学发展观，以和谐而又独特的人文色彩赢得市场。

以上概念侧重三个方面的内容：

(1) 旅游策划必须建立在对旅游资源内部和外部要素客观分析的基础之上。

(2) 旅游策划是一种目标性很明确的行为。

(3) 无论旅游策划的目标是否以经济利益为主，都必须实现产品与市场的匹配。

1.3.2 旅游策划的基本要求

旅游策划虽然是一项创造性的工作，但绝不是毫无依据、无的放矢的创新。它必须建立在对旅游地资源、区位及本土文化等基础条件进行客观、深入分析的基础上，以旅游者为本，以旅游者的需求为中心，符合旅游经济的发展规律，从而产生具有文化价值、商业价值和营销价值的产业策略、产品定位和实施方案。

1. 借助有影响力的载体策划旅游

旅游是一个关联性和依赖性很强的行业，借助有影响力的载体进行旅游策划是十分重要的。这些载体包括建筑、工程、事件、活动、节庆等。用这些载体来策划旅游，形成亮点和卖点，往往会收到意想不到的效果。

2．旅游策划要具有战略眼光

战略的本质是对未来的选择。具有战略眼光的旅游策划实际上是把握旅游的发展方向，感知时代前进的步伐，做到与时俱进，真正促使旅游业飞速发展。

3．旅游策划应具备可操作性和实用性

实践是检验真理的唯一标准。旅游策划在本质上是想法，但最终都是要付诸实施的。因此，在制定旅游策划时应充分考虑其可行性，包括在经济、社会、环境和技术上的可操作性。有些旅游策划虽然看上去很美，听起来很动人，但做起来却很难，所以必须进行修订，使其达到具体可行、使用有效的地步，并编制行动计划，以实现委托人的运作实施目标。

4．旅游策划要与市场接轨

市场是旅游业发展的关键所在。任何旅游策划都要在超前意识引导下，深入实地调查、研究市场，凭着对市场的敏感度，以旅游者需求为本，激发创意，形成出奇制胜的市场卖点和商业感召力。

1.3.3　旅游策划与旅游规划的关系

在旅游开发的实践中，因为旅游规划和旅游策划之间有着许多相似点和关联性，二者常被混为一谈。因此，我们要理解并处理好旅游策划与旅游规划之间的关系，才能有效地进行旅游开发的实践，进而推动旅游业的发展。总体而言，旅游策划和旅游规划既相互区别又相互联系，它们是对立统一的、相互依存的关系。

1．旅游策划与旅游规划的区别

旅游策划与旅游规划的区别见表1-4。

表1-4　旅游策划与旅游规划的区别

名称 比较内容	旅游策划	旅游规划
内涵	对旅游产品的创意和创新	长期而稳定的规范程序，形成以后具有法律效力
目标	实现旅游资源与市场的拟合	实现旅游要素的统筹部署和安排，侧重解决经济效益、环境效益和社会效益的统一性问题
分类	旅游形象策划、旅游产品策划、旅游营销策划、旅游事件策划及旅游商品策划	旅游发展规划和旅游开发规划

续表

名称 比较内容	旅游策划	旅游规划
实践形式	委托主体是开发商(企业)或管理职能部门,主要是使开发的项目和产品与市场需求接轨,并通过有效利用一定的营销措施,从而使自身的旅游品牌得到提升	委托主体是当地政府或旅游职能部门,成果需要经过评审通过,起到法律性、战略性、指导性的作用
成果体现形式	灵活多样,如策划文案、图文手册、音像制品、影视剧本、活动组织、出版物创作等	一般包括文本、说明书、图件三部分,相对固定

2. 旅游策划与旅游规划的联系

旅游规划与旅游策划既有区别,又有联系。策划具有"短线操作"的时效特征,规划具有"长线蓝图"的全局特点。前者动、后者静,可互为补益。在解决问题的方式上,规划主要是务实,更多在项目空间布局上下功夫;策划主要是务虚,为项目寻找市场、设计体验、把握切入市场的时间点上下功夫。只有把规划的务实和策划的务虚处理好,才是好的旅游规划。但无论旅游规划还是旅游策划,都要围绕着一个核心问题,就是要以旅游效益为核心,以旅游者为本。旅游规划的整个过程就是一个从策划到规划,再从规划到策划最后实现效益的过程。

1.3.4 旅游策划创意的特色

1. 特创性

特创性是景区策划创意的中心因素,即必须突出某项旅游产品的独到之处,如文化传承、自然景观、山河风貌、服务方式、建筑风格、风土民情、园林设计、节庆事件等,塑造与强化本景区文化旅游产品的特色,力求做到"人无我有,人有我优,人优我新,人新我奇"的基本原则。鲜明的特色和景物的个性能减少与其他旅游产品的雷同性和旅游景物的一般性,从而使游人产生深刻印象,使其更具有吸引力。

众所周知,发展个性和特性已成为现代旅游竞争中赢得成功的至宝。

2. 维护性

由于旅游产品本身具有愉悦功能及旅游景物具有不可移动性,因此,要求旅游规划对各种旅游资源进行"永续开发",在保证满足旅游者需求的同时,实现旅游业的可持续发展。

3. 弹性

旅游需求是随着时间、环境变化而不断向上的。因此,要求规划者必须保持相当的弹性和一定的伸缩性,为将来的后续规划留有余地。难于一步到位的,可以留给下期继续开发,或者说,等将来条件成熟时再发展,为未来发展留下一定的空间。

4. 品位性

旅游产品的策划，要根据现代旅游产业高度关联性、高度依赖性的特点，不能局限于行政区域、行业的界限。同时，必须考虑到旅游产品内、外各种因素，树立"大旅游"的观念，从而建立良好的旅游形象，努力策划出高品位、高质量、高市场占有率、高效益的特色旅游产品。平庸、粗俗、雷同，则是完全不可取的。

5. 权威性

权威性是策划创意特色中最重要的原则。我们所做的规划必须要有权威性，也就是说，要保证规划是现阶段最好的规划，是这一代人所能想到的最佳方案，是获得大多数人赞同的创意。这个规划必须经得起时间的考验，过了几十年甚至上百年之后，人们仍能记得这个规划，当地的人们仍能从这个规划中收益，这样的规划才能算得上真正成功的规划、真正的好规划。

阅读材料

金人的故事

曾经有个外国的使者到中国来，进贡了三个一模一样的金人，皇帝见后非常高兴。可是使者同时出了一道题目：这三个金人哪个最有价值？皇帝想了许多的办法，请来珠宝匠检查，称重量，看做工，结果还是找不出三个金人的区别。最后，有一位老大臣说他有办法。皇帝将使者请到大殿，老大臣胸有成竹地拿着三根稻草，分别插入了三个金人的耳朵里，第一个金人的稻草从另一边耳朵掉出来了，第二个金人的稻草从嘴巴里掉出来了，而第三个金人的稻草掉进了肚子，什么声响也没有。老大臣说："第三个金人最有价值！"使者回答："答案正确"。

启示：

这个故事告诉我们，最有价值的人不一定是最能说的人。老天给我们两只耳朵一个嘴巴，本来就是让我们多听少说的。善于倾听，是成熟的旅游策划人最基本的素质。

1.3.5 旅游策划的现实意义

当代中国旅游开发与营销的大量实践证明，旅游策划至少在最为急需的三个方面做出了成功的典范：策划为旅游注入生机，策划为旅游打开宝库，策划为旅游创造奇迹。

1. 策划为旅游注入生机

随着时代的变迁与社会的发展，许多传统的旅游景区，甚至一些原本非常著名的旅游景区，由于资源的匮乏、项目的陈旧、环境的改变、观念的落伍等主观的与客观的因素，使原有的品牌影响逐渐削弱，原有的旅游客源逐渐减少，从景区以前的"门庭若市"逐渐退化到"门可罗雀"，甚至"无人问津"，陷入了"走投无路"、"难以为继"的困境。而伴随着新的时代信息和社会理念横空出世的旅游策划为旅游景区注入了蓬勃生机。例如，以

"穿越天门，飞向 21 世纪"为主题的世界特技飞行大奖赛，让张家界这片神奇的山水迅速飞出中国、飞向世界。

2．策划为旅游打开宝库

当代世界旅游，特别是改革开放以来的中国旅游，已经从原来较为单一的观光旅游发展到现在包括观光、游乐、休闲、度假、科普、文艺、影视、体育、探险、健身、康疗、美食、节庆、会展等众多内容的全方位、立体化、综合型、多向性的旅游趋势。现代游客的旅游项目也从以前较为单一、较为浅显、较为被动接受的传统性项目逐渐发展到选择更为丰富、更有内涵、更能主动参与的现代化项目。因此，无论是一些已经成熟的老项目，还是一些刚刚开发的新项目，都普遍存在着资源不足、内容单一、形式陈旧等问题。看起来好像是"巧妇难为无米之炊"，实际上大多是因为缺乏系统的知识、深入的研究、独特的见解与专业的技巧，故而"不识庐山真面目"，难以发现、挖掘、开启并利用本景区的资源宝库。而既掌握丰富的旅游资源信息又有独具慧眼的专业人才的旅游策划，能像古代阿拉伯神话中的魔法大师一样，让许多尚未发现资源宝库的旅游"芝麻开门"，，或者让许多虽然发现了旅游资源，却不知如何利用，甚至弃为废物的景区"变废为宝"，例如著名作家张贤亮策划的影视旅游城等。

3．策划为旅游创造奇迹

随着中国社会主义现代化建设的飞速发展，人民生活水平的显著提高，与世界各国人民的交往日益频繁，旅游作为一种新兴的产业，已经迅速发展成为中国国民经济的支柱产业之一。其重要的社会效益与巨大的经济潜力已被越来越多的地方政府、企业商家及广大群众所认识。旅游开发已在各个地区、各级政府、各类企业及许多群众中形成一波又一波的参与热潮。除原本已有的老景区和拥有资源及正在进行开发的新景区外，还有一些以前没有成熟的、但已著名的旅游点，或者的确缺少现成的、潜在的旅游资源的地区，也都非常渴望能被发现和挖掘出旅游资源，从而促进本地区的产业结构调整，带动本地区的经济增长。作为以大胆创新、超前想象为特征的旅游策划，就能够打破传统思想的桎梏，冲出旧有观念的束缚，在表面看来无资源可挖掘、无项目可开发的地区"化腐朽为神奇"，甚至出现"无中生有"地创造出一个著名旅游品牌的辉煌奇迹，如众所周知的深圳"世界之窗"的成功策划等。

综上所述，旅游策划要全力做到激发大智慧，挥洒大手笔，挖掘大文化；推动大旅游，促进大产业，拓展大市场。

经典案例

一个成功的故事营销案例

在一家宝马汽车的销售现场，销售人员面带微笑，向客户进行推广："先生，来，请进入我们的驾驶室，亲身感受一下驾驶的快感吧。来，坐好。你想象一下：仲夏傍晚，你开着这辆车，驰骋在海滨大道上，无尽的美景扑向你的眼帘，微咸的海风吹拂着你的头发，车里都是你所喜欢的皮革的味道，同时伴随着优美的音乐，我们车里还有车载冰箱，里面装满了美食美酒。你身边就坐着你最爱的家人、朋友，他们和你一起共享着生命中这样最美好的时光。这辆车就像你家的老狗一样，它将会陪着你，度过无数的晨昏，见证你生命中每一个重要的时刻。如果我是你，我将会尽快邀请这样一位朋友进入到我的生命旅程中。而且现在正是9月的秋天，天高气爽，何不趁现在就把这款爱车开回家呢？"

个案分析：

奢侈品销售的关键在于客户的购买热情是否足够被调动。很多时候，我们会发现，对于奢侈品品牌的潜在客户来讲，他可能回家思考了半个月，最后还是买了这款车。可是为什么不是此时此刻立即购买呢？其中有一个很大的潜在心理因素：客户的愉悦感没有被调动起来。客户不觉得有什么理由要他迫不及待就要拥有这辆车。

让我们再来回顾一下此案例中销售人员的功力：

在讲故事销售的过程中，销售人员通过语言向客户勾勒了一副活色生香的生活场景。在头脑想象的"情境"中，客户"看"得到无尽的美景，"闻"得到微咸的海风、皮革味，"听"得到悦耳的音乐，"尝"得到美食美酒，而且和家人朋友欢聚的幸福"感"就回荡在心间。五种感官因素都被加入了销售人员的推广中，它们综合地向客户提供了一种难以言喻的心理体验：愉悦感。正是这种臆想中的愉悦感捕捉住了客户的心，而客户的心则是通往客户钱袋的最快途径。

旅游策划机构认为，尤其是销售人员的最后一句"现在正是9月的秋天"，为客户立即下订单提供了充分的依据。

所以，当理性分析、逻辑判断等该完成的工作都完成了，客户的购买热情可能已经推到了99℃，如何来提升这最重要、最关键的1℃，就需要与客户感性的层面打交道。销售过程中，客户感性的参与越多，购买的可能性就越高。

作为感性销售的工具，讲故事就是销售的临门一脚。它通过销售人员的角色魅力，在交易过程中增加了买卖双方的乐趣，让客户的情绪体验不只成为一句空话，有效地促成了购买行为的发生。同时，更为下一步的客户升级埋下了伏笔。

(资料来源：http://hi.baidu.com/jointmedia)

1.4　旅游文化创意与策划

旅游文化创意与策划又可称作旅游文化谋划。它是一种程序、一种构思，其本质是一种运用脑力及发挥才智的理性行为，泛指旅游景点构思、建设及创造活动的总和，在景区规划及构建中得以切实体现。社会的进步和发展要求规划随之同步，同时社会的进步又为规划的发展创造了必要的物质、智力基础。社会的文明进步创造了景区规划的历史，而旅游规划则是社会发展现代化的必然产物，也将随着人类文明的演进而发展。我们所述的文化策划创意，则是这一产物的总领部分。

总而言之，旅游文化创意与策划是以旅游资源为基础，通过实地考察，将有关资料进行综合评析，运用创造性的思维重新整合旅游吸引物的全过程。同时，实现旅游资源与市场机制必要的磨合，使旅游者对当地的山水风光、文化历史获得最完美的体验，并且使整个规划具有经济性、社会性、创造性、时效性和可行性等。

从某种意义上来说，旅游文化创意与策划与其说是一门科学，不如说是一门艺术更为恰当。因为，它既属于规范经济学范畴的"旅游资源与市场的拟合"，又是人类历史进程中的文学、诗歌、绘画、思想、情感等的总融汇。

1.4.1 文化——旅游策划的生命之源

文化是一个很宽泛的概念，它包含着社会生活的方方面面，如饮食文化、行为文化、娱乐文化、购物文化等，人的生活中无时无刻不渗透着文化。文化是旅游的灵魂，同时文化也是一种潜在的旅游产品。如何发掘文化精华，将文化的潜在价值转化为旅游产品，提高旅游开发的文化品位，是旅游策划和旅游开发研究的一个重要课题。旅游开发中一项重要工作是文化特色的发掘和主题定位，即"找魂"。然后是研究其展示的途径和文化资源转化为产品的可行性与转化途径。在此基础上提出旅游文化开发的实施方案，这都需要进行旅游策划。旅游策划(或旅游开发)者的旅游文化底蕴直接影响到旅游策划(或旅游开发)的质量与品位。

旅游活动中所能包含的一切文化统称为旅游文化。旅游文化涵盖很广，包括儒家文化、佛教文化、道教文化、民族文化、节日文化、建筑园林文化、养生文化等，不胜枚举。任何一个旅游地都有其当地的文化内涵，正是这些独特的文化内涵吸引着人们前去参观、游览、度假。旅游的目的就是要寻找差异，文化差异更是旅游产业平地起飞至关重要的推动力。一个国家、一个民族，最深刻、最具生命力的东西显然是历经千百年积淀下来的文化。中国作为一个拥有五千年历史的文明古国，历史悠久，源远流长，老祖宗为我们留下了许多宝贵的财富：长城、故宫、兵马俑、马王堆汉墓、圆明园等，这些历史的见证都是展示中国文化的窗口，是使中外游客纷至沓来的动力源泉。

旅游者的旅游行为从某种程度上可以说是一种文化消费行为，旅游者外出旅游的动机和目的在于获得精神上的享受和心理上的满足；而旅游经营者要达到赢利的目的就必须适应市场需求，提供一种能满足旅游者文化享受需求的旅游产品。旅游目的地想激发起旅游者的旅游动机，吸引游客的到来，就必须拥有独具特色的民族和地方文化内涵，以满足人们对科学、历史、文学、艺术和社会学等各方面的不同精神文化需求。故而，无论是旅游消费活动还是旅游经营活动，都应该具有强烈的文化性。旅游的文化本质特征决定了在旅游策划的过程中必要须重视旅游文化内涵。文化是旅游的灵魂，策划让灵魂闪光。

阅读材料

先贤们曾经为旅游创意留下了许多经典的成功范例，这里以杭州灵隐寺前的飞来峰为例。相传，灵隐寺的开山祖师慧理和尚到达此地，初见山峰，不由失声惊问："此古印之灵鹫峰，何时'飞来'此地？"众人闻讯大惊，不信有其事。高僧说道："在此山中，我饲养灵猴一只，不信待我唤来。"接着，慧理大声呼唤，灵猴果然应声而出。众人方信，此山确从印度"飞来"，飞来峰由此得名。自此飞来峰美名擅胜湖上，成为一方胜地。

显而易见，杭州的飞来峰正面对着千年古寺——灵隐寺，山体由石炭系石灰岩构成，山虽不高(海拔 167 米),却与周围砂岩群山不但地质构成迥然不同,更以其奇特风貌独具韵味,令人不由自主地产生许多与众不同的联想。加上峰峦山崖遍布各种佛教石窟造像(图1.6),全山岩溶洞壑,突兀神奇,遍布怪石,有的似蛟龙,有的似卧虎,有的似奔象。踏入山中,犹如进入一座石质动物园,满山老树枯藤盘根错节,岩骨暴露,峰棱如削,极富神话色彩。明代袁宏道观此山后,赞叹道:"湖上诸峰,当以飞来峰为第一。"

图 1.6 飞来峰的佛教石窟造像

可以说,杭州飞来峰的神奇故事与当地的地域特色、特殊的人文背景有着密切的联系。古人对飞来峰的创意并非无中生有,而是有着确凿的依据。

(资料来源:武彬,龚玉和. 旅游策划文化创意:河山·因我们的到来而改变[M]. 北京:中国经济出版社,2007.)

1.4.2 旅游策划中的文化创意与策划

1. 旅游策划中的文化创意

当前,旅游业已成为世界经济中发展势头最为强劲的产业。旅游休闲产业在国民经济中的地位和作用日益凸显。发展特色产业以增加竞争力成为吸引旅游人群的一个契机。

文化创意产业因特色鲜明,符合人们对旅游娱乐等休闲文化的审美,契合旅游业发展的需要,越来越被人们重视。因此,我们在旅游策划中进行文化创意,挖掘文化的价值,设计出有创意的产品,就显得十分有必要。

创意是一个好的策划的灵魂,而文化创意则是策划的精髓。现今,文化的价值越来越被重视,充分挖掘旅游地的文化精神,以创意为载体进行传播,成为一种重要的策划方式。

知识扩展

丽江(图 1.7)是个适合有情人一起旅游的地方,那里有太多关于爱情的传说,古老的地面、巍峨的雪山似乎都在诉说一个个凄美的爱情故事,吸引了众多情人众多情侣前来游玩。

图 1.7 丽江

1) 文化创意的审美性

(1) 创意的感官美。旅游策划在运用文化创意构思的过程中，需要考虑到将创意与消费者的感官相结合，当创意形成后，要让游者看之动情，听之感人，闻之有味，动之有意。

总之一点，在旅游策划中好的文化创意非常注重考虑游客的感受，并采用多种方式让游客体验到全方位的感官刺激。

(2) 创意的意象美。文化象征，是人们借用一些具体可感的形象或符号来传导一种具有高度概括性因而意味深长的意境、思绪或哲理的文化传播心理现象。象征意味着将外在的鲜明生动的形象和内在的含蓄隽永的神韵相结合。作为形式和内容的统一体，设计创作者"蕴于内而形诸外"，欣赏接受者由外而内"披文以入情"。作为文化象征的旅游意象一旦传播到社会上，占领特定市场的消费者群体心理制高点，就可能触发"海阔凭鱼跃，天高任鸟飞"的拓展性解读，因此而产生五彩斑斓的心理联想和想象。

(3) 创意的和谐美。旅游景区的各个部分是一个整体，同时，旅游景区又是城市规划中的一部分，因此，任何的旅游策划都需要充分考虑到长远利益，不能破坏原有的一些功能布局，以实现旅游资源的可持续性和生态性。在此基础上，在设计策划时开展的文化创意要充分考虑原有景点之间的和谐，追求一种整体美。

2) 文化创意在策划中的传播效果分析

(1) 文化创意有利于文化传播的良性循环。在策划中注重挖掘旅游区的文化内涵，并通过好的创意展现出来，成为景区的一个特色文化景观，这样有利于提高本区域的文化价值，让游者得到文化方面的享受，并引起游者对景区文化创意的共鸣，促使他们把好评相互传播，这样，文化创意的效应会在很大程度上提高景区的知名度，而知名度的提高也将吸引更多的游者前来观看。好的文化创意是一个良性循环的过程，久而久之，旅游区的文化氛围将被营造起来，而这将成为景区强有力的文化品牌。例如，人们去丽江感受的就是一种浪漫，一种悠闲自得。丽江策划者向全世界征集新生活的体验者活动，就是把这样的生活环境和潜在消费者日常的生活环境做比较，让游客来体验和感受，把这些不一样的感觉、不一样的味道元素展示、描述出来，并通过游客本身传播出去。

(2) 文化创意有利于开拓文化的经济价值。文化是有经济价值的，好的创意是实现经济价值的有力途径，当今文化创意可以成为一种产业经济，通过文化创意可以很好地带动旅游地的产业化经营。因此，在旅游策划中注意进行文化创意是对文化的合理开发，实现了文化与商业之间的良性互动，而商业价值的实现进一步证明了文化的价值和重要性。

（3）文化创意有利于提高旅游景点的核心竞争力。在旅游策划中进行文化创意，提升了旅游景区的核心竞争力。面对目前竞争激烈的旅游市场，只有特色鲜明并能引起认同的景点才能脱颖而出，在市场中获得优势地位。旅游策划中的文化创意根植于本土文化并提炼出了文化亮点，能在人们心目中留下深刻印象，引起游客的参观热潮，因而具备很强的竞争力。

（4）文化创意有利于提高城市文化的影响力。旅游策划中的文化创意最终将以产品出现，景区的文化景观将成为旅游区的一道亮丽的风景线，同时更重要的是，旅游区属于城市的一部分，文化创意的产品是城市文化景观的有力组成部分，这对进一步提升城市文化起着重要的推动作用。而且，好的文化创意往往让旅游策划意义非凡，通过策划可以使一些好的文化创意产品成为本城市的标志，成为城市文化的重要组成部分，如武汉的黄鹤楼，人们想起武汉首先就想到黄鹤楼，黄鹤楼也成为武汉的标志。

知识扩展

湖南长沙橘子洲头的毛泽东像(图1.8)高高地矗立在湘江岸边，与当年毛泽东关于橘子洲头的诗遥相呼应，在人们心目中形成巨大的共鸣，吸引人们前往参观，重温诗句的意境，体验伟人当年矗立在橘子洲头的豪迈情怀，而这同时也实现了文化的旅游价值，并成为长沙的一张"名片"。

图1.8 橘子洲头

3）如何进行文化创意

旅游最核心的东西是创意。中国人民大学文化创意产业研究所所长金元浦在主持国家重大文化创意产业项目时指出，中国的旅游业正在慢慢转型，文化与旅游结合的需求越来越明显。文化创意在旅游策划中的重要性毋庸置疑，我们在运用文化创意进行策划时，需要进行合理的构思。

（1）从文本的生产角度看。首先是内容的创新。在当下这个全球化消费时代，市场的全球性，传播的全球性，需求的精神化、个性化，消费的时尚化、浪潮化，使得文化内涵的深层次挖掘与创新成为当务之急。

在文化创意过程中，要注意挖掘传统文化价值。我国传统文化历史悠久，源远流长，很多文化典故人们都耳熟能详。对于这些丰富的文化资源，我们要合理开发，通过文化创意策划让旅游区的文化内涵发扬光大。

在进行文化创意策划时，我们还要充分挖掘本城市的流行文化作为旅游的亮点。流行文化反映了当代社会的面貌，是重要的文化组成部分，对它进行创意的提炼可提升旅游区的竞争力。例如，我们可以从众多的打工文学作品中提炼一些有代表性的形象，进行合理的创意设计，并使之成为景区重要的文化景观。

(2) 从表达方式上看，表现形式要有创意，不仅要有贴近性、大众性，而且要追求独创性，独创性才是文化永恒持久的魅力和生产力。社会经济的发展影响了我们生活的方方面面，包括我们的语言表达方式。在新的网络文化影响下，语言表达方式也在不断推陈出新，如"给力"、"有木有"等新词汇的出现。这些词汇反映了一种新的语言思维习惯，因而，在旅游策划时要想做到与时俱进，就需要用到一些符合现代人思维的文化创意。同时，随着当前科技日新月异地发展，我们在旅游策划中需要借助一些先进的技术手段来对文化进行传播，如红河地区的网络剧、手机剧制作中心的打造，就是充分借助新媒体的影响力，把网络文化与本地的旅游资源结合起来，突出本区域旅游特色的一种行为。

中国有悠久的历史，有得天独厚的自然资源和人文资源。东方文化所蕴含的包容、浑厚、意境幽远的韵味千百年来长盛不衰，并在世界各地广为传播，成为世界文明源流中最富生命力和延续性的一脉。因此中国不缺少文化，但中国缺乏对文化的深度挖掘和文化体现。当今，文化作为一种重要的"软实力"，文化的竞争力不容忽视，我们在旅游策划时注重文化的价值，进行文化创意是十分有必要的。同时，创意策划的文化资源是可持续的，是一种处理好眼前利益和长远利益、经济效益和社会效益的有机结合。相信在不久的将来，通过不断提升旅游策划中的文化创意水平，更多的人将领会到中国文化非凡的吸引力。

知识扩展

萨克森-安哈特州——"活的教科书"

萨克森-安哈特州是位于欧洲中心的德国联邦州。1 000多年前，正是从这里，德国开始书写它的近代历史。除了当初众多的王宫贵族，萨克森-安哈特州还给后人留下了72座罗马式的教堂、寺院、行宫和钟楼等遗迹，被称为千里"罗马之路"。无论是关于人类早期的历史，还是中世纪的遗迹，无论是宗教改革，还是欧洲启蒙运动，走在这条"罗马之路"上，我们所能感受到的是历史的痕迹和沉淀……

拥有这份宝贵遗产的德国人把"罗马之路"定位成了一本"活的教科书"，连绵的群山讲述着当年骑士的生活，宁静的寺院充满了中世纪的神秘色彩。厚重的城墙，坚固的城门，密集的射箭孔，中世纪教堂精美的立柱……这些文化遗产在德国政府的精心呵护和包装下每年都吸引着一批又一批的旅游者。

(资料来源：严三九，王虎. 文化产业创意与策划[M]. 上海：复旦大学出版社，2008.)

经典案例

"乌镇模式"的启迪

美丽的浙江乌镇(图1.9),在多年开发和保护旅游资源之后形成了一套特有的"乌镇模式"。乌镇的开发者们提出了"修旧如旧、整旧如故"的理念,他们从"面、块、点"三个方面对乌镇镇区、保护区、重点建筑进行不同功能的科学规划,提供详尽的方案和施工意见。管线地埋、河道清淤、修旧如旧、控制过度商业化……这些"乌镇模式"的方案和意见,不是从其他古镇水乡照搬而来的既有模式,更不是拍拍脑袋而来的突发奇想,而是乌镇人用脚踏实地的前期调查换来的成果。在乌镇首次保护整治的前期调查中,开发者们对整治范围内的建筑结构、分布、古桥及水位等基础情况进行了详细的记录,共拍摄图片1586张,编写文字说明资料数十万字,建立了完整的保护档案。之后又对单个对象分别制定了详细的修复与整治方案,从而使后期的工程建设得以有条不紊、高质量地展开。乌镇的开发者们就是这样,用他们保护资源的科学之眼,看清了乌镇发展的光明前景,也见证了这座江南古镇拭去尘封、大放异彩的成功之路。

图1.9 乌镇

在细致入微的前期调查后,乌镇的开发者们开始思考乌镇的休闲定位。不同于其他古镇浓厚的现代商业气息,乌镇的味道就像一杯清茶,悠远而淡雅,而这一份从容就来自它最富个性的文化内涵。古镇的"总设计师"陈向宏把"深厚的文化底蕴"作为乌镇的灵魂,不但保护古建筑,更保护好了完整的生活形态和深厚的地域文化,特别把"名人文化"和"民情民俗文化"体现得淋漓尽致。读过茅盾田野三部曲《春蚕》、《秋收》、《残冬》的人都知道,它的原型和素材就在乌镇。茅盾的童年、少年时代都是在浙江乌镇度过的,青年时期也在这儿居住。他所描写的人物原型可以在这里找到,他所提到的乌篷船还在小河上缓缓划过。如今的乌镇依旧保留着江南村庄的建筑风格,尤其是西栅的老街。而在东栅的观前街有一家名为"林家铺子"的商店,吸引着游客进去看看那位谨小慎微的林掌柜是否还在做着买卖。茅盾的作品中有着乌镇的方言、乌镇的气息、乌镇的影子,而如今乌镇的开发者们也将他们引以为豪的文化底蕴提炼保护,将茅盾先生笔下的乌镇再现,寻觅到了乌镇旅游与众不同的亮点。有人说:"没有乌镇,就不可能造就一代文学大师茅盾;没有茅盾,乌镇也不会成为今天的江南历史文化名镇。"用这样一句话来概括乌镇的文化旅游产业成功之路是再合适不过的了。

(资料来源:严三九,王虎. 文化产业创意与策划[M]. 上海:复旦大学出版社,2008.)

2．旅游文化提升策划

提升就是从现有的物质或事件中，经过分析，通过各种手段提取自己需要的信息。从旅游策划的角度讲，就是要将散乱蕴涵在各种要素之中的、最经典的、最具代表性的、最能打动人的东西找出来，再精心加工、包装和宣传。

旅游策划需要具备善于提升的能力，能力也是需要基础工作来巩固的。从优策划的基础工作，首先是调查研究，这项工作要求我们深入细致，分析资料也务必认真仔细。在旅游策划过程中，经过调查，会有大量的资料摆在我们面前，这时就需要我们对资源进行分析、提炼，找出符合本区发展的、顺乎自然的旅游文化。旅游策划工作要追求"最优化、最佳化、最适合"的目标，即用最佳的旅游资源、旅游文化，表现旅游景区最好的效果，从而达到"四两拨千斤"的杠杆效应。

其次，在调查、研究、分析的基础上，进一步做出有效的提升，找出策划地的"灵魂"。这就需要对所策划旅游景区的文化进行高度的归纳总结，提炼出一种最精炼的表现形式。在这方面，我国有很多成功经验。

经典案例

提升旅游文化策划的巧功夫

东北人归纳了"三大宝"（人参、鹿茸、紫貂，图 1.10）和"三大怪"（窗户纸糊在外、养个孩子吊起来、大姑娘叼个大烟袋），最大限度地总结了东北的人文特色和地理资源。

图 1.10　东北"三大宝"

(图片来源：http://cache.baiducontent.com/c?m=9d78d513d9d706ef06e2ce384b54c0676a499d3c7ec0d0622a95c21484642c101a39f4bb50734c19d3c77f641cad4c5febed3670340937b7ec92ce1583&p=c964c54ad4df1efc57eff82a46&newp=84769a47cc934ead1bf6df2f1153d8304a02c70e3fcd&user=baidu)

陕西有"秦中八大怪"(图1.11),再现了八百里秦川文化特点。

图1.11 "秦中八大怪"

(图片来源:http://www.ycw.gov.cn/zhuanti/html/2011-11/18/content_10207070.htm)

云南的"云南十八怪"(图1.12)更是囊括了云南省的大部分旅游、文化资源,极大地推动了云南旅游业的迅速发展。

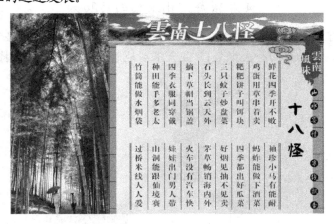

图1.12 "云南十八怪"

(图片来源:http://www.nipic.com/show/4/79/487d08b330f8313f.html)

本章小结

创意策划是一门科学,更是一门艺术。

旅游文化创意与策划是用策划学的基本原理和基本方法、创意的思维来指导旅游实践活动的旅游学范畴内的一门分支学科。作为一门应用性很强的学科,它在我国旅游事业发展和高等旅游教育学科体系中的作用越来越重要。

本章通过理论知识讲解与应用案例分析，目的是让学生了解文化、旅游文化的定义，旅游文化的构成，创意、策划的定义，明确旅游策划的概念、基本要求、特色及现实意义，辩证分析旅游策划与旅游规划的关系。在此基础上，引出本章的主体内容，即旅游策划中的文化创意，通过对文化这一旅游策划生命之源的重要性的阐述，提出了旅游文化创意与策划中应该注意的基本问题，以及如何对不同类型的旅游文化进行有针对性的策划，怎样有效地提升旅游文化的影响力，以使其文化效应得到最大程度的发挥。

复习思考题

一、名词解释

1．文化
2．旅游文化
3．策划
4．旅游策划

二、单选题

1．特指个人的创作，即个人的情感、灵感、直觉、想象、才情、智慧等在创意作品中的自由倾泻的是（   ）。

  A．个体创意　　　B．宏观创意　　　C．应用创意　　　D．创意产业

2．下列选项中不是文化创意在策划中的传播效果的是（   ）。

  A．有利于文化传播的良性循环

  B．有利于开拓文化的经济价值

  C．有利于提高旅游景点的核心竞争力

  D．有利于提高社区居民素质

三、多选题

1．旅游文化结构的三大领域是（   ）。

  A．旅游主体文化　　　　　　　B．旅游原生文化
  C．旅游客体文化　　　　　　　D．旅游介体文化

2．旅游文化的两种类型是（   ）。

  A．自然景观类　　　　　　　　B．人文景观类
  C．建筑景观类　　　　　　　　D．自然风光类

四、简答题

1．简述旅游文化的结构。
2．简述旅游策划与旅游规划的关系。
3．简述文化创意的审美体现。

五、思考题

以"兰州百里黄河风情线"景区为例,试对其进行旅游文化提升策划。

课后阅读

老饭店枯木逢春

英国某城市的旧城区有一家古老的饭店,不少顾客认为该饭店式样陈旧,环境嘈杂,这一形象曾一度使该饭店在市场竞争中处于非常不利的地位。面对这一问题,该饭店的经营管理人员在深入调研的基础上,决定通过对其产品进行重新定位和树立新的形象来改变现状。他们决定以该饭店的悠久历史和古朴韵味、坐落地点的交通便利和淳厚的生活气氛等与众不同之处,去改变消费者对该饭店的印象。在这一过程中,该饭店也针对先前不利形象的成因,对自己的设施做了必要的整修和更新,包括对饭店建筑的修饰、采用隔音效果好的双层玻璃窗及更新家具陈设等。结果表明,这些努力有效地扭转了消费者对该饭店的原有看法和印象。

(资料来源:沈祖祥. 世界著名旅游策划实战案例[M]. 郑州:河南人民出版社,2004.)

分析题:
1. 案例中反映了旅游创意策划中的哪项战略?
2. 结合案例,分析旅游产品、形象设计在旅游策划中的重要作用。
3. 试对上述案例进行简要点评。

第 2 章　旅游文化创意与策划的要素

教学目标

知识要点	掌握程度	相关知识
旅游文化创意与策划的基点、要素	掌握	旅游文化创意与策划的基点、要素及其在景区规划中的应用
旅游文化创意与策划的实施程序	重点掌握	国内外学者对策划程序的划分、旅游文化创意与策划的实施程序的几个阶段
制定景区规划创意方案的一般步骤	掌握	优化提升景区规划创意方案的一般实践步骤

技能要点

技能要点	掌握程度	应用方向
旅游文化创意与策划的原则	重点掌握	运用这些原则,创作出适合地域特色、周边环境特征等因素且独特的规划创意
制定景区规划创意方案的一般步骤	熟悉	景区规划

导入案例

未来的世界是策划家的世界

当今世界风起云涌，瞬息万变，走在市场经济浪潮前沿的人物，无不懂得把握时机是掌握命运的关键。策划学是一门与实践紧密结合的学科，成功的诀窍并不深奥，人人皆可策划，然而并非人人皆可策划成功，除自己的素质、经验、眼光等因素外，还有许多技术性、技巧性的发挥。一句话，幸运女神对每个人都是公平的，只是当她叩响你的房门时，也许你尚未准备好或是正在梦乡中。

图 2.1　永生牌金笔

永生牌金笔(图 2.1)质量好，上海新华金笔厂(以下简称新华厂)在进行广告宣传和树立产品形象时也紧紧抓住了这一点。1982 年 6 月，新华厂收到一封由报社转来的山东某县中学一位教师的信。信中说：他的一支永生牌金笔在 15 年前不慎落入水中，今年挖井，金笔才得以重见天日，书写依然流利，他就是用这支笔写信给报社的。厂里接到信后立即派人去山东访问那位老师，同时用本厂最新款式的永生 101 型笔换回那支老式的永生金笔。厂里有关技术人员对这支落井 15 年的金笔做了全面的技术分析和测定，他们发现除笔尖由于受微碱井水的侵蚀而受损，吸水管老化外，其余各项性能均达部颁标准。于是，新华厂紧紧抓住这个典型进行了广泛的宣传，有关报纸也刊登了题为《井底"永生"十五年》的报道，使不少消费者纷纷来信称赞和要求购买永生金笔，从此永生金笔的声誉大振。

点评

一支普通金笔落入水中，不过是很普通的一件事，但是，那些有头脑的企业家却能从普普通通的事情中找到可以利用的机会，为树立企业形象服务。这里没有惊天动地的大事，也没有引人注目的"名人效应"。但是，取得的效果却是相同的——树立了良好的企业形象。那么，成功的奥秘在哪里呢？就在于企业家紧紧地抓住了机遇。人生就是一个大舞台，每个平平凡凡的人都在上演着自己的一幕。好的产品是成功的前提，但怎样不失时机地向公众推销它们，才是区分优秀企业家和平庸者的分界线。生活小事如此，决策中的大事亦如此。时机往往决定着一个产品乃至一个企业的发展，甚至兴衰成败。

(资料来源：梁朝晖. TOP 策划学经典教程[M]. 北京：北京出版社，1998.)

旅游文化创意与策划没有完全相同的策划方案和固定不变的策划程序，而是因人而异、因事而异、因时而异。但在旅游文化创意与策划理论研究过程中，人们却习惯于把旅游文化创意与策划过程程序化，即把旅游文化创意与策划过程划分为几个不同的阶段，以便于人们学习和掌握旅游文化创意与策划这门学科。

2.1　旅游文化创意与策划原则

旅游文化创意与策划作为一种创造性的思维活动，具有很强的规律性、自主性和灵活性。因此，创意的构成、创意特性的发挥不可能是一种任意行为，它必须遵循某些客观规律，掌握旅游规划的客观原则，是创意者达到规划目的、实现规划效益的有效保证。创意不是凭空而来的，它必须有确切的依据，与当地文化、地貌、物产、人文特征、气候、农工商贸等相融合，做到有的放矢，令游客心悦诚服。

就现实旅游文化创意与策划而言，依据原有地貌人文特色，一定要遵循一些特定原则。

1. 独创性原则

独创性是旅游文化创意与策划诸多因素中最具魅力的一部分。独创性是指旅游规划中创造出独特的构思，而不是一味因循守旧、墨守成规，或者一味抄袭别人作品。独创性的创意策划具有"源于生活，高于生活，俯视生活"的特点，它有与众不同的新奇感、独特感，能引起社会各方面的广泛关注。经典案例有徽商古道创意、浙江安吉天荒坪景区与安吉美人风情谷景区对比印象创意策划。

2. 愉悦性原则

愉悦性原则是指旅游策划中在运用规划学原理的同时，要使得旅游作为一种娱乐活动所要遵循的客观规律。围绕旅游这一中心主题开展，任何违背旅游规律的规划，成功的可能性都不大。显而易见，在策划创意中，要向游客展示当地河山最美的一面，当地人群中最美好的形象，当地真实人文风貌最形象的反映，而非相反的内容。因此，对于规划者来说，只有反映美、创造美、宣传美，令游客产生出愉悦的心情，才可能对游客产生吸引力、震撼力，规划创意才能取得成功。经典案例有浙江安吉天荒坪景区创意策划。

3. 新奇性原则

新奇性就是要求规划"构思如画样样美，谋略如神件件新"。首创性要求对于旧的、常见的规划模式有所突破。因此，在策划中不仅要求稳扎稳打、步步为营，还要做到稳中有变、变中求新、新中有奇，以适应环境需求。具体地说，就是在景区规划创意上做到"人无我有，人有我新，人新我变，人变我奇"。经典案例有徽商古道之"峰脊沙漠"创意、浙江龙游"洞窟"创意。

4. 协同性原则

协同性原则就是策划者必须要认识到，旅游是一个集群产业，有着一条相互不可或缺的产业链，它同周边社会、经济、环境联系极为密切，产业链中的各个部分、产业与环境之间存在相互联系、相互制约、相互差异的关系。策划应从全局出发，从长远着眼，让局部为整体服务，让眼前利益为长远利益服务。因而，协同性原则要求个体景区规划要与区域社会规划和旅游发展总体规划的目标要求相适应，做到地区景区规划服从于全国和区域的旅游经济规划，并且与之保持相互协调。经典案例有丝路旅游总体规划、河西走廊文化与旅游融合发展规划。

5．效益性原则

旅游文化创意与策划是一种经济性活动，创意较好的景区规划能为旅游地带来丰厚的产出与收入，创造出较高的经济效益。同时，旅游创意策划也是一种社会活动，它能改善景区和旅游企业的形象，维护和恢复传统文化，保护当地山河的自然特色，从而促进就业和提高当地人们的生活质量。因此，在创意策划时必须坚持效益性原则，以最小的投入取得最大的回报，保证旅游经济效益的最大化。

6．可操作性原则

旅游文化创意与策划必须具有可操作性，以确保景区规划实施顺利完成。可操作性贯穿于整个规划过程，即每项规划都应充分考虑所形成的规划的可行性。可操作性主要有四个方面：①经济性分析；②利弊分析；③科学性分析；④法理性分析。

7．时机性原则

时机是指景区规划的时间与机遇。在规划中，规划方案的价值、决策方案的定论会随着时间的推移和周围环境的改变而可能发生变化。时机性原则要求规划时把握好最有利的时机，重视全局效果，处理好机遇和效果之间的关系。因此，在规划过程中要尽可能地把握机遇，缩短从规划到项目实施的周期，从而不失时机地完成规划项目。同时，规划方案的实施效果还须与客观条件相配合，只有客观条件成熟时，规划方案才能取得预期的最佳效果。

8．谨慎性原则

旅游文化创意与策划的成型与付诸实践，会有大笔资金投入，会有大批劳动者参与，也可能会影响到一个地区甚至一代人的生活质量，因此必须慎而又慎。当然，世上没有十全十美的人，规划者不是圣人，不可能对未来所发生的一切都能了如指掌、防患于未然。那么，怎样才能做到谨慎性原则呢？要听取各方人士意见，包括走访景区原住民，特别是老年人和年轻人；也可以将规划公之于众，在小范围内座谈，听取各方意见，反复修正，才能最终定稿。

9．理念性原则

理念性原则是策划创意者对当地河山文化开发的一种理念，是价值与个性的展示。一种理念的形成和确定，关系到规划所凸显的目标特色。因此，一个景区开发的成功与否，与景区规划者的理念息息相关。一般来说，规划创意的理念性原则有两个方面：①策划创意的理念实际就是规划的中心和主题，是旅游规划方案的基础；②创意理念是规划独特性的体现，没有理念，规划就失去了独特性，失去了灵魂。经典案例有"老余杭"旅游开发、浙江永康厚吴村景观开发。

10. 通达性原则

通达性原则，一是指景区对外宣传介绍方式，二是指规划者对于本地区资料的收集和掌握。对外宣传介绍就是将旅游产品信息迅速地传达给游客，而该信息能否迅速地传播到游客群中，收到预期效果，则在很大程度上取决于该信息的完整性、真实性、趣味性、优美性、及时性和通俗性。而"通达"的成功则取决于规划者的努力——能否在传播中采用更有效、更有吸引力的手法。对景区各种资料进行收集，仔细研究，并且运用到规划中去，则是规划者的基本职责之一。

知识扩展

当"朱丽叶"嫁给了"梁山伯"——东西文化的相互植入

"朱丽叶"是英国戏剧大师莎士比亚笔下极具代表性的人物之一，而"梁山伯"则是中国民间传说中的知名人士。看似风马牛不相及的两人却都是东西方爱情的代表人物。那么，假设有一天，当"朱丽叶"嫁给了"梁山伯"，他们之间会是尴尬百出还是一拍即合，两人的结合是否能碰擦出新的火花呢？

这个看似天马行空的想法却是中国当今社会最为普遍的现象，西方世界的文化元素不断地涌入中国，而中国人也秉承着对于鲁迅先生"拿来主义"的错误理解照单全收。当然，我们不排除西方发达国家的确有许多值得我们学习与借鉴的先进思想，但我们要做的不是照单全收，而是要让西方文化彻底地入乡随俗。

国外的媳妇蓝眼睛高鼻子，看着新鲜，但接触久了，就会发现存在许多思想上的矛盾。景区的规划与设计亦是如此，国外的主题公园、游艇码头、星级酒店就像一颗颗闪耀的明珠，人们单纯地以为只要将它们简单地引进就能为景区带来巨大的经济效应。而中国游客就像是"梁山伯"，继承了千百年来传统的中国文化，他们的消费习惯及文化背景都很中国化。因此，一旦新鲜感过后，景区便有可能走向末路。香港的迪士尼乐园、上海的美国梦幻乐园等都是活生生的例子。那么，如何为他们加上中国元素，让这些旅游产品真正成为中国制造就变得势在必行了。

其实，中国历史悠久，文化传统更是博大精深，因此，要在景区中加入中国元素并不难。例如，迪士尼乐园中的卡通形象完全可以穿上中国人的唐装与旗袍，并在中国的传统节日中举办相应的节庆活动；一些滨海码头可以设计成中国古代船舫的结构，若有条件还可建造一些仿古的大型游轮；星级酒店也可采用中国式的建筑风格，并增加茶艺、针灸等中国化的休闲设施。除此之外，还要研究中国人的消费习惯，并投其所好。这样一来，不仅中国人会为了这些景区乐此不疲，更多的国外游客也会被其所吸引，来参观这些被中国化了的"朱丽叶"。

(资料来源：吕志墉. 中国旅游策划创意攻略[M]. 上海：文汇出版社，2009.)

小思考

安徽省池州的东至县有一个所谓的"南溪古寨"，寨内有一个破旧的古祠堂，人们决定把它"翻新"，作为开发旅游的一个景点。可是，祠堂内部仍有一些"文革"时期的旧标语。

于是，有人主张把这些标语刷掉，使祠堂焕然一新。这就不能不令人想到，当年铺天盖地的标语、口号何尝不是一个特定历史时期的见证物呢？它们又何尝不能作为一个"景观"加以开发利用呢？

2.2 旅游文化创意与策划程序

策划必须遵循一定的工作程序。策划的工作程序因领域的不同而不同，因观察问题角度的不同而不同。

2.2.1 国内外学者对策划程序阶段的划分

1. 国外学者的划分

国外学者对策划程序阶段的划分见表2-1。

表2-1 国外学者对策划程序阶段的划分

学者	国籍及背景	策划程序阶段划分	具体实施过程
约翰·米勒 (John D. Miller)	美国国家资源策划委员会	三步论	① 设定目标； ② 测定现状； ③ 为明确的活动设计计划
江川郎	日本策划家	四步论	① 把焦点对准策划的对象(主题)，针对明确而重要的主题进行切题的策划作业； ② 描绘出策划的大轮廓，设定策划实现时可期待的策划成果目标，为构筑具体创意探求所需的着眼点；将创意酝酿成熟，以便具体纳入策划方案中； ③ 将这些充满构想的具体策划整理成策划书，并在实际整理的过程中，试着预测具体的结果，修正策划内容，刻意润色、表现，对策划方案进行取舍选择； ④ 提出策划方案，付诸实施，观察结果，作为下一次策划的参考
爱德华·班斐德 (Edward C. Banfield)	美国哈佛大学教授	四步论	① 状况的分析； ② 目的的设定及具体化； ③ 行动路线的设计； ④ 结果的比较评估
赫伯特·莫里森 (Herbert Morrison)	英国工党领导者	五步论	① 树立计划的决心，把握策划的意义； ② 确认计划能树立在健全实际的基础上，搜集实用的事实及预测将来； ③ 实际订立方案的计划，比照各计划所提示的内容、资源及限制事项，比较、检讨各计划所需要的费用； ④ 订立包括对计划所包含的事项，及从计划剔除事项的计划草案； ⑤ 实际施行计划

2. 国内学者的划分

国内学者对策划程序阶段的划分见表 2-2。

表 2-2 国内学者对策划程序阶段的划分

学者	策划程序阶段划分	具体实施过程	备注
梁朝晖	七步论	① 设定问题(课题)与目标； ② 策划的环境分析； ③ 斟酌课题、创意与构想； ④ 制作具体计划、日程安排； ⑤ 整理策划书； ⑥ 组织实施； ⑦ 效果评价与反馈	梁朝晖. TOP 策划学经典教程[M]. 北京：北京出版社，1998
林汉川	七步论	① 收集信息； ② 策划目标； ③ 对象策划； ④ 策略策划； ⑤ 时机策划； ⑥ 决策与效果评价； ⑦ 案例分析	林汉川. 公关策划学[M]. 上海：复旦大学出版社，1994

策划程序阶段划分呈现多元化格局，是因为人们观察问题的出发点和立足点不同，所设定的领域也不同。例如，约翰·米勒着重于行政策划，赫伯特·莫里森侧重于经济策划，林汉川立足于公关策划，江川郎擅长于企业策划。虽然这些学者对策划程序阶段的划分未能得出统一的一致性的结论，但他们各自揭示的策划程序的阶段性内容和步骤，却无疑为我们研究策划程序的基本模式提供了启示，同时也为我们研究旅游文化创意与策划程序的基本模式奠定了基础。

2.2.2　旅游文化创意与策划程序的基本模式

旅游文化创意与策划程序不同于其他一般的策划程序。根据策划程序的一般模式，结合旅游文化策划的具体实践，旅游文化创意与策划程序的基本模式如图 2.2 所示。

旅游文化创意与策划是一项复杂的系统工程，既然是一个系统工程，又是一种艺术构思，就必须有一定的变化和创新，同时又需要遵循一定的步骤和程序。因此，规划创意没有既定的模式可以抄袭，没有现成的公式可以照搬，没有上级文件可以依据，而是由规划者按照不同山河特色、不同地域特征、不同文化传统、不同人群背景等因素，进行不同的谋划，从而获得最佳的经济效益、最佳的时代效果。因而，不同的景区规划方案、不同的山河风貌、不同的人文地理特征，可以根据各自不同的规划目标及对象进行不同层次的分析和谋划。

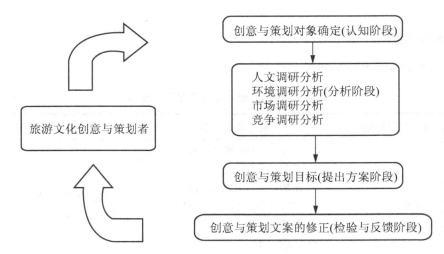

图 2.2　旅游文化创意与策划程序的基本模式

从旅游文化创意与策划者的角度来看,旅游文化创意与策划的基本程序可分为以下六个阶段：界定问题、明确目标阶段,拟定计划、组织分工阶段,调查分析阶段,策划创意阶段,写作旅游文化创意与策划书阶段,答辩、修改和实施阶段。

2.2.3　旅游文化创意与策划的程序

1．界定问题、明确目标阶段

界定问题和明确目标是旅游文化创意与策划程序的第一步,也是最为重要的一步。如果问题不清晰,目标不明确,那么旅游文化创意与策划不仅毫无意义,而且还会造成决策失误,给旅游文化创意与策划各方带来损失。

1) 选定合适的策划人及团队

问题是人发现的,它需要人来解决,旅游文化创意与策划者的素质,特别是旅游创意策划者的素质,在旅游策划中起着决定性的作用。

知识拓展

旅游文化创意与策划者应具备的素质

(1) 应有强烈的问题意识,不仅能够掌握问题的实质,还能够发现新的相关问题。
(2) 应具备一定的旅游知识,了解旅游发展的趋势。
(3) 应有综合、归纳、联想的能力,富有创造性。

旅游文化创意与策划者应综合别人的看法和意见,归纳出有意义的结论,再联想到自己的问题,然后创造性地提出解决问题的方案。进行旅游文化创意与策划的可能是企业所属的策划部门,也可能是被委托的专业策划公司或高等院校、研究所。如果是委托策划,一般需要委托单位和被委托单位双方签订一份合同或协议,明确双方的责任和权利,尤其要明确策划的内容和目标,以及策划所需的费用。

2) 界定问题

界定问题就是对问题进行仔细分析,把问题的实质和范围准确地加以说明。界定问题要全面考虑各方面的需要和可能,将问题明确提出,只有界定了问题才可能将目标具体化。首先,要弄清委托方的本意和要求,把有限的时间、智慧和财力专注其中。如果掌握不了委托方的本意,可能导致创意策划结果与委托者的本意相差太远而无法实施,浪费大量的人力、物力、财力和时间,甚至失去了发展的大好时机。其次,要调查研究策划的对象。了解了委托者的本意后,不必立即着手进行策划,还要对委托者的本意进行调查研究,看是否可行,是否可以改进以获得更大的效果。如果委托者提出无意义的策划要求,或者是被委托者不感兴趣的策划要求,进行策划会令人提不起精神,无法发挥自己的智慧和才能。如果提出的策划难度很大,而自己又不能胜任,则最好放弃策划任务,以免给自己和他人带来不必要的麻烦。还要对策划对象进行考察分析,看看委托者的本意是否符合实际情况,在策划过程中是否能够得到委托方的支持,策划结果能否被执行下去。如果这些问题都不太令人满意,那么就得慎重考虑进行策划的实际意义了。

经典案例

调查研究对旅游文化创意与策划具有重要意义

某集团公司委托一旅游文化创意与策划公司(团队)开发一个娱乐性质的主题公园,后经该旅游文化创意与策划公司(团队)调查核实,该公司既无地块,也无资金,只不过想通过介赢利而已,经过反复权衡,该旅游文化创意与策划公司(团队)最终决定放弃这次委托。

结果证明,做出这样的决策是明智的。数月之后,该项目便不了了之了。调查研究需要到实际中去考察,以便对策划对象有一个感性的认识,对委托者的本意有一个深入的领悟,并有可能获得策划的灵感。

3) 明确重点

旅游文化创意与策划涉及许多方面的问题,在这些相关的问题中总有一个重点,即主题。只有在解决了重点问题之后,其他的问题才能迎刃而解,因此在界定问题时,要找到重点。旅游文化创意与策划的重点可能是委托者或上级给定的,也可能是各部门和策划部门讨论出来的。为了使旅游文化创意与策划重点明确,旅游文化创意与策划人员要同决定策划对象、主题的人进行良好的沟通,确定主题无误后,方可进行实际操作。

经典案例

旅游文化创意与策划要重点明确

某旅游文化创意与策划公司(团队)曾经接到一个进行旅游项目策划的任务,要对某县的一个湖上小岛进行旅游开发。后经该旅游文化创意与策划公司(团队)初步调查,发现该县还有许多更具有开发价值的旅游资源,而该岛不仅面积小、没有基础,而且湖水上涨时容易被淹没。因此,不管开发什么旅游项目,首先要进行地基处理,而这需要大量的资金。

该旅游文化创意与策划公司(团队)的初步结论是:该岛的开发投资大、风险大。于是就问负责人,为什么要开发该小岛?实际上该县是想把全县的旅游业发展起来,而把小岛作为重点来开发,这显然不符合当地实际情况。最后,该旅游文化创意与策划公司(团队)建议,既然是想发展全县的旅游业,就应该把那些价值高、投资少、见效快的旅游资源优先开发,要另外选定重点开发的地方。

(资料来源:沈祖祥. 旅游策划:理论、方法与定制化原创样本[M]. 上海:复旦大学出版社,2007.)

2. 拟定计划、组织分工阶段

旅游文化创意与策划团队(公司)接受委托后,应成立专门的旅游文化创意与策划课题小组,负责整个项目策划的领导、组织和协调工作。旅游文化创意与策划课题小组主要有两个方面的功能和作用,即拟定计划和组织分工。

1) 拟定计划

旅游文化创意与策划是一个有计划、有步骤的活动过程。什么时候开展市场调查,什么时候组织讨论,什么时候撰写策划报告书,什么时候完成策划任务,事先应根据委托合同书上的要求进行周密的部署和安排。

2) 组织分工

旅游文化创意与策划课题小组成立后,应明确各自的分工任务,做到职责分明。

3. 调查分析阶段

调查分析是旅游文化创意与策划的基础和依据,其调查的内容是收集从生产到消费全过程的有关资料,经分析研究,确立旅游策划的目标、受众、诉求点、表现方法和实施策略。

1) 确定调查的内容

在收集整理资料之前,要明确调查的内容。收集资料带有一定的目的性,不能眉毛胡子一把抓。这样不仅会增加工作量,而且还会使目标不集中,不能获得有效的资料。旅游文化创意与策划的主要调查内容应与旅游文化创意与策划的对象有关,见表2-3。

表2-3 旅游文化创意与策划的主要调查内容(以景区为例)

主要方面	主要调查内容
旅游资源调查	对旅游地的资源调查要比区域旅游规划中的调查详细得多,旅游地的资源调查要详细记录旅游地内的景点、景物,对一些重要的景点、景物,还要进行拍照、摄像,并制作成幻灯片
环境质量调查	①有关地震、断层、火山、滑坡、泥石流、水土流失等;②有关水域特征、水位、水量、潮汐、泥沙量、凌汛、水质污染等;③有关气候特征、温度、湿度、降水、风向、风速、冰冻、季节期、有害气体等;④有关土壤、植被、水质、大气污染情况及污染源的状况等;⑤有关自然灾害、人为破坏、地方病、有害动植物等;⑥工矿企业、科研机构、医疗机构、仓库堆积、生活服务、交通运输等方面的排污、放射性、易燃易爆、电磁辐射等

续表

主要方面	主要调查内容
开发条件调查	①社会经济文化状况,包括人口、民族、经济发展水平、物资供应、人民生活水平、文化素质等;②内外交通情况;③服务设施状况,包括游览、食宿、购物、文娱、医疗、邮政、银行、厕所等;④基础设施状况,包括供水、排水、供电、通信、环卫、污水处理、防火安全设施等;⑤管理工作状况,包括管理体制、机构设置、立法工作等
旅游市场的调查	①与旅游者有关,包括旅游者的看法和态度,旅行者的旅游动机和行为,旅行者对旅游目的地形象的反应,对旅游市场经营策略的反应,对未来旅游的期望;②与旅游市场有关,包括旅游市场的特点和趋势分析,旅游市场竞争分析;③与旅游市场环境有关,包括旅游市场社会人口学情况分析,区域经济政治环境分析;④与旅游目的地有关,包括区域旅游资源情况分析,区域旅游设施和服务分析,气候条件、环境污染与保护措施等自然环境条件分析
综合调查分析及结论	对调查的主要内容进行综合性分析,为景区旅游项目创意与策划提供基础

一般而论,一项优秀的景区规划创意方案的制定,应该包括以下几个步骤。

(1) 人文调研分析。调研分析是景区规划中至关重要的一环。不一样的区域文化、不一样的地域特色、不同的人文传承、不同的国家或地区都会拥有不同的旅游创意特征。但是,有一点却是人类共同的愿望:渴望和平,渴望进步,渴望自由幸福,渴望更美好和谐的生活环境,渴望更富足安定的生活。换言之,旅游文化创意既有各个区域的"特性",也有各个区域"人类的共性"。而在制定规划创意方案时,其吸引力就在于,规划者站在一个更高的视点上,通过比较分析,找出当地自然、地理、文化、物产的独特性,开发出一个最适宜于当地经济发展的景区规划蓝图。当然,旅游策划文化创意也是各地区固有文化彼此交流的产物,特别是交流频繁的国家和地区的旅游文化,更具有极强的国际性和通融性等特点。

(2) 环境调研分析。环境调研分析,也就是市场竞争与需求的分析,是指一个旅游策划项目具有获利能力的最低市场规模估计。在实务中,要确定市场规模相当困难,通常的方法有:①根据历史情况来预测未来的客流量,这是一种最常用的方法;②根据接待能力来预测市场规模;③根据经济目标来确定应该达到的市场规格。需要指出的是,市场规模是随着新的吸引物的开发、宣传促销活动、消费时尚的变化而不断创新改变的。因此,市场规模的确定也应不断地进行调整。

(3) 市场调研分析。市场规模是对市场进行量的分析,而市场结构则是对市场进行质的分析。旅游市场结构往往是从以下三个角度进行分析的:①客源区域特征。针对不同区位,不同客源群体的生活、文化和宗教习惯等,可以采取不同的客源旅游策划。按照区位、旅游目的地的性质,将客源市场分为国内市场、国际市场、区内市场、区外市场等。②社会人口特征。社会人口学分析应包括年龄、收入、闲暇时间、教育程度、职业、宗教信仰等。③消费行为特征。游客消费行为包括旅游动机、旅游方式、逗留时间、旅游季节、消费水平、住宿等级及娱乐购物等。

(4) 竞争调研分析。景区规划创意的目的是维持或建立某种旅游产品在市场中的位置。由于市场存在竞争，因此，景区规划必须对市场的竞争环境和自身的优点、缺点进行客观分析，即通常所说的 SWOT 分析：S，优势(Strength)；W，劣势(Weakness)；O，机会(Opportunity)；T，威胁(Threats)。就景区规划而言，对策划的对象进行 SWOT 分析可以概括为两个方面：

① 外部环境分析(即机会与威胁分析)。为了使规划实现预期目标，规划者必须了解外部环境，并观察和分析这种环境，从而寻找机会，发现威胁。对于创意规划概念区本身而言，机会就是一个可以通过努力赢得成功的途径。这些机会可以按其吸引力程度及每个机会可能获得的成功概率加以分类。景区的每个特定机会的成功概率，不仅取决于它的业务能力是否与该行业成功所需要的条件相符合，还取决于其业务能力是否超过其竞争对手的业务能力。经营最佳的景区企业是那些能创造最大游客价值，并能持之以恒的企业。外部环境的某些发展变化可能预示着威胁，景区需要为每一个这样的威胁准备一个应变计划，这些计划将预先阐明在威胁出现之前，或者当威胁出现时，景区企业将有哪些对应措施。

② 内部环境分析(即优势与劣势分析)。每个景区都要定期检查自己的优势与劣势，并对本景区企业的环境、财务、营销、客流量等进行考核、评估，发扬优势，采取措施弥补劣势。

(5) 策划目标。通过 SWOT 分析后，便可以发现景区现有的问题和卖点，从而确定策划的目标。旅游策划文化创意的目标往往是多元化的，可以根据本地人文、物产、地貌等特性，扩大旅游产品的市场份额，提高旅游产品的知名度和美誉度，开发新的旅游产品或对原有的旅游产品进行更新及重新包装旅游产品形象等，应该针对这些不同的目标进行不同的策划。目标的确定，应根据具体的策划要求和实际情况而定。目标的确定是否切实可行，取决于其是否建立在"具体情况具体分析"的基础上。有人说，明确地指出问题所在，就等于解决了问题的一半，此话不无道理。界定存在的问题，要全面考虑旅游产品所涉及的各个方面的需要和可能，以及各种客观条件和环境是否允许。条件不够的可以创造条件，当然，创造条件需要具备一定的基础，不能超越现有的基础，盲目求新贪大。

2) 收集第二手资料

旅游文化创意与策划调查人员面临的信息资料有原始资料和第二手资料两种。原始资料是指须由调查人员为本次调查目的直接从调查对象处搜集的信息资料。第二手资料是前一次或由他人所收集、整理并存放于某处的信息资料，也称现有资料。这样做的好处是：①搜集资料所需时间短；②搜集资料所耗费的人力、财力、物力少；③有助于更精确、更有针对性地搜集原始资料。第二手资料的不足之处是：所收集的资料往往不能很好地满足调查的目的，对解决问题不能完全适用，缺乏时间性，过时的资料比较多，缺乏精确性和可靠性。

第二手资料主要有以下几个方面的来源：①企业内部来源，包括各种会计、统计报表，企业内部的有关记录、凭证、各种经营指标，客户资料及以前的研究报告；②政府来源，包括政府发布的有关信息、文件、统计公报、研究报告等；③报刊书籍，包括各种有关的报纸、杂志、手册、年鉴、书籍、企业名录及有关机构分布的资料；④商业资料，包括由企业发布的信息资料，企业咨询机构出售的信息资料和研究报告。第二手资料往往具有一定的局限性，不能原封不动地直接加以利用。旅游文化创意与策划调查人员应当首先从搜集第二手资料入手,只有当第二手资料不能满足调查目的需要时,才需着手搜集原始资料。

3) 收集原始资料

第二手资料往往不能满足工作的需要,许多资料需要旅游文化创意与策划者亲自去调查。第一手资料不仅能够弥补资料的不足,而且还使得资料更具有可靠性、时效性和真实性。旅游文化创意与策划资料收集的主要方法见表2-4。

表2-4 旅游文化创意与策划资料收集的主要方法

方法	具体内容	备注
观察法	由调查人员在现场观察有关参与者及其环境的一种方法	观察的对象可以是产品、顾客,也可以是竞争对手、环境因素等。观察得到的第一手资料往往比较生动、直观、可靠。观察法的局限性在于:一般只能看到表层现象,很难对深层因素进行分析。例如,顾客的职业、文化水平、心理动机等,就很难通过观察法去了解
会议法	通过召开调查会议的形式搜集原始资料的一种方法	采用会议法应注意:会议的准备必须充分、完善,与会者的水平和素质是开好会议的基本保证,对会议内容的认真记录与核实是取得可靠资料的依据
询问法	通过谈话方式来搜集各种市场信息资料的一种方法	询问法最适合于描述性调查。具体的调查方法有三种。电话访问,这一方法获得的信息最迅速、最及时,反应率较高,可以及时解决许多疑难问题。此法也有一定局限性:一是谈话时间有限,不能提太多的问题;二是访问对象仅限于有电话的人士。发放问卷,包括邮寄问卷、街头发放、上门发放三种形式。此法送达率较高,成本较低,比较容易被调查对象所接受。局限在于:反应率无切实保障,问卷的回收率比较低,一般不会超过30%~40%。人员访问,包括预约访问和街头采访。由于采用面谈方式,因此此法最灵活,内容可多可少,可以深入交谈,也可以察言观色,随时调整访问的内容。此法成本最高,最费时和费力
实验法	将选定的刺激因素引入被控制的环境中,进而系统地改变刺激程度,以搜集和测量调查对象的反应的一种方法	有时可根据需要将调查对象分成若干小组,然后分别给予不同程度的外部刺激,以便进行分析对比。特别是当对同一现象存在不同解释的时候,运用实验法可以找出真实的原因。因此,实验法适合于因果调查

4) 整理资料

收集来的资料很多,需要进行分门别类、去粗取精、去伪存真的整理,这是旅游策划调查分析阶段资料的整理过程。在对第二手资料进行评估时,应掌握三条标准:

(1) 公正性。资料应客观公正,不带偏见和恶意,发布资料的机构越具权威性,其资料就越客观公正。

(2) 时效性。应当注意考察资料是否过时。

(3) 可靠性。多数统计资料是采用抽样调查的方法得到的,因此,抽取的样本是否具有典型性、代表性,抽取样本的数量是否充足,对资料的可靠性有很大的影响。

将收集来的资料按照不同的类别进行整理，使凌乱的资料变成有用的情报，这样对问题的认识能更深入一步，也就基本上产生了解决问题的方案。

4．策划创意阶段

1) 创意的来源

旅游文化创意与策划是为了找到能够解决问题的方法、方案，这种方法、方案就是旅游策划的创意。创意不是单凭某一个人的想法就可以简单得来的，而是经过系统的组织、整理，形成可以实现的构想和方案。

一般来说，创意可能来自如下三个方面：

(1) 来自组织内部。有许多好的创意可能已经存在于旅游工作人员的脑海里，只不过他们的创意没有被发现，或者没有被重视，抑或还只是一个想法，因此需要策划人员对内部人员进行广泛的征询和调查。

(2) 来自社会。对于某一方面的问题，可能在社会上已经存在解决方案。例如，在书籍中，在从事相同工作的人的意识里，已有成功的先例(社会上有很多关于成功策划案例的书籍)。这就需要策划人员占有大量的资料，具有丰富的阅历，以及把握对此类问题的解决方案。

(3) 来自策划人员的灵感。谈到某一具体的策划，也许人人都能说上几条意见，拿出几套解决方案，但要得到好的策划创意和解决方案，就不是人人能够做到的了，这需要策划人员有丰富的经验和一定的素养。

2) 寻求策划

策划创意的获得并没有秘诀，好的策划创意往往来自创意的灵感，也就是创意暗示、创意联想、模糊印象、灵机闪现等，将灵感经过整理、变形、加工和组合，就形成了创意。因此，寻找策划创意的线索就是要寻找创意的灵感。产生好的策划创意的人，并非一定要绝顶聪明，反应敏捷，关键在于能否正确把握策划主题，能否深入地看待问题，能否有丰富的联想，能否掌握正确的策划方法。

以下是寻求策划创意线索的几种常见的方法：

(1) 临时收集信息法。前面谈到了策划创意可能的三个来源，其中，第一和第二方面的来源表明有现成的策划创意可供借鉴、借用。在广泛调整的基础上，我们可能会得到这些现成的策划创意，这是最省时、省钱、省力的方法。

(2) 添加新内容。前述方法基本上是照搬现成的策划创意，策划者并没有什么新的创意，也没有发挥自己的智慧。添加新内容是在收集来的好的策划创意的基础上，增补新的内容，加以修改、变更和加工，即加上自己的重新塑造，改变若干切入点，或加以新的灵感与创意。

(3) 感性认识法。仅靠现成的策划创意来应付策划的需要是不够的，同样，仅靠策划小组成员袖手枯坐，绞尽脑汁想创意也是不够的。必须积极走动，亲自去探寻，以求获得感性认识。在感性认识的基础上，往往会获得新的创意或灵感。感性认识法就是要参加到生产、经营、消费过程中，同各种生产者、批发商、零售商和消费者进行交谈，必要时还要拜访同业前辈及不同行业的人士，多开座谈会，多到有成功策划经验的企业去考察，从各种关系人士中获得创意和灵感。

(4) 日积月累法。很多创意不是突然产生的，而是在日积月累的基础上产生的。策划者在日常的工作和学习过程中，慢慢地积累起有关旅游策划的资料和经验，在需要的时候就可以顺利地做出高效率的策划来。日积月累法常用的手段有：经常去参加策划方面的座谈会，听这方面的演讲，向前辈同行请教、摘抄、剪报、记录、做卡片，并且将这些收集来的资料进行分门别类的整理。

(5) 联想法。利用策划者的大脑，通过联想获得策划创意的方法就是联想法。联想法中还有一些具体的方法：①动脑会议法。策划小组成员在一起开会，让每个成员把他的想法说出来，然后让每个人根据大家的想法，再加上自己新的联想，提出新的看法，最后能获得比较一致的创意。②关键词法。事先收集一些与本策划有关的关键词写在卡片上，然后翻阅卡片以寻求联想点。③核对表法。将一些与本策划有关的问题写出来，然后根据这些问题进行思考，从而导出联想点来。④梦想法。让策划者脱离实际，通过假想、臆想、空想、构想、胡思乱想等，得到看来不太可能实现的结果，然后想办法实现这个结果。

3) 确立策划方案

在旅游文化创意与策划过程中，往往会由几个策划创意得到几个策划方案，但是实际操作却只能是一个策划方案，因此要从中选定和确立一个方案。

一个可行的方案，应具备以下三个条件：

(1) 方案应具有可操作性。方案本身要符合单位和企业的实际情况，包括人力、物力、时间和财力。此外，还要有此方案实施时所必须具备的外部条件。

(2) 方案应得到领导的信任与支持。策划方案能否顺利推行、执行到底，与领导的信任和支持程度有很大的关系。因为，推行一个策划往往需要大量的资金投入，而在推行之初看不出任何效果，如果领导意志不坚定，对策划方案的信心产生动摇，支持与信任的程度降低，就会使策划方案夭折。

(3) 方案应得到其他部门的支持与配合。方案的实施除了领导的支持外，还需要其他部门的全力配合。作为旅游策划来说，如果是对一个地区进行策划，那么其他部门就是与旅游相关的部门，如园林、建设、环保、规划等；如果是对企业进行策划，那么其他部门就是企业内部的各个部门。因此，在策划方案制定之初，就必须与其他部门沟通、协商，最好请各个部门的领导直接参与策划。这种经过大家共同制定的策划方案是大家所参与的、认可的方案，可以得到各部门的全力支持和配合。

5. 写作旅游文化创意与策划书阶段

如果旅游文化创意与策划方案只停留在策划者的脑海里，不为他人所知、所接受，策划思想和策划创意是不可能实施的。策划书作为策划的物质载体，是策划的文字化，它使策划由思想一步步地变为现实。因此，旅游策划方案必须整理成策划书，提交给上级和相关部门，才能推行下去。

旅游文化创意与策划书可以有很多内容，而且不同的专题策划书，其目标要求各不相同，在内容上也千差万别。但是旅游文化创意与策划书包含一些基本的内容，有的学者将其概括为"5W3H"：

What(什么)——旅游文化创意与策划的目标、内容。
Who(谁)——旅游文化创意与策划相关人员。
Where(何处)——旅游文化创意与策划场所。
When(何时)——旅游文化创意与策划的日程计划。
Why(为什么)——旅游文化创意与策划的假设、原因。
How(怎样)——旅游文化创意与策划的方法和整体系统运转。
How(怎样)——旅游文化创意与策划的表现形式。
How(怎样)——旅游文化创意与策划的预算。

如做具体细化，一份完整的旅游文化创意与策划书应包括如下内容：
① 旅游文化创意与策划的名称(主题)。
② 旅游文化创意与策划者的姓名(小组名、成员名)。
③ 旅游文化创意与策划完成的时间。
④ 旅游文化创意与策划的目的及内容概要。
⑤ 旅游文化创意与策划的内容及详细说明。
⑥ 旅游文化创意与策划的进度表(时间表)。
⑦ 旅游文化创意与策划的预算和计划(人力、费用、物力)。
⑧ 旅游文化创意与策划的相关资料。
⑨ 如果有第二、第三方案，写出其概要。
⑩ 旅游文化创意与策划实施需要注意的事项。

6．答辩、修改和实施阶段

1) 答辩(征求意见)

实施一项旅游文化创意与策划需要花费较长的时间、较多的经费，所以一项策划在实施之前必须征求意见或答辩。征求意见是把策划书下发给各个相关的主要领导和其他人员，广泛征求他们的意见。答辩则要求严格一些，由主要领导和相关部门的领导就策划的内容询问，策划小组就这些问题进行回答。更严格的答辩不仅要有主要领导和相关部门的领导，还要请一些这方面的专家参与。策划小组应对策划书的内容做出比较详细的阐述，对提出的问题给出明确的答复，并认真记下各个方面的意见和建议，虚心接受批评，不能对领导、专家的意见和建议不听不问，甚至顶撞对立。

2) 修改

要认真对待从各方面反馈回来的意见和建议。意见和建议有正确的，也有不正确的。通过对这些意见和建议进行整理，保留正确的；然后根据正确的意见和建议，对策划书进行修改。如果意见不多，则可以少修改；如果意见较多，则需要进行较大的修改，甚至从头再来。所以，在调查阶段工作要做得细一些，尽可能多地获得资料信息；在确定策划创意阶段要与领导和相关部门多沟通、多交流。

3) 实施

经过同意和批准的旅游策划，就要付诸实践，进入策划的实施阶段。在实施过程中，要对策划进行有效的管理，尤其要保持策划的连续性、权威性，按照策划内容实施，不得随意改变策划的内容。如果情况确实发生了较大的变化，可以对策划书做出修改。实施阶段是一个比较长的阶段，可能是几个月、几年甚至几十年。

2.3 旅游文化创意与策划的基点与要素

2.3.1 旅游文化创意与策划的基点

1．综合性

策划创意必须对本区域历史的进程及现实情况的综合信息有理性分析。规划者应尽可能多地掌握各种过去和现实情况、资料及背景，并在充分掌握各种信息后，在对当地现状进行深刻研究的基础上进行创意和规划。只有这样做，才能使得做出的规划具有合理性、针对性和可行性。

2．目的性

策划创意必须具有明确的目的性。在调查分析有关资料的基础上，力求把各项工作从无秩序、零散、杂乱无章中转向有条不紊。景区策划创意的根本目的，就是寻求经济拓展的最大综合经济效益。

3．实用性

策划必须具有"弹性"。针对某一区域，不同的规划者可能会做出多个不同的设想、不同的方案，人们可以对多个不同的方案设想进行权衡比较，从中选出最优秀、最切合实际、经济效益最佳的方案付诸实施。在实施过程中，还必须根据环境形势的变化，不断对方案进行调整和修正，以保持该规划在现实中始终处于最佳适应状态。

4．系统性

策划创意必须是一项按程序运作的系统工程。旅游策划创意是为了保证方案的合理性与高成功率，因此，必须按照一定的程序进行。整个规划过程可以把各方面的活动有机地组合起来，使"总系统"与各个"子系统"相互协调，形成一个最合理的整体规划体系。总而言之，旅游策划文化创意是以旅游资源为基础，通过实地考察，将有关资料进行综合评析及创造性的思维，重新整合旅游吸引物的全过程。同时，实现旅游资源与市场机制的必要磨合，使得旅游者对当地的山水风光、文化历史获得最完美的体验，并且使整个规划具有经济性、社会性、创造性、时效性和可行性等。

2.3.2 旅游文化创意与策划的要素

1．可行性要素

任何一种创意策划在本质上都是一种构想。无论其表面看起来是多么完善、多么合理，在实施过程中都不可避免地会遇到各种各样的阻碍，甚至半途而废。旅游策划文化创意也不例外。在制定规划时，一定要考虑到其可行性，包括在经济上、环境上和技术上的可行性，以及当地的经济承受能力，当地的物产，当地的气候，当地山河的特征，当地人的文化素质、思维方式等基本因素。

2．创新性要素

不断地修正、创新是任何事物赖以生存、发展的基础，也是人类得以发展壮大的动力。人类社会之所以在不断地进步，就是因为能在一次又一次的创新中不断地完善自己。

3．信息性要素

不言而喻，在信息资讯业日新月异的今天，谁拥有更多的资讯和最新的信息，谁就能获得更多的成功机遇。景区规划创意本身就是一种信息：将最新旅游产品策划构想的信息输送给旅游者。而该信息是否能产生预期的经济效果，很大程度上取决于该信息本身的完整性、及时性、艺术性及可操作性等。

4．前瞻性要素

旅游文化创意与策划是一门综合性极强的学问，涵盖了文科、理科研究的各个领域，必须依据景区历史上已经发生的事件、目前的真实状况及国内外旅游文化研究的最新成果、动态，结合我国的国情及世界旅游业发展的趋势，对旅游规划地做出客观、全面的分析和评估，即对历史上业已存在的状态、现在的优势部分和劣势部分进行客观的综合剖析，并对未来可能的发展做出实事求是的评判和预测。

5．亲和性要素

在景区策划创意及产品设计中注入亲和性要素(即景物的人性化要求)至为重要。中国人讲究伦理道德，注重亲缘友情，所以在景区规划创意中要处处体现出"人情味"来。

阅读材料

在一个景区的旅游纪念品商店里摆着各式各样人物的泥塑，招人喜爱。可是，旅行团中的三个女孩却不约而同地买了同一种泥塑，即一对模样慈祥的可爱老人。这对泥塑外观、式样、艺术构思与其他泥塑区别不大，但令人注目的是，在这对慈爱老人的背景里有一条横幅，上书"送给全世界最伟大的爷爷奶奶"。一股浓浓的亲情之风扑面而来，由此，这个旅游纪念品也显得特别招人喜爱了。还有一种现象在旅游活动中司空见惯。明明公园中有一条"捷径"通向出口或某一重要景点，却不知什么原因，偏偏有人将它围上了篱笆，种上了花草，游客必须要绕一个大弯才能到达。于是乎，花木丛中便自然而然地由众人踩出了一条长长的"小路"。这令人不由想到，当年此景区的规划者何不在此地就近筑一条小路，供游人行走呢？亲和性要素就是要在景区规划中点点滴滴的"小事"上令游客感受到亲和感。在日常生活中，这样的"小事"屡见不鲜。在火车站过天桥或地道时，常常要走一段长长的台阶。现在的旅行箱多数是有轮子的，可是，这些轮子在台阶上就不管用了。于是乎，人们便不得不肩挑背扛着行李箱，如果是老人、妇女的话，更是不便。看到这种司空见惯的场景，人们不禁想问，当年的规划者为什么总是"忘了"在台阶边设计一条可供轮子滚动的坡道呢？

以上事例告诉我们一个事实：亲和性要素在现实生活中对于普通百姓来说是多么的重要，我们不能掉以轻心。

2.4　旅游文化创意与策划的路径及步骤

区域历史文化的形成是一个不断层层积淀的过程，特色景观是时代进程的标记，反映了某个时代特定地域、特定文化土壤和社会经济条件下生产方式、生活方式、思维方式、风俗习惯及社会心理的需要，因此，做好区域旅游的文化策划对于提高旅游开发质量与品位具有重要作用。

1. 特色发掘与主题定位

地域特色的发掘和文化精髓的提炼及文化主题的确定是旅游文化策划与开发的关键。例如，海南——椰风海韵醉游人；湖南——山水湖南，伟人故里；湖北——神奇江山，浪漫楚风；北京——东方古都，长城故乡；神农架——人与自然和谐；宜昌——三峡明珠，世界电都。

知识扩展

美丽富饶的马里亚纳群岛

当很多旅游景点还在为自己过于单一、复制着太多的文化形式而苦恼时，远在西太平洋上的马里亚纳群岛却利用自己多元交融的各国文化做足了文章，将旅游业发展得红红火火。这个面积仅有 478 平方千米的海岛在 1521 年首次被西班牙著名的航海家麦哲伦发现，之后便直接使用了当时西班牙王后玛利亚娜的名字命名。成为西班牙版图一部分的马里亚纳群岛在长期的战争中，居民从原来的 4 万多人到最后只剩下 1 700 多人。后来，马里亚纳群岛经西班牙转至德国，又由德国转给了日本。这一段曲折的历史远没有结束，第二次世界大战后，马里亚纳群岛被战胜国美国占领，直至 1986 年正式成为美国的一个联邦领土。

这段惨痛而又独特的历史，赋予了四个国家彼此交融、相互渗透的独特的文化景观。在这里，可以看到西欧风格的教堂，也可以看到日军最后司令部的遗址和飞机跑道，还可以看到美国在第二次世界大战中的原子弹组装基地。此外，3 000 年前当地土著人创造的文明也能在拉提石遗址中窥见一斑。土著文化、殖民文化及近代的战争文化在这个群岛上体现得淋漓尽致。马里亚纳群岛的人们巧妙地将各种文化的交融凸显了出来，这些最后都成为小岛别具风情和沧桑历史中的一环。

(资料来源：严三九，王虎. 文化产业创意与策划[M]. 上海：复旦大学出版社，2008.)

2. 文化资源转化的可行性识别

文化资源向旅游产品转化的过程，实际上是旅游区文化设计的实施过程。旅游文化策划与设计必须考虑文化资源的可开发性，即这种资源转化为旅游产品的可能性与程度。三峡地区的文化资源十分丰富，但能转化为旅游产品的不一定很多，这就需要进行旅游文化的识别。

3. 旅游文化产品的开发策划

1) 产品打造

本着尊重事实、尊重历史、传承文化、锐意创新的原则，根据旅游需求和创造名牌的目标，对地域文化资源去粗取精、提炼升华、加工制作，使其地方特色进一步"特化"，并加以良好的"包装"，这是将旅游文化资源开发转化为旅游产品的必要手段。

2) 文化融入

旅游文化策划与开发主要是进行文化包装，把地方的民间文化、民俗文化、历史文化及建筑艺术、园林艺术、工艺美术、装饰艺术、环境艺术等融入旅游区建设之中，全方位强化旅游区的文化因素。区域文化旅游产品的开发策划应结合景区建设，并将文化有机地融入进来。

3) 氛围营造

氛围营造就是营造区域旅游文化氛围，如利用音乐文化、饮食文化营造黄土高原、青藏高原的旅游文化氛围。旅游文化氛围营造对旅游产品的消费体验起着相当重要的作用，但这却是目前我国区域旅游策划与区域旅游产品开发工作中普遍比较忽视的问题，今后应加强这一薄弱环节。

4. 旅游区域整体形象的塑造

区域旅游的文化策划中的一项重要工作是进行旅游区域整体文化形象塑造，做好文化包装策划工作。其工作步骤是：①把握好旅游区域的文化导向，即确定旅游区域的文化主题，旅游开发应尽量围绕这个主题服务；②深入发掘旅游区域的文脉和旅游形象的文化内涵，选择合适的形象定位方法(如领先定位法、比附定位法、空隙定位法等)，做好旅游区域形象主题定位；③进行旅游区域形象的创意设计，旅游区域形象策划的核心在于创意，创意是区域旅游文化开发与建设的关键；④运用多种手段对旅游区域的形象进行全方位展示，将旅游区域形象的创意设计付诸实施。

5. 旅游区域文化品牌的打造

品牌是旅游竞争制胜的法宝，区域旅游的文化策划应注重旅游品牌的打造。区域旅游

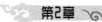

文化策划的最高境界是品牌策划,目前区域旅游已进入品牌"通吃"的时代。策划专家陈放曾经对品牌做过这样的阐述,品牌的基础是质量,品牌的本质是创新,品牌的表现是包装,品牌的前面是形象,品牌的后面是文化,品牌的上面是广告,品牌的下面是服务,品牌的内部靠管理,品牌的外部靠营销,品牌的未来是性格。品牌打造应起一个好名字,有一个好的标志,一个经法律注册的商标,找对一个管道,有一个好的定位,制定一个好的目标,导入一个核动力,提出一句响亮的口号,具备一个优秀的文化。这对旅游区域文化品牌的打造具有启发和借鉴意义。

知识扩展

伦敦塔

1. 概述

已有 900 年历史的英国伦敦塔曾是英国王室住地、皇家卫队驻扎的要塞和国家监狱,是世界著名的历史纪念物之一。它拥有英国人引以为荣的文化遗产,担负着保存、收藏英国皇家宝石珍物和王冠等国宝的重大责任。这些特殊职能使它与英国王宫有着同等重要的地位,也为来此的游客提供了不同一般的游览价值。

2. 客源市场

伦敦塔是外国旅游者来英国旅游全程中最受欢迎的旅游景点。特别是在夏季,来参观伦敦塔的游人爆满,在所有游览项目中参观宝石珍物是最主要的内容之一,有将近 66%的游人是特意为此而来的。

3. 资源与产品

伦敦塔由四座塔楼和一幢古老的综合性建筑物构成,包括皇家卫队营地、一座小教堂(1%)和一片中央绿地,占地约 109 亩。伦敦塔的建筑风格生动地体现了英格兰的历史风貌。英国皇家珍物(56%)就收藏在伦敦塔中心的地下珠宝房内。伦敦塔的白塔(7%)是英国的军事展览馆,陈列着历代军队使用过的武器,有持枪的皇家卫队进行表演(4%),还有荣誉勋章及监狱的各种刑具(1%)的展览。伦敦塔中央绿地上栖息着许多黑色的大鸟(2%)。这些黑色大鸟常常飞落在塔尖之上,象征的是英国皇家的威严。在此还有皇家卫队的升旗仪式和换岗仪式的表演项目。伦敦塔内共有七个购物商店,分散在各个展室内,陈列出售新设计和生产的、反映伦敦特色并具有纪念意义的系列纪念品和工艺品。另外还有红塔(9%)、叛逆者之门(1%)、防卫要塞(4%)、监狱(6%)、古城堡(6%)、墙下长路(1%)、皇家枪队展览馆(1%)、卫队巡逻(1%)等。

点评

本策划的创意在于:

1. 文化内涵

文化旅游是以旅游文化为消费产品,旅游者用自己的审美情趣,通过艺术的审美和历史的回顾,得到全方位的精神上与文化上的享受的一种旅游活动。正是因为伦敦塔深刻的文化内涵才使其成为外国旅游者到英国旅游全程中最受欢迎的旅游景点。管理者在原有的传统旅游产品——宝石陈列室的基础上，开发了白塔(军事展览馆)、红塔等参观项目，将人文历史景观旅游区的魅力——民族性、艺术性、神秘性和传统性一览无遗地展现给游客们。在开发与建设景点的同时，忠实于它原有的传统旅游文化特点，即保存、收藏英国皇家宝石珍物之所，这也是伦敦塔一直能保持其生命力的关键所在。

2. 旅游纪念品的重新定位

以往，伦敦塔出售的纪念品无论在价格、质量、品种上都无法满足旅游者的需要，其经营也一直处于下降趋势。后来，新上任的管理者把增加商品销售视为增加游览活动内容的重要部分，采取了一系列的新措施。例如，共设七个购物商店，将最大的商店设于大门入口处，在纪念品的特色性及创意性上做文章，扩大物品的销售市场等。所以，在短短的一年间，伦敦塔商品性收入就增加了25%左右。

3. 伦敦塔最特别之处——对游客的管理与服务

为方便游客，在从铁路站通往塔内的道路上树立了标志指示牌：在售票处写明参观王冠宝石需要等候的时间，建议游客可以先去参观那些不用排队等候的项目；对员工进行有关游客意识的培训，训练他们调整控制游客流量的技巧和方法，让游客能够更清楚、更有秩序地参观……这些举措都是从游客的需要出发，切实为游客服务的，称得上是考虑周到，这人性化的做法是值得其他区做参考的。伦敦塔作为世界著名的纪念物之一，还是有很大的发展空间的。例如，在丰富产品内容方面，赋予旅游产品以新的内涵，可以诱发出景点、景区新的生命力。

(资料来源：沈祖祥. 世界著名旅游策划实战案例[M]. 郑州：河南人民出版社，2004.)

本章小结

本章主要论述旅游文化创意与策划的基点、要素、原则、路径，国内外相关学者对策划程序阶段的认识，旅游文化创意与策划的实施程序及基本模式，其中旅游文化创意与策划的实施程序的各组成部分及基本模式有较强的实践应用性，为本章的学习重点。通过本章，学生可学习策划原则、路径的相关知识，学习掌握旅游文化创意与策划的实施程序及基本模式的相关知识，学习针对不同类型的旅游文化进行策划需要遵循哪些路径和步骤，并通过案例的学习，能最终结合旅游文化创意与策划详细具体的实施程序，进而指导旅游文化创意与策划的应用。

复习思考题

一、名词解释

1. SWOT 分析
2. 人文调研分析
3. 感性认识法
4. 品牌

二、单选题

1. 爱德华·班斐德是( )著名的策划专家,他提出了策划的四个步骤。
   A．英国　　　　B．美国　　　　C．法国　　　　D．德国
2. 旅游文化创意与策划程序在调查分析阶段主要包括人文调研分析、环境调研分析、( )、市场调研分析。
   A．旅游资源调查分析　　　　　B．社会经济特征分
   C．竞争调研分析　　　　　　　D．优劣势分析

三、多选题

1. 旅游文化创意与策划必须遵循( )基点。
   A．综合性　　　B．目的性　　　C．实用性　　　D．系统性
2. 在旅游文化创意与策划过程中,一个可行的方案应具备( )条件。
   A．可操作性　　　　　　　　　B．前瞻性
   C．领导的信任与支持　　　　　D．相关部门的配合

四、简答题

1. 简述旅游文化创意与策划的原则。
2. 旅游文化创意与策划者应具备的素质有哪些?
3. 一般而论,一项优秀的景区规划创意方案的制定,应该包括几个主要步骤?

五、思考题

旅游文化创意与策划的实施程序有哪些?试以实例论述。

课后阅读

可口可乐经典策划营销案

可乐是众人皆知的清凉饮料,而称霸可乐世界的首先要属可口可乐。自1886年问世以来,可口可乐已成为一种国际性饮料,所到之处备受青睐。可是谁能想到这种深为世人喜爱的软饮料,原本只是一种医治头疼的药水,一次店员偶然错把苏打水兑入这种药水,病人喝后赞不绝口。于是,最原始的可口可乐就这样极富戏剧性地诞生了。可口可乐在起步阶段,由于只宣传其药用功能,销售进展非常缓慢。经过一段时间的市场调查后发现:①顾客对可口可乐缺乏了解,认为可口可乐只是在头疼时饮用。因此,顾客对可口可乐公司及产品的整体印象模糊不清。②当时的可口可乐是装在冷饮柜里出售,顾客却不以为它是一种饮品。为改变这种现状,公司合作人之一——罗兰·鲁宾逊创造了沿用至今的可口可乐的名字和商标图案(图2.3),即用红色作底,可口可乐名字左右两侧画上白色水波纹,表示是清凉饮料,把可口可乐(Coca-Kola)

图2.3　可口可乐商标

中的 K 换成 C，并亲笔写下漂亮的 Coca-Cola 字样。此外，可口可乐公司从 1916 年起开始使用它那与众不同的专用瓶。这样，有了商标、专用瓶和保密配方的可口可乐才真正开始进入市场。而使可口可乐真正成为一种国际性饮料的，当首推伍德鲁夫，他是可口可乐公司的第二任董事长。他就任董事长后的第一个惊人设想，就是"要让全世界的人都喝可口可乐"，这是具有战略意义的设想。但是要把这种略带药味的饮料推到国际市场，使各种人都能接受和喜爱，如果没有一个良好的形象和较高的知名度，是很难实现的。伍德鲁夫为实现他的设想，采取了两个有效措施：①利用美军进行义务宣传。在第二次世界大战期间，可口可乐作为一种军需饮料登上欧洲大陆，专供美军饮用。这样，大批美军就成为可口可乐的义务宣传员。由于有美军做义务宣传，可口可乐的名字很快就传遍了全世界。②在国外设立分公司。主要做法是在当地设立公司，所有员工都是当地人，除了可口可乐的秘密配方浓缩汁以外，一切资金、设备、材料、运输、销售等都由当地人自筹、自制、自办。为维护公司形象，总公司统一负责制定销售方针、人员培训及提供技术服务。据第二次世界大战后 50 年统计，除了在美国本土上的发展和收入外，可口可乐单靠批发仅占饮料重量的 0.31%的原料，每年的经营总额就可高达 9.79 亿美元，全年总纯利润接近 15 亿美元。可口可乐终于成为全世界销量第一的软饮料。

1981 年，50 岁的戈兹达继任董事长。戈兹达上任后的第一件大事就是继续完成前任董事长的宏伟大业，把可口可乐打进了有 11 亿人口的中国市场。第二件大事就是收购了享有盛誉的美国哥伦比亚电影公司。为此，大惑不解的新闻界人士纷纷追问此举的目的何在。戈兹达最后一语道破："哥伦比亚电影公司是世界上最大的电影公司之一，它是传播文化的理想场所，我们要让每一位观众在观看哥伦比亚的电影时，也喝着可口可乐。"原来，戈兹达是在培养一种文化。对此，美国人不禁感叹道：要不了多久，象征美国精神的自由女神手中将不再举着火炬，而是换成一个可口可乐瓶了。为了适应日益激烈的竞争，可口可乐把原有的可口可乐改为"古典可乐"，同时推出一种"新可乐"。这对于一家企业来讲是很合理的事情，但在可口可乐已成为一种"文化"的美国，却引起轩然大波。老顾客纷纷打电话表示不满，甚至登门提出责难。可戈兹达是个"老手"，他在一片抗议声中只说了一句话："我们的做法是否正确，需要假以时日，让广大消费者来做结论。"几个月过去，年终到了，不少报刊上出现了大字新闻，可口可乐公司出乎寻常地公布：当年全年销售额为 80 亿美元，比前一年增长 15%，其中得益于"新可乐"甚多。戈兹达估计的没错，人们对一种商品的认识，往往是重舆论、重数字、重商品的质量，这一仗他花钱不多，费事不大，但最终却是大获全胜的成功者。恐怕世界上还没有一种别的产品，能像可口可乐那样拥有如此高的知名度。不管你走到世界的哪个地方，似乎都能看到它的"身影"：使人过目不忘的 Coca-Cola 的标准字体、白色水线和红底色的图案。这一切都使人联想到那具有特殊口感的饮料。

从策划学的角度分析，可口可乐为全世界的消费者所青睐的原因主要有以下几点：

（1）统一视觉标志。宣传可口可乐形象对于任何一个企业来讲，其资源是有限的，问题在于如何有效地运用和开发资源。在企业形象的塑造上，同样也存在一个运用最少的资源开发获得最大效益的问题，可口可乐的成功奥秘之一就在于它选择了一条以一贯的统一的视觉形象来宣传企业形象的道路。可口可乐公司对 Coca-Cola 的斯宾塞体标准字，集中力量，以每年数亿美元的费用，以不同的方式从不同角度利用不同媒体进行宣传，有组织、有目的地强化消费者的视觉识别系统，使其在社会公众的心目中留下了过目不忘的印象。从心理学角度分析，要引起人们对某一事物的注意，除了提高刺激物的强度之外，还必须提高刺激物出现的频率，这样就会达到使消费者对刺激物认识的目的。应该说，可口可乐已经非常成功地做到了这一点。因为当今可口可乐不仅得到了全世界消费者的认同，甚至已经成为美国文化的一种象征。这不能不说是可口可乐公司多年来不断强化视觉识别系统的结果。

(2) 开展各种活动，把握各种机会，不失时机地树立可口可乐形象。开展识别活动一直是可口可乐公司的拿手好戏，我们且不说可口可乐公司几十年来对世界最大的体育盛会——奥运会的赞助，也不谈20世纪80年代初对美国哥伦比亚电影公司别出心裁的收购，就说它在第二次世界大战期间不同凡响的活动，就足以证明，可口可乐公司是多么善于利用各个时期的不同特点开展活动，来为树立企业形象服务。当年可口可乐总裁伍德鲁夫调动公司所有的广告力量，大肆宣传清凉饮料对军队的重要性不亚于枪炮子弹，终于被国际部列为军需物资。至此，随着第二次世界大战中美军的胜利，美军所到之处，可口可乐就随处可见。就这样，可口可乐不费吹灰之力就打开了英国、法国、瑞士、荷兰、意大利等国家中的一个又一个市场，为日后可口可乐成为世界著名饮料奠定了可靠的基础。

中国古代兵法分析作战环境时讲到：天时，地利，人和。将时机放在了首要的位置。纵观中外企业的成长历史，每一个关键的跳跃无不体现着决策者对时机准确、敏锐的把握。可口可乐发展到今日之规模，离不开决策者巧妙利用当时当地的情势，因势利导，促进产品的市场开发。因此，成功的策划离不开时机，把握时机是进行成功策划的第一步。用兵打仗要集中兵力，攻敌一个方面，长驱千里，擒杀敌将，这就是巧妙能成大事。对于策划学来说，就是要有重点、分主次地进行策划，必须明确自己力量的投向，"并兵向敌，巧能成事"，从而达到四两拨千斤之效应。

(资料来源：梁朝晖. TOP策划学经典教程[M]. 北京出版社，1998.)

第3章 旅游文化创意与策划产业

教学目标

知识要点	掌握程度	相关知识
文化产业	掌握	文化产业的概念
文化创意产业	重点掌握	中国和其他国家文化创意与策划产业的发展趋势和现状，中国文化创意与策划产业发展的优势与劣势及应注意的问题

技能要点

技能要点	掌握程度	应用方向
文化创意与策划产业	掌握	了解国内外文化创意与策划产业的前沿动态
旅游文化创意与策划	了解	结合旅游文化创意与策划的实际案例，对相关概念进行总结、提炼，形成个人见解

第3章　旅游文化创意与策划产业

导入案例

形象策划："百万游客评点南岳衡山旅游品牌"有奖活动

旅游景区如何打造以游客为本的品牌形象，以个性化的主题活动来吸引广大游客，这是中国旅游界急需研究的重要课题。"百万游客评点南岳衡山旅游品牌"有奖活动在这方面进行了有益的尝试，变复杂为简单，以小活动塑造名山大形象，不失为一个成功的策划案例，值得全国旅游行业借鉴。

全国旅游区中提出"把游客当上帝"的比比皆是，而真正做到以游客为本的却凤毛麟角。"百万游客评点南岳衡山旅游品牌"有奖活动的策划动机正缘于以人为本的思想，活动创意是在一次偶然的会议中产生的。策划者认为：旅游景区必须以人为本，对内要以全区人民为本，对外要以广大游客为本，要把人才当作第一资源，把游客当作第一财源。于是，诞生了一个创意——"百万游客评点南岳衡山旅游品牌"有奖活动。这一创意的最大亮点是体现了以游客为本的思想，一个全国著名景区旅游品牌的好坏由游客说了算，任其评点，真正把游客当作上帝，全国还没有先例。组织者从南岳衡山(图3.1)的知名度、影响力、品牌定位、品牌传播、旅游环境、旅游管理、发展潜力等多方面入手，以问卷调查的形式来组织开展此次活动，针对一般人们参与问卷调查的积极性不高的缺点，策划人将活动定位为有奖活动，只要游客参与问卷调查，人人都有获奖的机会，评点者可以凭填写的身份证号码或联系电话参加抽奖和评奖活动，如此一来，游客参与活动的积极性自然大大提高了。为了确保有足够的游客参与活动，策划人设计活动时间为一个半月的时间，参与方式具体采取网上评点、报上评点和到南岳现场评点等多种方式，并与新闻媒体紧密合作，与《中国旅游报》、《南方都市报》、红网等三家媒体联合开展此次活动，使游客评点时更加方便，既能吸引省内游客，也能吸引省外游客。

图3.1　南岳衡山

效果评估：小活动塑造名山大形象。开展"百万游客评点南岳衡山旅游品牌"有奖活动，其宗旨主要是配合南岳衡山申报"2002年度·中国旅游报中国旅游知名品牌"，同时通过这个小活动给南岳衡山带来大影响，树立以游客为本的名山大形象。从运作结果来看，活动达到了预期目的。实践证明，以游客为本的人性化的"百万游客评点南岳衡山旅游品牌"有奖活动收到了良好的效果。此次，南岳衡山开创了全国旅游品牌由广大游客评点之先河，对中国旅游景区品牌建设起到了积极的推动作用。

点评

上述案例给我们的启示是旅游景区该如何打造以游客为本的品牌形象。一个策划案例成功与否，其衡量标准关键是看它的社会效益和经济效益。"百万游客评点南岳衡山旅游品牌"有奖活动运用以小博大的策略，成功塑造了南岳衡山以游客为本的品牌形象，大大提升了其知名度和美誉度，充分证明了小活动也能产生大生产力。这个策划活动的成功之处主要体现在以下四个方面：以人为本、以小见大、以奖诱人、以特制胜。

(资料来源：刘汉清，刘汉洪. 策划为王：经典旅游策划实战范本解读[M]. 长沙：湖南地图出版社，2003.)

文化创意产业(Cultural and Creative Industries)是一种在经济全球化背景下产生的以创造力为核心的新兴产业，强调一种主体文化或文化因素依靠个人(团队)通过技术、创意和产业化的方式开发、营销知识产权的行业。文化创意产业主要包括广播影视、动漫、音像、传媒、视觉艺术、表演艺术、工艺与设计、雕塑、环境艺术、广告装潢、服装设计、软件和计算机服务等方面的创意群体。《国家"十一五"时期文化发展规划纲要》明确提出了国家发展文化创意产业的主要任务，全国各大城市也都推出了相关政策支持和推动文化创意产业的发展。

3.1 文化产业与创意产业

3.1.1 文化产业

联合国教育、科学及文化组织(以下简称联合国教科文组织)关于文化产业的定义如下：文化产业就是按照工业标准生产、再生产、储存及分配文化产品和服务的一系列活动。但目前世界各国对文化产业的定义并不一致。美国称之为版权产业，英国称之为创意产业，西班牙称之为文化消闲产业，中国、日本、韩国、德国等国家称之为文化产业。并且，中国各地对文化产业统一范围也有很大不同，笼统地包括了媒体(广播电视)、娱乐、出版和音乐、舞蹈、美术、文学等门类。

文化产业是文化发展的重要部分，党的二十大报告也指出，要繁荣发展文化产业。党的文件中首次使用文化产业一词是在中共十五届五中全会"关于十五计划的建议"中，由此，文化产业进入国家发展战略视野。国家统计局 2004 年 3 月 29 日在下发的文件《文化及相关产业分类》中，将"文化及相关产业"界定为：为社会公众提供文化、娱乐产品和服务的活动，以及与这些活动有关联的活动的集合。

为规范文化产业的统计口径，国家统计局将以下八类列为文化产业的范围：新闻服务，出版发行和版权服务，广播、电视、电影服务，文化艺术服务，网络文化服务，文化休闲娱乐服务，其他文化服务，文化用品、设备及相关文化产品的服务。

第3章　旅游文化创意与策划产业

经典案例

美特斯·邦威服饰博物馆

前几年，在中国的校园里掀起了一股"哈韩哈日"之风，学校处处可见年轻的学子们穿着各式各样的日韩服饰。穿在人身上的服装传达的是一个人的精神风貌和生活态度，当代中国的年轻人要向世界展示的应该是一种充满活力、创意无限与奋发向上的新形象。有许多专家担心，"哈韩哈日"之风或许会让中国传统的服装文化丧失殆尽，外国游客来到中国看到的将会是满眼的"日本人"和"韩国人"。就在这时，2004年、2005年连续被评为"中国青年最喜爱的服装品牌"的美特斯·邦威集团站了出来。虽然美特斯·邦威集团并不是一个旅游企业，但这个起步于浙江温州的中国企业却斥资数千万元人民币建成了一座服饰博物馆。

美特斯·邦威集团总裁周成建在回忆起当初筹建服饰博物馆的动因时说："也是一次偶然的机会，我在英国和我老师在一起参加一次学术活动，去了英国，发现英国很多庄园有很多中国的东西，特别是丘吉尔庄园里面大部分的藏品都来自中国，所以也是突发奇想，我能在自己的平台上做一些什么事情。"正是这一个"突发奇想"诞生了我国第一家民间服饰博物馆。当时，这座收录汉族、彝族、壮族、纳西族等30多个民族，共5 000多件服装、织绣等物品的博物馆，用自己的努力抢救和保护了中华民族服饰文化瑰宝。它在弘扬民族精神，给后人留下民族记忆的同时，也已然成了树立在我国广大青少年面前的标杆，用自己的影响力引导当代人的服装文化，让世界各地的游客领略到中国服饰文化的精髓所在。从工业建筑到创意园区，从物质收入到精神享受，从制作服装到酿造文化，这既是历史的机遇，也是文化旅游产业的终极目标。旅游并不仅仅是用眼睛看历史的遗物，而更应该是透过这些实物用心灵体会文化的流动。

(资料来源：严三九，王虎. 文化产业创意与策划[M]. 上海：复旦大学出版社，2008.)

3.1.2 创意产业

创意产业这个概念主要来自英语 Creative Industry 或 Creative Economy。创意产业最早出现在1998年出台的《英国创意产业路径文件》中，该文件提出："所谓创意产业，就是指那些从个人的创造力、技能和天分中获取发展动力的企业，以及那些通过对知识产权的开发创造潜在财富和就业机会的活动。"文化创意与策划产业包括广告产业、艺术和古董市场、手工艺品、设计、时尚设计、电影、软件、音乐、表演艺术、出版业、计算机服务、电视和广播等。此外，文化遗产、旅游业和博物馆行业也被认为与创意策划产业关系密切，尤其是在服务方式方面适合于创意产业的定义。

经典人物

"中国创意产业之父"：厉无畏

厉无畏(图3.2)，1942年11月生，浙江东阳人，经济学家。

作为国内外知名的经济理论权威，厉无畏长期从事产业经济、数量经济和经济管理等

方面的研究工作，先后在海内外发表论文200多篇，出版学术著作20余部，在学术界享有极高的声誉和威望。特别是在创意产业理论研究领域，他被誉为"中国创意产业之父"，曾获"中国创意产业杰出贡献奖"，成为理论界获此殊荣第一人。基于雄厚的理论研究和理论基础，厉无畏不仅大胆提出了"把创意变成生意，让智慧带来实惠"的创意产业的商业化运作模式，更前瞻性地预言：创意产业对发展观念、经济发展方式、价值创造方式及城市发展方式、社会生活方式都将带来革命性的改变，并因此最终改变世界、改变中国。

图3.2　厉无畏

(资料来源：http://baike.baidu.com/view/304848.htm)

创意产业这个概念的出现有着大的历史背景：第一，欧美发达国家完成了工业化，开始向服务业、高附加值的制造业转变。他们一方面把一些粗加工工业、重工业生产向低成本的发展中国家转移，一方面该国很多老的产业、城市出现了衰落，这时候就出现了经济转型的实际需要。第二，20世纪60年代，欧美出现了大规模的社会运动，亚文化、流行文化、社会思潮等都风起云涌，对传统的工业社会结构造成了很大的冲击。人们更重视差异，反对主流文化，张扬个性的解放，对以前普遍认为怪异的多元文化都逐渐开始承认，社会文化更加多样和多元，形成了有利于发挥个人创造力的氛围。第三，20世纪80年代，撒切尔夫人、里根上台以后的经济政策更加鼓励私有化和自由竞争，企业和个人要创新，有差异化才能有市场，这样也刺激了创意产业的发展。

在这样的时代背景下，创意产业在西方发达国家得以萌生和不断发展。就世界范围来说，美国的文化产业最为发达，美国文化产业在其国内生产总值中所占的比例非常大。在整个20世纪90年代，全球无线电视和基础有线电视收入的75%、付费电视收入的85%依靠美国电视节目，全球55%的电影票房收入和55%的家庭录像收入也依靠美国产品，美国的CD和录音带大约占全球录音产业收入的一半，美国的图书市场占全球图书市场的35%。文化创意产业在给美国带来巨大的经济效益的同时，也将美国的文化价值体系迅速地向世界其他国家和民族进行了推广，美国的价值观念通过美国的影视作品在全世界范围内得到了传播。亚洲的韩国和日本在发展文化创意产业方面也取得了巨大的成绩，尤其是近年来风靡东亚甚至欧美的韩国电影和电视剧，在赚取了观众大量眼泪的同时还赚取了大笔的外汇，在很多国家形成了被称为"韩流"的韩国文化热。

在全球化的维度下，经济日趋一体化，互联网的迅速发展形成了麦克卢汉所说的"地球村"，其他产业尤其高科技产业已经日益因全球化而趋同，但文化是别人替代不了的。每个民族、每个国家都有自己独特的文化历史，各个民族的差异化很明显。然而如果没有关注自身的文化资源，没有对本土文化进行产业化发展，本土文化就会受到其他国家文化产业浪潮的冲击。文化产业发达的西方国家的生活模式和价值观到处传播，尤其是冷战后美国文化对发展中国家的大量渗入，使全球文化的同质化现象日趋明显。几十年来，我国既引进了西方先进的生产技术设备，同时也引进了大批的文化产品。以可口可乐、麦当劳等具有象征意义的美国文化一方面改变了我们的生活方式，也改变了我们的生活观念；而另一方面，它们极大地冲击了中国的文化行业。美国由于历史短暂，文化历史资源有限，于是经常采取"拿来主义"将其他国家的文化经典进行美国化的包装和制作，在知识产权零成本的情况下获利，并且借此推行美国的价值观。例如，电影《卧虎藏龙》完全是中国的故事，但却是好莱坞制作。又如，《花木兰》是迪士尼拍摄的，虽然文化素材和资源是中国的，但是表达方式是全球的，制作方是美国的公司。由于中国自己产业化程度不高，版权就归属了美国公司，美国公司从中获利。

哈佛大学的约瑟夫·奈教授提出了在中国国内很时髦的一个词"软实力"，就是指把文化推到世界去。

虽然中国有悠久的历史和丰富的文化资源，但是在以产业形式进行文化推广方面的工作做得很不够。国内一直对"软实力"有误解，一谈"软实力"就是怎样卖电影、书籍等文化产品，实际上，"软实力"最核心的是有吸引力的价值观，真正有吸引力的不是"红灯笼"之类的符号表象，而是"软实力"背后的价值观念，这才是根本。其次还有科技能力等。这些方面美国无疑是很强势的，中国要在这些方面赶上，无疑还需要一个很长的调整、发展过程。

在当今世界，创意产业已不再仅仅是一个理念，而是有着巨大经济效益的直接现实。约翰·霍金斯在《创意经济》一书中指出，全世界创意经济每天创造220亿美元，并以5%的速度递增。一些国家增长的速度更快，美国为14%，英国为12%。

3.1.3 文化产业与文化创意产业的区别

文化产业与文化创意产业虽然都是市场化行为，都以满足人们的精神文化消费需求为目的，都追求商业利润的最大化，但二者在含义上还是有区别的。前者把文化变成商品，而后者不仅把文化变成商品，还在商品中融入创意元素，重点突出创意，以提高商品的附加值。这是文化产业与文化创意产业的根本区别。文化创意产业是指依靠创意人的智慧、技能和天赋，借助于高科技对文化资源进行创造与提升，通过知识产权的开发和运用，产生出高附加值产品，具有创造财富和就业潜力的产业。创意产业具有很强的渗透力，可以与多种产业相融合，提高它们的观念价值，目前在国外是发展势头最为强劲的产业。近些来年，创意产业在中国经济发达地区也逐渐兴起，上海、北京、杭州、深圳等地都将创意产业作为现代服务业的重要组成部分给予了高度重视。

小思考

文化产业与文化创意产业的联系是什么？

经典案例

文化产业经典创意：Mickey Mouse

2003年11月福布斯公布了"全球十大虚拟人物财富榜"，米老鼠(图3.3)名列榜首。当今世界凡是媒体可触及的地方，80%以上的少年儿童都知道米老鼠、唐老鸭和著名的迪士尼乐园。迪士尼公司能获得这样的成就在很大程度上是因为他们出色的市场营销手段。它的创始人沃尔特·迪士尼先生从一开始就不满足于只做一个出色的动画片画家，而是成立

图 3.3 米老鼠

了一家专业的动画制作公司,从"创意内容"出发,逐步扩大到"产业基地",用现代工业化流水线生产的方式,大批量地制作动画片并把它们销往世界各地;同时,又为米老鼠、唐老鸭等卡通形象申请了专利,在法律的保护下进行特许经营开发。在迪士尼专卖商店里,各种玩具、食品、礼品、文具等,无不以卡通图案的附加值而带来丰厚的利润。1993 年 6 月 1 日,第 1 期中文版《米老鼠》杂志正式出版。到 2003 年,《米老鼠》在中国的发行量已跃升到 40 万份,成为中国发行量最大的卡通杂志。80 多年的岁月使米老鼠的个性变得圆滑、生动、幽默、勇敢,它在成为娱乐帝国的形象代表的同时,还象征着美式乐观主义,流行文化的商品化、产业化及文化产品的商业帝国主义。它的营销手段和策略,对新世纪建设文化的中国、文化产业的中国和文化发达的中国来说都不无裨益。

(资料来源:王菲. 米老鼠中国出版 10 周年[M]. 北京娱乐信报,2003-6-13.)

3.2 中国文化创意产业的发展形态

伴随着经济全球化步伐的加快,创意策划产业在中国也渐渐崭露头角,被看成是一个新的经济增长极。作为知识经济社会中新的财富创造形态,文化创意策划产业正引起国际社会的普遍关注,成为某些发达国家国民经济的支柱产业和扩大对外贸易的主导产业,其在国内生产总值中所占的比例甚至超过了传统制造业。截至 2013 年,我国主要中心城市人均国内生产总值已经超过 8 000 美元,北京、上海等大城市人均国内生产总值已经超过 10 000 美元,城市人均国内生产总值达到这一水平后,国民经济开始进入到持续稳定增长、经济结构升级、城市化水平迅速提高的新阶段。我国城市结构升级与功能提升对文化创意提出了迫切需求,提高文化自主创新能力,尽快形成核心竞争优势已刻不容缓。文化创意作为现代服务业的重要组成部分,其快速发展对于促进城市产业结构升级、完善城市各种服务功能有相当重要的作用。中国文化创意与策划产业发展的优势与劣势见表 3-1。

表 3-1 中国文化创意与策划产业发展的优势与劣势

优 势	劣 势
我国正处在由工业型社会向服务型社会过渡时期,这种社会转型使创意与策划产业获得了广阔的发展空间	创意观念较为落后,区域经济发展不平衡导致沿海与内陆对创意产品的需求不同,政府的政策扶持力度相对薄弱,缺少创意产业政策保护
科技与文化的融合使文化产业获得了强有力的科技支持	创意人才的相对匮乏使得我国的核心技术创新能力相对不足,产品的竞争力不强
经济全球化使文化产业获得了广阔的发展空间	企业缺乏长远的发展战略和整体规划

第3章 旅游文化创意与策划产业

我国发展文化创意与策划产业有许多有利因素。五千年深厚的文化传统、浩如烟海的文化典籍、多姿多彩的民族文化、丰富的人力资源和广阔的文化市场，这些都是我国得天独厚的文化资源。我国发展文化产业也已具备了坚实的经济基础。根据国际经验，随着人民生活水平的提高，人们的消费结构也将升级。信息通信、娱乐、旅游、体育等文化消费所占比例将越来越大，同时还要考虑到文化产业相对来说是环保产业。我国人口众多，人均占有自然资源相对较少，而人力资源极为丰富。充分发挥智力优势，大力发展文化创意与策划产业，也是符合我国国情的一种战略选择。发展我国文化创意与策划产业应该注意以下几点：

1. 增加文化原创力

创新是一个民族的灵魂，是一个国家兴旺发达的不竭动力。在当今世界充满激烈竞争的文化环境中，大到一个国家一个民族，小到一个地区一个部门的文化发展，在很大程度上都取决于它的文化创新能力。建设社会主义先进文化需要文化创新，增强国家的文化竞争力和综合国力，实现中华民族的伟大复兴，同样需要文化创新。随着文化产业体制改革深化，我国文化创意与策划产业原创能力不足、无法形成具有鲜明个性和特色的"中国制造"等问题，已严重制约了我国文化产业的发展。文化原创力是文化创新与策划的重要内容，也是文化产业的生命。从国外文化产业发展规律来看，文化产业的发展如果没有大量优秀的原创文化作品做支撑，没有大量具有创新精神的从业人员进行文化创造，就等于没有灵魂。如果说文化产业是"内容为王"的产业，那么文化原创力就决定着文化产业"内容"的优劣高下，缺少原创力的文化产业是没有生机与活力的。在文化产业相对发达的地区，文化产品的创意与策划生产必然十分活跃，既有思想内涵又有艺术魅力的原创作品必然不断出现。近年来，国家加大了对文化基础设施的投入，不少地方投资数亿元兴建起国际一流的设计标准、设施先进的标志性文化活动场馆。但这些代表了世界上最高水准、最现代化的文化场馆里上演的，常常不是本地、本民族的文化节目，而是引进的美国大片、日剧、"韩流"等。上海演出市场的票房纪录是 2002 年夏天两台来自美国的节目：音乐剧《悲惨世界》和大卫·科波菲尔的魔术专场，这两台节目在上海大剧院和上海大舞台创下了4 000 万元的票房。世界一流的节目固然值得引进国内，但反观国内文化市场，高质量原创艺术精品太少，还远远不能满足人民群众日益增长的精神文化需求。

2. 加强自主知识产权的保护和利用

自人类步入 20 世纪以来，国际贸易领域内的知识产权问题受到了各国政府和学者的高度关注，而近年来由于文化产权的保护问题不仅涉及知识产权保护体制的变革，还直接关系到维护全球文化多样性、保障发展中国家的文化遗产。当前，企业的价值往往体现在自主知识产权的研发和拥有上，企业之间的竞争归根到底是核心技术的竞争，其中围绕知识产权进行的竞争是企业未来竞争的主要内容。依靠创意和策划产业生存的企业要想生存，必须对企业赖以生存的文化产权进行保护。我国知识产权的立法开始于 20 世纪 80 年代。第五届全国人大常委会通过了《中华人民共和国商标法》，1984 年通过了《中华人民共和国专利法》，1986 年通过了《中华人民共和国民法通则》，知识产权作为一个整体首次在中国的民事基本法中被明确,并被确认为公民和法人的民事权利。随着改革开放的需要,我国在1992年修改了《中华人民共和国专利法》,扩大了专利保护的范围,延长了专利保护期,规定实施强制许可的条件,增加本国优先权和专利进口权。随后,在1993年修改了《中华人民共和国商标法》,将服务商标纳入保护范围,同时禁止将地名注册为商标,规定了使用许可的要求,简化了申请手续,扩大了商标侵权行为范围及规定了不当商标撤销程序。2001年,为了加入世界贸易组织,我国对知识产权法律、法规又进行了修订和完善,逐渐与国际接轨,形成了目前具有中国特色的保护知识产权的法律体系。中共报告也明确宣布,我国将实施知识产权战略。虽然近年来我国政府在知识产权法律法规执行方面不断加大力度,但是仍有待改进。从知识产权执法的机制看,中国有行政执行、刑事执行和民事执行三种不同的机制,但由于政府各部门与各机构间缺乏协作,存在地方保护主义,发起调查起诉的门槛较高,缺乏培训,行政处罚不足,以及执法水平和力量有限,致使我国知识产权法律法规的执行力度受到削弱。知识产权侵害继续影响着很多行业的产品、商标和技术,其中电影、音乐、出版、软件等文化产业受到的影响最大。在文化市场上,侵犯著作权和注册商标的行为屡禁不止,盗版充斥市场,既损害了权利人的利益,又扰乱了正常的市场秩序。只有坚决打击盗版、假冒伪劣产品,遏制各种侵犯知识产权的行为,才能创造一个良好的文化市场氛围,从而有效地激励创新,促进文化产业升级和社会经济的良性发展。

3. 提高文化产品的市场营销力

一个完整的产品包含核心产品、有形产品和附加产品三个层次,文化产品也不例外。其中,核心产品是指消费者购买某种产品时所追求的利益,即顾客的核心需求;有形产品是指核心产品借以实现的形式,即向市场提供的实体和服务的形象;附加产品则指顾客购买有形产品时所获得的全部附加服务和利益。一件价值连城的珠宝如果不放在精美的盒子里而是放在一个土筐里,那么其价格必然大打折扣。通过借助现代化的营销手段对文化产品进行包装是文化市场发展的必由之路。

文化产业的发展,依靠的是人,最核心的就是人的创造力的释放和解放。要想使中国文化产业真正发展起来,需要充分释放中国人的创造力,提高人的素质,打开人的视野,让人看得多、知道得多,使人的无限创新能力被最大限度地激发出来。任何文化遗产或资源都不能天然地成为产品或商品,只有经过一定形式的再创造,才能成为具有丰厚知识产权的文化产品。可以说,文化人、艺术家的创作能力就是文化创造的"技术因素";同时,他们进行创造所需的社会氛围、制度条件也是这类"技术"的组成部分。

经典案例

中国动漫经典创意:喜羊羊与灰太狼

国产原创系列电视动画片《喜羊羊与灰太狼》由广东原创动力文化传播有限公司出品。自2005年6月推出后,陆续在全国近50家电视台热播,在北京、上海、杭州、南京、广州、福州等城市,《喜羊羊与灰太狼》最高收视率达17.3%,大大超过了同时段播出的境外动画片。此外,该片在东南亚等地也风靡一时,并荣获由国家广电总局颁发的国家动画片最高奖——"优秀国产动画片一等奖"。

该片的动画形象选取了矛盾体"狼"与"羊",故事情节是由狼永远吃不到羊为主线进行,剧情的风格轻松诙谐,情节爆笑,对白幽默,还巧妙地融入了社会中的新鲜名词。这部超强人气的长篇动画以"童趣但不幼稚,启智却不教条"的鲜明特色,赢得了众多粉丝,在国内各项动画比赛中更是屡获殊荣。狼与羊的故事,小朋友都听说过,非常熟悉。与以往走红的欧美动画相比,《喜羊羊与灰太狼》走出了一条中国动漫的创意之路,凭中国式幽默和传统价值观赢得了观众。2005年,40集的《喜羊羊与灰太狼》在杭州电视台少儿频道正式播出,反响很好,播出一年后,制作方开始融资计划,主要的融资渠道是预售音像版权、图书版权和产品授权等,授权涉及音像图书、毛绒公仔、玩具礼品、文具服装、食品、日用品,以及屏保、多媒体等动漫衍生产品,2009年,喜羊羊衍生产品的销售产值达上亿元。"六只羊"和"两只狼"让我国创意产业确确实实火了一把。

图 3.4　喜羊羊与灰太狼

《喜羊羊与灰太狼》的成功更多的是取决于它的创意、营销策略。作为我国创意经济的代表作,从《喜羊羊与灰太狼》的身上,我们或许可以得到一些启示。

(资料来源:刘文智,冯娟.从"喜羊羊"品牌策划看创意经济发展[A].企业导报,2010(8).马秋容,李思贤,陈敏.《喜羊羊与灰太狼》的成功营销模式及对国产原创动画产业发展的影响[J].现代交际,2009(9).)

3.3　文化创意旅游产业对发展旅游业的作用

文化创意旅游产业是文化创意产业和旅游产业相融合的结果。旅游业作为以满足人们愉悦需求为根本目的的时尚产业,无论是产品开发,还是宣传促销,都与创意产业密切相关。将文化创意植入旅游业中,用文化创意带动旅游业的发展,将成为今后一段时间旅游业发展的趋势。两大产业可以在创意环节、生产环节、营销环节、消费环节及后续环节等方面发生融合互动。创意方面，二者可以在项目统筹规划，资源整合利用，创意、创作相互借鉴等方面进行互动。

(1) 强调对各类资源的整合，扩宽旅游资源范围。在 2003 年国家旅游局颁布的《旅游资源分类、调查与评价》(GB/T 18972—2003)中，确定了中国旅游资源有 8 个主类和 37 个亚类，155 个基本类型，看似涵盖了自然和人文要素的各个方面。然而，旅游资源是在动态地发展变化的，其范围和深度随着人们的消费需求、认识水平、开发水平的发展而不断变化。而在这一范围的拓展中，创意产业发挥了重要作用，以其独特的趣味性、知识性、时尚性、创新性不断地将新鲜的元素注入旅游产业发展中，并能够将社会经济发展中的各类有形资源、无形资源加以整合，赋予其旅游资源的功能，从而形成新的旅游吸引物。网络游戏、动漫乐园、loft、soho、博物馆、音乐节、影视基地等都是伴随着创意产业的发展而出现的新的旅游吸引物。

(2) 延伸旅游产业链条，为各类产业增加附加值。旅游产业链条是以旅游业中的优势企业为链核，以产品、技术、资本等为纽带，在旅行社、饭店、餐饮、旅游景区、旅游交通、旅游商店等行业之间形成的链条关系。旅游产品价值随着旅游产业链条的延伸会逐渐增加。创意产业与旅游产业的融合可从两方面拓展旅游产业链条。一方面，创意产业融入旅游行业各产业部门之中，可作为旅游产业成长的"投入要素"和"增值资本"，为各类旅游产业增加附加值，突破旅游产业链条原有的"旅游六要素"(食、住、行、游、购、娱)的小循环，促使旅游产业与相关产业的互动互融，构造大旅游产业链的良性循环。另一方面，创意产业可与旅游产业链条上中下游各个环节渗透与融合，使旅游产业链条向上游的研发和下游的品牌销售渠道延伸，从而有效拉长旅游产业链条。

(3) 提升旅游产品文化内涵，引领旅游消费潮流。旅游业正在从大众化旅游需求向个性化体验旅游需求转变，因此，提升旅游产品文化内涵，提供高档次的旅游文化产品就成为当前的迫切需要。创意产业通过创造力对既有文化进行创新和突破，将知识的原创性与变化性融入具有丰富内涵的文化之中，并使之与旅游资源和活动经营结合起来，从而将沉寂的历史文化内涵转变成鲜活的旅游文化产品，活化文化资源，为人们提供具有知识性、艺术性和趣味性的体验消费性的旅游产品，从而可以有效地对人们的旅游消费行为给予一定的引领和塑造。

中国目前有四种业态可称为文化创意产业与旅游产业的融合。

(1) 旅游文化演出。例如，2004 年 11 月，以桂林山水实景演出的《印象·刘三姐》，就很好地将张艺谋导演的创意和旅游资源融合在一起，最后取得了意料之外的产业效果。全国重点旅游城市和景区，投资百万以上的旅游文化演出达几百台。2010 年 11 月，35 台演出被国家旅游局评为"国家文化旅游重点项目名录—旅游演出类"。中国的旅游演出正在向主题化、专业化、规模化、品牌化的方向发展。

(2) 旅游文化主题公园。文化主题公园，是以一种或数种文化内容为题材设计制作逼真的景区，并加以观赏性、娱乐性、体验性极强的现场游乐项目，让游人身临其境、尽情欢愉的旅游场所。由于它具有主题文化内容，又有公园的基本框架，故称为文化主题公园。主题公园曾是自然旅游资源匮乏的地区发展旅游业的一个途径，经过了一系列的失败之后，时至今日，中国式的文化主题公园吸引了越来越多人的目光，未来一段时间内，文化主题公园将成为旅游业发展的亮点。

(3) 旅游文化街区。旅游文化街区是依托街道(区)原有的历史文化特色和在城市功能分区中的作用，赋予一定的文化主题而形成的，如前门、798、宋庄等街区。它的出现，可能是中国旅游由点线旅游向板块旅游过渡的集中表现。

(4) 旅游文化节庆。节庆是独特的地域文化、城市文化和民俗风情最集中的表现。当节庆与现代旅游融合起来时，便形成了新的经济和文化载体——旅游文化节庆。目前发展较典型的有哈尔滨冰灯节、青岛国际啤酒节等。

知识扩展

1998年10月16日，杭州举办了第一届西湖国际烟花大会，当时，杭州力推"金秋国际旅游节"，希望通过烟花燃放来扩大宣传、吸引游客。近年来平均有七八十万人在西湖边看烟花，其中大多数人是特意从宁波、温州、上海等地赶来的，还有慕名而来的外国游客。烟花已经成为杭州旅游业发展的一个推动因素，同时西湖国际烟花大会为旅游、宾馆、超市、楼盘等带来了巨大收益。

(资料来源：http://www.hangzhou.gov.cn/main/tszf/szzc/xrsz/czh/zyhd/T202085.shtml)

本章小结

本章主要论述文化产业、创意产业及文化创意产业的基本概念，文化创意与策划产业的构成，中国和其他国家文化创意与策划产业的发展趋势和现状及应注意的问题，其中文化创意旅游产业对旅游业发展的作用有较强的理论指导性，为本章的学习重点。通过本章学习，提升学生将旅游文化创意与策划理念有针对性地应用于旅游业发展的能力，进而指导中国文化产业的整体发展。

复习思考题

一、名词解释

1. 文化产业
2. 创意产业
3. 文化产品
4. 文化创意产业

二、单选题

1. 创意产业就是指那些从个人的( )、技能和天分中获取发展动力的企业，以及那些通过对知识产权的开发创造潜在财富和就业机会的活动。

  A．思想   B．想象力   C．创造力   D．学识

2. 一个完整的产品包含核心产品、有形产品和( )三个层次，文化产品也不例外。

  A．无形产品 B．附加产品 C．边缘产品 D．物质产品

三、多选题

1. 中国可称为文化创意产业与旅游产业的融合的是(　　)。
   A．旅游文化演出　　　　　　　B．旅游文化主题公园
   C．旅游文化街区　　　　　　　D．旅游文化节庆
2. 下列选项中属于旅游六要素之一的是(　　)。
   A．食　　　　B．住　　　　C．行　　　　D．娱

四、简答题

1. 简述外国文化创意产业的发展趋势和现状。
2. 简述中国文化创意与策划产业发展的优势与劣势。
3. 简述文化创意产业对旅游业发展的作用。

五、思考题

翻阅相关资料，了解国内外文化创意与策划产业的前沿动态。

课后阅读

《桃花源记》引发的灵感——桂林世外桃源景区

世外桃源景区(图 3.5)是根据晋代陶渊明所著的《桃花源记》中描绘的意境，结合当地的田园山水风光开发建设的首批国家 4A 级景区，并通过了 ISO 14001 国际环境管理体系认证和 ISO 9001 国际质量管理体系认证，是世界旅游组织首推的旅游目的地，2004 年 5 月份被评为全国农业旅游示范点，在桂林目前是唯一获得此殊荣的景区。景区位于桂阳公路旁，距桂林 45 千米，距阳朔 15 千米，田园风光、民俗风情、民寨大观有机排序，与大自然的秀美山水融合为一体，使游客在观赏山光水色、民俗风情的同时，又能领略多姿多彩的风情。

图 3.5　世外桃源景区

景区的游览方式主要分水上游览和徒步观赏。水上游览是乘轻舟环绕湖光山色，经田园村舍，过绿树丛林，又穿山而出，沿途可经原始形态的迎宾、祭祀、狩猎，又可欣赏到民族特色的狂歌劲舞、边寨风情；徒步观赏的民寨群是桂北各少数民族建筑的一个缩影，

鼓楼、风雨桥、对歌台、花楼、长廊、图腾充分展示了各民族文化的光彩特征。

渊明山庄是景区的有机组成部分，融合了苏州园林的布局和桂北民居的建筑风格，开窗即景，一窗一景，移步换景。在渊明山庄里还可以回顾古文明的光辉，包括古代的酿酒、造纸、印刷、竹雕、木刻、陶器表演，再现了中华民族的智慧。

桂林阳朔山水旅游开发有限公司总经理、桂林市台商协会会长江文豪坦承：最初的灵感确实来自《桃花源记》。不过他又说，更重要的是他的"上帝"——游客们不断地帮助他充实这种灵感并把它逐渐变成现实。世外桃源景区坐落于距阳朔白沙约3千米的桂阳公路旁，是阳朔最大的台商合资企业——桂林阳朔山水旅游开发有限公司投资开发的一个旅游景区。江文豪先生醉迷于桂林阳朔如诗如画的绝美景致，一有空就四处游玩，而他去得最多的地方便是现在世外桃源景区所在的白沙五里店。这里恬静迷人的田园景致和山光水色令他一次次地流连忘返。1993年，他投资取得了土地，一次又一次到那里去寻找所谓的灵感。陶渊明《桃花源记》中的句子不断在他的头脑中跳出："问今是何世，乃不知有汉，无论魏晋。"沿燕子河来到燕子洞中，陶渊明老先生的"山有小口，仿佛若有光"，"从口入，初极狭，才通人。复行数十步，豁然开朗"——简直就是对这里的"素描"，农居炊烟，桃花相映，江文豪找到了"灵感"，这里就是一个活脱脱的桃花源。作为景区建设的最高追求，是保持这里人文的原汁原味，建筑不多，但很精巧，传奇中"桃花源"的意境作为景区的文化内核被融进了这里的一砖一瓦、一草一木之中。进门不远处，一架吱吱呀呀转着的富有地方特色的水车立刻让人感觉到这里静止的景物具有了生气。江文豪说："这架水车是根据游客的建议添置的，原先的规划只是一个大概的轮廓而已，我们是边建设边修改，边设计边施工，甚至开业后仍在不断地改进，而绝大部分设想都是来自游客。"记者说，原来你们有一个庞大的"智囊团"。江文豪回答："景区的建设融进了许许多多关心它的人的智慧。仅仅依靠专家是很难办到的。"乘电瓶船沿清澈见底的燕子河静寂无声地向景区纵深而进，风雨桥、苗楼侗寨从眼前缓缓而过，少数民族的姑娘小伙在河边载歌载舞，当地的村民在河边自在地洗着衣物。湾回水转，一山兀立眼前，山下边便是燕子洞。燕子洞没有人工雕凿的痕迹，没有声光电的渲染，一切顺其自然。然而，120多米的航程却令人顿生神秘探险的奇想。出得洞来，真似陶老先生说的那样眼前"豁然开朗"，小桥流水，古村沃田，令人心旷神怡，淳朴的乡间气息和明媚的山光水色融为一体，让人感到这本是一个天然的悠闲世界。

世外桃源景区成功了，江文豪"一切让游客满意"的努力得到了丰厚的回报。近年来，世外桃源景区先后荣获了阳朔县优秀"三资"企业和桂林市"十佳"旅游企业、桂林市文明旅游示范点称号。

点评

以陶渊明《桃花源记》作为切入点，把桃花源意境作为景点文化的内涵，景点最初的开发、命名、项目设置等都意在体现这个主题和内涵。本策划成功之处在于巧妙地借用了《桃花源记》的故事，以"世外桃源"作为景区主题。

(资料来源：沈祖祥. 世界著名旅游策划实战案例[M]. 郑州：河南人民出版社，2004.)

第4章 自然旅游资源的文化创意与策划

教学目标

知识要点	掌握程度	相关知识
自然旅游资源	了解	自然资源的类型、自然旅游资源的定义、自然旅游资源的类型及特征
自然旅游资源的文化创意与策划	重点掌握	自然文化，自然旅游资源文化创意与策划的核心要素、主要原则
自然生态类旅游产品的文化创意与策划	掌握	自然生态类旅游产品的定义、类型特征及创意与策划的要点

技能要点

技能要点	掌握程度	应用方向
自然旅游资源的文化创意与策划技能	重点掌握	旅游景区策划、规划，指导旅游地项目建设
自然生态类旅游产品的文化创意与策划技能	熟悉	旅游景区策划、规划，指导旅游地项目建设

第4章 自然旅游资源的文化创意与策划

导入案例

"五岳联盟"活动

2003年9月27日世界旅游日,"五岳联盟"在南岳衡山(图4.1)正式宣告成立,一代武侠小说宗师、20世纪中国十大文化偶像之一的金庸先生在现场受聘为"荣誉盟主",同时将一柄书有"五岳联盟,天下称雄"的雄心宝剑赠给首任盟主,使武侠小说名著《笑傲江湖》中刀光剑影的武林"五岳并派"变成了现实生活中资源互补、客源共享、经济联动的旅游"五岳联盟"。

图4.1 南岳衡山

"五岳联盟"在海内外引起了巨大轰动,全球1 000余家媒体对此事的前前后后进行了5 000多篇次的强力报道,新华社、中新社等权威媒体评价"五岳联盟有望铸造中国旅游发展的里程碑"。"五岳联盟"因此而成为"2003年影响中国旅游生活的十大事件",其策划人也成为"2003年影响中国旅游生活的年度人物"。"五岳联盟"的策划分别被《销售与市场》《成功营销》《中国策划》《中国名牌》《公关世界》等众多权威杂志作为经典案例刊载。

"五岳联盟"旅游品牌定位为"五岳联盟,天下称雄",这不仅是五岳自身发展的客观需要,而且是中国旅游业振翅高飞的必然要求,中国旅游业呼唤领头羊,巍巍五岳应当仁不让。"五岳联盟"旅游品牌的策划,从概念确立到实际运作,其最大特点和贡献应在于它的开创性意义,要通过概念整合营销、品牌共享互赢、灵活自由合作刷新旅游品牌营销新理念,创造旅游品牌联合新模式。

"五岳联盟"旅游品牌策划以弘扬五岳文化、塑造五岳精神、传播五岳形象、强化五岳品牌为宗旨,以概念营销为理念,以品牌共享为基础,以营销合作为主导,最终建立卓有成效的五岳旅游合作机制,致力打造中国旅游第一品牌,在中国旅游界刮起五岳旋风,实现五岳名山的社会效益、环境效益和经济效益持续增长。

"五岳联盟"旅游品牌策划的意义在于:①强化独特形象。五岳作为万山之宗,古往今来一直被视为中华民族的象征、中华文化的缩影甚至天下华人的图腾,建立"五岳联盟"有利于塑造和强化五岳这一崇高的形象。②整合资源优势。五岳以泰山之雄、华山之险、衡山之秀、恒山之奇、嵩山之绝而著称于世，它们各具特色，各有千秋，但五岳至今处于各自为战的状态，建立"五岳联盟"有利于把五岳各自的资源优势很好地整合起来，促进五岳旅游的共同发展。③打造强势品牌。五岳本是一个享誉古今、闻名遐迩的知名品牌，但在品牌竞争日趋激烈的当今世界旅游市场，任何一岳的单打独斗都显得势单力薄，建立"五岳联盟"，联合出击，五岳的品牌威力才会被成倍放大。④增强竞争实力。市场竞争残酷无情，强强联合是大势所趋，孤军深入只有死路一条。建立"五岳联盟"既可增强五岳整体竞争实力，又可提高各自的竞争能力。

点评

"五岳联盟"出现在金庸的小说里，在现实中各个媒体也炒作过，实际上金庸的《笑傲江湖》中的"五岳联盟"根本与这个五岳年会、旅游会议是风马牛不相及的事情，经过刘汉洪、刘汉清兄弟两人联手打造就演绎成了一个以旅游链条连接为基础的"五岳联盟"活动，这在中国的策划界还是一种非理性策划。策划的五项原则之一，就是策划是无处不在的社会行为。与其说这是一次旅游策划，不如说是策划金庸，不外乎采用了三种招法：第一招先炒概念，第二招就是请君入瓮，第三招把金庸逼上梁山，从而把"五岳联盟"、五岳论坛、五岳旅游链条策划得更深更广阔，形成全国旅游第一大品牌。

"五岳联盟"由策划到实施，让我们深深懂得：策划是一种艺术，创意是一种境界；策划无止境，创意到永远。

(资料来源：孙德禄. 点击中国策划(三)[M]. 北京：中国经济出版社，2005.)

旅游策划的实践证明，旅游策划是一种具有创新性、超前性的人类复杂大脑活动，一个好的旅游策划可以为景区描绘旅游业发展方向和发展模式，可以促进当地旅游业的发展。为迎合大众旅游、生态旅游趋势，探求旅游地和谐的生物游憩和休息场所，并针对不同目标人群而展示，是旅游规划者面临的一个重大课题。只有设计出独特的旅游项目，只有策划者高度重视旅游形象，才能保证项目最终的胜出与收益最大化。

4.1 自然旅游资源

自然资源是人类赖以生存的基础，缺少了这些资源，我们将失去水源、食物、空气、庇护所等一切。自然资源的类型见表4-1。

表4-1 自然资源的类型

分类	概　　念	主要类型
广义	在一定的经济技术条件下，自然界中能为人类所利用的一切物质	土壤、水、草场、森林、野生动植物、矿物、阳光、空气等
狭义	能引起人们审美活动的自然事物、因素及自然现象的总称	天象、地质地貌、水体、生物景观等

第4章 自然旅游资源的文化创意与策划

自然旅游资源(Natural Tourism Resources)是指自然环境中能使人产生兴趣的事物和现象。自然旅游资源又称自然风景旅游资源,指凡能使人们产生美感或兴趣的、由各种地理环境或生物构成的自然景观。它们通常是在某种主导因素的作用和其他因素的参与下,经长期的发育演变而形成。虽然在历史时期由于人类活动的影响,出现了一些人工构景物体,并带有特定时期历史文化的某些特征,但就构景的主体来看,依然具有自然景观的基本特点,所有人工构景物体仅起着衬托和点缀作用。就旅游建设而言,自然景观不宜有较多的加工改造,一切人工建筑都不得改变其原有景观的基本属性。

阅读材料

花岗岩名山——黄山

黄山(图 4.2)位于安徽省南部黄山市境内,总面积约 1 200 平方千米,其中精华风景区占 154 平方千米。黄山集名山之长,泰山之雄伟、华山之险峻、衡山之烟云、庐山之飞瀑、雁荡山之巧石、峨眉山之秀丽等,黄山无不兼而有之。明代旅行家、地理学家徐霞客两游黄山,赞叹说:"登黄山天下无山,观止矣!"黄山更有"天下第一奇山"之称和"人间仙境"之誉。黄山可以说是无峰不石、无石不松、无松不奇,并以奇松、怪石、云海、温泉"四绝"著称于世。其二湖、三瀑、十六泉、二十四溪相映争辉,春、夏、秋、冬四季景色各异。黄山是国家 5A 级旅游景区,同时还拥有世界自然遗产、世界文化遗产和世界地质公园三项桂冠。

图 4.2 黄山

黄山是典型的花岗岩地貌,经历了漫长的造山和地壳抬升,以及冰川和自然风化作用,形成了其特有的峰林结构。黄山群峰林立,素有"三十六大峰、三十六小峰"之称,其中,最高峰莲花峰海拔高达 1 864 米,与平旷的光明顶、险峻的天都峰一起并称为三大主峰,雄踞在景区中心。黄山山体主要由燕山期花岗岩构成,垂直节理发育明显,侵蚀切割强烈,断裂和裂隙纵横交错,形成了瑰丽多姿的花岗岩洞穴与孔道,山岭、峡谷、关口处处皆是。全山有岭 30 处、岩 22 处、关 2 处。前山岩体节理稀疏,岩石多球状风化,山体浑厚壮观;

后山岩体节理密集，多是垂直状风化，山体峻峭，形成了"前山雄伟、后山秀丽"的地貌特征。黄山的第四纪冰川遗迹主要分布在前山的东南部。典型的冰川地貌有：苦竹溪、逍遥溪为冰川移动侵蚀而成的"U"形谷；眉毛峰、鲫鱼背等处是两条"V"形谷和刨蚀残留的刃脊；天都峰顶是三面冰斗刨蚀遗留下来的角峰；百丈泉、人字瀑为冰川谷和冰川支谷相汇成的冰川悬谷；逍遥溪到汤口、乌泥关、黄狮垱等河床阶地中，分布着冰川搬运堆积的冰碛石；翡翠谷内相传为轩辕黄帝炼丹用的"丹井"、"药臼"，其实也是由冰川作用形成的冰臼。

(资料来源：http://baike.baidu.com/subview/2312/5837055.htm)

4.2 自然旅游资源的类型

在众多的自然风景旅游资源中，那些分别以水光山色、奇石异洞、流泉飞瀑、阳光海滩、宜人气候和珍禽异兽、琼花瑶草为特色的景象组合，往往形成不同风格的著名风景区，成为人们观光览胜、避暑消夏、度假疗养和开展各种体育活动的旅游胜地。根据《中国旅游资源普查规范》，自然旅游资源分为四大类，即地貌景观类、水域风光类、天气气象类和生物景观类。

自然旅游资源按其形态特征和成因可归纳为以下几类，见表4-2。

表4-2 自然旅游资源的类型

资源类型	主要形式
地貌景观旅游资源	山地景观、喀斯特景观、丹霞景观、砂岩峰林景观、风蚀地貌景观、火山景观、冰川景观、海岸景观、沙漠戈壁景观等
水体景观旅游资源	海洋、河流、湖泊、瀑布和各类泉水等
生物景观旅游资源	森林、草原和各种野生动植物、海洋生物
自然地带性景观旅游资源	热带景观等
气候旅游资源	避暑、避寒胜地和四季宜人的温带与副热带游览地
天气气象类	极光、云海、雾凇、霞景、月色等
其他自然旅游资源	自然保护区及特殊自然现象等

4.3 自然旅游资源的特征

自然旅游资源是指自然条件和自然风景，即能使人们产生美感(悦耳悦目、悦心悦意、悦志悦神)的自然环境和物象的地域组合，包括地貌、水态、气候、动植物等，其个性特征如下。

1. 不可移动性

自然旅游资源存在于一定的自然环境中,与所在地理位置的自然地理条件是融合在一起的,其形态特征、生态环境本身就是自然旅游资源的一部分,不能移动也不能复制。所谓泰山雄、黄山奇、华山险、雁荡秀、青城幽,这些特征来自于这些旅游资源千万年的地质变迁,与这些旅游资源所处的气候环境浑然一体。它们各自的特征都是独有的,不可替代也不可移植。自然旅游资源的不可移动性,保障了其在旅游业发展中的垄断地位。

2. 物质实体性

自然旅游资源存在于自然界的岩石圈、水圈、大气圈、生物圈之中,往往是有形的物质客体,是水、岩石、大气、生物这些实实在在的自然地理要素的组合,是人们可以通过感官直接感受到的,因此可以从形状、颜色、规模、强度等方面来予以描述、分析、对比和评价。例如,庐山长约 25 千米,宽约 10 千米,略呈椭圆形,最高的汉阳峰海拔 1 474 米,夏季凉爽宜人;庐山云雾缥缈,年平均雾日为190.6 天,年降水量 1 833.6 毫米。这是对庐山这一自然旅游资源科学的测量,也是对其作为自然旅游资源物质实体性的描述。这和部分人文旅游资源和社会旅游资源,如民俗风情、文学艺术、传统文化、语言历史等无形的精神文化内容形成了对比。

3. 时间性

自然旅游资源表现出的时间韵律性较强,而且也比较普遍。因为气候及气象条件本身也是构成自然旅游资源的一个部分,会使旅游资源在不同的季节和不同的气象条件下呈现出不同的外部特征及吸引力,如四季风景不同的九寨沟、川藏线。我国亚热带地区,春季万物复苏,夏季浓荫滴翠,秋季落叶翻飞,冬季满目肃杀。更有些自然旅游资源本身就是以季节、时间规律为必要前提条件的,如早上的日出、傍晚的日落、潮汐的涨落、隆冬季节的吉林雾凇,秋意盎然时的南京栖霞红叶和北京香山红叶,夏季多雨时的黄山云海,春季烂漫时的洛阳牡丹,都与季节、时辰等时间条件有紧密联系。

4.4 自然旅游资源的文化创意与策划

与人类文明创造的人类文化相对而言,人类在认识自然的过程中发现的自然界固有的形态、品质、结构、规律、运动变化与相互联系等应属于自然文化的范畴。需要强调的是,虽然这些为人类所发现、所认知,但它们都是自然所固有的,因此我们称之为自然科学或自然美学,也可以称之为自然文化。中国国家自然遗产,国家自然与文化双遗产预备名录见表 4-3。

表4-3 中国国家自然遗产、国家自然与文化双遗产预备名录(住房和城乡建设部:2013年)

序号	国家自然遗产	地区	序号	国家自然与文化双遗产	地区
1)	房山岩溶洞穴及峰丛地貌	北京	29)	碛口风景名胜区	山西
2)	承德丹霞地貌	河北	30)	芦芽山风景名胜区	
3)	嶂石岩地貌		31)	兴凯湖风景名胜区	黑龙江
4)	壶口风景名胜区	山西	32)	南京中山陵	江苏
5)	扎龙自然保护区	黑龙江	33)	清源山风景名胜区	福建
6)	本溪水洞风景名胜区	辽宁	34)	济南名泉	山东
7)	方岩风景名胜区	浙江	35)	泸沽湖风景名胜区	四川
8)	冠豸山风景名胜区	福建	36)	剑门蜀道风景名胜区	
9)	太姥山风景名胜区		37)	九华山风景名胜区	安徽
10)	武功山风景名胜区	江西	38)	天柱山风景名胜区	
11)	万佛山—侗寨风景名胜区	湖南	39)	普洱野生茶林暨古茶园	云南
12)	佛宝—蜀南竹海风景名胜区	四川	40)	高岭—瑶里风景名胜区	江西
13)	贡嘎山风景名胜区		41)	井冈山风景名胜区	
14)	若尔盖湿地		42)	炎帝陵—桃源洞	湖南
15)	花萼山—八台山		43)	紫鹊界—梅山龙宫风景名胜区	
16)	光雾山—诺水河风景名胜区		44)	里耶—乌龙山风景名胜区	
17)	兴义锥状喀斯特	贵州	45)	黄果树风景名胜区及屯堡文化	贵州
18)	梵净山风景名胜区		46)	贺兰山—西夏王陵风景名胜区	宁夏
19)	平塘风景名胜区				
20)	织金洞风景名胜区				
21)	纳木错	西藏			
22)	格拉丹东—长江源				
23)	土林—古格				
24)	赛里木湖风景名胜区	新疆			
25)	长白山植被垂直景观及火山地貌景观	吉林			
26)	昌乐古火山群	山东			
27)	云台山风景名胜区	河南			
28)	青海湖风景名胜区	青海			

4.4.1 自然旅游资源文化创意与策划的核心要素

1. 注重对自然景观科学内涵的发掘

人类从诞生以来无时无刻不在认识自然,也无时无刻不想了解自然之谜。古往今来,人们热爱自然、回归自然,力求与自然谐调统一,除了寻求某种超脱与自由之外,也反映了人类对自然的认知需求。自然科学知识,至少是其一部分转化为旅游产品并不困难。因此,自然景观的开发应注重对科学内涵的发掘。

2. 注重对自然景观美学内涵的发掘

自然美学是人类在与自然长期共存过程中沉淀的美学认知结晶,自然美学的文化内涵是人类自然审美感受的总结与升华。例如,山水文化就是人类对山水美认知感受的结晶。

旅游文化的策划应当注意审美的需要,发掘有助于审美的要素并予以审美引导。审美要素即景观的视点、视角、距离、时间的安排,以求把最美的侧面和最美的瞬间留给游人。审美引导即是发掘历代之审美评价,以不同方式传递给旅游者,作为审美导向,引发其审美思维,变化成其自身的审美感受。相反,不加引导或引导有误,则会削弱其审美价值。

3. 注重对自然景观的附会文化资源的发掘利用

附会文化是指那些本不是自然所固有,而是人的意志所赋予自然的一种文化现象,即人类将自然事物作为某种精神理念或情感的载体,从而使自然人格化、理性化或神化。附会文化的产生可以认为是人类认识自然的一种初级形态。在人类不能解释自然现象的早期阶段,自然事物往往被认为是某种意志的产物或化身,从而使许多事物被神话,随着历史演变,其神秘性有增无减,许多延续至今。其中比较典型的有自然崇拜、风水学说、自然事物的宗教色彩等,有相当一部分品位高雅或有一定的积极意义,演变为优美的传说或故事,从而使自然事物带有灵性,丰富了自然文化内容。因此,对自然景观的附会文化资源的发掘利用是很有必要的,但要注意科学、适度。

4.4.2 自然旅游资源的文化创意与策划的主要原则

1. 创意要新

创意要新是指自然旅游资源开发前总的设计意图要有一个中心主题,这个主题必须要有创意,它是从市场需求、资源特色、区位和环境条件综合分析后所产生的一种设计理念,应具有独创性。例如,宜昌的车溪景区、大老岭景区开发等的策划就符合这一原则。

经典案例

三峡车溪民俗风景区项目策划

三峡车溪民俗风景区位于宜昌城区江南的土城乡,距中心城区 18 千米,总面积 20 平方千米,由十大景区组成(石仙谷、巴楚故土园、三峡民俗村、农家博物馆、水车博物馆、人民公社旧址馆、天龙云窟(图4.3)、奇石馆、风洞、忘忧谷),其旅游特点可用"一、二、三、四"来概括,即一个主题定位(梦里老家)、两大自然奇观(地质奇观、植物奇观)、三种文化特质(民俗歌舞欣赏、农耕稼作展示、古代作坊表演)、四种旅游功能(休闲体验游、民俗风情游、科普考查游、猎奇探险游)。三峡车溪民俗风景区是湖北三峡地区唯一的民俗旅游区。

图4.3　天龙云窟

　　三峡车溪民俗风景区毗邻三峡,因其水车众多而得名,是国家4A级旅游区,是新三峡十景之一。这里山灵水秀、民风古朴,雄峰、异石、奇洞、飞瀑、清泉等景观随处可见,古作坊与土瓦民居交相辉映,自然景观和风土民情水乳交融。现已推出全国第一家农家博物馆、全国首家水车博物馆、全国最大的古作坊展示区、三峡民俗第一村、人民公社旧址馆等景点。

　　三峡民俗村依山就势,与腊梅峡相邻。这里有原汁原味的土家吊脚楼,原生态的土家歌舞表演、土家祭神仪式,反映了土家先民生产、生活情节的农家博物馆和三峡地区最具土家特色的野火魂篝火野趣晚会。

　　三峡车溪民俗风景区为了顺应一些年轻人出游喜欢随遇而安住在山民家中、吃老乡家的粗茶淡饭的特点,全力推出了踩水车、做土陶等参与性极强的旅游活动,大受顾客欢迎,因为它带来很强的自己动手体验的成就感,让很多人乐此不疲。这种参与性特色旅游项目,尽展土家风情,活现巴楚遗风。历史悠久的车溪古驿道和灿烂的三峡土家文化还酝制出了甜蜜醉人的车溪山歌,当游客徜徉于车溪峡谷时,那山崖岩缝里也能流淌出一首首婉转、缠绵的山歌。

(资料来源:http://www.5210.cn/art/2010/4/21/art_328_38441)

2. 人与自然的和谐统一

　　要用"天人合一"的思想指导规划实践。"天人合一"是我国古代东方哲学思想的核心,即自然为主,人工为辅,巧加点缀,顺应自然,建筑与环境融为一体。建筑在造型风格特点、体量、比例、尺度、色调处理上要服从环境整体,不能喧宾夺主。建筑物宜低不宜高,宜小不宜大,宜分散不宜集中,多为淡雅的乡土之风,而不可取华而不实的商业气息。正如美国建筑大师莱特说的,"建筑要像从地里自然生长出来的那样","建筑物应该是自然的,要成为自然的一部分"(他提出了"有机建筑论",强调建筑应当像天然长在地面上的生物一样蔓延,攀附在大地上)。北京大学的景观设计专家俞孔坚教授曾经提出了"天地人神合一"的观点,他对忽视自然地在旅游区和城市绿地系统中的重要地位而仅仅强调匠意的花园构筑意识提出了强烈批评,认为景观设计应遵从自然、体现文化。

3．维护和创造生态平衡

旅游景区未开发前,生态平衡处于相对稳定的状态,一旦进行旅游开发、建筑物兴建,游客进入后,这种平衡就会受到破坏,如果保护措施跟得上还可形成新的平衡(如香格里拉碧塔海景区建筑)。成功的旅游开发会改善环境容量,创造新的生态平衡。失败的、错误的旅游开发会对生态环境造成"建设性破坏"。

4.4.3 自然旅游资源文化创意与策划的要点

(1) 突出美学特征并兼容相关地域人文特征。
(2) 发掘山水景观的美学内涵,突出旅游资源的美学特征,如形象美、色彩美、声音美等,在审美愉悦体验(赏心悦目、心旷神怡)上下功夫。
(3) 发挥自然风光与多种旅游产品有着良好兼容性优点,与其他旅游如生态旅游、科普旅游、度假旅游、体育旅游等有机组合,进行深度开发。产品开发应注意资源、环境保护和旅游地的可持续发展。

4.5 自然生态类旅游产品文化创意与策划应用实例

4.5.1 自然生态类旅游产品

广义的自然生态类旅游产品包括生态旅游、郊游、农村观光旅游(农家乐)、国家公园游(植物园、野生动物园、文化公园、一般公园等)、自然保护区游(草原、湿地、森林公园等)等。生态旅游初始阶段只涉及纯自然原生态环境,所以才有"只留下脚印,仅带走照片"的动人口号,以引导纯生态旅游者去珍惜与爱护自然。随着人类活动增强,纯自然的原生态环境已是凤毛麟角,包括南北极地和珠穆朗玛峰都难以找到纯而又纯的原生态系统,这样的生态旅游已经成为历史。中国科学院地理研究所郭来喜按照其"大生态旅游"的提法,在物质层面上将自然生态类旅游产品分为自然生态型、文化(人文)生态型和复合生态型旅游产品三大体系。其中,自然生态系统又可细分为原生态、次生生态和人工生态;文化(人文)生态系统则可细分为原创生态、修复生态和复制生态。但现阶段生态旅游侧重于开发其中的自然生态系统。

4.5.2 自然生态类旅游产品特征

1．旅游吸引力强,前景广阔

生态旅游的兴起,使城市居民那颗遭受污染的心灵在大自然中得到沐浴,让自己的心沉浸在对于前人与大自然和谐完美关系的怀恋中，从而使自己的精神融入人间天堂，以此为主要内容的生态旅游方兴未艾。

2. 生态环保性能优先

由于生态环境是不可替代、无法再生的宝贵资源，生态旅游的初衷是保护环境，因而保持环境完整性、和谐性、平衡性是生态旅游产品策划和开发的前提。与传统旅游产品相比，生态旅游对于自然环境的容量有较大的限制。限制标准是，生态旅游点最高客容量以不破坏生态系统平衡为目标。因此，产品的规模和容量受限及六大要素的组合和建设方面一般都小于观光型旅游产品。

3. 具有明显的知识含量，教育导向作用突出

生态旅游能满足人们对生态环境的需求，同时教育人类认识自己的生命维持系统，学会保护环境。生态旅游知识含量明显高于风光旅游，因为生态旅游的根本目的之一，就是在自然环境中对游客进行生态教育，偏重于对生态环境的管理与保护。这一切的完成，需要有丰富的知识基础，开发者对生态环境和绿色消费要有较深的认识。

4.5.3 自然生态类旅游产品的创意与策划要点

1. 以系统开发观为指导，结合实际开发生态旅游产品

党的二十大报告指出，要全方位、全地域、全过程加强生态环境保护。随着经济社会的发展，人们已经开始意识到生态旅游是一种系统性的行为，只有在自然生态系统和社会生态系统之间的循环系统中，才能产生真正高层次的生态旅游产品，所以生态旅游产品的开发需要进入一个更高的理性化的层次。在实际策划中，有些自然保护区物种齐全，品种繁多，生态价值极高，但可游性却不够，比较乏味，这是常遇到的情况。因此，在策划产品时，既要重视其生态方面的价值，又要重视其美学与文化方面的价值，实属不易。所以，应以谨慎、认真的态度权衡利弊，因地制宜地策划生态旅游产品，应减少或避免为了提高可游度在自然保护区内大搞人造景点的行为，以免发生适得其反的情况。科学规划与适应发展相结合，这是由生态旅游产品的特性决定的，有限的容量必然导致有限的开发，开发者的经济利益在一定程度上会受到限制。但是，保护环境、发展旅游、维系当地人民生活是生态旅游的本质特征。在策划生态旅游产品时，应遵守规划原则：保护第一，旅游第二；环境第一，舒适方便第二，做到有限开发。生态旅游开发要有容量限制，必须防止太多人进入重点保护的景区，任何生态旅游区都应控制人流量，防止生态破坏与污染。积极开发"节约型"的绿色生态旅游产品，使旅游者与当地居民充分受益，积极发挥社会效益。

2. 以市场为导向开发生态旅游产品

生态旅游依赖于自然条件与生态环境，这是生态旅游的前提，但这并不意味生态旅游产品开发可以置市场于不顾。我们可以基于生态旅游产品的多种形态，在这种良好的生态环境中，进行各种类型的旅游项目开发，如认识游览、探险旅游、特种旅游等。策划者应

在进行充分市场调查与分析后，将市场需求与客观条件相结合，在细分市场中寻求目标市场，制定出产品定位，强化生态旅游的不同核心利益，形成产品的特色与差异性。在重视环境保护的基础上，丰富生态旅游的内涵，壮大生态旅游产业，从而让"生态"成为最美丽的舞台，让"旅游"来唱最精彩的戏。例如，被誉为"亚洲生物多样性保护示范点"的神农架，拥有当今世界上中纬度地带唯一保存完好的亚热带森林生态系统，生态价值很高。目前，通过举办一年一度的"中国神农架国际生态文化旅游节"，开展攀岩国际邀请赛、探险挑战对抗赛、高山滑翔赛、神农架生态旅游产品考察推介联谊会等活动，引导中外游客探索自然之谜、野人之谜，并形成了一定的生态旅游品牌，在游客中反映良好。

3．开发系列化的生态旅游产品

生态旅游产品开发应该形成系列产品，不仅在旅游产品上要体现生态系统，而且在服务设施建设上，也必须体现环保与生态的原则。例如，深圳的"青青世界"生态园内，所有客房使用的都是天然木料，林间小路使用的是报废的火车枕木，许多地方装饰使用的是回收的废料，让游客真正置身于一个环保的世界。同时，可针对生态旅游产品的静态性特征，适度策划出一系列动态、体验性的生态浪漫活动，丰富旅游产品内容。

4．生态旅游开发应与乡村、林区开发相结合

生态旅游开发在一定条件下应将旅游区与林区、乡村开发结合为一体，把改善提高乡村、林区的环境质量、生活质量、文化素质、环保意识结合起来，造就一个社会安定、经济发展、村民文明的旅游发展大环境，实现生态旅游与繁荣当地经济相结合的双赢。

5．生态旅游开发应更好地满足人们求知与追求文明的内在要求

生态旅游开发不仅要注意有形的方面，还应注意无形的方面，应创造一个有利于生态旅游发展的人文环境。因而在开发生态旅游项目的同时，应教育居民与游客爱护环境、保护环境，制定一系列保护环境法律、制度、村规民约共同遵守。在旅游业的发展中，旅游者已不仅仅具有观光的要求，越来越多的旅游者希望通过旅游能够获得一定的知识，拓宽自己的知识面，特别是自然、地理等方面的知识。我国具有丰富的生态旅游资源，河流、平原、溶洞、岛屿、湿地、森林、野生动物等都会使游客产生极大兴趣。可开发观光探险游，让游客自己通过观察、体验和研究获得丰富的知识，懂得旅游地的山川、草木、鸟兽、鱼虫是怎样在地质时期发生和进化而来的。

6．与深度开发休闲度假"3N"产品相结合

旅游产品的历史进程从动态的观光旅游发展为动态的体验旅游，并衍生为以"3N"理念为主的深度静态休闲旅游。进入21世纪以来，以"自然(Nature)、怀乡(Nostalgia)和涅槃(Nirvana)"为主题的"3N"散客化旅游度假消费持续升温。"3N"静态休闲旅游不仅可以满足传统观光旅游的需要，使人得到美的感受，还能让人们远离尘嚣，放松身心，促进健康，并且这种旅游不会因次数的增加而减少功效。因此，在策划休闲度假旅游产品时，应以"3N"为策划基点，深度开发真正度假型的旅游产品。

经典案例

中卫沙漠博物馆

2009年在沙坡头景区建立的中卫沙漠博物馆(图4.4)，是一座集科普基地、沙漠健身基地、国际治沙学术交流基地、治沙人才交流基地于一体的多功能现代化博物馆，由沙漠科普知识、沙漠历史文化、沙漠互动游戏三部分组成，是集中展现宁夏治沙环保丰功伟绩的名片与窗口。王衍用教授及旅游规划组成员在宁夏中卫成功策划了这个沙漠博物馆项目。

图4.4 中卫沙漠博物馆

1. 项目背景

全球沙漠面积为3 140万平方千米，约占全球大陆面积的1/4。南北纬15°～35°为热带、亚热带沙漠的分布地区，此地处于副热带高压带的控制范围，在其控制下大气稳定、湿度低、少云而寡雨，成为地球上雨量稀少的干燥区。世界上多数大沙漠皆分布于此带，特别是副热带大陆西岸，沙漠分布直达海边，如北非的撒哈拉沙漠、西南亚的阿拉伯沙漠、澳大利亚沙漠、非洲西南的纳米布沙漠。

世界沙漠的另一个分布带在温带欧亚大陆中心区域的温带沙漠，我国的内陆沙漠均属这种类型。在我国，沙漠(沙地)主要分布于西北，内蒙古温带与暖温带的干旱、半干旱地区，北纬35°～50°、东经75°～125°的地域内，由于深居欧亚大陆中部，距海洋远，同时由于天山、昆仑山、秦岭、太行山、吕梁山的边缘阻挡，使南来水汽隔绝，具备了干燥少雨、日照强烈、冷热剧变和风大等气候特点，形成了塔克拉玛干沙漠、吉尔班通古特沙漠、毛乌素沙漠、腾格里沙漠等。

不同的地理位置形成了各异的自然景观，不同的地区养育了不同的民族，形成了绚丽多姿的历史文化、风土人情。于是规划在铁路北侧腾格里沙漠南部建立沙漠博物馆，采用室内室外相结合、传统的文字+图片+沙盘+标本的展览方式和现代的声、光、电和多媒体展示手段相结合的方法，全方位、多角度展示全球沙漠。

2. 规划内容

(1) 热带沙漠厅与亚热带沙漠厅：规划位于观光塔，附近采用膜结构建筑形式，两座建筑可相连。营造热带和亚热带气候特征，种植该地区标志沙漠或荒漠地区的植物，导游或讲解员着装服饰按原地区包装，全面介绍当地自然、文化特点，尤其是与沙漠有关的内容，如沙漠形成与发展、沙漠与当地民俗文化、沙漠与历史文化、防沙治沙措施、动植物分布、沙漠文化等。

(2) 中国沙漠厅：建筑风格为小型西北民居式展室。主要介绍中国沙漠的分布、形成，防沙治沙的古今情况，沙漠地区的民俗、风土人情、历史文化。

(3) 野外展示区：可以沙坡头一带的治沙成果和大漠作为展示区，可分为治沙示范区和原生沙漠区，让游客在了解了沙漠之后体会感受真正的沙漠。

① 治沙示范区(或沙生植物园)：集中地全方位地展示几十年来沙坡头在治沙领域取得的重大成绩，尤其是利用麦草方格沙障来解决流沙固定的世界难题。同时对示范区内的沙生植物挂牌讲解，如沙拐枣、花棒、胡杨、骆驼刺、沙冬青等，标明其科属种、分布、习性、经济价值、特点等，让游客在游览之余增长知识，还可将铁路沿线与治沙站等纳入游览线路。通过参观中卫治沙成果，让游人从理性上全面认识沙漠的形成演化规律，特别是我国在沙漠治理方面取得的伟大成果，在经济、社会、生态方面取得的宏大效益及在国际上获得的崇高荣誉。并以此使人们正确认识与掌握自然规律，积极宣传，参与防风治沙行动，为改善人类生存环境做出努力。

② 原生沙漠展示区(整个沙漠)：可通过沙漠漫游或入住沙漠营地的方式让游客充分感受温带沙漠的奇妙魅力和体验回归大自然的美妙享受。

(4) 中国科学院寒区旱区环境与工程研究所沙坡头实验研究站：规划对游客开放，建成一座以科研、学术交流、人员培训、大众观光为主要功能的国际知名的沙漠治理科研、教育、培训、学术交流基地和旅游中心。

(5) 沙坡头治沙博物馆：作为中国沙漠博物馆的前期工程，向游客开放。

(资料来源：http://news.sohu.com/50/00/news206910050.shtml)

本章小结

本章主要论述了自然旅游资源的概念、特征、主要类型和旅游价值等问题，其中各组成部分的主要类型及自然生态类旅游产品的文化创意与策划有较强的实践应用性，为本章的学习重点。通过本章，学生可学习自然型景区旅游项目策划的相关知识，掌握自然型景区旅游资源评价的相关知识，并通过案例的学习，从感性上把握其发展规律特点，并能最终结合旅游地实际策划具体案例，塑造理想的、人与自然和谐共生的生态景观，进而指导旅游地项目建设。

复习思考题

一、名词解释

1. 自然旅游资源
2. 自然文化

3. 自然美学
4. 生态旅游产品

二、单选题

1. 自然旅游资源是指(　　)中能使人产生兴趣的事物和现象。
   A．社会环境　　　B．自然环境　　　C．人文环境　　　D．生态环境
2. 自然旅游资源具备不可移动性、物质性、(　　)的特征。
   A．空间性　　　　B．时间性　　　　C．整体性　　　　D．动态性

三、多选题

1. 自然旅游资源的文化创意与策划的主要原则有(　　)。
   A．维护和创造生态平衡　　　　B．可持续发展
   C．人与自然的和谐统一　　　　D．创意要新
2. 在物质层面上将自然生态类旅游产品分为(　　)旅游产品三大体系。
   A．自然生态型　　　　　　　　B．文化(人文)生态型
   C．社会生态型　　　　　　　　D．复合生态型

四、简答题

1. 什么是自然旅游资源？自然旅游资源的类型、特点有哪些？
2. 简述自然旅游资源文化创意与策划的核心要素及主要原则。
3. 简述自然生态类旅游产品的创意与策划要点。

五、思考题

自然型景区的旅游项目策划是应当遵从"人与自然和谐"的方针，根据旅游地原有自然生态环境基础建设具有原真性的景区，还是应当增加具有鲜明特色的人为景观来吸引更多的游客。你对这个问题有什么看法呢？试以实例论述。

课后阅读

整合三江，打造"百里丹霞"

位于湖南省东南部郴州地区的资兴市程江口、苏仙区飞天山与翠江、永兴县便江风景区，都属丹霞地貌区域。这一带丹霞峰林耸立，如屏如障，连绵起伏，石岩斧劈刀削，形状千奇百怪，具有雄、秀、险、幽等特色，总面积约150平方千米。2007年资兴市实施旅游业精品战略，对程江、苏仙区翠江、永兴县便江等水体及沿岸丹霞地貌等旅游文化资源进行整合，打造出"百里丹霞"景区(图4.5)，实现了旅游业的扩容提质。

"北有符瑞泰山者，南有符瑞福江丹霞"，根据郴州"中华福城"的城市定位，郴州丹霞地区旅游应称为"福都丹霞之旅"，"百里丹霞"的规划、建设理应遵循和突出一个"福"字，因此，景区规划的主题定位为"百里丹霞·碧水福江"。

第4章 自然旅游资源的文化创意与策划

图 4.5 "百里丹霞"景区

1. "百里丹霞"旅游总体规划概要

为整合郴州自然、历史、人文的"福文化"资源,根据郴州丹霞地域旅游资源延伸百里、地跨三县(区、市)的特点,认定沿资兴市、郴州市苏仙区、永兴县丹霞资源最具备旅游开发条件,因此确定该区域为"福江丹霞"的规划区,翠江、程江、便江水系和两岸内为"百里丹霞"范围。

为打造"福都丹霞"、"百里丹霞•碧水福江"知名旅游品牌,规划将翠江、程江、便江水系称为福江,结合郴州丹霞地域的地理、人文、交通、开发条件等环境因素,选定福江水系为主线,将沿福江两岸的丹崖景观精品作为主要开发对象。

2. "百里丹霞"景区品牌建设创意设计

1) "百里丹霞"的 Logo 设计理念

"百里丹霞" Logo 如图 4.6 所示,其设计理念有以下三个方面。

(1) 突出"百里丹霞"地貌特征,即山势低缓、古朴隽秀。
(2) 抓住"百里丹霞"气魄特征,即蜿蜒百里、山水相拥。
(3) 显示"百里丹霞"性格特征,即温柔腼腆、诗情画意。

图 4.6 "百里丹霞"Logo

2) "百里丹霞"VI应用系统。

Logo释义：以青山、碧水、蓝天为创作元素，采用代表着地球世界的圆形图形，直观地描绘了一方山水融融、自然和谐的生态景区。其三个元素按1∶1∶1的均分比例融合在象征地球的圆形区域，寓意为"一生二，二生三，三生万物"之景，"人法地，地法天，天法道"道法自然之意，"三笙一和"的和谐之意。

山，代表"百里丹霞"，象形山的阅读性强且有利于传播，同时还代表着山林中的城市之"郴"意。

水，代表"碧水福江"，意为生命的源头，细流涓涓、源远流长旨在一种意念。意形水表示福江的水源自于浩瀚的宇宙，养天地正气，取日月精华，造化万物，生生不息。

Logo构成极具流动的韵律感，疏密相间，错落有致，赋予标志一种灵捷活力，简单易懂，却又寓意深远，把"百里丹霞·碧水福江"和谐生态自然景区理念表现在了大众面前。

3) "百里丹霞"的品牌理念与口号

品牌理念："百里丹霞·碧水福江"——把翠江、程江、便江这一大段河流统称为一个名称福江，使"碧水福江"对应"百里丹霞"，便于记忆与传播。

部分营销口号："百里览丹霞，福江三部曲"——通过水路及陆路都可以游览百里丹霞的天然奇观，但是，我们把此绵长的景区及"福文化"内涵分三部分安排，即翠江段、程江段、便江段，这样根据每段景点及时间的不同，方便游客选择，因此称为"三部曲"。

3. "百里丹霞"旅游景区"纳福"旅游产品规划

"百里丹霞"旅游景区隶属郴州市苏仙区，地处"碧水福江"(翠江)水域飞天山老虎寨水上码头至江水进入资兴市之前这一段。该景区的特点是：

一山，即福鼎山(飞天山)，是天下第一祈福纳福圣山；

一洞，即仙女洞(穿坦天生桥)；

一水，即"福江"翠江；

一路，即五福大道；

一带，即福鼎庄园、纳福村和仙女村组成的福民俗文化体验娱乐带是特色文化带；

一区域，即由万福大酒店(建在华湘农场内)和福星别墅休闲度假区构成的区域。

1) 规划目标

(1) 建成为适应举行古今各种祈福仪式和"纳福"程序的"纳福"场地。

(2) 达到国家5A级旅游景区标准。

2) "纳福"旅游产品规划思路

"百里丹霞"旅游景区的旅游文化主题是"纳福"游。以飞天山景区为核心，以丹霞翠江风景旅游为衬托，建立一个求福、求官、求禄、求学、求财、求权、求运气、求姻缘的"纳福"旅游景区，打造天下第一座祈福灵山、中华祈福五大圣地。除了开展观景游外，提供旅客参与许福愿、放河灯、乘福船、吃福宴、接福雨、听福戏、跳福舞、品福茶、撞福钟、赶会会、祈福礼、种福田、取福印、泡福泉、住福苑、享福影等"福文化"活动。

3) 景点项目规划内容

以飞天山现有自然景观为主体，围绕着天下第一福山的主题，规划建设纳福广场、纳福路、纳福村、官路、财路、静心台、沐身阁等景观。

(1) 福鼎山福坛(福鼎)——因飞天山天然形状为一鼎状,因而可将飞天山冠名福鼎山。将福鼎山峰顶现有建筑改建为三级福坛,三级是"三生万物"之意。坛为直角坛,高9米,坛内部是福纪念品(福的原意包含祈福用的酒与肉)存贮地,即为天下第一祈福用礼器"福鼎"纪念品开光,是带有灵气的祈福礼器。坛侧面一级表面刻有福的图腾,二级是关于福的典故与传说内容,三级是人类进化过程中造福的成就,以及对未来的福满天下的预测。坛的正面,用浮雕的形式刻最早的"福"字,其形状就像是左右两只手举着一只尊,在"士"的前面祈福的样子。

(2) 福缘路。改造扩建翠江宾馆到福鼎山及福鼎山别墅区的公路,命名为福缘路。福缘路意为顺着福路的走向,有步步上升之意。

(3) "福缘海"水榭。
① 建设地点:福鼎山别墅至福鼎山登山起点处。
② 艺术造型:在福鼎山别墅至福鼎山登山这段路的中间基线上,修建由小池塘和连接通道组合而成的"福"字形状水榭,中间基线左侧为"示"字形,右侧为"畐"字形,用铺设福路同样的石砖来修建,石砖采用五色石即红色、黑色、白色、黄色和银灰色来制作。"福"字形池塘称之"小东海"或"福缘海"。

(4) 福岸公园。
① 项目名称:福岸(安)公园。
② 建设地点:沿飞天山(福鼎山)至水电站路段的翠江两岸。
③ 建设主要内容。改造现在沿岸公路500米;护岸工程,修建江岸风光带,植树种草地,建观景凉亭、码头泊位;江岸亮化工程;添置福宴船2~3艘,作为游客餐饮、休闲、娱乐的水上聚集地。

(5) 纳福村。
① 建设地点:福鼎山正对面翠江之滨,现在的瓦窑坪村。
② 艺术造型:建造仿明式建筑群,在视觉风格上基本统一村内建筑,外墙壁颜色采用白墙黑瓦。
③ 规划建设主要内容。

第一,纳福广场:面积12 000平方米。广场的平面成"鼎"字形依山势而建,建有半圆形祈福台,在台的中央建设纳大鼎,周边是一圈可以喷烟火、薄雾、福水的系统,同时配以灯光声响系统,是祈福仪式和表演时使用的礼器,作为纳福村举行祈福仪式、祈福表演活动的主会场之一。广场要建成集声、光、电、水、烟火于一体的综合应用广场,使其成为标志性建筑。

第二,纳福九巷及钟楼(福钟楼)。扩建原有村街,用五色石铺路,修建九条小巷,九巷可利用原民居部分基础,在村头辟地200亩,建立新村庄。在九巷交汇中心修建种福广场,广场中央修建福钟楼。种福广场占地约600平方米,中央建高为10米、面积60平方米的小型福楼,楼上挂福钟,在每天的吉时都按时敲响福钟,让福音传遍整个村庄、整座山谷。

第三,沿九巷街分别修建各类旅游纪念品商店,其中必须修建几个福茶楼,让游客到纳福村旅游,不但能看到来自世界各地的民间福艺表演,以及地方民族特色文化剧目,还能喝到特有的福茶。

第四，广州军区某部留守处闲置的营区(约2000亩)环境优美，自然风景堪称"百里丹霞"第一幽，其辖区似椭圆半圆环，圆心就是福鼎山，所以这里即是福地又是个清幽之地。建议由地方政府与广州军区联合规划建设福鼎庄园别墅50栋，作为高档别墅区或者是高级疗养区。福鼎庄园可采取旅游地产形式开发，按五星级宾馆标准将其建成具有住宿、餐饮、钓鱼、健身、游泳、球类、棋牌、购物、保健多功能的休闲中心，以提高该景区的综合接待能力。

4. "百里丹霞"旅游产品营销策划

1) 旅游活动营销

(1) 举办中国福城祈福北京奥运活动。郴州是中国女排的福地，五连冠和重夺奥运金牌的经历成为中国体育史上的佳话，由此也使郴州成为中国人心目中的福地。故以此为出发点，由郴州政府和市民在中华福地为奥运祈福顺理成章。可抓住北京奥运会的良机，借助奥运进行城市和旅游营销，借题发挥。

(2) 中华祈福大典。以大和谐为理念，届时将邀请领导人及商界、文化艺术界、体育娱乐界中的名人，同时邀请港澳台及海外华人、华侨代表等共同参加此中华祈福大典仪式。对于每年的大典活动，可以拟定不同的主题及分主题，如2008年就可以拟定为祈福北京奥运等。

(3) 福神朝拜仪式。推出福神，在"中华福城"举行庄严的福神归位仪式，将福神永久性地供奉于郴州。每年要选定良辰吉日举行万民朝福仪式，该活动既可以单独运作，亦可与中华祈福大典合并举行。

(4) "中华福星"神州选秀。按不同的区域方位、职业、年龄利用短信、互联网和传统媒体、邮件等方式海选(年度)"中华福星"，并且这些最终的幸运者将成为"中华福城"的荣誉市民，凭证件可以免费到"中华福城"参观旅游等。

(5) 举办"百里丹霞·碧水福江"全国水上摩托车锦标赛。

2) 推出游客(市民)体验型活动项目

在各景区开展踏福路、观福灯、过福桥、进福门、祭福坛、拜福神、许福愿、敲福钟、沐福泉、吃福宴、写福字、求福神、投福运、放福鱼、猜福谜、赏福山、听福音等娱乐性、文化性活动。

3) "百里丹霞"申请成为"联合国优秀生态旅游景区"

争取让联合国委派专家来郴州市考察"百里丹霞"，并申报批准列入"联合国优秀生态旅游景区"，可大大提高景区的知名度和影响力。

(资料来源：中国旅游策划网 http://www.chinalych.com，内容有删减。)

第5章　人文旅游资源的文化创意与策划

教学目标

知识要点	掌握程度	相关知识
人文旅游资源	了解	人文旅游资源的定义、人文旅游资源的类型及特征
人文旅游资源的文化创意与策划	重点掌握	人文旅游资源文化创意与策划的核心要素、主要原则
人文类旅游产品的文化创意与策划	掌握	人文类旅游产品的定义、类型特征及创意与策划的要点

技能要点

技能要点	掌握程度	应用方向
人文旅游资源的文化创意与策划技能	重点掌握	旅游景区策划、规划，指导旅游地项目建设
人文类旅游产品的文化创意与策划技能	熟悉	旅游景区策划、规划，指导旅游地项目建设

导入案例

海底世界餐厅的项目创意

也许是生命从海洋中进化而来的缘故,人们一直渴望能够走向海洋深处,领略奇妙的海底世界风光。把海底世界主题与餐饮结合起来就是一个极佳的创意。

对于海底世界餐厅(图 5.1)来说,最重要的是给顾客一个像是待在海底的奇妙感觉。餐厅的所有墙面都要用高强度的玻璃或其他透明材料制成,另一边则用水泥等砌成并涂上与海水一样颜色的背景漆。墙面都是连通的,各种鱼类可以在其中自由地游动,加上活珊瑚、水草或其他海洋植物,再放置一些错落有致的礁石,配上合适的灯光,真正是美妙绝伦。餐厅的造型一般较为狭长,这样才能使顾客容易欣赏到海底景致,也有利于降低建造成本。如果餐厅的面积较大,需要一些柱子支撑,柱子也应由高强度玻璃制成并且是中空的,里面放养的鱼类最好是同一族群的。例如,一根柱子全部放养鲤鱼,另一根放养神仙鱼,再一根则放养水母,这样会更有特色,也更为有趣。

图 5.1 海底世界餐厅

餐厅的屋顶也由透明材料制成,上面蓄满海水,经阳光或灯光的照射,桌面上还会出现水波纹。餐厅的地板由大块的高强度玻璃铺成,地面上也涂上背景漆,地面与玻璃要有一定的距离,支撑的柱子也要由透明材料制成,整个地板是相互连通的,里面灌上海水并放养各种海底动植物,并且可以用机器造出波浪。餐厅里的所有桌椅都应由透明的有机材料制成,如果有必要的话,甚至桌椅里面都可放养上鱼类。总之,整个餐厅的设计要达到让顾客一进去就怀疑自己置身于海底水晶宫的效果。

由于海底世界餐厅只能是一层的建筑物,而大城市中心区的地价或租金过于昂贵,因而选址一般应在交通便利的郊区,这样也方便利用自然的地形、通风及采光条件,降低总体建造成本。餐厅的外观设计也应与主题一致。例如,外墙可塑造成许多海洋生物的造型,使人们在远处就受到吸引。从餐厅大门到正厅之间应有一段狭长的通道,通道最好设计成斜坡式的,两边墙壁也应与正厅一样布置,这样顾客就会有慢慢进入海底世界的感觉。

(资料来源:杨育谋. 海底世界餐厅[J]. 大众商务,2001(10).)

旅游资源中多数属不可再生资源，盲目开发及过度消耗会破坏或毁坏旅游资源。旅游业的可持续发展，要求我们切实保护好生态环境，保护好各类旅游资源，其中必然包括人文旅游资源。人文旅游资源种类繁多，形成机制多样，与所处的自然、社会环境密切相关，有着各自的发展与演化规律。只有掌握与理解人文旅游资源的成因、发展和演化规律，才有可能在创意与策划的基础上对其进行合理开发和深度开发，使其充分地可持续地为旅游业发展服务。

5.1　人文旅游资源

人文旅游资源又称人文景观旅游资源，指由各种社会环境、人民生活、历史文物、文化艺术、民族风情和物质生产构成的人文景观，由于各具传统特色，而成为旅游者游览观赏的对象。它们是人类历史文化的结晶，是民族风貌的集中反映，既含有人类历史长河中遗留的精神与物质财富，也包括当今人类社会的各个侧面。与自然风景旅游资源不同，人文景观旅游资源可被人们有意识地创造出来，可通过建造博物馆、美术馆、游乐园、文化宫、体育运动中心，以及组织文化节、戏剧节、电影节、音乐节和各种民间喜庆活动等别具特色的文化活动来丰富旅游内容，招徕远方游客，形成充满现代气息的人文旅游资源。

5.2　人文旅游资源的类型

对人文旅游资源的分类，历来也有不同的方法。在苏文才、孙文昌所编的《旅游资源学》一书中，将人文旅游资源划分为七大类：历史遗迹类、古建筑类、古代陵墓类、城镇类、古典园林类、宗教文化类、社会风情类，比较完整而准确地反映了人文旅游资源的结构。今结合相关论著，我们将人文旅游资源划分为五大类：遗址遗迹类、建筑与居落类、陵墓类、园林类、社会风情类，见表5-1。

表5-1　人文旅游资源分类表

类　　型	旅游景观	举　　例
遗址遗迹类	古人类遗址	北京周口店、安徽和县猿人遗址
	古战场遗址	赤壁古战场、五丈原遗址
	古城遗址	楼兰古城、唐长安城遗址
	古冶窑遗址	钧窑遗址
	石窟、碑碣、壁画、造像	莫高窟、杭州飞来峰摩崖造像
	名人故居	杜甫草堂、韶山冲毛泽东故居
	近现代遗址遗迹	井冈山革命遗址、黄埔军校旧址

续表

类　　型	旅游景观	举　　例
建筑与居落类	宫殿、坛庙、寺院	北京故宫、北京天坛、承德外八庙
	长城、关隘	八达岭长城、嘉峪关城楼、兴城古城墙
	亭、台、楼、阁	颐和园知春亭、青岛胶南琅玡台、岳阳楼
	厅、堂、榭、廊、舫	颐和园长廊，江南园林的四面厅、花厅
	桥、堰、堤、塘	河北赵州桥、都江堰、荆江大堤
	坊、表、阙、经幢	安徽歙县棠樾牌坊群、四川梓潼李业阙
	古塔	大雁塔、杭州六和塔、应县木塔
	城镇、村落、民居	上海、云南丽江城、蒙古包、藏族的碉房
陵墓类	帝王陵墓	明孝陵、清东陵、秦始皇陵
	纪念性陵墓	烈士陵园、湖北秭归县乐平里的屈原墓
	风俗性墓葬	乐山崖墓与三峡悬棺葬
园林类	帝王苑囿	承德避暑山庄、北京颐和园
	私家园林	苏州园林
	公园	城市公园、绿地
社会风情类	生养婚娶	走婚习俗、摩梭人母系氏族家庭
	饮食起居	白族待客三道茶、中国烹饪
	服饰冠履	惠安女装束、彝族服饰、黎族服饰、藏族服饰
	岁时节令	汉族重阳节、傣族泼水节、大连服装节
	游艺竞技	踩高跷、跑旱船、跳芦笙、蒙古族摔跤
	宗教信仰	佛教、道教、伊斯兰教、基督教
	文化艺术	京剧、中国画、剪纸、天津泥人张

5.3　人文旅游资源的特征

人文旅游资源是人类社会活动的产物，是人类历史文化的结晶，具有历史性、人为性、时代性、地域性、民族性、艺术性、宗教性等特点。

1. 历史性

人类历史经历了漫长的发展过程，人类通过自身的努力适应自然、改造自然、利用自然，创造了丰富的历史文化成果。其中一部分在人类的发展过程中消失了，而另一些却保存了下来，或以文字、思想、精神的形式，或以建筑、遗迹等形式记录着历史的状况。多种多样的人文旅游资源有着共同的特征——历史性，无论是古代建筑还是历史遗迹，无论是民俗生活还是田园风光，都是在一定的历史条件下形成的，不可能脱离历史而存在。从一些人文旅游景观中，可以看到特定历史时期的科技文明和审美特色等历史性的内容。

2．人为性

人文旅游资源是人类发展过程中为适应政治、经济、军事、文化等方面的需要人为建造的，不是自然形成的，是人类社会科技、生产方式、文学艺术等的结晶和体现，是人类发展史的载体，是研究人类发展史的主要资料。

3．时代性

人文旅游资源是人类创造的物质财富与精神财富，因此，人文旅游资源的产生与它的时代有关，体现了当时的科学水平、生产能力、审美标准和道德风范。不同历史时期的人文资源的性质、风格和建筑方式是不同的，具有鲜明的社会时代性。

4．地域性

受文化传统、社会习俗、气候等条件的影响，人文旅游资源地域色彩明显，以传统民居为例，南北方有较大不同，如黄土高原的窑洞、北京的四合院、江南的粉墙黛瓦。各民族地区由于自然资源的不同，形成了各具地方和民族特色的旅游商品。

5．民族性

人文旅游资源带有鲜明的民族性特征，不同民族地区的人文旅游资源也有很大区别。在长期的发展演变中，各民族都形成了各自的历史文化特色和社会风俗习惯，从物质文化到精神文化，如绘画雕塑、建筑形式、民族工艺、集市贸易、服饰饮食、神话传说、音乐舞蹈、戏曲艺术、节日庆典、婚丧嫁娶、文娱体育、宗教信仰、待客礼仪等，无不具有浓郁的民族风格。这些富有民族情趣、异地情调的景物或活动，对旅游者具有强烈的吸引力。例如，在民俗方面，各民族都有自己的独特节日活动方式和生活习惯。信奉伊斯兰教的民族，其节日内容、宗教艺术与信奉佛教的民族不同；蒙古族的那达慕大会与傣族的泼水节和壮族的"三月三"的时间、形式、内容不同。拉萨的大昭寺、傣族的竹楼、苗族的寨楼、藏族的碉房、蒙古族的蒙古包、维吾尔族的窑洞式住房和布满葡萄的庭院等，都鲜明地体现出了本民族的建筑格调。

知识扩展

<h3 style="text-align:center">内蒙古的麦饭石</h3>

麦饭石(图 5.2)富含人体必需的多种微量元素，可以用于水质净化、污水处理，并且对细菌具有很强的吸附作用。饮用麦饭石水，可以调节机体的新陈代谢，有健胃、利尿、保肝和防衰老作用，对人类大有益处。此外，还可以应用于蔬菜水果保鲜、动物养殖、植物栽培、冰箱除臭等。

图 5.2 麦饭石

(图片来源：http://baike.baidu.com/picview/183078/183078/0/faf2b2119313b07ebb3d90920cd7912396dd8cac.html#albumindex=0&picindex=0)

贵州的蜡染布

蜡染布(图 5.3)是在布匹上涂蜡、绘图、染色、脱蜡、漂洗而成。因为在染制的过程中，蜡白布的表面会产生自然龟裂，从而往白色坯布渗入染料而着色，出现许多或粗或细无规则的色纹也叫龟纹，这些龟纹就是区别真、仿蜡染布的标准，因为任何仿蜡染布设计进去的"龟纹"都是有规律可循的，而真正的蜡染布往往难以寻找，也找不出完全相同的龟纹来。

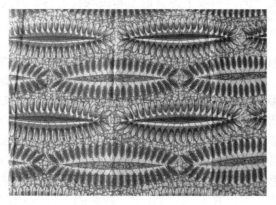

图 5.3 蜡染布

(图片来源：http://www.tnc.com.cn/products/detail/322041.html)

阅读材料

蒙古族的蒙古包

蒙古包(图 5.4)是蒙古族的住屋。"包"，就是蒙古语"家"、"屋"的意思。蒙古包古时称作"穹庐"，又叫"毡帐"。蒙古包大小不定，一般直径为 4~5 米，高 4 米，由木栅栏和白毛毡构成。周围的栅栏用红柳枝做成，呈斜方格形，可以折叠。栅栏外用白毛毡包裹。圆形顶棚上开有直径约 80 厘米的天窗，上面覆盖一块可以移动的毛毡，白天可打开采光和通风，晚上和雨雪天再可以覆盖上去。蒙古包还有一扇高80厘米、宽150厘米左右的小门。为避免北风直吹，门一般都朝东或南开。关于包内摆设，一般是正面放长方矮桌，桌右端放大小衣箱，左边放柜橱、水桶、奶桶等家具。包的正中放灶炉，烟筒直通包顶。蒙古包分转移和固定两种，前者在牧区使用，后者在半农半牧区使用，外观相仿。由于蒙古包不像一般房屋那样有坚实的地基和稳定的墙壁，所以不宜倚靠。

图 5.4　蒙古包

(资料来源：吴忠军. 中外民俗[M]. 大连：东北财经大学出版社，2004.)

小思考

你能说出蒙古族的蒙古包与哈萨克族的蒙古包有什么差异么？

6．艺术性

人文旅游资源具有鲜明的艺术性特征，很多人文旅游资源本身就是精美的艺术品，如摩崖石刻、书法绘画、雕塑、石窟造像、民间工艺品等，都是具有极高艺术价值的人文旅游资源。还有一部分人文旅游资源在实用性的基础上带有很强的艺术性，例如，无论是古代建筑还是现代建筑，都是实用性和艺术性的结合，它们是为了某些特定的实用目的而设计建造的，但本身也是艺术作品，形态的设计、材料的选择、色彩图案的装饰等，都具有很高的艺术价值。

7．宗教性

在人类文化中，宗教占有很重要的地位。宗教活动有着悠久的历史，宗教文化对人类生活的影响是巨大的，同时产生了众多的具有旅游价值的宗教性旅游资源。"天下名山僧占多"，在中国宗教中影响较大的是佛教和道教，在全国各地有为数众多的寺院和道观，这些宗教建筑和其中蕴涵的宗教内容和氛围，与它们周围的自然景观及其他类型的人文景观结合在一起，构成了或独立或综合的旅游景观。

5.4 人文旅游资源的文化创意与策划

凡是能吸引人们旅游兴趣的古今人类所创造的物质文化和精神文化,都可称为人文旅游资源。人文旅游资源被打上了深深的人类烙印,具有丰富深刻的文化内涵。在规划开发人文旅游资源时应以历史文化为导向,以民族性、艺术性、神秘性、地域性和传统性为特色,以历史胜迹、文物艺术、宗教文化、民俗风情、文学艺术等为主题来设计具有文化品位和艺术氛围的旅游项目。

5.4.1 人文旅游资源文化创意与策划的核心要素

1. 使旅游者形象直观地了解人类文明史

人文旅游资源是动态历史的静态显观,记录了一个民族成长过程中的特定的历史文化状态。人们旅游的过程就是对人文旅游资源的历史过程的回顾,以便更为形象直观地了解人类文明史。每一个人文旅游资源都是按照历史成长的脚步排序的。例如,历史遗迹类旅游资源,北京猿人遗址—山顶洞人遗址—半坡文化—三皇五帝—夏—商—西周—春秋—战国—秦—汉—三国—两晋—南北朝—隋—唐—宋—元—明—清—民国历史等;古典园林的历史沿革;古建筑的历史沿革;宗教形成的历史背景;饮食文化的历史演变;各民族民俗民风形成的历史背景等,没有哪一部分能离开人类的历史。所以,旅游的经历就是通过不同的切入点了解人类文明历史发展的过程。

2. 增长知识,陶冶情操

对人文旅游资源观赏的过程,也是学习的过程,最能满足旅游者求知、求奇、求新的欲望。例如,在观赏中国的古建筑时,其深厚的文化底蕴会让旅游者学到很多传统文化知识。故宫作为中国古建筑中礼制建筑的代表,处处渗透着传统文化内容,包含敬天祀祖、皇权至上、以中为尊、阴阳五行等文化。等级制在建筑的高度、色彩,彩画的式样,屋顶的设计,鸱吻的数量,房屋的面阔进深,数字的使用等方面都有体现,完全是一部丰富的实体教科书,令人无不为古人的智慧所折服。

3. 人文旅游资源是享受美、观赏美的理想场所

人文旅游资源能够诱导人们深入其中,产生感情的升华。每一类人文旅游资源都有其独特的美,这种美往往不是单一的,而是具有复杂的多元因素,所以在旅游中旅游者不仅可以直观地得到美的享受,更可使这种美在现实生活中得以升华和超越。例如,对美食的体验不仅可以满足味觉,更可以体会到不同地域的民风民俗,产生无穷的回味。

4. 促进文化交流

旅游不仅是简单的人员流动,从某种意义上说,旅游本身就是一种大规模的高层次的文化交流,每个旅游者既是文化的实体也是载体,旅游过程就是文化交流的过程。身到异地，首先感受到当地的文化气息，同时也将自身的文化带给了旅游目的地。这种交流的主流是积极的、进步的，使不同地域的文化得以促进和发展。

5.4.2 人文旅游资源文化创意与策划的基本原则

对人文旅游资源进行旅游开发，必须处理好六大关系：①开发与保护的关系，应该是合理保护第一，适度开发第二；②经济效益和社会、文化、环境效益的关系，应坚持社会文化效益为先，其他效益兼顾；③保持先天的原真性、完整性与后天的改建、重建等的关系，应坚持原真性、完整性第一，尽量不做或少做后天扰动，除非完全丧失视觉可视化功能；④硬项目和软项目的关系，应既重视硬项目的设计建设，又重视软项目的开发设计；⑤保护规划和旅游规划的关系，应注意有效衔接和相互协调，正确处理人文旅游资源保护和旅游业发展的关系；⑥旅游开发与社区居民的关系，应坚持社区共建的原则，让社区居民的文化修养和生活水平在旅游开发中获得全面提升。

在处理好六大关系的同时，我国人文旅游资源的旅游开发同时必须坚持六大原则。

(1) 政府主导原则。因人文旅游资源往往是极其脆弱的资源，一旦破坏就永远不可能再重新恢复，所以政府主管部门在管理中不能出现管理职能缺位，旅游开发应坚持在政府的管理下做好规划和建设工作。

(2) 保护第一的原则。传承历史文化是当代人的责任和义务，不能让漫长时间内形成的遗产资源在我们这代人中遭到破坏，特别是在经济高速增长期内更应重视。

(3) 人为扰动最小化原则。不管出于何种目的，对人文旅游资源的旅游开发利用都应坚持人为扰动最小化原则，坚决反对破坏性开发和开发中的破坏。

(4) 社会文化效益为先原则。不能把经济效益作为人文旅游资源规划开发的唯一目的，要注意充分激发人文资源的社会文化功能。

(5) 原真性和完整统一性原则。按照联合国教科文组织对世界文化遗产的要求，必须保持文化遗产的原真性和完整性。

(6) 统一协调原则。人文旅游资源的旅游规划是一个很大的系统工程，涉及文物保护、城市规划、生态环境、园林设计、旅游管理、农业生产、艺术传承等行业部门，同时，也涉及和社区居民的关系问题。按照统一协调原则，进行旅游规划时必须在职能、规划、建设等方面，正确处理好各相关部门的关系，使人文旅游资源保护区各项事业得到协调发展。

5.5 人文旅游资源文化创意与策划应用实例

5.5.1 遗址遗迹类

1. 旅游开发六大途径

(1) 遗址文物展示的途径。对于遗址内的文物，在采用严格保护措施的前提下，可建设必要的展示设施，集中展示遗址内文物。此途径既可以使遗产内的文物得到很好的保护，又能充分体现其观光游憩等社会文化价值。

(2) 遗址空间区域保护的途径。在整个遗址的地域范围内，划分重点保护区(亦可按重要程度再划分为多个不同级别的保护范围)和一般保护区(影响区)两种区域；同时，也要划分出建设控制地带，把整个遗址地域作为一个旅游观光游憩对象进行规划建设。

(3) 在遗址内或在异地重建的途径。对在遗址内重建应进行严格控制，尤其是脆弱型遗址。对此可按照在适当距离内异地重建的方法重现遗址的概貌和风采。此法大大减少了对遗址的扰动，又能全部或部分展现原遗址内的已经消失的文化遗存。地址最好选择在遗址的核心区和影响区之外，尽量避免对遗址产生影响。

(4) 资源活化途径。通过一些途径使遗址内的旅游资源由静态展示变为动态展示，由被动参观变为主动参与体验，如场景动态展现、事件回放、氛围体验等，开展具有参与性、教育性、娱乐性的旅游活动。

(5) 文物资源的文化演艺展示途径。在不影响遗址保护的原则下，通过文化创作，在一定场所采用文化演艺的手段，展现遗址所涵盖的历史文化人物、事件等。

(6) 现代科技展示途径。采用现代数字化工程 IE 手段，如数字影视、现代传媒、虚拟现实、三维再现或计算机游戏等，在一定的场所采用三维、模拟或 LED 等展示手段，展示遗址内所承载的历史文化事物或事件。

2. 旅游开发的模式

具体来说，可将我国遗址旅游开发总结提升为以下八种模式。

(1) 游憩绿地模式。在遗址范围内，为使地下的遗产不受扰动，采用绿色植物覆盖手段，从地面上把遗址整体保护起来。此法既能有效保护地下的文物及遗址结构，又能增加绿地面积，通常适用于廊道型遗址区，如城市中心区的遗址等。另外，此法亦可提供公益性的城市休闲游憩产品，提升遗址的公共产品功能，如北京的元大都城垣遗址公园、西安的唐城墙遗址公园等。

(2) 展示厅(棚)模式。对于已经发掘的遗址现场，为更好保护其遗产原貌，可在现场原址建立保护性大展示厅(棚)，防止风雨侵蚀损坏文物，使土质遗址现场得到有效保护。此法可提供遗址观光游览产品，反映遗产旅游产品原始风貌，如西安秦始皇兵马俑博物馆展示厅等。

(3) 博物馆模式。在遗址区之内或之外建立博物馆，主要用于陈列展示遗址内的珍奇文物等。此法较为常用，能使遗址文物得到很好保护，并能有效宣传并传承遗址所载负的文化内涵。还可提供文化观光或文化体验类旅游产品，提高遗址的社会文化效益，如安阳殷墟遗址博物馆、咸阳昭陵博物馆等。

(4) 遗址公园模式。也称"良渚模式"，是国家文物局近些年来非常重视并推广的一种模式。它以确保遗址安全为指导思想，利用遗址的客观条件，完整、统一地展示遗址的原真性风貌，构成遗址的系统展示园区，体现科学性和完整性。此法可提供遗址观光或遗址体验、遗址探幽访古、遗址感悟、遗址参与类等公益性旅游产品，反映了遗址旅游开发的一种新的发展方向，如唐大明宫遗址公园、秦始皇陵遗址公园等。

(5) 恢复重建模式。对于一些遗址，由于历史的原因，地面遗物已荡然无存，当今已很难看到遗址的历史文化印迹，此时可考虑采用恢复重建模式。对此模式的运用应慎之又慎，一般是在充分考古论证基础上，拿出在原遗址或异地重建方案，经各方专家讨论通过，经有关部门批准后实施，如根据西安曲江池遗址恢复重建的曲江南湖、曲江流饮、汉武泉、黄渠桥等历史文化景观。事件地或异地重建的园区可成为文化主题公园。

知识扩展

西安曲江历史上存在久负盛名的皇家御苑芙蓉园，经重建后成为今天的大唐芙蓉园(图 5.5)，是一个全方位展示盛唐风貌的大型皇家园林式文化主题公园。

图 5.5 大唐芙蓉园

(图片来源：http://www.nipic.com/show/1/49/36c2ae5d9a1ac535.html)

(6) 文化演艺模式。为改变遗址单调、静态的展示手段，可采用文化演艺方法，把文化的动态演艺活动引入遗址区内，使文化、文物和旅游有机结合，从而活化遗址内蕴涵的文化内涵。此法既可提供演艺观赏类产品，也可提供参与性体验类产品。陕西华清宫遗址内的大型实景演出《长恨歌》就是一个成功案例。

(7) 虚拟再现模式。利用虚拟现实等现代高科技手段，虚拟再现遗址内的事物、事件，让游客产生身临其境的视觉感受，如甘肃敦煌莫高窟数字化工程，在建的大明宫国家遗址公园应用的环幕投影系统、虚拟视景漫游、虚拟体验漫游、360°全景虚拟场景展示、虚拟考古体验、幻影成像系统、虚拟网络游戏及其他交互式多媒体展示。

(8) 考古活动参与模式。考古活动参与模式体现的是考古体验，活动形式有参观考古现场、参与模拟考古、实地考古调查或发掘、考古探险。国内模拟考古最早开始于北京大葆台西汉墓博物馆，目前在遗址博物馆、遗址公园中得到普遍开展。

由于以上各种开发模式都具有不同的优缺点，因此在实际规划中往往交叉融合，多种模式共同使用，从而形成优势互补，所以在遗址旅游规划中要根据遗址的具体特点和资源优势，恰当选择开发模式。

经典案例

大明宫遗址公园的开发模式

现存的大明宫遗址(图 5.6)是中国也是世界珍贵的历史文化遗产。其面积为 352 公顷，大致是北京故宫的4.5倍、圆明园的3倍、雅典卫城的20倍和罗马古城中心遗址区的2倍，其历史地位和价值自不待言。然而正是由于大明宫遗址规模宏大，其保护工作也是空前的复杂，长期以来除受到自然风化破坏外，人类活动也已成为其最大的危害因素。另外，随着西安市唐皇城复兴计划实施，市政府北迁和道北综合开发牵引城市发展重心北移，大明宫遗址承担着连接南北的作用，其面临越来越严重的侵蚀和破坏，文物保护与经济发展和环境改善间的矛盾更加突出。

图 5.6　大明宫遗址微缩景观

　　经过长期的规划设计，西安市提出一条行之有效的规划理念，即依托大明宫遗址现有格局及丰富的历史文化内涵，以保护遗址的真实性为立足点，将遗址保护与改善人民生活环境和条件相结合，对地区资源进行优化整合，以考古遗址公园的模式来对区域内大遗址进行有效合理的开发。主要开发思路为：以考古遗址公园为中心，逐步形成集遗址保护、文化旅游、商贸、居住等多功能于一体的环境优美的城市新区。大明宫区域将以遗址保护区为中心，以未央路—北二环为主轴，打造六大功能区(核心商务区、综合居住区、集中安置区、改造示范区、盛唐文化区、皇城广场)，形成"一心、四轴、六区"的空间形态。同时，学者们对大明宫建设的社区关系、建筑高度及建筑风格和布局等都做了详尽的研究。

　　从当前对大明宫的规划设计和建设结果来看，大明宫的设计理念科学合理，具有很强的可操作性，堪称我国遗址保护利用的典范之一。但从旅游开发角度来看，当前大明宫遗址开发在三个方面仍需加强。一是在重视硬件建设的同时，也要重视软件开发。大明宫遗址公园是一个承载了唐代皇家历史的场所，它的价值不只是其建筑和格局，更重要的是其蕴涵的历史事件、人物故事等，对此进行展示需要的是软性的服务项目，如导游的讲解、电子解说屏及舞台化演绎等。二是在重视建筑遗迹展示的同时，也要重视社会经济文化的展示。从目前大明宫遗址公园建设情况来看，唐代建筑风格、色彩色调均以显示出唐代皇家宫殿的辉煌及大气为主，但遗址公园内动态的社会活动、民风民俗及礼仪风俗的展示仍需加强，而这些正是将遗产旅游从观光体验旅游转化成参与体验旅游的核心内容，因此遗址公园的未来发展应重视旅游活动内容的设计。三是在重视建筑视觉冲击的同时，也要重视其他感知的效应。文化作为大明宫遗址公园的灵魂，对其进行旅游开发就应让游客从全方位得到文化熏陶，这其中不仅要从建筑风格及格局方面对文化进行展示，同时还应从植被、色系及灯光等入手给游客以视觉冲击,从听觉、触觉和嗅觉等多方面对游客进行感知引导,让游客获得"时光穿越"的感觉。总体来看,遗址的旅游开发除了要集中精力做好建筑的设计和建设外,更应重视参与性活动的设计和文化氛围的营造,如对大明宫遗址的历史事件、民风民俗、节庆娱乐、军事科技、礼仪习惯等文化符号进行全方位展示等。

(资料来源:http://wenku.baidu.com/view/f98780c2bb4cf7ec4afed0bf.html)

阅读材料

河姆渡遗址

河姆渡遗址(图 5.7)位于浙江省余姚市河姆渡镇,濒临浩荡东流的余姚江。遗址发现于1973 年,面积为 4 万平方米,由相互叠压、联系的四个文化层组成,其文化遗存距今已有6 900 多年的历史,早期的先民就在这样一个依山傍水的地方居住和生息,创造了光辉灿烂的文化。先后经过两期的考古发掘,从 5 000 年前的第一文化层开始,到 7 000 年前的第四文化层,时间延续长达 2 000 左右。两期考古发掘共出土 7 000 余件文物,遗址以其悠久、独特而又丰富的文化内涵,被学术界命名为河姆渡文化。它是目前所发现的中国东南沿海最早的新石器时代遗址,其文化特征具有浓郁的江南水乡地域特色,说明早在 7 000 年前,生活在中国东南沿海一带的先民们,经过长期的摸索、观察、实践,已经脱离了原始的状态,发展到使用成套农业生产工具,普遍种植水稻的阶段,农业已成为当时主要的生产活动。

图 5.7 河姆渡遗址

河姆渡遗址以第四文化层最为重要,因为在这里发现了大量的稻谷堆积,据农业学家的鉴定,确认为人工栽培水稻,这证明了长江下游是世界上最早栽培水稻的地区之一。更令人惊叹的是,在遗址第三、四文化层中,发现了大面积木构建筑遗迹,它们纵横交错,有的一排长达 25 米之多,这种成熟地使用卯榫的木结构建筑,其设计之科学、规模之宏大不仅是中国所罕见,更是人类文明史上最早的建筑杰作。近年来,在宁波、余姚、慈溪、奉化、象山、鄞县及舟山等地,又先后发现了一批植根于河姆渡文化后期的良渚文化遗址,更丰富了河姆渡文化的内涵。事实充分说明,早在约 7 000 年前,生活在长江下游一带的先民们,就在同大自然的艰苦奋斗中,开发长江流域,直至进入文明社会。

与此同时,河姆渡文化的研究又有了新突破:浙江仙居山间平原、温州楠溪江下游发现了河姆渡文化晚期遗址，台湾的考古学家从大岔坑、圆山等遗址中发现了河姆渡文化类型的陶器。

河姆渡文化的农具(图 5.6)中，最具有代表性的是骨耜。河姆渡文化的建筑形式主要是栽桩架板高于地面的干栏式建筑。干栏式建筑是中国长江以南新石器时代以来的重要建筑形式之一，目前在河姆渡发现的是最早的干栏式建筑。它与北方地区同时期的半地穴房屋有着明显差别，成为当时最具有代表性的特征。因此，长江下游地区的新石器文化同样是中华文明的重要渊薮，它是代表中国古代文明发展趋势的另一条主线，与中原地区的仰韶文化并不相同。

图 5.6　河姆渡文化的农具

(资料来源：http://www.hemudusite.com/)

5.5.2　建筑与居落类

1. 建筑和居落的文化内涵

建筑或居落若单从实物形态来看，就是一些土石砖木等建筑材料的结合体，只不过各种材料的比例不同、外形不同罢了。正是由于文化，才使得建筑和居落具备了某种性格。从旅游的发展来看，越是独特的就越具有吸引力和垄断性。正如人的外形、着装可以通过化妆、模仿达到以假乱真的境地，但个性却是败露赝品的"罪魁祸首"。建筑的外形可以被仿造，但建筑体现的文化却无法复制。世界各地都有一些著名的建筑被其他地方仿造，可是赝品永远无法达到真品那种令人感动和痴迷的效果。创意策划就是要让旅游资源获得一种长久的竞争优势，从这个意义上说，挖掘建筑与居落资源的深层次文化内涵，是品牌塑造的首要因素。

2. 建筑承载的历史事件和历史人物

建筑和居落资源的固定性使得它们在品牌传播时受到了一定的阻碍。西方的著名建筑可以单纯因建筑的外形和艺术性得到广泛的赞誉，但在中国文化中，著名的建筑设施却没有这样的待遇。儒家"实用"的思想使得人们关注建筑的实用性多过建筑的美学价值。因此，纵观中国著名的建筑和居落，一般都与重要的历史事件或历史人物联系在一起，建筑充当的是历史事件和人物的背景。依照此特点，塑造建筑和居落的品牌时，要挖掘与建筑相关的历史事件和历史人物，以故事提升品牌的传播效果。

3．构建文化集群

中国建筑大多以单体建筑的数量叠加形成视觉上的宏大。历史的沧桑有时会毁掉建筑群落中的一部分，幸存下来的建筑形单影只，不仅在整体上表现中国建筑的文化内涵有所欠缺，而且单一的建筑文化与游客投入的时间、精力、金钱等成本相比，似乎显得单薄了一些。因此，可通过挖掘当地文化，构建文化集群，从建筑文化、山水文化、生物文化、人文活动文化、旅游商品文化等多个方面出发，按照一定的逻辑进行组合，形成丰满的文化系列，使文化集群中的各种文化互为支撑、良性发展，从而促进旅游业的发展。

4．适当的文化扩展载体

实比虚直观，比虚容易接受，比虚容易传播。体验和感受不能保存，会随着时间和记忆慢慢褪去颜色，但影像、物品和文字却能够让人回想起当时的感受。文化集群虽然丰富，但缺乏外化的载体，既不利于文化的传播，也不利于延长后旅游时代的效应。因此，将文化外化，并在一定程度上扩散，有利于旅游品牌的塑造。就建筑和居落资源来说，详细介绍建筑文化的小册子、书籍、音像制品，印有建筑图案的文化用品、装饰品、工艺品和生活用品等都可以在后旅游时代勾起旅游者对于资源的美好回忆，并有利于正面传播该旅游资源的品牌形象。

经典案例

上海老城隍庙的旧房改造

上海老城隍庙(图 5.7)的旧房改造项目很"经典"，规划设计人员可谓煞费苦心。

图 5.7　上海老城隍庙

早在清末，城隍庙附近就是商场，主要出售土特产品，一直延续至今。上海作为一个口岸城市，与别处不同的是，城隍庙有护海避灾功能，因而门额上大书"保障海隅"四字。许多中外游客都喜欢到这里来游览购物，它现在与南京路、淮海路鼎足而立，成为展示上海多样性文化特色的窗口之一。淮海路向游客展示的是内地不多见的"洋味"，而老城隍庙则有一种浓浓的传统"中国特色",对于游客特别具有吸引力。

可以说,老城隍庙商贸的繁荣与那里中式传统建筑所创造的氛围是分不开的。其实,在若干年前,老城隍庙附近的房屋与上海其他地区的楼宅相同,只是规划家和建筑师通过别具匠心的创意,在老城隍庙附近建筑物的整修过程中,进行了一番"作古"处理。

人们一踏进老城隍庙商场,一股浓浓的"中国传统文化"之风便扑面而来,那里不仅出售本地土特产品,更重要的是,老城隍庙商街的建筑都是传统中国风格的,规划者将原有的房屋进行了"作古"处理。门窗楼柱均刷成江南特有的绛红色,门窗上装饰了丰富多彩的镂刻花纹和格子雕花,有的大门采用传统四合院的垂花门,与粉墙黑瓦产生强烈对比,临街屋顶做成八角塔形,屋檐翘角。虽然原来只是一些普通的现代楼房,经过规划者的一番巧妙修饰,"古风"洋溢的传统氛围就不由自主地凸显出来了。

(资料来源:武彬,龚玉和. 旅游策划文化创意:河山·因我们的到来而改变[M]. 北京:中国经济出版社,2007.)

阅读材料

北京故宫

故宫(图5.8)位于北京市中心,也称"紫禁城",现称为"故宫博物院"。这里曾居住过24个皇帝,是明、清两朝(1421—1912年)的皇宫。故宫作为无与伦比的古代建筑杰作,是世界现存最大、最完整的木质结构的古建筑群。传说,玉皇大帝有10 000间宫殿,而皇帝为了不超越神,所以故宫只修建了9 999间宫殿。

图5.8 故宫

自明成祖朱棣夺取帝位后,决定迁都北京,于是于永乐四年(1406年),明成祖下令仿照南京皇宫营建北京宫殿,动用民工30万,至明永乐十八年(1420年)落成。故宫又名紫禁城,依照中国古代星象学说,紫是紫微垣,位于天的中央最高处,共有15颗恒星,被认为是"运乎中央,临制四方"的宫殿,乃天帝所居,天人对应,故名之。故宫占地72万平方米,建筑面积约15.5万平方米,共有殿宇8 707间,都是砖木结构、黄琉璃瓦顶、青白石底座饰及金碧辉煌的彩绘,是世界上现存规模最大、最完整的古代皇家高级建筑群。

故宫四面环有高10米的城墙,城墙南北长961米,东西宽753米,城外有一条宽52米、长3 800米的护城河环绕,构成了完整的防卫系统。故宫总体布局为中轴对称,布局严谨，秩序井然，寸砖片瓦皆遵循着封建等级礼制，映现出帝王至高无上的权威。

故宫被誉为世界五大宫之一(中国北京故宫、法国凡尔赛宫、英国白金汉宫、美国白宫、俄罗斯克里姆林宫)，并被联合国科教文组织列为世界文化遗产。委员会评价：紫禁城是中国5个多世纪以来的最高权力中心，它以园林景观和容纳了家具及工艺品的9 000个房间的庞大建筑群，成为明清时代中国文明无价的历史见证。

故宫文化是以皇帝、皇宫、皇权为核心的帝王文化、皇家文化，或者说是宫廷文化，而代表皇权的莫过于宝玺。故宫文化从一定意义上说是经典文化，经典具有权威性、不朽性、传统性。故宫文化具有独特性、丰富性、整体性及象征性的特点。同时，它与今天的文化建设是相连的。对于任何一个民族、一个国家来说，经典文化永远都是其生命的依托、精神的支撑和创新的源泉，都是其得以存续和赓延的筋络与血脉。

故宫是汉族建筑的精华。故宫建筑群(图5.9)体现了汉式宫殿建筑的以下特点：

图5.9　故宫建筑群

(1) 故宫建筑取坐北朝南的方向，施工前立华表以确定方位。表是直立的标杆，取长短相等的两表，观测早晚其日影长度相等的两点，将其连成一线，即为正东正西方向。一般建筑立木为表，工匠即依照所指方向开沟奠基。天安门之前，立雕饰石柱为华表，指示整座紫禁城的建筑方向，并与主体建筑风格协调，成为一种装饰。

(2) 平面布局以大殿(太和殿)为主体，取左右对称的法式排列诸殿堂、楼阁、台榭、廊庑、亭轩、门阙等建筑。

(3) 殿堂建筑以木构架支撑，都柱底下有石柱础，砖修墙体北、西、东三面维护，坐北朝南，上盖金黄色琉璃瓦屋顶。

(4) 屋顶正脊两端的正脊吻及垂脊吻上有大型陶质兽头装饰，戗脊上饰有若干陶质蹲兽，歇山式屋顶(中和殿)有宝顶。

(5) 斗拱檐桁额枋表面刻画不同的图案和花纹，动物纹样如龙凤狮虎鸟兽虫鱼，植物纹样如藤蔓蘖荷花草叶纹，自然纹样如山水日月星辰云气，几何纹样如方形菱形回纹雷纹，文字花纹如福寿喜吉纹，器具花纹如钱纹、元宝纹等，具美观与防腐双重功用。其他如悬鱼、窗棂、栏杆、壁画、天文板、藻井、隔断等装饰纹样多种多样。

(6) 对于宫殿装饰色彩，屋顶多用金黄色，立柱门窗墙垣等处多用赤红色，檐枋多施青蓝碧绿等色，衬以石雕栏板及石阶之白玉色，形成了鲜明的色彩对比。

(资料来源：http://baike.baidu.com/view/17598.htm)

5.5.3 陵墓类

在我国，陵墓文化遗产众多，大部分都处于一种博物馆静态开发的状态，所以此类遗址的活化和文化内涵的挖掘及遗产文化意象的塑造尤为重要。

第一，陵墓文化遗产跟诗歌、音乐、书画一样"有形有神、有声有韵"，在全球体验式旅游的背景下，应以游客的"三求"为出发点，通过体验过程的"三性"来达到"三感"的目标，不断满足旅游者"求知、求新、求异"的多种心理需求。

第二，不能只突出了遗产文化的共性而忽略了个性，也不能仅表现同类文化的一般特征而忽略了个体性特征。要使旅游者对遗产文化多元性内涵的体味和感受得到满足，必须坚持遗产地文化展演，因为不同的遗产地其文化内涵是不同的。西夏王陵必须突出西夏风情文化特色，乾陵文化展示必须突出大唐文化，而明十三陵则要体现明皇家文化、堪舆文化等。

第三，针对单一的景点，旅游舞台载体子系统不能仅仅只有静态的塑像和建筑，没有解说牌、图、多媒体显示等解说媒介；旅游活动体验载体子系统应该增大到基于遗产文化内涵的各种表演活动、展示活动、旅游者参与活动等动态活动。

陵墓旅游资源开发必须寻找合适的传播载体，其旅游价值才可能最大程度地发挥。

1．发挥名人效应

西汉帝王陵中知名度最高的帝王是汉武帝，同时，西汉时期还有一批比西汉帝王知名度高的历史名人，对西汉帝王陵墓进行旅游开发时可以在这些名人上下功夫，找到切入点，做出能引起旅游者兴趣的策划方案或旅游产品。

如抗击匈奴的著名英雄人物卫青、霍去病，汉武帝时期"金屋藏娇"的主人公阿娇，"一顾倾人城，再顾倾人国"的李夫人，汉高祖时期"成也萧何，败也萧何"的丞相萧何等。

2．发展综合多样的文化价值

旅游者通过参观游览古代墓葬可以满足其对古远历史的好奇心。如果能以出土文物为基础，联系当时的名人史实，运用虚拟场景再现、模拟考古等新元素，将游客领入到具体实施的观赏消闲、娱乐健身层面，也就是发展综合多样的文化价值，那陵墓旅游资源的发展前景将更为广泛、深入。

3．体现陵墓区优越秀美的自然环境

古人对"阴宅"的选择甚至胜于"阳宅"的选择，陵墓多处于风景秀丽、山水俱佳、林木茂密、聚气纳势的"风水宝地"。因此，陵墓旅游资源开发和周围景色联系起来，找到衔接点，使游客能够在欣赏古文化的同时，也可受到大自然的熏陶，怡情养性。

4. 大力开发旅游文物

旅游文物是指为配合旅游发展而修造的景观、雕塑、工艺美术品、异域风光微缩模型、舟车服饰器物的仿制品等，是可以再生的。应该在发展陵墓旅游的同时，积极开发旅游文物，吸引旅游者的眼球。

经典案例

清东陵旅游开发总体规划

项目背景：

清东陵(图 5.10)经过多年来的风风雨雨，面临着提升改造的困境。其成功开发对于调整唐山南部和北部旅游发展不平衡现状，促进唐山市整体旅游发展和旅游产品的升级，将起到重大作用。

图 5.10　清东陵

核心思路：

清东陵具有极高的世界文化遗产价值，地区内皇家帝王、陵寝建筑和风水文化特色极为突出；自然资源丰富，且具有明显的多样组合性特征。基于此，在世界文化遗产保护的前提下，规划提出以清东陵、皇家御汤泉为两大核心，拟将清东陵打造成国家5A级景区，将皇家御汤泉打造成国家旅游休闲度假区。并集合周边多种类型的旅游资源、产品，进行综合开发，打造集清皇家陵寝观光、温泉度假、文化游乐、休闲农业于一身的综合性新型旅游产业发展区。

其中，陵寝观光项目要深入挖掘文化资源，创新文化体验模式，建立合理的游憩结构，形成独特的观光及文化体验休闲产品。温泉产品应避开与北京、天津的竞争，从"温泉+地产"的温泉文化体验、康体养生休闲、商务会展、旅游度假地产等方面进行差异化的塑造。面临本项目乡村旅游起步较晚的现状，可以结合乡村生产活动、民族习俗、地方节庆等开展游客体验性较强的产品，结合新农村建设促进两镇两乡农村经济的发展，增加农民收入。另外，在核心景区，可规划以一代明君康熙的头像进行大地景观艺术创造，形成较强视觉效果，并体现清东陵景区的文化特色。

(资料来源：http://www.lwcj.com/StudyResut00087_1.htm)

阅读材料

秦始皇陵

秦始皇陵(图 5.11)是中国历史上第一个皇帝的陵园,其巨大的规模、丰富的陪葬物居历代帝王陵之首。陵园按照秦始皇死后仍然享受荣华富贵的原则,仿照秦国都城咸阳的布局建造,大体呈回字形,陵墓周围筑有内外两重城垣,陵园内城垣周长 3 870 米,外城垣周长 6 210 米,陵区内目前探明的大型地面建筑为寝殿、便殿、园寺吏舍等遗址。据史载,秦始皇陵陵区分陵园区和从葬区两部分。陵园占地近 8 平方千米,建外、内城两重,封土呈四方锥形。秦始皇陵的封土形成了三级阶梯,状呈覆斗,底部近似方形,底面积约 25 万平方米,高 115 米,但由于经历了 2 000 多年的风雨侵蚀和人为破坏,现封土底面积约为 12 万平方米,高为 87 米(另一资料:陵园初高 120 米,高大若山,后经风化侵蚀及人为破坏,降低了 40 多米)。整座陵区总面积为 56.25 平方千米,建筑材料是从湖北、四川等地运来的。为了防止河流冲刷陵墓,秦始皇还下令将南北向的水流改成了东西向。

图 5.11 秦始皇陵

陵园的南部有一个土冢,高 43 米,筑有内外两道夯土城墙,内城周长 3 890 米,外城周长 6 249 米,分别象征皇城和宫城。在内城和外城之间,考古工作者发现了葬马坑、陶俑坑、珍禽异兽坑,以及陵外的人殉坑、马厩坑、刑徒坑和修陵人员的墓室,共有 400 多座。

秦始皇陵的冢高 55.05 米,周长 2 000 米。经调查发现,整个墓地占地面积为 22 万平方米,内有大规模的宫殿楼阁建筑。陵寝的形制分为内外两城,内城为周长 2 525.4 米的方形,外城周长 6 264 米。秦始皇陵的规模之大远非埃及金字塔所能比。

1. 世界上最大的地下皇陵

埃及金字塔是世界上最大的地上王陵,中国秦始皇陵是世界上最大的地下皇陵。秦王朝是中国历史上辉煌的一页,秦始皇陵更是集中了秦代文明的最高成就。

第5章　人文旅游资源的文化创意与策划

秦始皇陵地下宫殿是陵墓建筑的核心部分，位于封土堆之下。《史记》记载："穿三泉，下铜而致椁，宫观百官奇器珍怪徙臧满之。令匠作机弩矢，有所穿近者，辄射之。以水银为百川江河大海，机相灌输，上具天文，下具地理。以人鱼膏为烛，度不灭者久之。"

考古发现地宫面积约18万平方米，中心点的深度约30米。陵园以封土堆为中心，四周陪葬分布众多，内涵丰富，规模空前，除闻名遐迩的兵马俑陪葬坑、铜车马坑之外，又新发现了大型石质铠甲坑、百戏俑坑、文官俑坑及陪葬墓等600余处，数十年来秦陵考古工作中出土的文物多达10万余件。陵园里设立有多处文物展台，展示了秦陵多年来出土的部分文物；布置有水道展区，重现了当年陵园内科学周密的排水设施。相信随着考古工作的进展，肯定还会有更大的意想不到的发现。

在凝重的绿色和高大的墓冢之间，为了让游客身临其境的感受王者的尊荣和威仪，秦始皇陵上演有大型的"重现的仪仗队——秦始皇守陵部队换岗仪式"表演和集声、光、电于一体的秦始皇陵陵区、陵园、地宫沙盘模型展示，再现了2 000多年前神秘陵园的壮观场景，展示了数十年来的考古成果，生动直观地揭示了秦陵奥秘，展示了其丰富的内涵。

2．规模宏大，埋藏丰富

秦始皇陵是中国历史上第一座帝王陵园，是我国劳动人民勤奋和聪明才智的结晶，是一座历史文化宝库，在所有古代帝王陵墓中以规模宏大、埋藏丰富而著称于世。

据《史记》记载，陵墓一直挖到地下的泉水处，用铜加固基座，上面放着棺材，墓室里面放满了奇珍异宝，墓室内的要道机关装着带有利箭的弓弩，盗墓的人一靠近就会被射死。

墓室里还注满水银，象征江河湖海；墓顶镶着夜明珠，象征日月星辰；墓里用鱼油燃灯，以求长明不灭……

秦始皇陵共发现10座城门，南北城门与内垣南门在同一中轴线上。坟丘的北边是陵园的中心部分，东西北三面有墓道通向墓室，东西两侧还并列着4座建筑遗存，有专家认为是寝殿建筑的一部分。秦始皇陵集中体现了"事死如事生"的礼制，规模宏大，气势雄伟，结构特殊。

陵墓地宫中心是安放秦始皇棺椁的地方，陵墓四周有陪葬坑和墓葬400多个，范围广及56.25平方千米。主要陪葬坑有铜车、马坑、珍禽异兽坑、马厩坑及兵马俑坑等，历年来已有5万多件重要历史文物出土。1980年发掘出土的一组两乘大型的彩绘铜车马——高车和安车，是迄今中国发现的体形最大、装饰最华丽、结构和系驾最逼真及最完整的古代铜车马，被誉为"青铜之冠"。

3．兵马俑坑

兵马俑坑是秦始皇陵的陪葬坑，位于陵园东侧1 500米处，于1974年春被当地打井的农民发现。由此埋葬在地下2 000多年的宝藏得以面世，被誉为"世界第八大奇迹"。为研究秦朝时期的军事、政治、经济、文化、科学技术等，提供了十分珍贵的实物资料，成为世界人类文化的宝贵财富。兵马俑坑现已发掘3座，俑坑坐西向东，呈"品"字形排列，坑内有陶俑、陶马8 000多件，还有4万多件青铜兵器。

坑内的陶塑艺术作品是仿制的秦宿卫军。近万个或手执弓、箭、弩，或手持青铜戈、矛、戟，或负弩前驱，或御车策马的陶质卫士，分别组成了步、弩、车、骑四个兵种。在地下坑道中的所有卫士都是面向东方放置的。据钻探得知共有3个陪葬坑，其中1974年发现的一号坑最大，它东西长230米，南北宽62米，深5米左右，长廊和11条过洞组成了整个坑，与真人真马大小相同、排成方阵的6 000多个武士俑和拖战车的陶马被放置在坑中。在一号坑的东北约20米的地方是在1976年春天发现的二号坑，它是另一个壮观的兵阵。南北宽84米、东西长96米的二号坑面积为9 216平方米，建筑面积为17 016平方米。二号坑内有多兵种联合阵容，包括步兵、车兵、骑兵和弩兵等。二号坑西边是三号坑，于1989年10月1日才开始允许游客参观。南北宽24.5米、东西长28.8米的三号坑面积为500多平方米。经有关专家推断，三号坑是用来统率一、二号坑的军幕，一乘战车、68个卫士俑及武器都保存在坑内。

其中一号坑为"右军"，埋葬着和真人真马同大的陶俑、陶马约6 000件；二号坑为"左军"，有陶俑、陶马1 300余件，战车89辆，是一个由步兵、骑兵、战车三个兵种混合编组的曲阵，也是秦俑坑的精华所在；三号坑有武士俑68个，战车1辆，陶马4匹，是统率地下大军的指挥部。这个军阵是秦国军队编组的缩影。1980年又在陵园西侧出土了青铜铸大型车马2乘，引起全世界的震惊和关注，这些按当时军阵编组的陶俑、陶马为秦代军事编制、作战方式、骑步卒装备的研究提供了形象的实物资料。兵马俑的发现被誉为"世界第八大奇迹"、"20世纪考古史上的伟大发现之一"。秦俑的写实手法作为中国雕塑史上的承前启后艺术为世界瞩目。现已在一、二、三号坑成立了秦始皇兵马俑博物馆，并对外开放。

4. "世界第八大奇迹"

秦始皇陵是世界上规模最大、结构最奇特、内涵最丰富的帝王陵墓之一。秦始皇陵兵马俑是可以同埃及金字塔和古希腊雕塑相媲美的世界人类文化的宝贵财富，而它的发现本身就是20世纪中国最壮观的考古成就。它们充分表现了2 000多年前中国人民巧夺天工的艺术才能，是中华民族的骄傲和宝贵财富。法国前总统希拉克对它的"世界第八大奇迹"的赞誉，使秦始皇陵为更多的世人所知，世界文化遗产的桂冠为秦始皇陵更增光彩。

5. 陵园工程

"秦王扫六合，虎视何雄哉……刑徒七十万，起土骊山隈。"这脍炙人口的诗句出自大诗人李白笔下，它讴歌了秦始皇的辉煌业绩，描述了营造骊山墓工程的浩大气势。的确，陵园工程之浩大、用工人数之多、持续时间之久都是前所未有的。

陵园工程的修建伴随着秦始皇一生的政治生涯。当他13岁刚刚登上秦王宝座时，陵园营建工程也就随之开始了。古代帝王生前造陵并非秦始皇的首创，早在战国时期诸侯国王生前造陵已蔚然成风。例如，赵肃侯"十五年起寿陵"，平山县中山国王的陵墓也是生前营造的。秦始皇只不过是把国君生前造陵的时间提前到即位初期，这是秦始皇的一点改进。陵园工程修造了39年，一直至秦始皇临死之际尚未竣工，二世皇帝胡亥继位，接着又修建了一年多才基本完工。

纵观陵园工程，前后可分为三个施工阶段。自秦王即位开始到统一全国的26年为陵园工程的初期阶段。这一阶段先后展开了陵园工程的设计和主体工程的施工，初步奠定了陵园工程的规模和基本格局。从统一全国到(公元前221年)秦始皇三十五年(公元前212年)，历时9年当为陵园工程的大规模修建时期。最多有72万囚徒进行大规模的修建，基本完成了陵园的主体工程。自秦始皇三十五年到秦二世二年(公元前208年)冬，历时3年多是为工程的最后阶段。这一阶段主要从事陵园的收尾工程与覆土任务。尽管陵墓工程历时如此之久，整个工程仍然没有最后竣工。当时历史上爆发了一次波澜壮阔的农民大起义，陈胜、吴广的部下周文率兵迅速打到了距陵园不远的戏水附近(今临潼县新丰镇附近)。面临大军压境、威逼咸阳之势，秦二世这位未经风雨锻炼的新皇帝惊慌失措，召来群臣商讨对策。他一幅丧魂落魄的样子，向群臣发出"为之奈何"的哀求。这时少府令章邯建议："盗已至，众疆，今发近县不及矣，骊山徒多，请赦之，授兵以击之。"秦二世当即迎合，并让章邯率领修陵大军回击周文的起义军。至此尚未完全竣工的陵园工程才不得不中止。

总之，陵园工程由选点设计、施工营造到最后被迫中止，前后长达 38 年之久，在我国陵寝修建史上名列榜首，其修建的时间比埃及胡夫金字塔还要长 8 年。

(资料来源：http://baike.baidu.com/view/6654.htm)

5.5.4 园林类

对古典园林资源进行旅游开发，除了依靠专家学者的研究成果外，还需要从旅游学角度开发古典园林的观赏价值，提高游客的游览深度，了解园林背后深邃的文化内涵，让旅游者观后有感，感受历史文化的厚度，获得立体的精神上、心理上的满足。要实现中国古典园林旅游的可持续发展，就必须挖掘其深层次的文化内涵。

1．树立世界文化遗产形象，倡导文化旅游

借助媒体宣传使旅游者认识到我国古典园林的历史文化及其现实价值，树立我国古典园林的世界文化遗产形象，使旅游者认识到古典园林旅游是一种较高层次的文化旅游，可在看风景中品味古典园林内在文化，感受历史沧桑。

2．建立古典园林旅游解说系统

解说不仅能够为游客提供愉快的经历和教育的机会，同时能引导游客再次到访。建立旅游解说系统是一种挖掘古典园林文化内涵的好方式。对于国外游客来说，文化差异和语言问题导致他们不了解我国古典园林的历史文化，也很难欣赏园林中具有重要历史文化意义的题名、楹联、匾额、题词、石刻。这时解说能帮助他们了解中国古典园林的历史文化背景，帮助他们懂得如何欣赏中国古典园林的美。

3．加强古典园林景观场的营造

园林景观场主要指在当时文化语境下刻意营造出来的用以表达园林主人心志和释放其情感的环境氛围，体现了园林主人的情趣与爱好。在我国古典园林的旅游开发利用中，为了追逐最大的经济效益，景区常常是人满为患，很难有机会从不同角度欣赏园林，更难体味其深层次的文化内涵。因此，首先要控制游客数量。这不仅有利于提高个人旅游质量，也有利于改善景区生态环境。其次，对于旅游开发商来说，要加强古典园林景观场的营造，利用各种途径突出园林文脉，体现园林气质，让游客在幽雅的环境中得到放松。

作为重要的文化载体和典型的旅游人文景观的古典园林，是我国人文旅游资源的重要内容之一。充分认识和深入探讨我国古典园林所蕴含的审美价值及所反映的传统文化，充分发挥其历史文化价值，传承其历史文化，对于更好地解决人与自然的对立和冲突，实现旅游可持续发展，是非常及时和必要的。

经典案例

恺撒浴殿和大唐汤池

在欧洲有一处温泉度假地，里面设计了一座豪华的恺撒浴殿。这里有辉煌的宫廷建筑、瑰丽的内部装饰和奢华的温泉浴池。一群侍浴者都是恺撒大帝时代的打扮，男的红带扎头，着黄色短裤，红布带斜挎在赤身的胸前；女的内穿三点服，外罩薄衫裙，翩翩起舞。侍浴者为贵客淋水、搓背、敬餐、按摩、伴浴、献舞，使他们沉浸于帝王的欢乐和梦幻般的享受中。按照同样的策划思路，在策划湖北房县的温泉项目时，提出了大唐"宫廷大汤池"的策划理念。沿用庐陵王流放时建造房州华清池的历史，设计了一座胜过欧洲恺撒浴殿的供中国帝皇沐浴的皇室池，或称为大汤池。

西安的大唐汤池更加金碧辉煌，唐代的宫廷建筑，豪华的殿堂装饰，瑰丽的温泉汤池和唐装扮演的男女宫廷侍浴者，还有古朴的唐代古乐和歌舞表演伴浴，尽显其高贵和典雅。这里有帝王及其嫔妃的华贵浴床，舒适的入浴享受和别致的侍浴方式，对于有幸光临这里的游客，无疑是一次最有气派的情景化的温泉享受。

"浴宫"前有名人对大唐汤池的赞美诗句和名联，两侧有贵妃出浴（海棠汤池，图5.12）等帝后沐浴的精彩壁画，重现了古代宫廷浴池的皇室生活情景。大唐汤池入浴的接待量应有规定控制，以保证享受情景式沐浴的魅力不受影响。

图 5.12 海棠汤池

室外的露天浴池和御花园的景色交融在一起，打造出情趣独特的帝苑温泉。树木、花草、小桥、流水、假山、石阶、亭榭、瀑布，就在这万般精致的皇家花园里，巧妙地设置了一个个大小和形状各不相同的浴池，有的设在假山下，有的设在树林中，有的设在小桥边，有的设在亭榭间。在帝苑中享受温馨的沐浴，有绿树为屏、鲜花为伴，可仰看蓝天、俯弄泉水。恐怕连唐明皇都没有想到，能有如此享受的洗浴。

帝苑中有大唐历史的记事石碑、唐诗书法的铭文字帖、唐朝皇帝和名臣的雕像、大明宫故事画廊等。并且要求帝苑的工作人员一律着唐代服饰，行古代礼仪，以渲染大唐的氛围，将帝苑的室外园林温泉浴做出天下无双的最好品位来。

(资料来源：陈世才. 玩家创意：旅游产品的设计与创新[M]. 北京：北京理工大学出版社，2010.)

阅读材料

苏州园林

在一定的地域运用工程技术和艺术手段，通过改造地形(或进一步筑山、叠石、理水)、种植树木花草、营造建筑和布置园路等途径创作而成的美的自然环境和游憩境域，就称为园林。

苏州是中国著名的国家级历史文化名城，有"人间天堂，园林之城"的美誉。这里素来以山水秀丽、园林典雅而闻名天下，有"江南园林甲天下，苏州园林甲江南"的美称。1985年，苏州园林(图 5.13)被评为中国十大美景之一。作为举世瞩目的历史文化名城，苏州沉淀了2 500余年的吴文化底蕴。约在公元前11世纪，当地部族自号"勾吴"，称苏州为"吴"。公元前514年吴王阖闾建都于此，其规模位置迄今未变，为世界少有。

图 5.13　苏州园林

这里既有湖光山色、烟波浩渺的气势，又有江南水乡小桥流水的诗韵，素有"江南鱼米之乡"之称的苏州富饶美丽，是中国首批公布的24个历史文化名城之一。苏州自古以来就是江南的经济文化中心，城市格局保持完整，山明水秀，自然景观独具特色，是著名的旅游胜地。闻名遐迩的苏州园林采用缩景的手法，给人以小中见大的艺术效果，为苏州赢得了"园林之城"的美誉。

作为苏州园林典型例证的拙政园、留园、网师园和环秀山庄，产生于苏州私家园林发展的鼎盛时期。苏州园林的自然美以其意境深远、构筑精致、艺术高雅、文化内涵丰富而成为苏州众多古典园林的典范和代表。苏州以园林见长，让人感叹园艺的巧夺天工与自然精致。其中沧浪亭、狮子林、拙政园和留园分别代表着宋(960—1276 年)、元(1271—1368 年)、明(1368—1644 年)、清(1644—1911 年)四个朝代的艺术风格，被称为苏州四大名园。

2007年拙政园成为我国首批国家5A级旅游景区，2010年由拙政园与虎丘、留园构成的苏州园林景区成为国家5A级旅游景区。

苏州主要园林列表：

私家园林：沧浪亭、狮子林、拙政园、留园、网师园、艺圃、环秀山庄、耦园。

佛教园林：报恩寺(北寺塔)、西园、寒山寺、双塔、瑞光塔。

王家园林：虎丘(吴王阖闾墓)、灵岩山(吴王行宫)。

1. 园林文化

苏州园林的历史可上溯至公元前6世纪春秋时吴王的园囿，最早见于记载的私家园林是东晋(4世纪)的辟疆园。明清时期，苏州成为中国最繁华的地区，私家园林遍布古城内外。16～18世纪为全盛时期，苏州有园林200余处，现在保存尚好的有数十处，并因此使苏州拥有"人间天堂"的美誉。

2. 写意的山水艺术思想

中国的造园艺术与中国的文学和绘画艺术具有深远的历史渊源，特别是受到了唐宋文人写意山水画的影响，是文人写意山水模拟的典范。中国园林在其发展过程中，形成了包括皇家园林和私家园林在内的两大系列，前者集中在北京一带，后者则以苏州为代表。由于政治、经济、文化地位和自然、地理条件的差异，两者在规模、布局、体量、风格、色彩等方面有明显差别，皇家园林以宏大、严整、堂皇、浓丽称胜，而苏州园林则以小巧、自由、精致、淡雅、写意见长。由于后者更注意文化和艺术的和谐统一，因而发展到晚期的皇家园林，在意境、创作思想、建筑技巧、人文内容上，也大量地汲取了私家园林的写意手法。

3. 完美的居住条件与生活环境

苏州园林宅园合一，可赏，可游，可居，这种建筑形态的形成，是在人口密集和缺乏自然风光的城市中，人类依恋自然，追求与自然和谐相处，美化和完善自身居住环境的一种创造。拙政园、留园、网师园、环秀山庄这四座古典园林，建筑类型齐全，保存完整，系统而全面地展示了苏州园林建筑的布局、结构、造型、风格、色彩及装修、家具、陈设等各个方面内容，是明清时期(14～20世纪初)江南民间建筑的代表作品，反映了这一时期中国江南地区高度的居住文明，曾影响到整个江南城市的建筑格调，带动民间建筑的设计、构思、布局、审美及施工技术向其靠拢，体现了当时城市建设科学技术水平和艺术成就。

4. 丰富的社会文化内涵

苏州园林的重要特色之一，在于它不仅是历史文化的产物，同时也是中国传统思想文化的载体。表现在园林厅堂的命名、匾额、楹联、书条石、雕刻、装饰，以及花木寓意、叠石寄情等，不仅是点缀园林的精美艺术品，同时储存了大量的历史、文化、思想和科学信息，其物质内容和精神内容都极其深广。其中有反映和传播儒、释、道等各家哲学观念、思想流派的；有宣扬人生哲理，陶冶高尚情操的；还有借助古典诗词文学，对园景进行点缀、生发、渲染，使人于栖息游赏中化景物为情思，产生意境美，获得精神满足。而园中汇集保存完好的中国历代书法名家手迹，又是珍贵的艺术品，具有极高的文物价值。另外，苏州园林作为宅园合一的第宅园林，其建筑规制又反映了中国古代江南民间起居休息的生活方式和礼仪习俗，是了解和研究古代中国江南民俗的实物资料。

苏州园林一向被称为文人园林。白居易在《草堂记》中说"覆篑土为台，聚拳石为山，环斗水为池"，这是文人园林的范式。苏州园林充分体现了自然美的主旨，在设计构筑中，采用因地制宜、借景、对景、分景、隔景等种种手法来组织空间，造成园林中曲折多变、小中见大、虚实相间的景观艺术效果。通过叠山理水、栽植花木、配置园林建筑、形成了充满诗情画意的文人写意山水园林，在都市内创造出人与自然和谐相处的"城市山林"。

苏州园林吸收了江南园林建筑艺术的精华，是中国优秀的文化遗产，理所当然被联合国列为人类与自然文化遗产。苏州园林善于把有限空间巧妙地组成变幻多端的景致，结构上以小巧玲珑取胜。苏州园林代表了中国私家园林的风格和艺术水平，是不可多得的旅游胜地。

苏州园林是时间的艺术、历史的艺术。园林中大量的匾额、楹联、书画、雕刻、碑石、家具陈设、各式摆件等，无一不是点缀园林的精美艺术品，无不蕴涵着中国古代哲理观念、文化意识和审美情趣。

"雨惊诗梦来蕉叶"，这是对苏州园林生动的写照；"风载书声出藕花"，这是对园林意境最好的描摹。一面面古典之窗，一道道岁月之门，引领着我们走进苏州园林。

(资料来源：http://baike.baidu.com/subview/17850/4868400.htm)

5.5.5 社会风情类

1. 静态人文活动的动态形式转化

人文活动按照形态可分为静态的和动态的两种。对于静态人文活动来说，人物、历史、民族服装、艺术品在表现形式上有些呆板。动态比静态的事物更吸引人，动态的事物可以通过形态的不断改变来展现事物的不同侧面，更有利于旅游者的认识和享受。例如，民族服装挂在墙上只是一个颜色丰富的平面图案，但是穿在少数民族姑娘的身上却让人感到衣服似乎有生命，传达出青春的气息。通过文字记载的历史事件和人物并不是多数人能读懂的，纪录片、电影、戏曲等表达形式远比晦涩难懂的古文易于接受。在塑造人文活动旅游资源品牌时，应当让静态的人文活动动起来、活起来，创造多样的方式，使更多的人在不同形式的活动中不断重复对这个资源的印象。

2. 动态人文活动的静态形式提升

静态的人文活动在表现形式上不够活泼，动态的人文活动在表现形式上又有地域的局限性，不利于人文活动的内在文化在不同地域的传播，在一定程度上阻碍了这种人文活动的品牌形象塑造。例如，傣族的泼水节就是要在每年的4月13~17日之间，前往傣族人聚居的地方才能领略到泼水节的清凉与热闹。如果只有这种动态的表现形式，那么大概世上知道泼水节的人就不会那么多了。许多人虽然没有去过，但却知道泼水节，就是因为人们通过文字描述、图画、诗歌、艺术品等形式对泼水节有了先觉的认知。静态的表现形式有利于传播的特性，提升了人文活动旅游资源在人们心目中的知名度，有利于人文活动旅游资源的品牌塑造。

经典案例

《印象·刘三姐》的奇迹

2004年的春天,背枕着迷人的漓江水色,由源远流长的刘三姐民歌演变而来的大型山水剧《印象·刘三姐》(图5.14)在阳朔的漓江山水之中上演。"全景式,大舞台,总调度"的思想在整场演出中贯穿始终。演出中有山、有水、有景、有天,有精美的服饰、有明亮的歌声、有动人的乐曲、有优美的舞蹈,有绚烂的光芒、有美丽的姑娘、有展翅的雄鹰、有静谧的浮岛……这些仿佛只有在仙境之中才能看到的景象却在一片小小的舞台上上演着。

图5.14 《印象·刘三姐》

《印象·刘三姐》公演之后,引来了如潮水一般的观众,演出的第一年就接待了30万人次的观众,在之后的三年,一共接待了从世界各地慕名而来的游客160万人次,门票收入达到了1.2亿多元人民币。如此辉煌的经营业绩称得上演出娱乐业历史上的一座里程碑。

那么,究竟是什么让《印象·刘三姐》获得了如此大的成功呢?事实上,整个演出的亮点正在于那300多个当地村民和渔民的演出,"红绸"、"渔火"、"牧歌"这原本只能在乡郊野外才得以见到的景象就这样被那些来自演出地附近五个村庄的农民生动地演绎了出来。也许他们并没有扎实的演出功底,也许他们还并不太懂得舞台艺术,然而他们却用他们那份质朴的乡情吸引了一批又一批旅客的驻足留恋。

在多少人眼里是"下里巴人"的农村文化却被广西的文化产业创意者们演绎成了一幅唯美的画卷,这难道还不能引起我们的深思吗?《印象·刘三姐》的例子充分说明了,演出娱乐业的比拼并不一定是名人大腕儿的比拼,而是对休闲文化产业整体意义的把握和创新以及对市场需求的深入挖掘。

(资料来源:严三九,王虎. 文化产业创意与策划[M]. 上海:复旦大学出版社,2008.)

> 阅读材料

傣族泼水节

傣族泼水节(图 5.15),是傣族、阿昌族、德昂族、布朗族、佤族等民族的节日。柬埔寨、泰国、缅甸、老挝等国也过泼水节。节日当天,傣族男女老少会穿上节日盛装,而妇女们则各挑一担清水为佛像洗尘,求佛灵保佑。浴佛完毕,人们就开始相互泼水,表示祝福,希望用圣洁的水冲走疾病和灾难,换来美好幸福的生活。夜晚,村寨鼓乐相闻,人们纵情歌舞,热闹非凡。整个节日期间,除有赛龙船、放高升、放孔明灯、泼水、丢包等传统娱乐活动外,还有斗鸡、放气球、游园联欢、物资交流等新的活动。云南民族村的傣族、佤族男女也身穿盛装与游客一起欢度泼水节。

图 5.15 傣族泼水节

1. 节日起源

傣族泼水节又名"浴佛节",傣语称为"比迈"(意为新年),在一般傣历的 6 月中旬,即阳历 4 月 13～15 日(农历清明前后 10 天左右)举行。

西双版纳德宏地区的傣族又称此节日为"尚罕"和"尚键",两名称均源于梵语,意为周转、变更和转移,指太阳已经在黄道十二宫运转一周开始向新的一年过渡。

泼水节源于印度,是古婆罗门教的一种仪式,后为佛教所吸收,约在 12 世纪末至 13 世纪初经缅甸随佛教传入中国云南傣族地区。随着佛教在傣族地区影响的加深,泼水节作为一种民族习俗流传了下来,至今已数百年。在泼水节流传的过程中,傣族人民逐渐将其与自己的民族神话传说结合起来,赋予了泼水节更为神奇的意义和民族色彩。

2. 节日习俗

泼水节是傣族最隆重的节日,也是云南少数民族节日中影响面最大、参加人数最多的节日。傣族泼水节为期 3～4 天。第一天为"麦日",类似于农历除夕,傣语叫"宛多尚罕",意思是送旧。此时人们要收拾房屋,打扫卫生,准备年饭和节间的各种活动。第二天称为"恼日","恼"意为"空",按习惯这一日既不属前一年,亦不属后一年,故为"空日"。第三天是元旦,叫"麦帕雅晚玛",人们习惯把这一天视为"日子之王到来之日"。第四天是新年,叫"叭网玛",敬为岁首,人们把这一天视为最美好、最吉祥的日子。

泼水节前，傣族人民会到附近的山上采集一些鲜花和树叶，到了节日这天，人们穿着节日盛装，挑着清水，先到佛寺浴佛，再拿着采集的花叶沾水，开始互相泼水。一朵朵水花在空中盛开，象征着吉祥、幸福、健康，青年手里明亮晶莹的水珠还象征着甜蜜的爱情。大家互相泼洒，到处都是水的洗礼、水的祝福、水的欢歌。朵朵水花串串笑，泼水节成了欢乐的海洋。

3. 泼水的讲究

1) 文泼

文泼是比较传统的方式，即用木盆装满清水，泼在人身上。

2) 武泼

武泼是指将整盆的清水直接全部泼出去。除泼水外，还有赶摆、赛龙舟、浴佛、诵经、赞哈演唱、斗鸡、跳孔雀舞、跳白象舞、丢包、放高升、放孔明灯等民俗活动，以及其他艺术表演、经贸交流等。

4. 泼水节的意义

1) 祝福

在"麦日"，一清早人们就要带着鲜花绿叶到佛寺供奉，担来清水浴佛——为佛像洗尘。浴佛完毕，一群群青年男女用各种各样的容器盛满水，涌出大街小巷，追逐嬉戏，逢人便泼。象征着吉祥、幸福、健康的一朵朵水花在空中盛开，人们尽情地泼洒，笑声朗朗，兴致弥高。被水泼得越湿，被水泼得越多，就代表收到的祝福越多。一盆盆水代表着一盆盆祝福，人们尽情地将其泼向每一个想祝福的人。

2) 爱情

泼水节也是未婚青年男女们寻觅爱情、栽培幸福的美好时节。泼水节期间，傣族未婚青年男女喜欢做丢包游戏。用花布精心制作的花包是表示爱情的信物。丢包那天，姑娘们极尽打扮之能事，然后打着花伞，提着小花包来到"包场"，与小伙子们分列两边，相距三四十步，开始向对方丢花包。小伙子若是接不住姑娘丢来的花包，就得把事先准备好的鲜花插在姑娘的发髻上，姑娘若是接不着小伙子丢来的花包，就得把鲜花插到小伙子的胸前。就这样渐渐地选中了对方，一段段浪漫的爱情故事就开始了。

3) 力量

赛龙舟是泼水节最精彩的项目之一，常常在泼水节的第三天举行。当日，穿着节日盛装的群众欢聚在澜沧江畔、瑞丽江边，观看龙舟竞渡。江上停泊着披绿挂彩的龙船，船上坐着数十名精壮的水手，号令一响，整装待发的龙船像箭一般往前飞去，顿时整条江上，鼓声、锣声、号子声、喝彩声此起彼伏，声声相应，节日的气氛在这里达到了高潮。

4) 舞蹈

傣族人民能歌善舞，泼水节自然少不了舞蹈。大规模的舞蹈主要安排在泼水节的第三天，如象脚舞和孔雀舞等。从七八岁的娃娃到七八十岁的老人，都穿上节日盛装，聚集到广场，参加集体舞蹈。象脚舞热情、稳健、潇洒。舞者围成圆圈，合着锰锣、象脚鼓翩翩起舞，一边跳舞一边喝彩"吾、吾"或"水、水"。孔雀舞优美、雅致、抒情，是傣族舞蹈的灵魂。舞蹈以孔雀的各种姿态为基础，在趣与美的再创造中集中凝聚着傣族儿女们的审美旨趣。还有不少舞者尽情挥洒自己的即兴之作，有的边唱边跳，有的甚至边跳边喝酒，如痴如醉，狂放不羁，连续跳上几天几夜也不知疲惫。

5) 高升

放高升是泼水节的又一项保留节目。高升是傣族人民自制的一种烟火，将竹竿底部填以火药和其他配料，置于竹子搭成的高升架上，接上引线，常在夜晚燃放。放高升时，点燃引线使火药燃烧便会产生强劲的推力，将竹子如火箭般推入高空。竹子吐着白烟，发出"嗖嗖"的尖啸声，同时在空中喷放出绚丽的烟火，犹如花团锦簇，光彩夺目，甚是美妙。地上则欢呼声、喝彩声此起彼伏，议论声、赞美声不绝于耳，好不热闹。高升飞得越高越远，人也觉得越光彩、越吉祥。

5. 传承价值

泼水节是全面展现傣族水文化、音乐舞蹈文化、饮食文化、服饰文化和民间崇尚等的综合舞台，是研究傣族历史的重要窗口，具有较高的学术价值。泼水节展示的章哈、白象舞等艺术表演能给人以艺术享受，有助于了解傣族感悟自然、爱水敬佛、温婉沉静的民族特性。同时泼水节还是加强西双版纳全州各族人民大团结的重要纽带，对西双版纳与东南亚各国友好合作交流，以及促进全世界社会经济文化的发展起到了重要作用。

(资料来源：http://baike.baidu.com/view/133030.htm)

本章小结

本章主要论述了人文旅游资源的概念、特征、主要类型和旅游价值等问题，其中各组成部分的主要类型及人文类旅游产品的文化创意与策划有较强的实践应用性，为本章的学习重点。通过本章，学生可学习人文型景区旅游项目策划的相关知识，掌握人文型景区旅游资源评价的相关知识，并通过案例的学习，从感性上把握其发展规律特点，并能最终结合旅游地实际策划具体案例，塑造理想的、人与自然和谐共生的人文景观，进而指导旅游地项目建设。

复习思考题

一、名词解释

1．人文旅游资源
2．泼水节
3．政府主导原则
4．游憩绿地模式

二、单选题

1．为配合旅游发展而修造的景观、雕塑、工艺美术品、异域风光微缩模型、舟车服饰器物的仿制品等指的是(   )。

    A．旅游产品   B．旅游文物

C. 旅游基础设施　　　　　D. 旅游文化

2. 在当时文化语境下刻意营造出来的用以表达园林主人心志和释放其情感的环境氛围，体现了园林主人的情趣与爱好的是（　　）。

A. 园林旅游解说系统　　　　B. 园林匾额
C. 园林景观场　　　　　　　D. 园林雕刻

三、多选题

1. 人文旅游资源的旅游功能是（　　）。

A. 使旅游者形象直观地了解人类文明史
B. 增长知识，陶冶情操
C. 是享受美、观赏美的理想场所
D. 促进文化交流

2. 下列选项中属于旅游开发模式的是（　　）。

A. 游憩绿地模式　　　　　　B. 博物馆模式
C. 遗址公园模式　　　　　　D. 恢复重建模式

四、简答题

1. 简述人文旅游资源的特征。
2. 简述人文旅游资源的类型。
3. 为什么许多古代陵墓具有旅游开发价值？

五、思考题

社会风情是旅游资源，还是旅游产品？

课后阅读

名人故居的人文价值

以名人故居为代表的建筑文化，往往从一个侧面鲜明地反映了特定历史时代的社会文化和审美风尚的特征。在历史的舞台上，名人将不可避免地会从中消失。然而，除了他们留下的文字、影像和其他实物保留着他们的种种信息之外，其故居也同样积累了许多历史和人文信息。应该说，名人故居本身就是一个整体，是一部记录着如何孕育名人和名人成长，以及反映着特定历史时代的社会文化发展变迁的史书。从对名人故居的考察上来看，人们可以从一个特殊的角度来解读积淀在其中的历史文化信息，感悟人世间变化发展的历史沧桑，体味蕴藉在其中的人文内涵和人文意蕴，如同黑格尔在论述建筑之美时所指出的那样："我们也可以把它们比作书页，虽然局限在一定的空间里，却像钟声一样能唤起心灵深处的幽情和遐想。"因为"建筑品的目的在于用艺术的方式去表现心灵所处的本身无机的外在环境"，"建筑形式对于心灵性的内容还有象征意义"。

图 5.16 鲁迅故居

(资料来源：黄健. 名人故居的人文价值[M]. //潘立勇. 人文旅游. 杭州：浙江大学出版社，2005.)

中国园林

中国园林不仅历史悠久、风格独特，而且是中国文化的重要载体之一，充分体现了中国人对于山水自然、人生社会等多方面的哲理思考和美的感悟。中国园林类型多样，皇家园林、私家园林、宗教园林的本源要素相同，却又风格各异。但不管哪一类园林，其构景要素都是山水、花草、建筑等，这些要素经过造园者的精心设计组合，在有山、有水、有花草、有建筑的基本格局中，显现出不同的建造思想和意趣，构成了体现一定思想和文化内涵的园林风貌。中国园林在很久以前就以其赏心悦目的形象和蕴涵深刻的构思，成为人们游憩心神、怡养性情的乐园。在旅游业兴起之后，园林又成为极为重要的旅游资源。总之，园林自古至今都是人们钟爱的游赏对象。

中国园林是中国古典艺术中的一种，具有极强的艺术性和审美价值及极深的文化内涵，在后代园林的经济性质逐渐退化，士子文人等建造的私家园林兴起之后，园林在某种意义上又成为中国文化的一种立体展示。园林的建造理念和手法也经历了由最初的模拟自然、再造自然到再现自然的发展历程，建造者将寄予其中的理念通过具体的物象景观和象征等手法展现出来，园林甚至成为建造者人格、修养和人生观、世界观的形象注解。

(资料来源：贡小妹. 两汉魏晋游览赋研究[J]. 济南：山东大学博士论文，2002. 内容有删减。)

分析题：
1. 两则材料分别属于人文旅游资源的哪个分类？
2. 结合材料，列举相应的人文旅游资源，并分析其特点。

第6章 旅游文化创意与策划的地域特征(西北地区)

教学目标

知识要点	掌握程度	相关知识
区域文化的内涵及特征	了解	区域文化的概念、区域文化的特征
西北区域与区域文化	掌握	西北区域的地理范围、西北区域文化的地理特征
西北自然地理特征与区域文化内涵	掌握	西北自然地理特征及区域文化内涵
西北区域旅游地理概述	重点掌握	西北区域旅游资源的特征、西北旅游亚区(宁、新、甘、内蒙古、陕、青)旅游资源概述

技能要点

技能要点	掌握程度	应用方向
西北自然地理特征及区域文化内涵	熟悉	认识本旅游区的自然与人文地理环境特征，了解旅游地理环境对该区旅游文化创意与策划的影响
西北区域旅游地理概述	重点掌握	分析本区发展旅游业的优势与劣势，掌握本区独具特色的重要旅游景区景点，了解本区主要的旅游景点及旅游线路，为旅游景区策划、规划及旅游地项目建设奠定基础

第6章 旅游文化创意与策划的地域特征(西北地区)

导入案例

"西北人游西北"旅游项目策划与启动

2005年3月28日下午,由西北风情旅游联合会发起的"西北人游西北"活动在乌海市正式启动。宁、内蒙古、陕、甘四省区16个城市的旅游界代表参加了启动仪式,此次活动的主题是"西北风情,一生梦境","让西北人了解西北,热爱西北"。

西北风情旅游联合会成立于2004年7月,由宁、内蒙古、陕、甘四省区的银川市、石嘴山市、吴忠市、固原市、中卫市、阿拉善盟、鄂尔多斯市、乌海市、巴彦淖尔市、宝鸡市、榆林市、延安市、平凉市、武威市、敦煌市、东风航天城等16个城市和地区共同发起。联合会成立以来,依托宁、内蒙古、陕、甘毗邻地区旅游资源优势,以品牌宣传、旅游形象宣传、线路推荐为重点,努力构筑旅游联合模式,收到了良好效果。目前,西北风情旅游联合会已吸收会员单位上百家。

宁、内蒙古、陕、甘毗邻地区拥有多种类型的自然风光资源,同时悠久的历史积淀了灿烂的多元文化资源,基本涵盖了西部所有的资源类型。为了增进西北风情旅游联合会会员单位之间的了解,进一步促进西北风情旅游联合会各城市的合作,加快西北旅游合作进程,宁、内蒙古、陕、甘四省区16个城市联合开展了西北人游西北活动。活动期间,西北风情旅游联合会各会员城市将对各自旅游产品进行推荐,并展示各大旅游景区形象,发放宣传材料;各城市之间将相互置换旅游风光片,相互宣传有特色的旅游资源,达到资源共享、客源互送、实现双赢的目的;旅行社之间、旅行社与景区之间将展开业务洽谈活动,并互相给予一定的优惠政策,积极寻求合作。

从3月28日至10月8日,各会员城市均开展了精品旅游线路推广活动。线路包括草原风光、塞上江南、大漠风光、丝绸北道七日游,塞上江南、回乡风情、大漠风光、丝绸之路七日游,西北风情黄金线路七日游,丝绸北道黄金线,沙漠探险旅游线,西部帝陵旅游线,丝绸之路自驾车旅游线和红色之旅。

同时,为有效整合旅游资源,打造旅游品牌,2005年3月28日,西北风情旅游联合会第二次理事会在乌海召开。会议听取了西北风情旅游联合会理事长王勇的工作报告,讨论并通过了联合会2005年工作重点及联合促销方案,西北风情旅游联合会2005年预算及经费缴纳意见,西北风情自驾车旅游节活动方案,西北风情旅游联合会会徽设计方案,命名了首批"西北风情"自驾车旅游基地及定点旅游单位。

(资料来源:http://gb.cri.cn/3821/2005/03/29/1245@496358.htm)

西北地区包括宁夏回族自治区、新疆维吾尔自治区、甘肃省、内蒙古自治区、陕西省和青海省六个省区,分布着40多个少数民族。本区地处我国西北内陆,面积广大,民族众多,自然旅游资源丰富,历史文物古迹众多,少数民族风情浓郁,是我国内地主要旅游区之一。本区深居大陆中部,距海遥远,面积广大,广阔的沙漠戈壁与其间的绿洲、坦荡的草原与雪山森林形成了独具特色的自然景观。这里是我国古代丝绸之路的必经之地,也是陇右、西域和草原文化的发源地,古文化遗存丰厚。这里还是蒙古族、回族、维吾尔族、哈萨克族、乌孜别克族、塔吉克族、柯尔克孜族、锡伯族、土、东乡族、裕固族、藏、保安族、塔塔尔族等中国北方民族居住的地带,丰富多彩的民族风情,能歌善舞的民族文化和豪爽好客的民族性格,以及辽阔无际的草原风光,有瑶池仙境美称的天山天池,可与北欧秀色媲美的阿尔泰山景观(包括千里岩画长廊),无不令人神往。

6.1 区域文化的内涵及特征

区域文化是一个为大家所熟悉的概念。站在不同的角度,对其的理解也不同。历史学家认为,区域文化就是文化的空间分类,是类型文化在空间地域中以特定人群为载体的凝聚和固定;而有的人认为,区域文化就是指特定时代、特定区域的经济社会发展水平、发展走向及精神风貌的概括,是此时此地生产力发展水平的一个综合反映,并对该区域经济社会的发展、社会精神风貌的形成起到引导和影响的作用;还有些人认为,区域文化是一定地域范围内精神财富创造的活动过程、特征及其成果的体现。

从大文化观的角度来看,区域文化是民族国家在特定时期与环境中存在着的,拥有意识文化、地区文化、地缘文化、民族文化四大基本构成要素并且具有意识形态主导性、行政区划限定性、人文地理稳定性、民族归属独特性这四大特征的一种文化现象;也就是说,区域文化是指在一定的历史阶段内、在特定的地域空间上、以特定人口为载体的包括社会经济状况、社会制度、风俗习惯和思想、价值的一种有机综合体。一言以蔽之,区域文化是指特定区域内人类社会发展过程中创造出来的所有物质财富和精神财富的总和,它具有意识形态主导性、行政区划限定性、人文地理稳定性、民族归属独特性等特点。

当然,无可回避的是,区域文化还是一个历史范畴,是历史的产物。不论是赣文化、吴越文化、中州文化、秦汉文化、齐鲁文化、巴蜀文化、燕赵文化等,都不过是旧时代经济、政治和社会风貌的写照,仅反映那个时代的文化氛围、精神风貌,是农业文明的产物。尽管文化具有传承性,但它们已远远不能概括新时代的新文化。新的区域文化必须具有地方特色、时代特征,必须具有开放意识和超前意识,必须考虑层次性和包容性。

6.2 西北区域文化

6.2.1 西北区域文化概述

从文化地理学的视角看,西北区域由三块大陆组成:蒙古高原、秦陇黄土高原(兼含青海省)、新疆区(历史上狭义的西域)。在考古学的视域下,这三块大陆相对应的是蒙古高原的北方古文化区、黄土高原的秦陇古文化区、新疆的西域古文化区。正如考古学所揭示的、上古神话传说所佐证的那样,远古西北区域诸文化不仅是中华文明起源的直根系之一,而且在国家的缔造和中华民族的形成过程中发挥了十分重大的作用,是伏羲、炎黄的诞生地,华夏族的故乡,龙文化的始兴之地。

1. 北方古文化区

中华文明直根系之一的北方古文化区基本上相当于苏秉琦教授所说的以燕山南北长城

地带为重心的狭义的北方,这个文化区是历史上我国北方骑马民族的天堂,从匈奴帝国到蒙古帝国,乃至清朝终铸中华大统一,不论是西进南下骑马得天下,还是逐鹿中原、投鞭长江、席卷天下,这里都是北方游牧民族积聚力量、走向世界的基地。在以往的传统学术视野中,北方古文化区和游牧民族似乎是没有历史积累的区域,在"中原中心"和"农耕民族中心"的古老的心理定势驱动下,这里成了被教化的对象,没有"文明"的区域。然而历史成见与历史事实悖逆的是,北方古文化区构成了历史上中华文明的另一极——"动"文明,与另一极中原的农耕民族的"静"文明形成了强烈的对照,正如农耕民族的猪不能像北方游牧民族的马那样扬鞭驰骋天下一样,猪必须圈起来成为四合院的一部分,而马必须放出去成为幕天席地的主人。在半封闭而内部又有着巨大回旋空间的东亚——中国大陆,与历史上的和外部世界的文明交流相比,大部分时间占主导地位的是内部的两极文明之间的交流——"动"文明与"静"文明、游牧民族与农耕民族、农耕经济与游牧经济、北方王朝与中原王朝之间的交流与互动。在这种长期的交流与互动中,北方民族显然占据了主动的地位。北方游牧民族的"动"文明不断地冲击、融入了农耕民族的"静"文明,不论是血缘的融合,还是游牧民族天性的开放、直率和吸纳精神与气魄的注入,都成为几千年来中华文明充满活力的动力源泉,通过动静互补、动静结合,铸造了多元一体的中华文明体系。考古学的发现生动地揭示了这一点,对燕山南北长城地带进行区系类型分析,使我们掌握了解了这一地区古代文化发展脉络的手段,从而找到了连接中国中原与欧亚大陆北部广大草原地区的中间环节,认识到以燕山南北长城地带为重心的北方地区在中国古文明缔造史上的特殊地位和作用。中国统一多民族国家形成的一连串问题,似乎最集中地反映在这里,不仅秦以前如此,以后从南北朝的民族大融合到唐、宋、元、明、清,许多"重头戏"都是在这个舞台上演出来的。

2. 秦陇古文化区

伏羲炎黄的故乡秦陇古文化区在新石器时期的代表文化是仰韶文化。这个文化区几乎相当于苏秉琦教授的六大考古学文化区系之一的以关中(陕西)、晋南、豫西为中心的中原区。考古学的事实证明,中原并非文明起源的中心,而是四方文明汇聚、融合的中心。秦陇文化区以渭河为轴线,由西向东列布仰韶文化。仰韶文化分为三部分:西支以甘肃秦安大地湾文化遗址为代表;中支主要分布在沿陇海线以宝鸡—华县—陕县为中心,即八百里秦川,是仰韶文化的中心区;东支以大河村和王湾村为代表。仰韶文化的典型特征是彩陶文化,就已知的考古发现来看,中国最早的彩绘陶器出现在大地湾一期文化,即距今 7 000～8 000 年的前仰韶文化,这一时间表明大地湾一期文化是世界上最早出现彩陶的远古文化之一,与世界上最早出现彩陶的两河流域的耶莫彩陶文化和哈孙纳文化并驾齐驱,它的文化"个性"进一步确证了这一彩陶文化的独立起源和本土生长。同时,大地湾遗址物器上的记事符号被视为中国文字的先祖,大地湾遗址中的地画被视为中国最早的绘画,大地湾一期遗址的灰坑中发现的黍籽和油菜籽说明这里是中国农业文明的最早起源地之一。特别是大地湾遗址晚期发现的"原始殿堂"——F901 大型房址,其面积之大、规模之气势雄宏已显现出聚落—古城—古国的文明格局,表明了文明起源的原生型,是中国文明起源的最早源头之一。大地湾的原创性彩陶文化向西和向东发展,向西的传播与甘青地区的本土文化相融合成就了马家窑文化，马家窑文化的彩陶以流畅的造型、丰富的色彩、精美的绘画和韵律感强的纹样而著称，被誉为新石器时代彩陶文化之冠；向东发展，八百里秦川的农耕文明养育了庙底沟类型的彩陶文化，成为仰韶彩陶文化的高峰，庙底沟类型的彩陶图案以玫瑰花和菊花为主，"花"成为氏族标志的徽帜和象征，"花"通"华"，因此，生活在这里的远古氏族自称为华族。华族即华夏族，渊源于上古时代的黄帝和炎帝氏族集团，这一点已被学术界所公认。在远古时代，大西北地区生活着氐羌两大族群，在秦陇之地的渭水基本上是这两大族群居地的分界线。同时，秦陇文化区的大地湾遗址所在地天水又是"羲皇故里"，是人文始祖伏羲的诞生地。显而易见，秦陇文化区作为娲皇故里、炎黄故乡、"周道始兴之地"、秦族起家席卷天下的根据地，无疑是中国国家起源和中华民族起源史这座大厦中的一根顶梁柱。

3. 西域古文化区

作为文明汇聚之地的西域古文化区有着独立的文明起源，从旧石器时代、新石器时代到青铜时代乃至铁器时代，呈现出文明溪流的连续性。但就西域古文化区的整体历史来看，本土文明始终不断地被外来的、多元的强势文明所淹没、覆盖。所以在西域文化史上总是呈现出"客"文明不断地进入、整合、本土化的风采，喧宾夺主成为西域文化史上司空见惯的文化现象。正是如此，西域文化成为在当地土著文化基础上融合四大文明地区文化精华而形成的一种多元复合型地域文化。在西域古文化区考古学家已发现四处旧石器时代的文化遗址，主要分布在南疆。七角井遗址出土的丰富的细石器及烧火的灰烬、碳粒等表明早在一万年前，这里已是西域远古人类生活的重要场所，正是他们拉开了西域古文化区文明的序幕。西域新石器时代的文化遗址已发现30余处，分布在天山南北、塔里木盆地的边缘和罗布泊地区，如阿斯塔那遗址等。西域新石器时代的文化仍以细石器文化为主要特点，并与黄河流域的细石器文化有雷同的地方。西域青铜时代乃至铁器时代的文化遗址已很丰富。从人类学家的研究来看，西域史前文化的人种成分呈现出纷繁多样的趋势，既有欧罗巴人种，又有蒙古利亚人种，还有欧罗巴人种与蒙古利亚人种的混合型。在欧罗巴人种中又存在许多不同的类型：阿凡纳羡沃类型、安德罗诺沃类型、前亚类型、帕米尔—费尔干纳类型、印度—阿富汗类型及这些类型相互混合的复合型。从西域的两大人种的居地分布来看，蒙古利亚人种主要分布在西域的东部地区，由东向西活动；欧罗巴人种主要分布在西域的西部地区，由西向东活动。因此，西域作为古代中国向世界开放的前沿和欧亚大陆的中心区位，成为两大种族融合的地带。人是文化的创造者和携带者，人种的融合必然带来文明的交融。古老的丝绸之路将东方、西方、南方、北方连接在一起，共同交织在西域，使西域成为几大文明的汇聚之地：东方的汉儒文明，西方的波斯文明、阿拉伯文明、希腊罗马文明，南方的印度文明。西域古文化区的文化积淀是深厚的，它作为欧亚大陆的中心区位，在历史上成为许多帝国的跨界地带，在整个中世纪史上又是帝国争霸的中心地区。

6.2.2 西北区域旅游资源特色

1. 自然景观粗犷而神秘

本区独特的地形和气候形成了茫茫草原、千里戈壁沙漠、原始森林、巍巍雪山等气势磅礴的自然景观,按其特色可分为沙漠戈壁景观、雪山森林景观、草原绿洲景观三大类。这些景观还具有神秘、粗犷而富于变化的特征。例如,戈壁沙漠的风蚀地貌丰富,有风蚀洼地、风蚀长丘、风蚀城堡、雅丹地貌、风蚀蘑菇和风蚀柱等,因处于河西走廊等大风口,在长期风蚀作用下,地层被侵蚀、磨蚀成城堡、楼阁宫殿等形态,高低起伏,形成了犹如一座古城废址的沙漠奇景。

2. 丝路古迹引人入胜

在悠久的丝绸之路上,有风光壮丽的高山、大河、沙漠戈壁,有引人遐想的长城、古道、城堡、烽燧,还有艺术荟萃的石窟、佛宝和文物。古迹、沙海、绿洲组成了一道奇特的风景线,这一切都吸引着人们去探寻历史的痕迹。

3. 民族风情诱惑力强

本区是我国少数民族分布最多的地区之一,不同民族的民风民俗构成了不同的民族风情。维吾尔族能歌善舞,服饰鲜艳,还有欢乐的民间文体活动"叼羊"和"姑娘追";回族的"花儿会"和清真食品别具一格;蒙古族有一年一度的那达慕大会。所有这些都是旅游吸引力产生的根源。在宽广辽阔的内蒙古草原,绿浪翻滚,一望无际,呈现出"天苍苍,野茫茫,风吹草低见牛羊"的美丽画卷,游人在观赏草原风光之时,还能体验到草原牧民的生活,参与充满浪漫色彩的旅游活动,这对游人具有很强的吸引力。

6.3 西北旅游亚区旅游资源概述

6.3.1 宁夏

宁夏印象

宁夏位于我国西北部的黄河中游地区,有贺兰山、罗山、六盘山三大天然林区,较大的河流有黄河、清水河、泾河、葫芦河等。1038年,党项族的首领李元昊在此建立了西夏王朝,在宁夏称雄达190年之久,留下了许多珍贵的遗迹和探寻不尽的谜团。有1500多年历史的艺术宝库须弥山石窟,竹林翠掩、玉潭飞瀑的泾源老龙潭,被誉为"东方金字塔"的西夏王陵,中国最大的藏传佛教式建筑群青铜峡一百零八塔,创作于青铜器时代的贺兰山岩画及有"东方好莱坞"之称的华夏西部影视城等众多景点,组成了"不是江南胜江南"的宁夏特有的塞北迷人风光。

宁夏境内形成了以银川为中心,向四周呈辐射状的旅游线路,其中银川市内以南关清真寺、承天寺为主,银川邻近以西夏王陵、贺兰山岩画为主,银川周边以沙湖、高庙、沙坡头、须弥山石窟为主。

(资料来源:裴凤琴. 中国旅游地理[M]. 成都:西南财经大学出版社,2011.)

1. 旅游资源与环境概况

宁夏回族自治区辖 5 个地级市、98 个市辖区、2 个县级市、11 个县，全区面积 6.6 万多平方千米。宁夏位于丝绸之路上，历史上曾是东西部交通贸易的重要通道，作为黄河流经的地区，这里同样有古老悠久的黄河文明。早在 3 万年前，宁夏就已有了人类生存的痕迹。

在宁夏不大的版图上，山脉、高原、平原、丘陵、河谷地貌一应俱全，使宁夏呈现出丰富的自然景观。宁夏回族人口占总人口的 1/3。区内共有 3 000 多座清真寺，营造出了浓郁的伊斯兰氛围。悠久的历史、多样的地貌、特有的民俗构成了宁夏丰富多彩的旅游资源。绵延不绝的贺兰山、六盘山，浊流滚滚的九曲黄河，浩瀚无垠的沙漠和草原，有"东方金字塔"之称的西夏王陵，中国十大石窟之一的须弥山石窟无不令人向往。宁夏地处西北内陆高原，属典型的大陆性半湿润半干旱气候，每年 5～10 月是最佳旅游季节。

宁夏民风民俗较为独特，饮食文化兼有中原传统和清真风味，游客在这里可以品尝到不腻不膻的清真菜及各种清真食品。清真食品通常不包括清真菜，主要指清真蛋糕、月饼、饼干、芝麻酥饼、夹心面包、清真牛、羊、鸡、兔、鱼肉罐头、肉干及豆制品、奶制品、糖果、面食等。传统面点如油香、麻花、干粮馍、糖酥馍、锅盔、馄馍、千层饼等，以炸、烙、烤、蒸见长。回族禁食猪肉，马、驴、骡、狗等不反刍的动物肉，性情凶残的禽兽(如鹰、虎等)的肉，自死禽兽的肉和一切动物的血。穆斯林不禁食的动物，都请阿訇念经代宰后才能食用。回族讲究饮茶，每有客人登门，先端出"盖碗子"来敬茶，接着用瓜果、馓子、油饼招待。宁夏清真风味小吃独树一帜，如外焦里嫩的油香、回族同胞的盖碗茶，还有羊羔肉、手抓羊肉、烩羊杂碎、炒湖饽、爆炒羊羔肉等。民间艺术方面，宴席曲是宁夏回族民间音乐的重要种类，主要在婚礼喜庆时演唱，是西北地区回族中广泛流行的一种自娱性歌舞形式。此外，还有主要流行在宁夏回族自治区的西吉、海原、固原一带的回族妇女中间，以吹奏口弦并伴以即兴表情动作的民间娱乐形式。

知识扩展

宁夏五宝

"天下黄河富宁夏"，仰赖于黄河之功，宁夏种植水稻历史悠久。相传清代宁夏大米曾居"贡米"之列，具有粒圆、色洁、油润、味香四大特点，享誉中外。独特的自然地理条件，使宁夏拥有许多独具特色的并在国内外享有盛誉的土特产品，其中最主要的是被誉为"红、黄、蓝、白、黑"的宁夏"五宝"："红"就是中宁的名药材枸杞(图6.1)，"黄"是盐池一带著名的中药材甘草，"蓝"是贺兰山出产的贺兰石(呈蓝灰色，近似蓝色)，"白"是原产于贺兰县洪广营的滩羊羔皮袭，"黑"是头发菜(又叫发菜)。

(1) 枸杞。枸杞是一种名贵的滋补药材，因"棘如枸之刺，茎如杞之条"，故得名。宁夏出产的枸杞粒大饱满，皮薄肉厚，色泽鲜艳，含糖量高，是宁夏最著名的特产之一。枸杞性平、味甘，有补肾益精、养肝明目的功能，可治疗目眩昏暗、肾虚腰痛等症。此外，枸杞还可以用来酿酒、熬膏或制作各种糕点。

图 6.1 枸杞

(2) 贺兰石。贺兰山出产的贺兰石石质细密，坚而不脆，呈天然深紫和豆绿两色，有的还夹着玉带、云纹、眉子、银线、石眼等结构，以及似云、似月、似水、似山的图案，雅趣天成，经能工巧匠雕饰，可成为上好的石砚工艺品，清末就流传有"一端二歙三贺兰"之说。贺兰砚古朴典雅，造型优美，是公认的砚中佳品。

(3) 甘草。宁夏甘草以骨重粉足、条干顺直、口面新鲜、加工精细著称。出口时叫做"西正甘草"或"西正草"，有解毒、祛痰、止痛、解痉、抗癌等功能，并有补脾益气、滋阴润肺、缓急解毒、调和百药的效果。

(4) 滩羊皮。宁夏滩羊属羊尾脂、粗毛型，裘皮用绵羊品种，在世界裘皮中独树一帜，有二毛、沙毛之分，毛色有纯白、纯黑、浅褐、杂色几种，多为纯白色。黑色皮又叫紫羔皮，因其少而价格昂贵。白色皮张毛色洁白，光泽如玉，皮板薄如厚纸，但质地坚韧、柔软丰匀。毛穗呈现出特有的波浪弯，好像一湖涟漪，轻盈柔软，美观大方，保温性极佳，实为各类裘皮中之佼佼者，很早以来就是传统的名牌出口商品。滩羊毛纤维细长均匀，绒毛轻柔蓬松，富弹性，也是制作毛毯、披肩、围脖等装饰品的高级原料。宁夏产的提花毛毯，以其优良的品质和独特的风格驰名世界。

(5) 发菜。发菜学名为念珠藻，属于蓝藻门，是一种原始的藻类，主要生长在宁夏中部和毗邻宁夏的内蒙古西部的荒漠、戈壁上。新鲜发菜呈蓝绿色或褐色，风干后乌黑，因形态酷似东方女子的秀发，故得名。它是一种高档食品，与海参、鱼肚、燕窝、鱿鱼、猴头、鱼翅、熊掌合称"美味八珍"，是喜庆筵宴必不可少的山珍。

(资料来源：http://baike.baidu.com/view/50914.htm#4)

2. 旅游开发现状及发展目标

宁夏游览区主要以银川为中心，民族风情和黄河灌区景色是本区的主要旅游资源。银川地处宁夏北部，为历史文化名城，在商代是北羌等民族的游牧之地，春秋战国时匈奴等民族在此栖息繁衍，汉时移民屯田戍边，设怀远郡，唐时兴修水利，引黄灌溉，农业发达，素称"塞上江南"、"塞上谷仓"，是重要的商品粮基地，也是西北各民族经济贸易的重要都会。宁夏的旅游资源得天独厚，在全国十大类 95 种基本类型的旅游资源中，宁夏就拥有八大类 46 种，占全国基本类型的 48.4%，特别是"黄河水上游"、"西夏秘境游"、"山湖生态游"和"沙漠探险游"，更是具有垄断性的旅游精品。宁夏旅游业的发展在近几年呈现出前所未有的繁荣景象，发展过程中困难与机遇并存。

党的二十大报告指出，要支持民族地区加快发展。在西部大开发政策的指导下，宁夏回族自治区政府高度重视旅游业的发展，努力创造良好的发展条件和环境，全社会办旅游的热情空前高涨。中央的投资极大地促进了基础设施建设，加快西部大开发的战略给予了宁夏旅游业政策和资金上的支持，为宁夏旅游业的发展提供了千载难逢的机遇。定位于"黄河文化、民族风情、西夏文化、大漠风光"的宁夏旅游业，在宁夏回族自治区政府制定的"坚持政府主导，依靠全社会力量办旅游，全力实现发展大旅游，开拓大市场，构筑大产业，实现大发展"的战略目标的指导下，抓住机遇，加快发展，迈向了新的台阶。

3．旅游资源区域建设

1) 银川旅游区

银川市位于宁夏平原中部，是宁夏回族自治区的首府，自古就是塞上名城。其境内沟渠纵横，林木成行，稻田遍布，素称"塞上江南"。

(1) 承天寺塔。承天寺塔位于银川市西南角西夏古承天寺内，俗称西塔，现存塔是清嘉庆年间重建的。塔高 64.5 米，塔室为方形。塔的外形秀丽挺拔，与绿色琉璃的八角形尖顶相互辉映，呈现出秀削挺拔的艺术风格。该塔现为宁夏博物馆所在地。

(2) 西夏王陵。西夏王陵是国家级风景名胜区，位于银川市西约 30 千米处的贺兰山东麓。景区内有 9 座帝王陵园和 200 多座陪葬墓。每座陵都是一个完整的建筑群，陵园四角建有角台，高大的阙台雄踞神道两侧。王陵四角建角楼，由南往北依次为：门阙、碑亭、外城、内城、献殿、灵台，地下部分有墓道、墓室、龛形配室。明代安塞王朱秩炅的《古冢谣》中有"贺兰山下古冢稠，高下有如浮水沤。道逢古老向我告，云是昔年王与侯"的诗句，是西夏陵区的写照。现在，地面建筑只剩遗址，但留下的建筑材料和西夏文、汉文碑刻及出土的金银首饰、铜牛、石马等殉葬品对研究西夏文化艺术有重要价值。

(3) 海宝塔。海宝塔属全国重点文物保护单位，位于银川市北郊，距城垣 1.5 千米，寺借塔名，俗称北塔。海宝塔始建年代不详，据史载为赫连勃勃重修，故此塔又称赫宝塔。寺院的中轴线上，自东向西建有山门、天王殿、钟楼、鼓楼、大雄宝殿、韦驮殿、卧佛殿等殿宇。海宝塔耸立于大雄宝殿和韦驮殿之间，是一座典型的佛教寺院。殿内佛像栩栩如生，香烟袅袅，晨钟暮鼓。

2) 固原旅游区

固原市位于宁夏回族自治区南部，是回族主要聚居区之一。固原历史悠久，是历史上的交通枢纽、军事重镇，是古丝绸之路东段北道必经之地。

(1) 须弥山石窟。须弥山石窟开凿于六盘山脉北端，宁夏固原县城西北 60 千米的须弥山东麓。这里峰峦叠嶂，曲径通幽，岩石嶙峋，松柏苍翠。石窟建于北魏时期，历代屡有增建，现存较完整的有 20 余窟，分布于大佛楼、子孙宫、圆光寺、桃花洞等五个地方，随山势迂回曲折，蜿蜒约 2 千米。北朝、隋代及唐朝所建石窟特点各异，可从中探索我国宗教艺术的发展线索，各代题记亦十分珍贵。须弥山石窟是我国石窟艺术的一处重要遗存。

(2) 六盘山。六盘山地处宁夏回族自治区的最南端，为陕北和陇中两高原的界山，平均海拔 2 500 米，主峰米缸山海拔 2 942 米。六盘山山体呈南北走向，逶迤 200 多千米。山势巍峨险峻，山路盘旋曲折，须经六重盘道始至山顶，故名"六盘"，历来为兵家必争之地。早在公元前 200 多年，秦昭襄王即在此修筑长城以御外寇。前人"峰高太行三千丈，险据秦关二百重"的对联，确切地反映了它扼据九塞、襟带七关的重要地理形势。1935 年 10 月，当毛泽东率领中央红军突破重重困难，登上长征途中最后的一座高山时，曾写下了"六盘山上高峰，红旗漫卷西风"等脍炙人口的名词。因此，六盘山成了我国近代革命史上的名山之一。

3) 中卫旅游区

(1) 沙坡头。沙坡头位于腾格里沙漠最南端，是海内外瞩目的大西北沙漠景观。该地沙丘屹立，高达百米，悬若飞瀑，如从天降。从沙丘下滑，人动沙流，顿有钟鸣之乐，称为"金沙鸣钟"。沙坡头是我国三大鸣沙山之一，盛夏滑沙时会发出一种奇特的响声，如洪钟巨鼓，沉闷浑厚。另外还可进行"沙浴"，体验沙海风云突变的气候特征和沙漠生活情趣。举世闻名的立式沙障、麦草方格和绿色长城等治沙样板，吸引着世界各地的治沙科学工作者和旅游者前来考察观光，使这里成为著名的沙漠旅游胜地。

(2) 中卫高庙。高庙位于中卫城北接连城墙的高台上，始建于明永乐年间，称"新庙"。清康熙四十八年(1709 年)秋，因地震坍塌重建，后经道光二年(1822 年)、咸丰三年(1853 年)、光绪八年(1882 年)续建，改称"玉皇阁"，辛亥革命后增建，后改称"高庙"。建筑面积达 2 510 平方米，是一处造型完整、气魄壮美的古建筑群。高庙坐北朝南，主要建筑位于一条中轴线上，逐步增高；辅助建筑位于两侧，均衡对称。在仅 2 000 余平方米的高台上，建筑了近百间四角尖顶、十字歇山顶等类型、风格不同的殿宇。整个建筑群重楼叠阁，亭廊相连，飞檐相啄，回环曲折，紧凑而富于变化，真是宁夏古建筑中的杰作。

4) 其他旅游区

(1) 沙湖。沙湖位于宁夏平罗县西南，距银川市 56 千米。南沙北湖，湖润金沙，沙抱翠湖，湖水如海，柔沙似绸，天水一色，是一处集江南水乡与大漠风光于一身的生态旅游胜地，为国家级旅游风景区。沙湖资源蕴藏量丰富，在洁净温凉的湖水里常年生长着几十种鱼，不仅有常见的鲤鱼、鲢鱼、草鱼、鲫鱼，还有北方罕见的武昌鱼，体长 160 厘米、体重 30 多千克的娃娃鱼(大鲵)和体围 1 米多的大鳖。栖息在沙湖的鸟类也有很多种。此外，还有游乐园、瞭望塔、水族宫、芦苇迷津、蒙古包旅馆、西夏行宫、大漠旱舟、水上滑梯、水上跳伞、水上摩托、滑沙索道、湖中荡舟、天然浴场等旅游项目。

(2) 青铜峡水利枢纽工程。黄河从牛首山和贺兰山之间穿过，形成青铜峡，在北面的峡口立起一道大坝，形成一片激滟的波光，即青铜峡水库。黄河穿过青铜峡，便在断层陷落处冲出一片平原——银川平原。其主要景点集中在青铜峡沿线，有一百零八塔、一线天、魔窟、睡佛山、禹门口等。一百零八塔位于青铜峡市峡口山黄河西岸一处陡峭山坡上，塔林从上而下按一、三、五、七等奇数排成 12 行，形成一个巨大的等腰三角形，共 108 座。塔群最上端是一个形制特大、实心、覆钵式塔，其余各塔的形制相同，体形较小。此塔林是我国古塔建筑中的大型塔林之一。青铜峡水利枢纽是黄河干流开发的第一期重点工程之一，是以灌溉为主，结合发电、防洪、防凌等综合用途的大型水利工程。建于 1958—1967

年，主要工程包括一座长 697 米、高 42 米的混凝土拦河大坝和 3 孔泄洪闸，河床上建有主体发电站。它的建成，大力地促进了宁夏农业的发展。

6.3.2 新疆

新疆印象

新疆位于中国西北边疆，是古代西域的一部分。从火洲冰川到草原毡房，从长河落日圆的大漠风光到世外桃源般的湖泊仙境，新疆之旅一路大起大落，风光迥异。

新疆四周高山环绕，北部有阿尔泰山，南部有昆仑山、喀喇昆仑山和阿尔金山。天山横贯中部，以南地区被称为南疆，以北地区被称为北疆，东疆是哈密、吐鲁番盆地。新疆河湖众多，三大山脉的积雪、冰川孕育汇集了无数河流，河流两岸是片片绿洲、田园阡陌，颇富"十里桃花万杨柳"的塞外风光，是新疆各族人民世世代代生息活动的主要基地。差异极大的气候地理形成了变化万千的自然景致，苍翠无边的雪松云杉、晶莹的冰川、碧澄的湖泊、浩瀚的戈壁沙海、辽阔的草原组成了各种类型的自然奇观。

新疆的人文旅游资源独具魅力，有古城堡、古石窟、古寺庙、古驿站、古屯田遗址、古墓葬及千年干尸等各种文物留存，汉代军士屯田驻垦时建立的高昌古城，汉唐戍军曾经驻守过的阿拉沟烽火台，清代为纪念爱国功臣额敏和拿而建造的苏公塔，以及凝结着丝绸之路文化灿烂成果的阿斯塔那古墓群和柏孜克里克千佛洞，像是一座座丰碑，记载着先民们为边疆的安宁和繁荣，以及东西方经济文化的交流和发展而做出的不可磨灭的贡献。47个民族与代表各种民族风格的建筑、服饰、歌舞、习俗、美食，组成了新疆旅游最迷人的风景。新疆素有"歌舞之乡"、"瓜果之乡"之称，品尝甘甜馥郁的葡萄、瓜果，欣赏丰富多彩的民间文娱活动，是新疆之旅不可或缺的享受。

(资料来源：裴凤琴. 中国旅游地理[M]. 成都：西南财经大学出版社，2011.)

1. 旅游资源与环境概况

新疆维吾尔自治区总面积达 166 万平方千米，人口 1 962 万。新疆地域辽阔，民族众多，除维吾尔族外，还是哈萨克族、塔吉克族等民族的主要聚居区。新疆地形复杂，基本可概括为"三山夹两盆"，即北边是阿尔泰山，中间是天山，南边是著名的昆仑山和帕米尔高原。阿尔泰山与天山间夹着准噶尔盆地，而昆仑山又与天山夹着塔里木盆地。除高山盆地外，本区内还分布着大片沙漠，其中有我国面积最大的沙漠——塔克拉玛干沙漠。新疆为典型的大陆性气候，夏季炎热，冬季寒冷，年温差高达 35℃以上。受地形变化影响，气候亦多变，多风少雨，日温差可达 11~16℃。新疆农业、牧业发达，盛产瓜果。受气候影响，瓜果异常甜美，极负盛名。吐鲁番的葡萄、库尔勒的香梨、哈密的甜瓜，均享有极高的知名度。新疆民族众多，少数民族人口占总人口的 60% 以上，因而有丰富多彩的民族风情。主要少数民族有维吾尔族、哈萨克族、乌孜别克族、柯尔克孜族、塔吉克族、塔塔尔族及回族和俄罗斯族。各民族风情各异，而又共同生活于祖国大家庭中，构成了本区绚丽多彩的民族风情。

新疆古称西域，自 2 000 多年前西汉的张骞出使西域之后，开辟了一条著名的丝绸之路，促进了东西方文明的频繁交流。新疆四周高山环绕，河湖众多，汇聚了丰富的山地降雨和冰川融水，滋润着一片片草原及绿洲，复杂的地形地貌形成了许多奇特的塞外风光。

新疆民风民俗资源较为独特且丰富多彩。饮食文化方面，新疆各族人民基本以面食为日常生活的主要食物，喜食肉类、乳类，蔬菜吃得较少，夏季多拌食瓜果，菜以酸辣口味为主。民族传统食品有拌面、羊肉串、馕、抓饭、馓子、拉条子、包尔萨克(油炸食品)等，蔬菜类喜欢吃胡萝卜和洋葱，饮料主要是奶茶和砖茶。一日三餐中早餐吃馕喝茶或"乌马什"(玉米面粥)，午餐为面类主食，晚餐是汤面或馕茶。至上美食首推烤全羊，是高级宴席的标志。吃饭时一家大小共席而坐，饭后在拿走餐具前，由长者做"都瓦"(祷告)，然后离席。民间艺术方面，麦西来甫是维吾尔族民间流行的一种传统歌舞娱乐形式，以舞为主，配以歌唱，节奏明快，热情奔放。阿肯弹唱是哈萨克族人民悠久的民间传统艺术形式。地方特产方面，正如新疆民谣所说："吐鲁番的葡萄哈密的瓜，库尔勒的香梨人人夸，叶城的石榴顶呱呱。"新疆以独特的地理环境及特有的自然条件培育了名扬天下的瓜果，是久负盛名的"瓜果之乡"。哈密瓜、吐鲁番葡萄、库尔勒香梨、叶城石榴、枸杞、番茄、西瓜等许多瓜果饮誉国内外，还有巴旦杏、葡萄干、枸杞干、哈密瓜脯、无花果、杏包仁、杏干等独特的干果食品。新疆是我国的第二大牧区，拥有新疆细毛羊、中国美利奴羊、阿勒泰羊、卡拉库尔羊、和田半粗毛羊、新疆褐牛、伊利马、焉耆马等众多优良的草食家畜品种。新疆的细羊毛产量约占全国总产量的 25%，羊肉产量居全国第二位。天然药物如麻黄、罗布麻、甘草、贝母、雪莲、红花等分布广泛，质量上乘，具有独特的品质和优良的特性。新疆工艺品中最有特色的要数维吾尔族花帽、英吉沙小刀、新疆地毯及和田出产的羊脂美玉。

2. 旅游开发现状及发展目标

旅游六大要素的配套协调发展，促进了新疆旅游产品开发，形成了以丝绸之路为主线、"五区三线"为重点的发展格局，重点打造了以喀纳斯为核心的自然生态游，以喀什、吐鲁番为重点的丝绸之路文化旅游，并在此基础上延伸开发了民俗风情游、冬季冰雪游等具有地方特色的系列旅游产品。随着近年来旅游业大跨越大发展，2011 年，新疆首届旅游产业发展大会上明确提出，要刻不容缓地推进旅游产业的大发展，把旅游工作摆在优先发展的位置，把旅游产业培育成为国民经济的战略性支柱产业、改善民生的重要富民产业和人民群众更加满意的现代服务业，把新疆建设成为我国重要的旅游目的地。

2013 年是新疆旅游产业发展史上重要的一年，全区实现旅游总收入 673.24 亿元，接待国内外旅游者 5 205.59 万人次，同比增长 16.88%和 7.09%。2014 年是新疆全面推动旅游产业转型升级的重要一年，旅游的工作重点将围绕抓住天山申遗成功、新丝绸之路经济带建设等机遇开展，加大旅游资源整合、旅游商品开发力度，加快自然文化遗产地建设和新兴旅游热点景区建设，大力发展淡季旅游，尽快把旅游业培育成新疆的战略性支柱产业和富民产业。

3. 旅游资源区域建设

新疆位于古丝绸之路上,因而拥有许多文物古迹,其中有石窟、古墓、竹简、绘画等,也有以楼兰古城、高昌故城为代表的古城市遗址。众多古迹具有神秘色彩,有极强的旅游吸引力。新疆民族众多,丰富多彩的民族文化又是本区另一大旅游资源。此外,多变气候形成的多种风蚀地形(雅丹地貌)也是重要的自然景观。

1) 乌鲁木齐旅游区

乌鲁木齐,蒙古语意为"优美的牧场",地处天山北麓,北连准噶尔盆地,东部是冰雪覆盖的天山第二高峰——博格达峰(海拔5 445米)。乌鲁木齐是地球上离海洋最远的城市,最近的印度洋也离它有2 200千米,具有大陆性气候特征。乌鲁木齐的旅游胜地有红山、天池、南山牧场及很有特色的新疆历史博物馆等。乌鲁木齐市是新疆维吾尔自治区首府,也是新疆旅游区的旅游集散中心,位于天山北麓,降水较多,气候宜人。市内聚居各族群众,极富民族气息,是当地旅游的一大特色。市内有八路军办事处、红山等遗址和风景点。

(1) 天山天池。天池古称"瑶池",地处天山博格达峰北侧,位于阜康市南偏东40余千米处,距乌鲁木齐市110千米。天池是一个优美的高山湖泊,海拔1 980米,平均湖深4米,由高山融雪汇集而成。天池分为大天池、小天池:小天池一池清水,湖面似镜,像一块碧玉,传说王母娘娘曾在此沐浴;大天池四壁群山环绕,塔松青翠欲滴,湖光山色景色如画。石门一线、龙潭碧月、定海神针、顶天三石、南山望雪、西山观松、海峰晨曦与悬泉飞瀑,是人们对天池自然风光八景的概括。天池有过灿烂的宗教文化,主要遗址有铁瓦寺、达摩庵、居仙洞、山神庙、龙王庙、八卦亭、海峰亭、庞真人祠等。夏季既可在湖中泛舟,又可欣赏山水交融的博峰倒影,景色十分迷人。

(2) 南山牧场。南山牧场是天山山麓的一片绿洲。由于天山北坡迎风,降水量大,故绿树茂盛,水草肥美,形成了天然牧场。牧场内绿草如茵,牛羊遍野,景色宜人。牧民的白色毡房点缀其间,犹如人间仙境。新近又开发了"叼羊"、"姑娘追"等民族活动,还设有吃手抓羊肉、烤羊肉串等旅游活动,吸引了大量中外游客。

(3) 吐鲁番。吐鲁番盆地是我国海拔最低的一个盆地,也是古丝绸之路上的重镇,拥有独特的人文条件和自然条件,具有较高的旅游吸引力。吐鲁番地区有我国最低的湖泊——艾丁湖,低于海平面154米。这里还是著名的火洲,气温高而降雨少,7月份平均气温达40℃,沙表最高温度可达82.3℃。红色的火焰山横亘于盆地中部,山上寸草不生,砂砾岩与红泥岩在阳光的照耀下红光闪闪,更增添了"火"的色彩。吐鲁番地区盛产水果,尤以哈密瓜和葡萄著名。因昼夜温差大,日照强,故瓜果味道甘美,成为游人争先食之购之的主要商品。火焰山河谷中新开辟的葡萄沟景色宜人,且有大量鲜果供应,游人可大饱眼福口福。本区内的哈密为著名的瓜果集散地。吐鲁番有高昌及交河故城址,尚保留有部分城市原貌,成为重点景点。另外还有佛教遗址伯孜克里克千佛洞和吐峪沟千佛洞,具有很高价值。吐鲁番还有一批古墓葬,阿斯塔那古墓群有"地下博物馆"之誉。由于气候干旱,墓葬内尸体仍然完好,形成的干尸具有很高的历史价值。

2) 阿勒泰旅游区

阿勒泰旅游区是指以阿尔泰山为中心的哈纳斯自然保护区。阿尔泰山是我国现代冰川的主要发育地区之一，又是西伯利亚动植物区系在我国的主要分布区，在科学研究上具有重要价值。同时，这里的湖光山色还是优良的旅游资源，是理想的避暑和疗养胜地。哈纳斯湖状如哈密瓜，南北长 34 千米，东西宽 9 千米，水深 188.5 米，湖水会随季节和天气的变化而变换自己的颜色。它有众多的诱人之谜，还有探险考察的良好环境。

3) 南疆旅游区

新疆南部分布着大量的沙漠、戈壁，原始古朴的自然风貌充满传奇色彩。本区主要旅游点有喀什、和田、罗布泊等。

喀什为南疆的第一大城市，2000 多年前即为疏勒国的都城，汉代时成为丝绸之路南道和北道的交汇点，是古丝绸之路的重镇。喀什 90% 以上居民为维吾尔族，故民族特色浓郁，这是喀什最主要的旅游特点。喀什的主要名胜有艾提尕尔清真寺、香妃墓等。艾提尕尔清真寺位于城中心广场，始建于 1426 年，规模宏大，有塔楼、门厅、水池、礼拜殿等。民族建筑特色浓郁，为我国最大的清真寺，是全疆伊斯兰教活动中心，有"小麦加"之称。香妃墓外景美丽，高大的门楼和四角的原柱全用蓝白相间的琉璃砖砌成，光辉夺目。

和田位于塔里木盆地西南部，为古于阗国所在地，是西域最早的佛教中心，许多高僧如晋代法显、唐代玄奘都在此留有足迹。这里是一块肥美的绿洲，源于昆仑山的墨玉河、白玉河流经和田，盛产美玉，与丝绸、地毯并称和田三大特产，名扬中外。沿和田深入塔克拉玛干沙漠，是沙漠探险的理想路线。丝路玉石参观、沙漠古城探险是本区旅游的特色。

罗布泊位于新疆塔里木盆地东部，若羌县北部，是一块充满神秘色彩的土地。在古代它曾是一个大湖泊，后由于修建大西海子水库，罗布泊得不到河水补给而消失。汉晋时期，这里水草肥美，建有一座盛极一时的名城——楼兰。随着自然环境的变迁，楼兰逐渐荒废，掩埋于黄沙之中。20 世纪初，古城遗址被发现，并被称为"沙漠中的庞贝"。城内断壁残垣，有佛塔、烽燧、古渠道等遗迹，出土文物有古陶瓷、漆器、玉器、丝毛织品残片和古代钱币等。罗布泊地区有着极为典型的雅丹地貌。淡黄色的小丘鳞次栉比，逶迤起伏，气势雄伟，形态多样，形成了奇特的景观。雅丹地貌和古城遗址吸引着大量中外学者、探险家，但因其气候条件恶劣，交通不便，普及型大众旅游还有待发展。

除上述景区外，新疆著名的景点还有克拉玛依市附近的乌尔禾魔鬼城，它是风蚀地貌的典型；拜城县的克孜尔千佛洞，它是研究新疆历史宗教文化的珍贵资料；伊犁河谷的天然牧场，这里是游览胜地，赛里木湖面积达 454 平方千米，湖水清澈，四周雪山草地掩映，美丽异常。

知识扩展

"五区三线"——新疆"十一五"旅游发展的总体布局

"十一五"时期是我国全面建设小康社会的关键时期，也是旅游业大发展的重要机遇期。为明确"十一五"时期新疆维吾尔自治区旅游业的发展方向和战略目标，新疆维吾尔自治区明确提出，要进一步"培育和壮大旅游业，打造精品景区景点，把旅游业培育成为我区重要的支柱产业"，并确立了实现"一个目标"(把旅游业培育成自治区国民经济的重要支柱产业，把新疆建设成为我国旅游大区)、打造"两个精品"(喀纳斯和那拉提生态旅游区、喀什和吐鲁番民俗文化旅游区)、抓好"三个建设"(乌昌旅游中心、南疆旅游板块和北疆旅游板块)、取得"四个突破"(乡村及民俗文化旅游的突破、冬季冰雪旅游的突破、特种旅游的突破和边境旅游的突破)的发展思路，确立了以"五区三线"旅游发展格局为基础，完善和提升以丝绸之路文化为核心的旅游产品体系。决心以品牌为龙头，改造和提升现有产品，积极开发适应市场需要的新产品，在继续发展观光旅游产品的同时，大力发展度假休闲产品，努力构建现代旅游产品体系，建设有竞争力的旅游目的地。

"十一五"时期新疆旅游发展的总体布局为提升一个世界级文化旅游品牌，打造两个世界级精品旅游区，形成三条丝绸之路旅游环线，完善四个名牌景区，培育五个重点旅游区，开发六大特色产品系列，完善十二座优秀旅游城市功能。

(1) 一个品牌：丝绸之路文化旅游品牌。

(2) 两个精品：喀纳斯、那拉提自然生态旅游区，喀什、吐鲁番民俗文化旅游区。

(3) 三条环线：丝绸之路北道神秘之旅环线、丝绸之路中道浪漫之旅环线、丝绸之路南道追寻之旅环线。

(4) 四个名牌：天池自然风光旅游区、乌鲁木齐南山生态与滑雪旅游区、昌吉乡村旅游区、赛里木湖高山湖泊旅游区。

(5) 五个培育：伊犁河谷草原文化旅游区、阿克苏龟兹文化旅游区、巴州大漠生态与特种旅游区、哈密丝路驿道文化旅游区、和田美玉之都旅游区。

(6) 六大产品：冬季冰雪旅游、乡村及民俗风情旅游、边境旅游、特种旅游、红色旅游、工农业及商务旅游。

(7) 十二座城市：乌鲁木齐、喀什、吐鲁番、伊宁、阿勒泰、哈密、库尔勒、阿克苏、克拉玛依、石河子、昌吉、博乐。

(资料来源：http://www.xinjiangtour.gov.cn)

6.3.3 甘肃

甘肃印象

苏武牧羊的茫茫草原，霍去病大战匈奴的古战场，秦时的明月汉时的关隘，汉唐诗人悲凉苍劲的边塞诗篇，蔡文姬《胡笳十八拍》的袅袅余音……甘肃，一个令人浮想联翩的名字，记载了无数如风般飘逝的往事。

甘肃省位于我国西北地区，以古甘州(今张掖)、肃州(今酒泉)两地首字而得名，简称甘或陇。据史书记载，在隋唐时期，"林草茂密，羊群塞道，天下富庶无出陇右者。"沧海桑田只在弹指一挥间，铅华落尽后重看空旷辽远的甘州大地，历史的变迁使人感慨。岁月如斯，河西古道是一条波浪迭起的河，其中流淌过血火的劫难，也飞扬过祥和的牧歌，从武威到张掖，从酒泉到敦煌，无处不饱含浓厚的历史文化氛围；戈壁滩浩瀚无垠，那粗犷豪迈、雄浑壮阔的神韵使人震撼；素称世界艺术宝库的敦煌莫高窟展现的古中国风采精湛大气，美丽的"飞天"是古代艺术家们用经年的心血和理想点化出的鲜活生命，寄存其中的心灵之语穿透时空，传之久远；秦汉长城不知经历多少春秋，断断续续的土墙绵长逶迤，

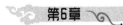

犹如历史艰难的叹息，嘉峪雄关仍在诉说大道辉煌的久远历史；甘南大草原寥廓秀美，藏传佛教在这里扎根生长；兰州城奔腾的黄河水、天水伏羲庙和麦积山石窟，成就了甘肃大地的风采。

古人"西出阳关无故人"的感叹仍遥遥作响，汉唐文明的繁华和铁戟铮鸣的边塞风骨处处留痕。"葡萄美酒夜光杯，欲饮琵琶马上催。醉卧沙场君莫笑，古来征战几人回"的千古绝唱依旧在这片土地上回响……

(资料来源：裴凤琴. 中国旅游地理[M]. 成都：西南财经大学出版社，2011.)

1．旅游资源与环境概况

甘肃位于我国的地理中心，是古丝绸之路的黄金路段，省会是兰州市。土地总面积为45.4万平方千米，地形以山地、高原为主，主要地形区有陇南山地高原、陇中黄土高原、祁连山地、河西走廊及以北地带。敦煌、嘉峪关、天水、兰州、张掖、武威、酒泉、平凉等八个城市是中国优秀旅游城市。

甘肃旧称"雍梁之地"，元代始设甘肃行中书省，简称甘，又因省境大部分在陇山(六盘山)以西而简称陇。河西走廊和陇南是甘肃的粮仓，陇东是革命老区，甘肃宗教以伊斯兰教为主，兼有佛教、道教、基督教。甘肃具有多彩的文化，彩陶文化、长城文化、石窟文化在陇原大地交相辉映。此外，还有具有甘肃地域特色的敦煌文化、丝绸之路文化、黄河文化和伏羲文化、民族和民间民俗文化、戏剧舞台艺术等文化品牌。

2．旅游开发现状及发展目标

近年来，甘肃省全力推进华夏文明传承创新区建设，全省旅游业呈现出蓬勃发展的良好态势，在多个方面获得重要成果：成功举办世界旅游组织第六届丝绸之路国际大会和第三届敦煌行·丝绸之路国际旅游节；敦煌国际文化旅游名城建设启动，推进文化旅游深度融合发展；全力打造"丝绸之路经济带"旅游黄金段，丝绸之路大景区建设全面展开；首次推出"冬春旅游季"活动，全力开拓淡季旅游市场；陇东南地区获批为国家中医药养生保健旅游创新区；首批国家级生态旅游示范区公布，甘南当周草原和兰州市兴隆山榜上有名；新增10个国家4A级旅游景区，鸣沙山·月牙泉创建5A级景区已通过景观质量评定；旅游标准化工作成效显著，嘉峪关市创建成为全国旅游标准化示范城市。2013年，甘肃省接待国内外旅游者首次超过1亿人次，实现旅游总收入620亿元。"十二五"期间，甘肃将主要围绕打造精品景区和线路，全力推进六大重点建设工程，围绕"321"整体规划布局，重点实施"四区一带"五大旅游区建设推进计划，以"服务大景区，构建大环线，形成大产业"为指导，实施旅游交通畅通工程。

3．旅游资源区域建设

甘肃旅游资源丰富，有重点文物保护单位71处。根据旅游资源的分布格局，可分为陇右旅游区和河西走廊旅游带。

1) 陇右旅游区

(1) 兰州市。兰州是黄河流域唯一被黄河穿城而过的省会城市，位于中国陆域版图的几何中心,具有带状盆地城市的特征。市区依山傍水,山静水动,形成了独特而美丽的城市景观。市区实施了南北两山环境绿化和黄河风情旅游线综合开发工程,不仅把黄河市区段40千米两岸道路桥梁建设、旅游景点开发、城市建筑风格及绿化美化亮化融为一体,而且将丝绸之路文化、黄河文化和民族文化汇集其中,更加突出了山水城市特色。兰州是古丝绸之路上的重镇,早在5 000年前人类就在这里繁衍生息,西汉设立县治,取"金城汤池"之意而称其为金城,隋初改置兰州总管府,始称兰州。自汉至唐宋时期,随着丝绸之路的开通,出现了丝绸西去、天马东来的盛况,兰州逐渐成为丝绸之路上重要的交通要道和商埠重镇,成为联系西域少数民族的重要都会和纽带,在沟通和促进中西经济文化交流中发挥了重要作用。古丝绸之路在这里留下了众多的名胜古迹和灿烂文化,吸引了大批中外游客前来观光旅游,使兰州成为横跨2 000千米,连接敦煌莫高窟、天水麦积山、张掖大佛寺、永靖炳灵寺、夏河拉卜楞寺等著名景点的丝绸之路大旅游区的中心。其主要景区有兴隆山、五泉山、白塔山、仁寿山、官滩沟、官鹅沟、吐鲁沟、竹林沟、石佛沟等。

(2) 平凉市。崆峒山风景区位于甘肃省平凉市城西,为古丝绸之路要塞,景区面积达84平方千米,主峰海拔2 123米,集奇险灵秀的自然景观和古朴精湛的人文景观于一身,具有极高的观赏、文化和科考价值,自古就有"西来第一山"之美誉。崆峒山属六盘山支脉,是天然的动植物王国,森林覆盖率达90%以上。山中林海浩瀚,烟笼雾锁,峰峦雄峙,高峡平湖,既富北方山势之雄伟,又兼南方景色之秀丽。崆峒山是道教名山,魏晋南北朝期间,山中道教兴盛,宫观遍布,明代曾有八台九宫十二院等建筑42座,但大多毁于兵火,现仅存《重修问道吕碑记》、太和宫、宝塔、盘龙石柱等文物与建筑。经近年整修,崆峒山又恢复生机,香客和游人络绎不绝,1994年被国务院批准为国家重点风景名胜区,2004年晋升为国家地质公园,2007年成为首批国家5A级旅游景区。

2) 河西走廊旅游带

河西走廊东起兰州,西至玉门关,长达900多千米,是古丝绸之路的重要部分,也是甘肃重要的灌溉农业区。河西走廊的旅游资源十分丰富,有兰州、武威、张掖、酒泉、敦煌、嘉峪关等六个国家优秀旅游城市,有世界遗产莫高窟、嘉峪关文物景区、敦煌雅丹国家地质公园等著名景区十处。

(1) 嘉峪关文物景区。嘉峪关文物景区位于嘉峪关市区西北、古丝绸之路中段,由嘉峪关关城、魏晋壁画墓、万里长城第一墩、悬壁长城、长城博物馆、黑山岩画等景点构成,周围是风光壮美的沙漠和雪山,于2007年成为首批国家5A级旅游景区。

嘉峪关关城依山傍水,扼守南北宽约15千米的峡谷地带,东临酒泉,西连玉门,为祁连山、马鬃山南北夹峙,构成了关防的天然屏障。嘉峪关关城附近烽燧、墩台纵横交错,与城墙、城台、城壕等设施构成了严密的军事防御体系,被誉为"天下第一雄关"。关城始建于明洪武五年(1372年),历时168年,布局合理,建筑得法,有内城、瓮城、罗城三重城郭,多道防线,城内有城,城外有壕,形成重城并守之势。内城是关城的主体,东西二门外有瓮城回护,西瓮城西面筑有罗城,面西设关门,门楣上题"嘉峪关"三字,是明代长城沿线建造规模最为壮观、保存程度最为完好的一座古代军事城堡。长城博物馆坐落在嘉峪关市区,系仿古城堡式建筑,于1989年10月1日正式开馆,是我国第一座全面系统地展示长城文化的专题性博物馆。馆内共分七个展厅,展出文物7 000余件,其中"长城工牌"、"永乐铜炮"和"嘉峪关关照印版"等是研究长城历史文化的珍贵资料。

(2) 敦煌市及敦煌石窟。敦煌地处河西走廊西端,是甘肃、青海、新疆三省区的交汇处,隶属酒泉市管辖。敦煌自古就是中原来往西域的交通要冲,也是丝绸之路上的重要驿站,戈壁中的绿洲、党河是敦煌的重要水源。经济以农业、旅游业为主,主要旅游资源有敦煌石窟、敦煌古城、鸣沙山、月牙泉、敦煌民俗博物馆、玉门关雅丹魔鬼城、阳关等。"敦煌"有"非常兴盛"之意,石窟是敦煌最重要的文物古迹,始建于前秦建元二年(366 年)。据说当年乐僔和尚西行求法路过三危山,时值黄昏,夕阳照射在褚红色的沙砾岩上发出烁烁金光,以为有灵异,便在此营造石窟。后经北魏、西魏、北周、隋唐、五代、西夏数代营造修建,越发规模越发宏大,气势磅礴。敦煌石窟是建筑、绘画和雕塑艺术的综合宝库,由莫高窟、西千佛洞和安西榆林窟组成,其中以莫高窟为最盛。莫高窟俗称千佛洞,位于敦煌城东南鸣沙山断崖上。莫高窟高低错落,上下共五层,南北长 1 600 多米,现存洞窟 492 个,壁画 4 500 多平方米,彩塑 2 450 尊,唐宋时期木构建筑 5 座,莲花柱石和铺地花砖数千块。各时代的壁画以佛教故事为主,也有上古神话、历史事件、生产生活等内容,其中的天龙八部、飞天、龙女等壁画具有独特的艺术风格和表现手法,莫高窟于 1987 年成为世界文化遗产。西千佛洞是敦煌艺术系统的一个分支,开凿在莫高窟之西 30 千米处的党河河岸崖壁上,石窟的结构、彩塑、壁画艺术风格等与莫高窟体系相近,所存壁画和塑像具有很高的艺术和历史价值。安西榆林窟又称万佛峡,同莫高窟在内容、艺术风格、绘画形式方面一脉相承,是首批全国重点文物保护单位。在西夏洞窟中,唐玄奘取经的故事画中已经出现了孙悟空的形象,比《西游记》成书要早约 300 年。

知识扩展

"马踏飞燕"名称来历杂说

为中国旅游标志的东汉铜马俑(图 6.2),于 1969 年 10 月出土于甘肃武威一座东汉灵帝时期的张姓将军墓中,高 34.5 厘米,作疾速奔驰状,其右后蹄附一飞鸟,既表现其高度的浪漫主义意境,又稳定了铜马俑本身的重心,堪称我国古代青铜艺术中无与伦比的珍品。但是,对于其名称长期以来却有着较大的争议。长期以来主要有以下几种说法。

图 6.2　东汉铜马俑

(1)"铜奔马"说。铜马俑的造型雄骏非凡,它昂首嘶鸣,马蹄腾空,风驰电掣般地奔驰,因而,经郭沫若先生鉴定,命名为"铜奔马",因为是由青铜制成,也称"青铜奔马",这也是对这具铜马俑最早的叫法。

(2)"马踏飞燕"说。虽然"铜奔马"的称谓比较直观明了,但是这具铜马俑的精妙之处是其右后蹄下踏一飞鸟,仅以"铜奔马"名之,显然不足以表现其浪漫主义意境,因此有人将其称为"马踏飞燕",以表明奔马正在做凌空掠过燕背的飞驰。

(3)"马踏龙雀"说。针对"马踏飞燕"说,有人提出了不同看法,认为铜马俑所附飞鸟,从造型看不像是燕子,而是龙雀,因此认为应该命名为"马踏龙雀"或"马超龙雀"。

(4)"飞燕骝"说。铜马足下有一鸟,其象征之意为人所关注。一提到马,人们很快想到奔腾如飞,而飞燕的速度同样也是毋庸置疑的。铜马足下的飞燕无疑是用来比喻良马之神速的,这种造型让人一看便知其意,所以铜马直截了当取名为"紫燕骝"或"飞燕骝",此名最为雅致贴切。

(5)"天马"说。持此说法的人认为,龙雀是风神,即飞廉,这种神鸟岂能是奔马所踏之物?东汉张衡的《东京赋》中有"铜雀蟠蜿,天马半汉"之句,是称皇宫内龙雀、天马两件对应的铜制陈列品,因此,这具铜马俑就是"天马"。《汉书·礼乐志》中《西极天马之歌》曾记载,"天马"足踩浮云,身可腾空飞驰,奔马踏着飞燕,正是遨游空中的"天马"形象。

(6)"马神—天驷"说。有人提出这具铜马俑是"马神—天驷"。"天驷"指的是天上二十八星宿之东方苍龙七宿中的第四位星,名"房",即"天驷",亦称"马祖神"。"天驷"者犹言驷马行空,以足踏飞燕来说明"天驷"和象征其所处的空间位置。

应该说,以上说法都有一定的合理之处,也能在一定程度上解释得通,但迄今始终没有一个公认的结论,然而,不管最终采用哪个名称,这具铜马俑终将是中国古代艺术作品的高峰,这一点是没有异议的。

(资料来源:裴凤琴. 中国旅游地理[M]. 成都:西南财经大学出版社,2011.)

6.3.4 内蒙古

内蒙古印象

在中国版图上,内蒙古似一只矫健的雄鹰,展翅飞翔在边疆;又似一匹奔腾的骏马,昂首奋蹄,驰骋在北方。在内蒙古110多万平方千米的土地上,森林茂密,草场丰美,农田肥沃,水面辽阔,世居草原的人们秉承了父辈英勇爽直、热爱自由的天性,一望无际的大草原是他们叱咤风云的天堂。

作为"一代天骄"成吉思汗的故乡,内蒙古境内有很多名胜古迹,如成吉思汗陵、昭君墓、五当召、席勒图召,积淀的历史遗存使人感怀过往、心潮难平。当然,内蒙古最吸引人的还属独特的自然风光。这里有雄伟的大青山、巍巍贺兰山、莽莽苍苍的林海、烟波浩渺的湖泊和浩瀚无垠的沙漠奇观,更为著名的则是无边无际的草原景色。内蒙古草原居全国牧场之首,呼伦贝尔大草原、锡林郭勒草原、希拉穆仁草原都是感受草原风光的好去处。夏天来到草原，绿野一碧千里，苍翠欲滴的草场上点缀着姹紫嫣红的野花，蒙古包上升起的缕缕炊烟、悠闲觅食的马群和牧羊姑娘的阵阵歌声，给这幅美丽的画面增添了无限的动感和生机。草原的民族风情让人怦然心动，烤全羊、手扒羊肉、奶皮子、奶豆腐等源远流长的传统美食更是引人垂涎。

强者英武的雄姿引领了一个风云数百年的朝代，而打下最后句点的，往往是这样的朴素生活，再也没有金戈铁马的蛮强、剑戟相交的残忍和血腥。草原的天空蔚蓝高远，大地碧绿壮阔，空气清新甘甜，景致烟水葱茏，人们生活安定稳妥，飘扬的草原牧歌伴着醇香的草原白酒。踏上草原的我们，也应该为营造人与自然最原始的和谐而努力。

（资料来源：裴凤琴. 中国旅游地理[M]. 成都：西南财经大学出版社，2011.）

1. 旅游资源与环境概况

内蒙古自治区位于我国北部，土地总面积达 118.3 万平方千米，东起大兴安岭山地，西止居延海，东西蜿蜒 3 000 多千米，分布有呼伦贝尔、锡林郭勒、科尔沁等著名的天然草原。草原类型多样，有森林草原、典型草原、荒漠和半荒漠草原等，既是亚欧大陆温带草原的重要组成部分，又是我国重要的畜牧业基地，分布有蒙古族、鄂伦春族、鄂温克族等 30 多个少数民族，游牧历史悠久，民族风情意趣浓郁。每年的夏秋之交是旅游的黄金季节，辽阔壮美的草原风光和独特多彩的民族风情是草原旅游最吸引人的两大特色。包头、锡林浩特、呼和浩特、呼伦贝尔、满洲里、扎兰屯、赤峰、阿尔山、霍林郭勒等九个城市是中国优秀旅游城市。内蒙古一带在商周以前是游牧部族地区，战国时为北方少数民族匈奴、东胡之地，三国西晋为鲜卑、羌胡统占，唐代分属于关内道、河北道，宋代则由辽、金和西夏顺序统辖，出现蒙古部落，后建元朝，其地直属中书省及岭北行省，清末属内蒙古、山西、察哈尔。1947 年 5 月，内蒙古自治区成立，是全国最先实行民族自治的省级单位，自 1979 年后基本保持目前范围。内蒙古文化古迹众多，森林草原辽阔，那达慕、祭敖包、篝火节等活动丰富多彩。

2. 旅游开发现状及发展目标

2012 年，内蒙古实现旅游总收入 1 128.51 亿元，同比增长 26.86%；接待旅游者总数 5 887.31 万人次，同比增长 13.7%。全区围绕建设"草原文化旅游大区"，突出旅游基础设施完善和产业链建设，推进自治区旅游产业新发展。着力实施自治区"十二五"旅游业发展规划明确的"4 个旅游区域、8 个核心旅游圈、12 条旅游环线、65 个精品景区"旅游目的地建设。集中抓好海拉尔—满洲里—阿尔山精品旅游线路建设，加快呼包鄂都市旅游圈、海满额阿生态休闲旅游圈等重点旅游区域建设。组织阿尔山—柴河旅游区、乌兰察布格根塔拉草原旅游中心、通辽大青沟旅游区、赤峰喀喇沁蒙古亲王府和阿斯哈图石林旅游区创建国家级 5A 级旅游景区。组织包头市梅力更旅游区、美岱召旅游区，阿拉善胡杨林旅游区、巴丹吉林沙漠旅游区、二连浩特国门旅游区、河套酒业工业旅游区、乌兰察布苏木山旅游区、二连浩特国门旅游区、呼伦贝尔红花尔基樟子松国家森林公园、敖鲁古雅使鹿部落、新巴尔虎蒙古部落创建国家 4A 级旅游区。"十二五"末，内蒙古将建成我国北方重要的特色旅游地区，乃至世界级的生态旅游地。

3. 旅游资源区域建设

根据内蒙古旅游资源的分布状况，可以划分出蒙中、蒙东、蒙西三大旅游区。蒙中旅游区是旅游资源最密集的地区，旅游产品丰富多彩；蒙东旅游区降水条件稍好，草原景观典型；蒙西旅游区以干旱景观著称。

1) 蒙中旅游区

该区旅游集中在河套地区，除呼和浩特、包头两大旅游城市外，还有维信国际高尔夫度假村、成吉思汗陵、响沙湾、七星湖、桌子山、鄂尔多斯文化旅游村、恩格贝生态旅游区等。

(1) 呼和浩特市。呼和浩特在蒙古语中意为"青色的城"，是内蒙古自治区首府、中国优秀旅游城市，简称呼市，别名"乳都"。呼和浩特是座有400多年历史的塞外名城，分为新旧两城，锡林郭勒路与中山路交会一带为呼和浩特市最繁华地带，锡林郭勒路以东的新城高楼林立，以西的旧城藏传佛教寺庙较多，被誉为"召城"，有着丰富的"召庙"文化景观。其主要景点有明代大召(伊克召)、小召(席力图召)、清代五塔寺、万部华严经塔、清真大寺、昭君博物院、蒙牛工业旅游景区、乌素图大型滑雪场等，呼和浩特市西北有大青山避暑山庄、哈达门森林公园和哈素海风光。

(2) 昭君博物院。昭君博物院位于呼和浩特市南6千米的大黑河南岸，占地13.3公顷，主要有汉代阙门、青冢牌坊、嫱云浮雕、董必武题诗碑、神道石像生、和亲铜像、匈奴文化博物馆、昭君纪念馆、和亲园、青冢藏墨、单于大帐、墓表、昭君出塞陈列、历代诗词碑廊等，其中昭君墓占地3.3公顷，墓高33米，状如覆斗，是衣冠墓，墓顶建有一座凉亭。每当深秋树叶枯黄时，昭君墓上依然草木青青，故有"青冢"之称。登上墓顶，能欣赏到呼和浩特市全景和连绵不断的阴山山脉。2009年，昭君博物院被评为国家4A级旅游景区。

(3) 包头市。包头市是内蒙古第一大城市，又称鹿城、草原钢城、稀土之都，阴山山脉横贯市区中部，黄河横穿南部。夏秋之时是包头之旅的绝佳季节，也是理想的避暑胜地；冬春二季，冰封雪飘，别具北国特色。其主要风景名胜有五当召、美岱召、赛汗塔拉生态园、梅力更自然生态风景区、九峰山、北方兵器城、石门风景区、南海湿地景区等。为国家4A级旅游景区的北方兵器城坐落在包头北方重工集团公司外侧，占地10.2公顷，是一座以"绿色生态"为原则，以"传播军工文化，体现休闲娱乐"为主题的华北地区第一家以军事为特色的旅游景区。南海湿地景区位于包头市东河区南侧，地处呼包鄂旅游圈中心。南海湿地景区面积为1 664公顷，湖面宽广，水草丰美，是西北地区少有的城中之湖，被誉为"塞外西湖"。

(4) 五当召。五当召位于包头市北70千米的大青山深处五当沟内，是内蒙古现存的唯一完整的一座藏传佛教寺庙，也是国家4A级旅游景区。在内蒙古语中"五当"意为"柳树"，"召"为"庙"。五当召始建于清康熙年间，屋宇共2 500间，全为藏式。其主要建筑有苏古沁独宫、洞阔尔独宫、却依拉独宫、当圪希德独宫等，宫内壁画十分壮观。铜质镏金骨灰塔是镇召之宝，内存七代活佛骨灰。五当召依地势面南而建，是层层依山垒砌的白色建筑群，召外群山环绕，苍松翠柏掩映，雄浑壮观。

(5) 响沙湾。响沙湾即银肯响沙，居我国三大响沙(响沙湾、鸣沙山、沙坡头)之首，被誉为"响沙之王"。响沙湾位于内蒙古鄂尔多斯的达拉特境内，距包头 50 千米。这里的沙丘高大陡峭，只要在天气晴朗时从丘顶滑下，或是用手拨动沙子，就会发出轰隆隆的鸣响，犹如汽车开过一般。天气越晴朗，阳光越炙热，声音就越大，和鸣沙山有异曲同工之妙。响沙湾在 2002 年被国家旅游局评定为国家 4A 级旅游景区。

(6) 成吉思汗陵。成吉思汗陵位于鄂尔多斯草原东部的伊金霍洛旗，是全国重点文物保护单位、国家 4A 级旅游景区，占地约 5.5 公顷，距东胜 70 千米，也是内蒙古的主要旅游景点。现成吉思汗陵为 1954 年新建，是衣冠冢，总建筑面积约 1 500 平方米，具有鲜明的蒙古族风格和特色。其主体建筑为三座蒙古包式穹庐顶宫殿及后殿和东西走廊。正殿高 26 米，陵宫正厅塑有成吉思汗坐像，后面的寝宫里排放着三座覆盖黄缎的蒙古包，分别安放着成吉思汗三位夫人的灵柩。东殿安放的是其四子拖雷夫妇的灵柩，西殿陈列着成吉思汗用过的战刀和马鞭等物，殿堂的墙壁上彩绘着描绘成吉思汗生平事迹的大型壁画。

2) 蒙东旅游区

(1) 满洲里。满洲里位于中俄边境，是一座非常干净、漂亮的小城市，原称"霍勒津布拉格"，在蒙古语中意为"旺盛的泉水"，是我国最大的陆路口岸，2003 年被评为中国优秀旅游城市。满洲里既有中俄互市贸易区、俄罗斯套娃广场、国门景区等国家 4A 级旅游景区，也有中西交融的城市景观、呼伦贝尔大草原和呼伦湖，以及热情奔放的蒙古风情、承继远古文明的扎赉诺尔文化。中俄互市贸易区是中俄两国政府共同协商建立的特别开发开放区域，是我国第一个边境互市贸易区。俄罗斯套娃广场是全国唯一的以俄罗斯传统工艺品套娃为主题的旅游休闲娱乐广场，集中体现了满洲里中国、俄国、蒙古三国交界地域特色和中国、俄罗斯、蒙古三国风情交融的特点。广场主体建筑是一个高 30 米的大套娃，建筑面积 3 200 平方米，是目前世界上最大的套娃。红色国际秘密交通线教育基地暨国门景区主要包括 2008 年新建的第五代国门、和平之门主体雕塑和满洲里历史浮雕、满洲里红色国际秘密交通线纪念广场和陈列馆、火车头广场、满洲里秘密交通站、苏联红军烈士陵园、中东铁路监狱、扎赉诺尔和二卡红色国际秘密交通线旧址等。

(2) 锡林郭勒草原。锡林郭勒草原位于内蒙古中部，是地球上至今保留的为数不多的典型草原，已经列入国际生物圈自然保护区网。自然植被以大面积的典型草原为主，还有草甸草原、草甸与沼泽及沙地疏林草原，地形平坦开阔，是内蒙古草原风情最典型的区域。牧草种类齐全，草质优良，著名的锡林郭勒马、草原红牛及内蒙古细毛羊均产在这里。草原上还栖息着多种野生动物，其中蒙古野驴数量极少，被列为国家一类保护动物。在锡林浩特市北有国家 4A 级旅游景区贝子庙，贝子庙占地 1.2 平方千米，沿袭藏传佛教格鲁派传统建筑格式，结构独特，雕刻精细美观，由主庙、属庙、家庙、佛塔及众多僧房组成。在锡林郭勒大草原腹地西乌珠穆沁草原，有国家 4A 级旅游景区蒙古汗城，旅游区域约为 334 公顷，景区整体布局是以 30 集电视剧《成吉思汗》所反映的建筑风格为蓝本设计的。这里有一座直径 18 米的固定式多功能蒙古包金顶大帐，外观体现了民族特色，内部设计突出了宫廷风格，面积为 260 平方米，是旅游景区的综合性娱乐场所。西乌珠穆沁草原是人们公认的"天堂"草原，空气清爽，草原风光旖旎，创造吉尼斯世界纪录的摔跤、赛马比赛就是在这里举行的。

(3) 克什克腾世界地质公园。克什克腾世界地质公园位于内蒙古自治区赤峰市克什克腾旗境内，地处内蒙古高原、大兴安岭山脉、燕山山脉三大地貌结合部，独特的地理位置、复杂的构造运动造就了美丽神奇的克什克腾旗丰富多样的地质遗迹。克什克腾世界地质公园保护面积为 5 000 平方千米，主要由阿斯哈图花岗岩石林、青山岩臼群及花岗岩峰林、黄岗梁第四纪冰川遗迹、平顶山"冰斗"群、达里诺尔(湖)火山群、热水塘温泉、西拉沐沦大峡谷、浑善达克沙地等八种类型的地质地貌景观组成。2001 年底，克什克腾地质公园经国土资源部批准进入国家地质公园行列，2005 年被联合国教科文组织批准为世界地质公园，同年成为国家 4A 级旅游景区。克什克腾世界地质公园地理位置优越，自然环境好，保存的地质遗迹在国内外具有独特、稀有、典型、优美与多样性等特点，既是探索内蒙古高原隆升和中国北部环境演化的自然博物馆，也是研究第四纪以来地质、地貌、气候、动植物、沙漠、湖泊等学科难得的科学研究基地。

3) 蒙西旅游区

内蒙古西部最突出的资源特色是干旱景观，有阿拉善王府、居延海、黑城遗址、沙漠地质公园、月亮湖、贺兰山等景点。

(1) 阿拉善王府。阿拉善王府位于阿拉善盟阿拉善左旗巴彦浩特镇老城王府街北侧，为阿拉善历代旗王的官署和居住地。阿拉善盟是内蒙古最西端的极端干旱的行政区，由巴丹吉林、腾格里、乌兰布统和三大沙漠横贯，高大沙山和沙丘链十分壮观，沙漠中分布有 500 多个咸、淡水湖。称为"二白一黑"的盐、硝、煤是此地的优势资源，阿拉善盟也是我国重要的湖盐产地和骆驼之乡。阿拉善王府经历代旗王修建，至第十任亲王达理扎雅时期，已修建成为规模宏大的具有典型明清风格的建筑群落。东部有王府门、过门、4 个耳室、2 个厢房、9 间书室，西部有第十代王爷达理扎雅的住房及 3 座四合院，建筑有 500 多间，每部分由若干个北京式四合院建筑群落组成，相互融会贯通，雕梁画栋，古雅精致，整个建筑群落为颐和园林风格，故有"小北京"之称。

(2) 贺兰山南寺生态旅游区。贺兰山南寺生态旅游区位于巴彦浩特东南 30 千米，整个旅游区树木苍翠，庙宇轩昂，历史古迹众多，佛教文化氛围浓郁，是一个人文景观与自然风光紧密相融的国家 4A 级旅游景区。这里四周群山形似吉祥八徽，绿草茵茵如八瓣莲花，有色彩艳丽、古拙敦厚的内蒙古地区最大的石雕佛像群，有雕梁画栋、金碧辉煌的广宗寺，有蕴藏诸多丰富、神奇故事的蟾卵山，还有古树参天、鲜花烂漫的原始森林——雪岭子。

6.3.5 陕西

陕西印象

所谓"五千年历史看长安"，唐风汉雨打造的三秦大地是中华文明的摇篮。陕西省简称陕或秦，位于黄河中游，古时在陕原(今河南陕县)以西，故自周初就称陕西，春秋战国时为秦地。省会为西安，自西周、秦、汉至隋唐盛世，共 13 个王朝在此建都，为古代东方文明圣都。

大气、悲壮、宽广的秦地，培育了无数铁骨铮铮的英雄豪杰，流传着无数柔情热血、醇厚激烈的故事，演绎了一场又一场荡气回肠的传奇。陕西地形分陕北高原、关中平原和陕南山地三部分，亭台楼阁、庙观寺院遍布，秦地风俗代代传承，名胜古迹处处皆是，兵马俑的粗拙、华清池的雍容、黄帝陵的寂寥、华山的险峻、秦始皇陵的威严、黄河龙门的非凡气势、红石峡的荒芜均使人动容。走进西安城，厚重的历史韵味无处不在，即使现代文明已经蔓延，却仍然挥之不去那属于古代中国的宏大气派。青黑色的碑林塔影、传统中国式的鼓楼、残缺的城墙，给人感觉钝重而深厚，岁月流逝中历史苍凉的声音缓缓流淌。

(资料来源：裴凤琴. 中国旅游地理[M]. 成都：西南财经大学出版社，2011)

1．旅游资源与环境概况

陕西省地处黄河中游，北部为陕北高原，是黄土高原的主要组成部分；中部为渭河平原(又称关中盆地)，号称八百里秦川；南部是陕南山地，为"两山夹一川"地势。"陕"指陕原(今陕县)，周初称陕以西的区域为陕西，沿袭至今。全省总面积达20.58万平方千米，有汉、回、满、蒙古等民族。西安、咸阳、延安、汉中、韩城等五个城市是中国优秀旅游城市。陕西在春秋战国时为秦地，汉属司隶和益州，唐属关内、山南等道，宋初置陕西路，元设陕西行省，清为陕西省。陕北是革命圣地，1937—1947年期间，中共中央和毛泽东在延安领导中国革命，取得了抗日战争的伟大胜利。陕西是人文旅游资源大省，周、秦、汉、唐时这里曾是全国政治、经济、文化中心，曾出现过令世界仰慕的繁荣，并成为丝绸之路的起点，有丰富的文物古迹，被誉为"中国天然历史博物馆"，自然旅游资源也很丰富。此外，陕西地方戏曲剧种多样。秦腔慷慨激昂，苍劲悲壮，表演朴素健康，富于夸张；汉剧唱词优美，表演细腻；眉户戏脱胎于民歌，音乐优美迷人，故又称"迷胡"；"信天游"是流传极广的民歌形式，当地人几乎人人会唱，或激昂，或缠绵，直抒胸臆；陕北秧歌、安塞腰鼓具有深厚的群众基础，欢快奔放；长安古乐是古老的民族音乐，近年大有发展。

2．旅游开发现状及发展目标

旅游产业是陕西省的主导产业之一，从西部经济强省目标的提出到建设西部强省，旅游业始终是陕西重点扶持的产业。近年来，陕西省旅游业有了长足发展，特别是法门寺文化景区一期工程和大唐芙蓉园等一批经典景点的落成，极大地提升了陕西旅游的知名度。2013年全省接待境内外旅游者达到2.85亿人次，比上年增长22.5%；旅游收入达到2 135亿美元，比上年增长24.6%。

陕西省发展旅游业具有得天独厚的条件，把发掘历史文化内涵、打造人文旅游精品景点作为陕西旅游业发展的首选，形成了若干重点景区和板块，充分展示了陕西旅游深厚的人文特性。基于对国内外旅游业发展趋势和自身资源禀赋的深刻认识，陕西省提出了"基础在文物，做强在文化，扩展在会展，做大在旅游，构建现代服务业产业链"的发展思路，这是优化产业结构、培育新兴产业、形成竞争新优势的重大抉择。"十二五"是陕西旅游业发展的一个重要的战略机遇期，全省经济发展、社会和谐，为旅游业的发展创造了良好的大环境；新一轮西部大开发是旅游业大发展的强力推进器；《关中—天水经济区发展规划》的实施为旅游业大发展提供了有力的支撑；西安世界园艺博览会等一系列重大活动的举办为旅游业的大发展拓展了市场空间。"十二五"期间，陕西将继续坚持点、线、面结合，以"人文陕西，山水秦岭"为总体形象，进一步优化全省旅游产业发展的空间结构，构筑"168"

(即着力建设一批旅游目的地城市;重点开发建设六大主题旅游板块;大力建设具有省际集散延伸功能和覆盖全省的八条旅游线路。)旅游总体发展格局。(陕西省人民政府:陕西省旅游业"十二五"发展规划。)

(资料来源:http://www.shaanxi.gov.cn/0/1/65/364/857/1239/256.htm.)

3. 旅游资源区域建设

陕西省旅游资源在空间分布上表现为三大块,即关中旅游区、陕南旅游区和陕北旅游区。

1) 关中旅游区

关中旅游区是以秦文化为底蕴的中原文化地区,关中是全国重点城市群,正在建设城际轨道交通网,旅游业是关中地区的支柱产业。关中盆地南倚秦岭,北界北山,东西长360余千米,是中华文明的重要发祥地。

(1) 西安市。西安市是副省级省会,位于渭河南岸,古称长安,也是我国建都朝代最多最久的古都,与雅典、罗马、开罗齐名,并称为世界四大文明古都。现有国家4A级以上旅游景区19处,是陕西省旅游景区的集萃地。市内主要旅游景点有西安城墙、大雁塔、小雁塔、钟楼、鼓楼、西安碑林、陕西历史博物馆、大清真寺等。西安城墙位于市中心区,呈长方形,墙高12米,顶宽15米,总周长11.9千米。有城门四座,即东长乐门、西安定门、南永宁门、北安远门,每个城门都由箭楼和城楼组成。现存城墙建于明洪武年间(1374—1378年),至今已有630余年历史,是我国现存最完整的一座古代城垣建筑,又是国家4A级旅游景区。西安古城墙包括护城河、吊桥、闸楼、箭楼、正楼、角楼、敌楼、女儿墙、垛口等一系列军事设施,构成了严密完整的军事防御体系。

(2) 大雁塔风景区。大雁塔位于西安南郊大慈恩寺内,是全国著名的古代建筑,被视为古都西安的象征,是首批国家4A级旅游景区。相传是玄奘从印度(古天竺)取经后,专门从事译经和藏经之处。因其是仿印度雁塔修建,故名雁塔。大雁塔平面呈方形,建在一座方约45米、高约5米的台基上,大雁塔总高64米,共七层,塔身用砖砌成,塔内有楼梯,可以盘旋而上。每层四面各有一个拱券门洞,可以凭栏远眺长安风貌。塔的底层四面皆有石门,南门两侧的砖龛内嵌有唐初书法家褚遂良的《大唐三藏圣教序》和《述三藏圣教序记》两块石碑。

(3) 秦兵马俑博物馆。秦兵马俑博物馆位于临潼宴寨乡秦始皇陵园东侧1 500米处,是一个浩大的地下军事博物馆,被誉为"世界第八大奇迹",1987年被列为世界文化遗产,2007年被列为首批国家5A级旅游景区。1974—1976年先后发现一号坑、二号坑、三号坑。一号坑为长方形,坑内是由步兵俑和骑兵俑组成的长方形军阵,整个军阵布局严密,有整装待发之势。武士俑分别执有不同的青铜兵器,虽经2 000多年的腐蚀,但仍保持着坚固锋利的本色。二号坑位于一号坑的东北侧,呈曲尺形方阵。坑内建筑与一号坑相同,但布阵更为复杂,兵种更为齐全,是三个坑中最为壮观的军阵。二号坑中的将军俑、鞍马俑、跪姿射俑均为首次发现。三号坑在一号坑西侧,呈"凹"字形,从列阵布局看,似为统率左、中、右三军的总指挥部。1980年12月,在兵马俑坑内又发掘出土了两乘大型彩绘铜车马,为四马单辕,呈前后纵向排列,前面的一号车叫"高车",二号车叫"安车"。铜车马是我国时代最早、驾具最全、级别最高、制作最精的青铜器珍品,它的出土为考证秦代冶金技术、车辆结构、工艺造型等提供了极为珍贵的实物资料。

(4) 华清池景区。华清池亦名华清宫,位于西安城东 30 千米的骊山北麓,自古就是游览沐浴胜地。1997 年,国务院将其列为全国第四批重点文物保护单位、全国第一批重点风景名胜区,2007 年被评为首批国家 5A 级旅游景区。华清池景区紧依京城的地理位置、旖旎秀美的骊山风光、自然造化的天然温泉,吸引了周、秦、汉、隋、唐等历代封建统治者纷纷在这块风水宝地修建行宫别苑。华清池是以唐玄宗与杨贵妃的爱情罗曼史而著称的,745—755 年间,唐玄宗每年都会偕贵妃和亲信大臣来华清宫"避寒"。华清池在我国现代革命史上也有重要的地位,1936 年 12 月 12 日,震惊中外的"西安事变"就发生在此。

(5) 华山风景名胜区。华山古称"西岳",位于陕西省华阴市境内,距西安 120 千米,素有"奇险天下第一山"之称。华山是断块山,由一块完整硕大的花岗岩体构成,地质史可追溯至 27 亿年前,有东、西、南、北、中五峰,主峰南峰海拔 2 154.9 米。南峰"落雁"、东峰"朝阳"、西峰"莲花"三峰鼎峙,"势飞白云外,影倒黄河里",人称"天外三峰"。云台、玉女二峰相辅于侧,三十六小峰罗列于前,虎踞龙盘,气象森森。山上怪石、云海、鸣泉、飞瀑、古迹遍布,著名景点多达 210 余处。华山以险著称,峭壁绝崖上凿有千尺幢、百尺峡、老君犁沟、上天梯、苍龙岭等,素有"华山自古一条路"之称,华山之险居五岳之首。华山还因山上气候多变,形成了"云华山"、"雨华山"、"雾华山"、"雪华山"等天气景观,给人以仙境美感。2001 年,华山风景名胜区被评为国家 4A 级旅游景区。

(6) 乾陵博物馆。乾陵是唐高宗李治和皇后武则天的合葬陵,因处于西安西北方(八卦的乾位)而称乾陵。乾陵建于乾县城北 6 千米的梁山上,684 年始建,是唐十八陵中保存比较完整的陵墓之一。陵园原有内外两重城墙,内城东西长 1 450 米,南北长 1 582 米,厚度为 24 米,四面各有一门(东为青龙门,西叫白虎门,南称朱雀门,北是玄武门),现在各门附近的村庄仍以门名称之。乾陵的地面设施中遗留至今的主要是陵墓石刻,这些石刻大都集中在朱雀门外,另有 60 尊番酋石像,是武则天为纪念参加高宗葬礼的少数民族首领和外国使臣而下令雕刻的。乾陵形制雄伟,建筑牢固,内藏也十分丰富,乾陵博物馆现已被评为国家 4A 级旅游景区。

2) 陕南旅游区

随着西康铁路、西汉高速、西柞高速公路的贯通和西康高速公路的通车,陕南与关中距离大大缩短,陕南将以独特的旅游资源优势成为西安的"后花园"。陕南旅游区属蜀楚文化地区,但受到中原夏商文化的深刻影响,其主要景点有汉中武侯墓、金丝大峡谷、柞水溶洞等。

(1) 汉中武侯墓景区。汉中武侯墓景区位于汉中市勉县定军镇,区内岗峦起伏,山环水抱,素有"陕南天然公园"之称,为全国重点文物保护单位、陕南主要旅游景点之一,2008 年被评为国家 4A 级旅游景区。墓区和庙内的建筑多是明清两代一所三院并连的大庙,有古建筑 70 余间,围有垣墙,面积约 45 000 平方米。陵园大门内,汉柏古松,清幽古朴。大殿院中有许多历代歌颂诸葛亮的诗词和复修墓庙记文的石碑。每年清明前后的庙会,会有数十万计的游客踏青瞻谒武侯墓,盛况空前。

(2) 陕西南大门——安康。

安康古称金州，取"安宁康泰"之意，处于川、陕、鄂、渝四省市的结合部，汉江横贯其中，阳安、襄渝和西康三条电气化铁路在安康交汇，旅游区位优势明显。此处有国家森林公园 5 个、国家自然保护区 2 个，其中，南宫山、瀛湖、香溪洞、千家坪、神河源、千层河最具代表性。南宫山是安康境内最有名气的山，山上有一年四季取之不尽的无源水池，有寄生十多种小树、死而复生的千年古栎，有圆寂 170 多年没有腐烂的弘一法师，有驰名中外的鸽子树、亭亭玉立的武当玉兰、结满红豆的相思树等。瀛湖是安康的招牌，水面面积为 77 平方千米，是陕西的"千岛湖"，集中了安康山水风光的精华。

3) 陕北旅游区

陕北旅游区属塞外文化地区，自古就是民族融合的"绳结区域"。陕北是我国的革命圣地，留下了一大批宝贵的革命文物和丰富的精神财富。

(1) 革命圣地延安。延安古称延州，城区处于宝塔山、清凉山、凤凰山三山鼎峙与延河、汾川河二水交汇之处，为兵家必争之地。延安市区内有凤凰山旧址、杨家岭旧址、枣园旧址、王家坪旧址、子长县瓦窑堡等国家级文物保护单位，既是国务院首批公布的历史文化名城，又是全国爱国主义教育、革命传统教育和延安精神教育的三大教育基地。延安革命纪念馆创建于 1950 年，纪念馆原馆址在凤凰山麓，1968 年在王家坪建新馆，1973 年正式对外开放，展厅正门上方"延安革命纪念馆"七字系郭沫若书写。新馆建筑面积为 5 000 平方千米，展出面积为 3 240 平方千米，主要宣传抗日战争和解放战争期间，中共中央在延安和陕甘宁边区领导中国革命的光辉历史。馆内展出革命历史文物 1 260 余件、历史照片 670 余幅。延安宝塔山旅游景区为国家 4A 级旅游景区，在延安城南延河对岸的嘉岭山上。宝塔始建于唐代，是楼阁式砖塔，呈八角形，高 44 米，共 9 层，登塔可俯瞰延安全景，是革命圣地延安的象征。

(2) 黄帝陵风景区。

黄帝陵是中华民族的祖先轩辕黄帝的陵园，是国务院公布保护的第一号古墓葬，因位于延安黄陵县城北桥山上，又称桥陵。桥山黄帝陵相传创自汉代，在城北桥山西麓，宋太祖开宝五年(972 年)下令移建于今址。桥山因山形像桥而得名，山上古柏参天，山环水抱，景色宜人，曾有桥山黄陵八景，即桥山夜月、沮水秋风、南谷黄花、北岩净石、龙湾晓雾、凤岭春烟、汉武仙台、黄陵古柏。因黄帝为中华民族历史文化的渊祖，每年都会举行谒陵纪念活动。黄帝陵被列为国家重点文物保护单位、首批国家 5A 级旅游景区。

经典案例

"大苹果"——耀眼的纽约旅游形象

纽约，以其特有的魅力，每年吸引 1 700 多万游客，给美国带来了超过 24 亿美元的收入，有近 40 万人在为纽约旅游业的发展工作着。

如今的纽约市是个旅客趋之若鹜的旅游胜地。但谁能相信它曾经声名狼藉呢？在 20 世纪 70 年代初，几乎所有人都相信，一切能干出来的坏事都会在纽约发生，纽约是地球上最肮脏、最粗暴、最拥挤的城市。报章上每天无休止地层现着纽约的各个角落，各种各样的讽刺、挖苦铺天盖地，连没到过纽约的人也告诫自己说："千万不能到那个鬼地方去。"屋漏偏遇连阴雨，严重的经济危机困扰着纽约。这时的纽约名声坏到了极点，就连美国总统和政府都不同情它的窘境，不愿伸出援助之手。

纽约形象恶劣的原因在于无孔不入的新闻界的连篇累牍的破坏性报道，有些甚至夸大其词，搞得沸沸扬扬，使人以为那些在任何地方都会存在的问题成了纽约的"专利"。但事实上，纽约并非如此。美国联邦调查局和其他独立机构的调查结果都表明，纽约从未在犯罪率上排行第一，相反，在1972年的一项调查中，纽约还被评为全美13个主要城市中最安全的一个。

纽约的问题很复杂，解决起来颇为困难，但纽约人终于找到了解决的方法。他们首先设法取得了政府的理解和支持，使经济危机得以缓解，接下来面对的也是更重要的，就是改变纽约的形象。

要想找回人们对纽约的信心，让所有潜在的朋友和顾客相信纽约，就要先从800万纽约人做起。要完成这样一项艰巨的改造工作，没有大众的支持和信任，成功就无从谈起。当时的纽约人对有关他们的城市的多种讽刺和控告习以为常，无动于衷。尽管从某种角度看这是一种健康的态度，但情况不允许这样做。纽约会议观光局的领导者经过大量调研认识到，这座城市的积极方面已被人忽视。纽约拥有世界著名博物馆百余座，世界一流的最活跃的百老汇剧院40座，各式风味餐馆25 000余家，饭店百余家，客房10万多套及数以千计的商店。自由女神像、帝国大厦、洛克菲勒中心、联合国大厦等虽把缺点和问题掩盖了起来，但让800万纽约人充分认识自己城市的优势是找回信心的前提，也只有告诉那些未来的旅游者和与会者，纽约是旅游和举办会议的理想地点，才能重塑这个城市的辉煌形象。

纽约人非常明白，旅游业是个巨大的买方市场，众多的城市在与纽约竞争，取得成功并非易事。任何城市或地区要想成功，首先都要制定一个长远的计划，树立一个成功的观念，作为一切营销活动和开拓市场的基础。换句话说，产品必须有其形象，而且，毋庸置疑，应有个具有吸引力的形象。

对于纽约来说，这个成功的观念或是耀眼的形象，被附在一个具有魔力的词——"大苹果"上。

作为这一整体营销计划的主题——"大苹果"（图6.3），纽约会议观光局选择的是一个可爱、积极的形象。对于生在美国、长在美国及所有熟悉美国文化的人来说，"大苹果"代表着成就、活力、异彩纷呈、激动人心的极致境界。早在20世纪二三十年代，"大苹果"只是"大时代"的代名词，常被爵士乐手、体育明星和娱乐圈内人士使用，意味着你已把最大的一个摘到了手，你已身在这个雄伟的大城市——纽约。"大苹果"并不是什么新名词，关键在于纽约会议观光局在营销战略的运用中，赋予了它新的含义。

如今，这个"大苹果"已举世闻名了。它常常出现在文艺作品、信笺、会议材料等官方的宣传工具上。纽约会议观光局为了鼓励它被广泛使用，还把它印在T恤衫、领带、珠宝首饰、围巾、眼镜、明信片、餐具等日常物品上，后来，甚至电台、电视台的播音员提到"大苹果"时，人们也知道这是指纽约。

图 6.3 纽约"大苹果"

由于这个营销计划的巨大成功,1983 年,纽约荣获了美国旅游协会颁发的"全国旅游营销大奖"!"大苹果"被广泛推崇为城市市场营销的成功典范。美国旅游协会颁发的奖状中指出,它在改善产品形象方面取得了巨大成功,变衰败为兴旺,使一个城市再度获得了生命力。

点评

这是作者收集到的最佳案例之一。"大苹果"这一旅游形象的提出,迅速改变了纽约市在旅游者(包括潜在旅游者)心目中的形象。这一形象与许多美国人崇高的积极的生活态度完全一致。值得指出的是,纽约会议观光局当时同时邀请了两批专家进行咨询,一批提出了"大苹果"旅游形象,一批设计了"I Love New York"("我爱纽约")这一广为人知并不断仿效的宣传口号。两者为纽约 20 世纪 70 年代旅游业的振兴同时做出了不可磨灭的贡献。参与后者的咨询专家之一便是美国广告专家 Jane Mass(简·马斯女士)。她曾于 1995 年 12 月应国家旅游局之邀专程采华,为在广东中山举办的省市旅游局局长培训班讲课。

(资料来源:沈祖祥. 世界著名旅游策划实战案例[M]. 郑州:河南人民出版社,2004.)

6.3.6 青海

青海印象

青海因境内有中国最大的内陆咸水湖青海湖而得名,简称青。青海全省平均海拔超过 3 000 米,境内有祁连山、昆仑山、唐古拉山、巴颜喀拉山等数座海拔 5 000 米以上的山脉。青海湖辽阔如海,宁静似湖。"百鸟王国"青海湖鸟岛、"高原的西双版纳"孟达自然保护区,藏传佛教著名寺院湟中塔尔寺、伊斯兰教西北四大清真寺之一的东关清真大寺、"海藏咽喉"的日月山、阿尼玛卿大雪山等景点均是旅游去处。

青海是古代进藏的必经之路,残缺的城堡、数不尽的佛洞是繁华丝绸之路留下的遗迹。

藏族、回族、土族、撒拉族、蒙古族等少数民族在此世居,各民族形成了自己独特的文化传统和风俗习惯。

(资料来源:裴凤琴. 中国旅游地理[M]. 成都:西南财经大学出版社,2011.)

1. 旅游资源与环境概况

青海省位于青藏高原西北部，是一个汉族、藏族、回族、土族、撒拉族、蒙古族等多民族聚居的省份。青海省又是一个多宗教的省份，佛教、伊斯兰教、道教、基督教、天主教在全省均有传播。全省下辖2个地级市(西宁、海东)、6个民族自治州(海北州、海南州、黄南州、果洛州、玉树州和海西州)。青海省的旅游产品主要包括独特的民族风情欣赏、多样的宗教景观和自然景观观光、江河寻源和漂流探险等类型。人文旅游资源有独特的互助土族和循化撒拉族风情、牧区和农区的藏族风情、现代建筑、古城与古建筑、塔尔寺等众多的佛教寺院与大量的清真寺和教堂；自然旅游资源有青海湖及鸟岛、长江与黄河源头、柴达木盆地的雅丹地貌世界、坎布拉及互助北山国家级森林公园等。格尔木和西宁是中国优秀旅游城市。

2. 旅游开发现状及发展目标

"十一五"期间，青海省旅游综合效益不断提升，旅游业的产业集约化程度不断增强，产业市场化发展机制逐步确立，产业发展模式不断创新，产业功能趋于综合，产品结构不断优化，服务质量逐步提升，可持续发展能力逐渐增强，青海旅游业进入快速增长和转型升级新阶段，各项指标居西北地区前列，在西北同类地区中逐渐成为新兴的旅游目的地。2013年青海省接待旅游者总数超过1 700万人次，旅游总收入超过150亿元。

青海旅游经过多年的快速发展，"十二五"期间将进入相对快速发展阶段，前期大力推动旅游业跨越式发展所带来的巨大效益将逐步显现。"十二五"期间，青海"一圈三线"建设和青海湖、三江源等核心旅游产品整合建设将会取得重大突破，并将形成黄南国家级热贡文化生态保护实验区、贵德高原旅游示范区、格尔木特色旅游城市等一批新兴精品旅游项目，打造一批新兴旅游增长极，构建数条旅游精品线路。使旅游目的地的通达性不断增强，市场知名度不断提高，服务质量不断提高，旅游要素配套能力逐步增强，青海旅游吸引力也将得到极大提升。

3. 旅游资源区域建设

1) 以西宁为中心的旅游区

西宁旅游区包括西宁市区景点与辖县景点两部分。这里荟萃了青海省一半以上的旅游资源，是旅游度假、宗教旅游、民族风情旅游、古文化旅游的黄金地带。位于湟水谷地的省会城市西宁，有2 100多年历史，是闻名遐迩的唐蕃古道、丝绸之路南线青海道的必经之路，素有"西海锁钥"之称。市区海拔2 261米，夏季气候凉爽、湿度宜人，是避暑胜地，被誉为"中国夏都"。每年夏季在这里举办的中国·青海郁金香节，已经成为享誉海内外的旅游知名品牌。

(1) 西宁市区景点。西宁市区景点主要有东关清真大寺、北山土楼观、省博物馆、赞普林卡藏文化展览馆、人民公园、园林植物园、南凉虎台遗址公园等。位于西宁市东关大街的东关清真大寺与西安的化觉巷清真寺、兰州的桥门街清真寺、新疆喀什的艾提尕尔清真寺并列为西北地区四大清真寺。东关清真大寺始建于明洪武年间，迄今已有600多年历史。大寺正中的礼拜大殿是全寺最大的建筑物,面积1 136平方米,可同时容纳3 000人礼拜,星期五穆斯林做礼拜时热闹非凡。礼拜大殿外形呈凤凰单展翅,殿顶部装有三只藏式镏金经筒,寺内保存有明太祖朱元璋为该寺亲笔御题的《至圣百字赞》。东关清真大寺不仅是穆斯林群众的宗教活动场所,也是伊斯兰经学研究的最高学府,设有青海阿横伊斯兰教经学院,在甘青地区乃至海内外享有盛誉。

(2) 辖县景点。辖县景点主要有藏传佛教格鲁派圣地——塔尔寺、中国·多巴高原体育训练基地、九天玄女诞生地——扎麻隆凤凰山、娘娘山及明长城、察汗河国家森林公园、鹞子沟国家森林公园、日月山、海藏通衢——湟源、大通老爷山风景名胜区、石堡城等。坐落于西宁市湟中县鲁沙尔镇莲花山中的塔尔寺是青海省的名牌旅游景点之一,是全国重点文物保护单位。它东距西宁市中心28千米,是藏传佛教格鲁派创始人宗喀巴的诞生地,是中国藏传佛教格鲁派六大寺院之一。塔尔寺是一组融藏汉艺术为一体的大型古建筑群,始建于明洪武十二年(1379年),现建筑面积为45万平方千米,占地面积为40余公顷,因先建塔后建寺,故称为塔尔寺。塔尔寺古称佛山,是藏传佛教格鲁派圣地,全寺依山而建,上下错落有致,有大小建筑4 500多间。造型各异的佛塔、灵塔是塔尔寺的一大特点,如八宝如意塔、宗喀巴纪念塔、时轮塔等。宗喀巴纪念塔又名菩提大银塔,高11米,是塔尔寺最珍贵的宝塔,矗立在大金瓦殿内上下贯通的天井中,称为"世界第一庄严"。塔尔寺的佛神像千姿百态、难以计数,其中数量最多的是藏传佛教格鲁派始祖宗喀巴大师佛像。寺内举行各种佛事活动用的法器种类繁多,其中金刚杵、佛珠、曼札、法螺、铃、曼荼罗、净瓶等最具代表性。塔尔寺的酥油花、壁画、堆绣是塔尔寺的艺术"三绝",是青藏高原上的一枝艺术奇葩。酥油花是用羊牛乳提炼的酥油,揉以颜料,塑造出各种形象,并在每年藏历正月十五举行酥油花灯会。壁画是以红、黄、蓝色调为主的佛像故事画,线条流畅,色彩鲜艳,绘满墙壁、栋梁甚至经幔。堆绣是用各色绸缎剪成佛像、山水画等,然后用羊毛充实于内,绣到经幔上,富有立体感。塔尔寺是青海省佛学界的高等学府,现设有显宗、密宗、时轮、医明四大经院(学院),传授和研究佛教哲学、伦理学、藏医药学、天文历算学等。

2) 省内其他旅游区

省内其他旅游区是指以格尔木为中心的海西昆仑旅游区、玉树三江源旅游区、海北州旅游区、海东州旅游区、海南州旅游区等,面积十分广阔。主要景点有"盐湖城"格尔木、察尔汗盐湖、三江源头、神山阿尼玛卿、昆仑山8.1级地震遗迹、康巴歌舞的故乡——玉树、祁连山、青海湖、金银滩原子城、互助北山、孟达天池、乐都柳湾古墓彩陶博物馆水电站、龙羊峡、贵德等。

(1) 海西昆仑旅游区。海西昆仑旅游区以格尔木为中心,格尔木位于柴达木盆地东南部的格尔木河畔,在蒙古语中意为"多河汊的地方"。格尔木交通比较发达,有青藏铁路、215国道、109国道在此交汇,并与民航共同构成了立体交通。格尔木是青藏高原第三大城市,是青海西部的旅游发展中心,重点发展昆仑文化、盐湖风光及盐工业主题旅游,世界屋脊汽车探险旅游线、马可·波罗旅游线、南丝绸之路旅游线等跨省精品旅游线均通过本市。格尔木市区景点有被誉为"大漠英雄树"的胡杨林保护区、草原民族风情园、温泉水库等。辖区景点有中国第一大盐湖——察尔汗盐湖、世界最大的雅丹地貌群——雅丹林、万山之祖——昆仑山、长江源头——格拉丹东雪山、青藏要隘——唐古拉山口等极富魅力的绝品旅游资源。格尔木北部的察尔汗盐湖地处戈壁瀚海,气候炎热干燥,盐湖平坦广漠,湖面波光闪烁,风光特异,有万丈盐桥、盐海玉波等特有景观,有时还能见到奇幻的海市蜃楼。格尔木西北部的雅丹林是干旱地区典型的地貌景观,狂暴的风沙造就了神秘莫测、奇幻万千的风蚀土林,素有"西域魔鬼城"之称,是旅游探险者的乐园。昆仑山峰峦起伏、林深谷幽、景色秀丽,是道教尊崇的圣境,相传是西王母古国所在地,古书中记载的"瑶池"便是昆仑河源头的黑海,主要景点有西王母石室、野牛沟岩画、玉虚峰与玉虚宫、昆仑神泉、昆仑六月雪和一步天险奇观等。

(2) 玉树三江源旅游区。长江、黄河和澜沧江是三条著名的大河,它们的源头相距很近,全都发源于平均海拔近 5 000 米的玉树藏族自治州境内。长江发源于唐古拉山脉的主峰格拉丹东冰峰下,源头是冰雪雕琢的世界,绵亘几十千米的冰塔林犹如座座水晶峰峦,千姿百态,婀娜动人,体现出大自然的博大胸襟。可可西里是长江源头区的主要组成部分,是野牦牛、藏羚羊、野驴、白唇鹿等野生动物的天堂。黄河发源于巴颜喀拉山北麓的卡日曲河谷和约古宗列盆地,源头区湖沼小溪密布交织,水丰草美,景色壮观。澜沧江发源于唐古拉山北麓的这里,群果扎西滩地形复杂,沼泽遍野,是珍禽异兽的欢聚之所,景致万千,分外迷人。三江源头地区是我国面积最大的天然湿地分布区,素有"中华水塔"之称,又是野生动植物的天堂、非常珍贵的高原物种基因库。2000 年 8 月 9 日在三江源地区成立了我国面积最大、海拔最高的自然保护区,三江源自然保护区的面积为 31.6 万多平方千米,占青海省土地总面积的 32.7%,江泽民题写了"三江源自然保护区"纪念碑碑名。附近景点有文成公主庙、勒巴沟岩画、通天河洒经台、结古寺—玛尼石堆、玉树隆宝滩等。

(3) 海北州旅游区。海北州旅游区包括祁连山、青海湖、金银滩原子城、百里油菜花海等四大景区,分布在海北藏族自治州境内。其中,祁连山景区由雪山、草原、油菜花和成群的马牛羊构成,2008 年被评为国家 4A 级旅游景区。青海湖景区是国家级风景名胜区、国家级自然保护区、国际重要湿地,2007 年被评为国家 4A 级旅游景区。青海湖是我国最大的咸水湖,面积为 4 300 平方千米,四季景色各异,皆可旅游,但最佳的旅游季节是夏季。蓝天中的白云、湖中的碧波、绿草中的牛羊、鸟岛的鸟群、湖畔的油菜花最令游客难忘,每年七八月份举办的环青海湖国际公路自行车赛是青海省体育旅游的品牌产品。金银滩原子城景区包括金滩、银滩大草原和原子城等景点,是一处美得足以让人震撼的地方,西部歌王王洛宾创作的《在那遥远的地方》,就从这里唱遍了全中国。百里油菜花景区位于祁连山间的盆地中,是农业生态旅游观光的绝佳去处,每年 7 月份的油菜花旅游节是景区最美、最热闹的日子,届时,到处是花的海洋、歌的海洋、舞的海洋,呈现出别具特色的高原田园风光。

(4) 海东州、海南州旅游区。海东州旅游区名胜古迹甚多,自然风光和人文景观交相辉映。主要有十世班禅额尔德尼·确吉坚赞的故乡——循化撒拉族自治县文都藏族乡,有至今保存完好的明代建筑群乐都"小故宫"——瞿昙寺,有反映我国原始文化的柳湾古墓彩陶博物馆,有被誉为青藏高原"西双版纳"的孟达天池国家自然保护区和互助北山国家 4A 级旅游景区。区内交通方便,兰青铁路、109 国道、兰宁高速公路贯穿全境,西宁曹家堡机场距地区首府平安仅 4 千米。海南州旅游区地处青海湖之南,黄河流经境内 411 千米。

海南州河流绵延、草原广袤、历史悠久、民风淳朴，主要景点有文成公主进藏途经的日月山、"天下江河皆东去，唯有此水向西流"的倒淌河奇观、被誉为"天下黄河第一坝"的龙羊峡水电站、有"青海小江南"之称的梨花之都贵德县，还有文成公主庙、兴海赛宗寺、贵南直亥、同德宗日文化遗址、同德石藏寺、贵德温泉等名胜景观。

阅读材料

西北遍布魔鬼城

西北是我国极端干旱的地区，有一种独特的地貌景观，其形状怪异，远远看去似一片残破的城堡矗立在荒凉的戈壁滩上，当地蒙古族人将此城称为"苏鲁木哈克"，哈萨克族人称为"沙依坦克尔西"，意为魔鬼城(图 6.4)。魔鬼城与干旱区的一些古城遗址非常相似，但并不是被人类遗弃或神鬼建造的城堡，它只是形态各异的巨大的红色石块或灰色土丘。魔鬼城的岩性是多样的，形成原因也是多样的，干旱区的雅丹、丹霞、彩丘、风城等几种地貌都可能形成魔鬼城。魔鬼城是一种地貌景观，是一种破碎怪异的地形，由于容易形成某种象形的暗示和废墟氛围，加上光影变幻的迷惑及风沙飞舞的凄厉声音，给人带来如见魔鬼的恐惧感，故被称为魔鬼城。根据岩性和成因的不同，可以分成雅丹型、彩丘型、丹霞型等类型的魔鬼城。分别分布在东疆、柴达木、河西走廊的托克逊、楼兰、白龙堆、龙城、阿奇克谷地、柴达木、敦煌、瓜州等的魔鬼城均属于雅丹型；彩丘型魔鬼城主要分布在北疆，如布尔津五彩滩、富蕴五彩湾、奎屯河大峡谷、天山硫磺沟、奇台等魔鬼城；丹霞型魔鬼城在南北疆均有分布，如北疆的乌尔禾、康家石门子魔鬼城，南疆的克孜尔、西克尔、麻扎塔格山、库车大峡谷、温宿大峡谷魔鬼城，东疆的鄯善、哈密魔鬼城，甘肃的阿克塞魔鬼城。魔鬼城主要是大风扬起飞沙走石对地表侵蚀所致，西北干旱区有四大风口：额敏老风口、阿拉山口风口、达坂城风口、安西风口。魔鬼城大多处在风口处，四季狂风不断，最大风力可达 10～12 级。强劲的风沙给了魔鬼城的"名"，更让它有了魔鬼的"形"，变得奇形怪状，令人毛骨悚然。远眺魔鬼城，犹如中世纪欧洲的大城堡，高高低低，参差错落。千百万年来，由于风雨剥蚀，地面形成深浅不一的沟壑，裸露的石层被狂风雕琢得奇形怪状，如怪兽、似古堡、像宫殿、似楼阁，傲然挺立，千姿百态。起伏的山坡上，布满着血红、湛蓝、洁白、橙黄的各色石子，宛如魔女遗珠，更增添了几许神秘色彩。风城地处风口，每当狂风刮起，如箭的气流在怪石山间穿梭回旋，发出尖厉的声音，如鬼哭狼嚎，若在月光惨淡的夜晚，四周萧索，情形更为恐怖。

著名的魔鬼城是克拉玛依乌尔禾魔鬼城，地质学上称它为"戈壁台地"，方圆约 10 平方千米，岩性为红色陆相碎屑岩系的沙砾岩和泥板岩，属于丹霞型魔鬼城。挺拔高峻的石柱和高墙、火红或五彩的鲜明色彩是丹霞

图 6.4 戈壁滩中的魔鬼城

型魔鬼城的重要特征。布尔津五彩滩魔鬼城十分神奇而又迷人，五颜六色的群丘与额尔齐斯河畔的胡杨林遥相辉映，属于类似丹霞的混合型的地貌景观，岩性有火山熔岩、砾岩、砂岩、泥岩等，软硬不等，是长期受风蚀水蚀及淋溶等自然作用的影响而形成的。罗布泊、楼兰魔鬼城是典型的雅丹地貌，"雅丹"在维吾尔语中意为"陡峭的土丘"，岩性为较软的河湖相沉积物，由沙砾、泥岩、石膏泥和盐碱构成，颜色呈土黄、灰白色，此类地貌在干旱区分布广泛，以塔里木盆地的罗布泊洼地和柴达木盆地的雅丹最为典型。干旱地区湖积和冲积平原常因干缩龟裂形成裂隙，经风蚀作用形成垄脊和沟槽，垄脊顺盛行风方向延伸，有的常达数百米，高十余米，气势雄伟，如白龙堆魔鬼城；土丘残垣鳞次栉比，极目远望，又如一座废弃的城堡，如龙城魔鬼城。地表纵横交错的风蚀沟谷似街道，棋布的石柱和石墩似楼群，条条高峻的垄脊似长龙，残垣的土丘似城堡。在魔鬼城，有随处可见的硅化木、枝叶清新的植物化石、五光十色的玛瑙、偶尔可得的恐龙蛋化石、海生的鱼类化石、鸟类化石等，还有干旱区生态植被红柳、梭梭林、胡杨林，还能欣赏到如梦如幻的沙漠海市蜃楼。大风之夜的恐惧就像一场梦，使人感到一种从未有过的新奇和刺激。现在许多魔鬼城已经开发成国家4A级旅游景区。

(资料来源：鲁峰. 中国旅游地理[M]. 海口：南海出版公司，2010.)

小思考

阅读以上材料，谈谈如何结合区域自然文化特征进行旅游地创意策划，并尝试以自己的创意理念对之进行策划。

本章小结

本章介绍了西北地区各省市已开发及极具开发潜力的旅游资源，包括民俗风情、历史文化、文物古迹、建筑艺术等，分析了西北地区自然地理环境和人文地理环境的区域特征。通过对西北地区区域文化内涵与特征的分析，结合大量应用案例、阅读材料，让学生在了解本地区旅游资源环境及重要旅游景区景点概况的同时，对其发展现状及发展趋势有了直观把握。在此基础上，锻炼提升学生的创意策划能力，即结合所学知识，设计西北地区不同旅游资源主体的旅游线路、旅游形象，针对市场创新性地开发西北地区的旅游产品，为区域旅游业发展贡献创意策划理念。

复习思考题

一、名词解释

1. 区域文化
2. 西北区域
3. 丝绸之路
4. 乾陵

二、单选题

1. 宁夏的土特产品有"红、黄、蓝、白、黑"五宝,"红"是指(　　)。
   A. 大枣　　　　B. 红花　　　　C. 枸杞　　　　D. 玫瑰
2. 乌鲁木齐,蒙古语中意为(　　)。
   A. 优美的牧场　　　　　　　　B. 歌舞之乡
   C. 瓜果之乡　　　　　　　　　D. 美丽的地方

三、多选题

1. 位于我国甘肃省的有名的佛教石窟有(　　)。
   A. 龙门石窟　　B. 麦积山石窟　　C. 敦煌莫高窟　　D. 云冈石窟
2. 被国家旅游局定为中国旅游标志的铜马俑又名(　　)。
   A. 马踏飞燕　　B. 马超龙雀　　C. 飞燕骝　　D. 天马

四、简答题

1. 简述西北自然地理特征与区域文化内涵。
2. 简述甘肃旅游资源区域建设的基本情况。
3. 新疆饮食文化有哪些特色?

五、思考题

结合西北地区各旅游省旅游资源与环境状况,分别谈谈各旅游省应如何进行旅游产品开发和旅游分区。

课后阅读

华夏西部影视城

位于宁夏回族自治区银川市的华夏西部影视城(图6.5)是著名作家张贤亮出卖"荒凉"的传奇——从最初的79万元投资,到如今拥有近3亿元固定资产,集国家5A级景区、国家文化产业示范基地和国家级非物质文化遗产综合实验基地三块金字招牌于一身,崛起于一片荒凉、两座废墟之上的华夏西部影视城成为中国文化产业"低投入,高产出"的成功典范。

华夏西部影视城又称"东方好莱坞",位于银川市郊镇北堡,也叫作镇北堡西部影视城,距华夏珍奇艺术城仅2千米,原为西部荒漠废弃的明代古堡,周围名胜古迹众多。华夏西部影视城是近年来新开发的集影视拍摄与旅游观光于一体的新景点,城内有昊王宫、德明殿、夜落隔王宫等建筑,在影视一条街上有茶馆、小庙等极具西北风俗的背景,展厅内则展示了大量的服装道具及拍片时的剧照。华夏西部影视城是银川市首家5A级旅游景区,被评为"中国最受欢迎旅游目的地"和"中国最佳旅游景区",并被宁夏回汉乡亲誉为"宁夏之宝",是中国文化产业成功的典范之一。华夏西部影视城在中国众多的影视城中以古朴、荒凉、原始、粗犷、民间化为特色,在这里拍摄了《牧马人》《红高粱》《大话西游》等经典影片及具有影响力的影视片 100 余部,享有"中国电影从这里走向世界"的美誉。近年来又增添了著名影片《刺陵》《锦衣卫》与《越光宝盒》等,现有各类影视片场景 140 余处。2008 年华夏西部影视城被国务院和文化部颁布为"国家级非物质文化遗产代表作名录项目保护性开发综合实验基地"后,已逐步成为中国古代北方小城镇的缩影,集中了大量中华传统物质文化与非物质文化,再现了我们祖先的生活方式、生产方式和娱乐方式。广大游客朋友来到这里就像穿过了一条"时光隧道",回到了已经消逝的过去,以此唤起我们民族的记忆。今年又新建了神犀残骸和低碳艺术展厅,使游客在此能展开丰富的想象力和创新精神,在游乐中增长历史知识,在玩耍中体验古人生活。游客来到这里可以选择最具个性时尚的影视短剧、MTV 等娱乐项目,真正感受到"来时是游客,走时成明星"。并有马缨花游客休闲中心、旅游商品超市、餐厅等,是一处服务优良的集观光、休闲、娱乐于一体的体验型旅游景区。

图 6.5　华夏西部影视城

1. 荒凉古堡让"中国电影从这里走向世界"

一位作家,两座古堡,漫天明星,深厚文化,打造成了中国最佳旅游景区,华夏西部影视城景区大门不远处,一块巨大的展板上见证着众多导演、演员在这里留下的身影。然而,20 世纪 80 年代以前,这里还只是两座荒凉破败的兵营遗址。

镇北堡原本是明清时期修筑的一座戍塞边城,辛亥革命后因失去屯兵打仗的作用而废弃闲置,周围一些农牧民便将这里作为羊圈,在其中居住、放牧。经过数百年的风吹雨打,黄土夯筑的墙体已经布满窟窿和沟壑,两座古堡历经沧桑,磨砺出一份独有的苍凉与悲壮。

"20 世纪 60 年代,偶然的一次机会我到这儿赶集,看到一片荒原之上突然耸立出来这样一种颓垣断墙,还是很壮观的。"张贤亮回忆说,能够从中感受到一股不屈不挠的、发自黄土地深处的顽强生命力,于是 80 年代他平反后,就把这片荒凉介绍给了电影界。

20 世纪 80 年代初期,在张贤亮的举荐和撮合下,导演张军钊带着他的摄制组在镇北堡拍摄了电影《一个和八个》,这片荒凉初涉银幕。随后,谢晋、张艺谋等知名导演先后到此取景,相继拍摄了《牧马人》《红高粱》等经典影片,这片荒凉开始逐渐为电影人和观众所熟悉,剧组搭建的场景也经艺术加工之后固化为永久性的景点,成为日后华夏西部影视城的雏形。

20世纪90年代初，全国掀起发展第三产业的热潮，时任宁夏回族自治区文学艺术界联合会(以下简称宁夏文联)主席的张贤亮积极投身其中。"因为当时镇北堡已经积累了一定的影视文化基础，所以我就想把这个地方作为一个电影电视外景基地。"张贤亮告诉记者，"然后我就用自己卖外文译本的79万元外汇存单做了创业之初的贷款抵押金。"

1993年9月，张贤亮以宁夏文联的名义创办了宁夏华夏西部影视城有限公司，基地就是华夏西部影视城。在此后的十多年时间里，相继有上百部影片在此拍摄，镇北堡古朴、原始、粗犷、苍凉的特质吸引着越来越多观众的眼球，《黄河谣》《东邪西毒》《大话西游》《新龙门客栈》等脍炙人口的电影和电视作品创下了中国影视业的奇迹，西部影城也因此获得"中国电影从这里走向世界"的美誉。

2. 影视拍摄基地变身中国古代北方小城镇

就在观众通过一部部影视作品尽情感受西部风情时，张贤亮已经开始思考美景之外的东西了。虽然华夏西部影视城作为影视拍摄基地已经为业界所认可，但是在他看来，这远远不够。

"随着影视作品越来越多地依靠电脑制作，影视拍摄基地的寿命不会长，所以必须转型。"思考再三，张贤亮最终决定，把电影电视提供的艺术造型作为基础，将华夏西部影视城逐渐转化成一个中国古代北方小城镇。

就这样，张贤亮开始用低廉的价格大量收购真正的明清建筑构件散件，充实到相应的场景中，使这些原本为了剧情设计的艺术造型真正有了灵魂。另外，影城还从各地招募吸收各类民间艺人，免费为他们提供场地展示非物质文化遗产项目及民俗项目，再现古人的生产生活及娱乐战斗方式。

如今，华夏西部影视城不仅保留和复制了140多处在此拍摄过的电影电视场景，还汇集了50多项民俗项目和非物质文化遗产项目。漫步古朴的明清街道，打铁、擀毡、纺线、织布等祖辈们生产、生活的场景在这里一一再现，让人仿佛穿梭于时光隧道，可以亲身体验那种只能在记忆中寻找的流年往事。

3. 文化远见、艺术创意和良好机制共同成就文化产业传奇

从79万元起家，到如今拥有近3亿元资产，华夏西部影视城凭借其极高的投入产出比被认为是宁夏最成功的文化产业之一，已成为当地重要的人文景观和旅游景点。

究其成功经验，张贤亮坦言，主要有三项要素——文化远见、艺术创意和良好机制。

"文化产业的创办者一定要有文化远见，有文化远见才能谈到创意和创新。"张贤亮说，虽然华夏西部影视城初期是靠拍电影才逐渐打出了知名度，可是20世纪90年代初期，他就发现，只做影视拍摄基地是"夕阳产业"，那个时候他就觉得，正在消失或已经消失的东西才是最珍贵的。

为了挽救和传承正在消失的民间文化，留住承载着历史的文化符号，张贤亮开始四处收购明清时期的建筑、家具、陈设等物品，为转型成中国古代北方小城镇奠定物质文化基础。

张贤亮说："光是古代大门我就收购了30多座，都是非常低价的，现在都在飞速增值。这就是一种文化远见。现在看来，也许我比一般的文化产业创办者先走了一步。"

另外，艺术创意也是文化产业成功的一大要素，因为根据文化产业的特点，不见得投

入越多效益越大。文化产业是一种心智的创造，主要靠创意、策划、设计和理念，不能全靠资金投入。张贤亮说："文化产业不是资金打造出来的，做文化产业，必须做出别人没想到的，要独辟蹊径、剑出偏锋，才算是创新性的发展，文化是第二生产力。"

在华夏西部影视城数百个大大小小的景观中，无一不渗透着张贤亮和员工们的智慧与创意，如电影资料陈列馆、古代家具陈列室、低碳展厅、20世纪80年代主题餐厅……与众不同的景点和感觉每天都吸引着大批游客。

再次，文化产业能否成功还有赖于是否有良好的机制。华夏西部影视城创办之初隶属于宁夏文联。1994年初，中央发下文件指示所有党政机关团体与其所办的第三产业在人、财、物上全面"脱钩"，影城转制成为民营企业。"在当时看来，是我一不小心就成了企业家，但是现在看来，产权明晰是一个非常好的机制。"张贤亮回忆，"文化产业必然是一个投入产出比非常高的企业，创办者必须和这个产业的经济效益直接挂钩，他就是它的主权人，这样才能够发挥他的灵感，发挥他的创造性、创新性。"

(资料来源：http://news.xinhuanet.com/local/2012-02-27/)

第7章 旅游文化创意与策划的地域特征(西南地区)

教学目标

知识要点	掌握程度	相关知识
西南区域与区域文化	掌握	西南区域的地理范围、西南区域文化的地理特征
西南自然地理特征与区域文化内涵	掌握	西南自然地理特征及区域文化内涵
西南区域旅游地理概述	重点掌握	西南区域旅游资源的特征、西南旅游亚区(渝、川、滇、黔、藏)旅游资源概述

技能要点

技能要点	掌握程度	应用方向
西南自然地理特征及区域文化内涵	熟悉	认识本旅游区的自然与人文地理环境特征，了解旅游地理环境对该区旅游文化创意与策划的影响
西南区域旅游地理概述	重点掌握	分析本区发展旅游业的优势与劣势，掌握本区独具特色的重要旅游景区景点，了解本区主要的旅游景点及旅游线路，为旅游景区策划、规划及旅游地项目建设奠定基础

第7章　旅游文化创意与策划的地域特征（西南地区）

导入案例

用文化创意包装黄果树国家公园

近几年，贵州黄果树旅游集团公司在发挥黄果树国家公园旅游龙头地位时，始终注重抓好两方面的工作。一是拓展黄果树国家公园的发展空间；二是充分挖掘旅游的文化内涵。2010年7月开发了黄果树奇石馆项目，2011年观看游客达到40多万人以上。2011年3月，其与多彩贵州文化公司合作开发了"多彩贵州风"旅游版，当年观演游客达到20万人以上，这些文化旅游项目受到游客的好评，更加增加了其抓好旅游和文化深度融合的信心。

2012年年初，《国务院关于进一步促进贵州经济社会又好又快发展的若干意见》文件出台后，无疑对贵州省旅游的发展注入了强心针和兴奋剂。如何贯彻落实好"把贵州建设成'文化旅游发展创新区'的战略定位"，把黄果树国家公园等建设成为精品景区是一项艰巨而光荣的任务，需要不断探索，开拓创新。针对黄果树国家公园的实际情况，笔者就黄果树国家公园如何加强旅游与文化的深度融合提出以下几点肤浅的看法。

图7.1　黄果树大瀑布

从旅游营销战略上包装文化。2010年1月初，《黄果树国家公园愿景规划》通过评审，黄果树国家公园列入"十二五"十大重点旅游重点工程，黄果树国家公园从一个点变成了一个区域的概念，在这个区域内，集中了近2/3的典型发育的喀斯特地貌，既有科研价值，又有旅游观光价值，很符合业界对国家公园的判断标准。进一步的研究发现，黄果树国家公园可由五大板块组成：以百里杜鹃为代表的花卉区，以织金洞为代表的洞穴区，以黄果树大瀑布（图7.1）为代表的瀑布区，以关岭古生代化石为代表的化石区，以万峰林为代表的峰林区。这五大板块正暗合我国易经文化的"金、木、水、火、土"，给旅游文化宣传带来了巨大的想象空间，黄果树国家公园的文化理念正逐渐被国内外业界关注。2012年3月初，笔者受孟加拉国政府的邀请，前往达卡参加"世界营销峰会"，并做了"黄果树国家公园的营销战略"专题演讲，受到与会者的好评。

从旅游项目建设上包装文化。旅游如形，文化似魂，只有两者的完美结合才具有顽强的生命力。要牢固树立包装旅游就是包装文化的理念，着力打造三个旅游文化载体。一是建设大瀑布文化旅游示范基地。半边街拆除搬迁后，在恢复生态建设的同时，在天主教堂恢复天主教仪式，恢复建设龙王庙，使游人体验东西方文化融合之旅。建设多彩贵州大剧院，利用现代科技打造一台灯光秀节目，使游人体验大瀑布的夜色之美。二是建设主题文化城镇。主要是以天龙屯堡旅游区为平台打造大屯堡旅游区，通过叙述明朝的那些事，展示600年前活化石。三是建设生态文化旅游区。抓紧建成郎宫国际生态旅游度假区，做好石头寨生态旅游区招商引资工作，充分展示生态旅游区的原住民布依文化。

以多视角现代传媒手段大力宣传旅游文化。充分发挥已有文化产品"多彩贵州风"、黄果树奇石馆品牌优势，延长产业链，力争使观演、观看人数达到50万人以上。目标就是要通过不断的项目打造，深挖文化内涵，促进旅游产业的转型升级。

当今的旅游发展已到了第四代文化创意旅游阶段，贵州省的旅游资源禀赋无与伦比，要想使旅游业异军突起，成为一支奇兵，文化包装、文化创意是关键。

（资料来源：http://www.hgscn.com/v5/article/news/jq/20120328143602764.html.）

西南地区包括重庆市、四川省、云南省、贵州省、西藏自治区五个省区，位处祖国西南地区。全区面积236万平方千米，地面结构极为复杂，自然、人文环境的区域差异性大，旅游资源的互补性强，有利于区域旅游的整体发展。

7.1 西南区域与区域文化

1. 少数民族众多，民族风情多彩

西南地区是我国少数民族最集中的地区。云南省少数民族多达25个，占全省人口的1/3。贵州省也有9个少数民族，占全省人口的1/4。各民族在悠久的历史中，形成和发展了自己的民族风情和文化，他们的服饰、礼仪、习俗及喜庆活动都有自己鲜明的特点。例如，傣族的泼水节为一年中最盛大的节日，定于傣历6月17～19日，人们敲锣打鼓，相互泼水祝福；彝族及白族、佤族、普米族、拉祜族、纳西族、傈僳族等都有火把节，即每年6月24或25日，届时吹号敲锣点燃火把，青年们翩翩起舞，老年人开怀畅饮。青藏高原是多民族聚居之地，其中藏族是人口最多的少数民族，还有土、撒拉族、门巴族、珞巴族等少数民族。藏文是7世纪初创立的一种拼音文字，沿用至今，在浩繁的藏文文献中，保存了大量的有关历史、地理、天文、哲学、医学的著作，还有大批文艺作品。藏族的节庆佳日较多，藏历元旦是一年中最重要的节日，届时青年男女穿着盛装互相拜年，并到寺院朝拜祈祷。正月十五日是酥油灯节，各大寺院会举行法会，夜晚时千家万户点燃酥油灯，尤以拉萨八角街的花灯会最为热闹，各色灯盏五彩缤纷，宛若群星闪烁。7月有望果节，农民背着经卷等巡游田间尽情歌舞，庆祝丰收。另外还有传大召、萨噶达瓦节、燃灯节、雪顿节等宗教节日，尽皆举行固定活动，高歌欢舞。草原上还有一年一度的盛大赛马会和物资交易会。届时会场周围几千米之内布满白色帐篷，店铺内各式各样藏式服装、金银首饰、日用商品琳琅满目，酥油、牛羊肉、宗教朝觐用品等应有尽有，吸引远近牧民赶来参加这一草原上庆祝牧业丰收的盛会。

2. 建筑、工艺、文学形式多样，丰富多彩

藏族文学生动活泼，民间故事充满着奇情异彩。藏族人民无论男女老幼，均能歌善舞，歌曲旋律抑扬顿挫，伴奏乐曲婉转悠扬，舞步刚劲豪放。藏戏是一种具有高原戏独特形式和鲜明民族个性的独立剧种，由古代跳神舞演变而来，并深受藏族讲唱文学的影响，具有广场戏特点。另外，藏族的壁画、雕塑、藏医、藏药及天文历算、风格独特的建筑艺术等，都构成了藏族丰富多彩的民族文化。

本区的传统工艺品和民族服饰、建筑也形式多样，风格独特。例如，重庆有玻璃工艺品、折扇、竹编、石砚，四川有蜀绣、蜀锦、金银器、石器、刻花玻璃、树雕、微雕、年画。还有少数民族织锦，如傣锦、侗锦等，是用各色粗细不同的丝线、绒线编织成具有浓郁民族特色的花纹图案，用以装饰衣物的。也有就地取材的竹编、藤编，如帽子、凉席、提包、烟盒、鱼篓、背篓、斗笠、腰带、竹器等，琳琅满目。少数民族的住居建筑也形式多样，如傣家竹楼，傈僳族、怒族、独龙族的千脚落地房，彝族、哈尼族的土掌房，白族的三坊一照壁，侗族的吊脚楼等，建筑技艺独特。古老的藏族民居建筑为石砌碉房，窗户样式与寺庙没有什么差别，平顶，外观形似现代建筑，显得朴实、平和、实用。牧民则居住于用牦牛毛织成的黑色帐篷里，冬暖夏凉，迁移方便。

3. 自然环境复杂，自然风光多奇

本区跨我国地势的三大阶梯，雪域高原青藏高原为我国面积最大、世界最高的高原。山岳冰川形态丰富，冰川作用形成的冰蚀地貌和冰碛地貌是本区自然景观的特点之一。本区大部分地区气候垂直变化明显，真所谓"一山有四季，十里不同天"。

在自然景观上，有巍巍的雪山冰峰、坦荡开阔的宽谷、一望无垠的高原、星罗棋布的湖泊、茫茫的草原、苍郁的原始森林。西藏的拉萨日光城、雅鲁藏布大峡谷、风沙景观、冰缘现象及长达32千米的察尔汗盐湖"万丈盐桥"，重庆的天坑地缝，四川的九寨沟五彩湖、黄龙的露天钙华景观，云南的九乡溶洞、三江并流、玉龙雪山、大理苍山、西双版纳、腾冲地热火山、瑞丽江—大盈江及鄂渝之间的长江三峡等，均为世界罕见的自然奇景。

4. 历史文化古老，文物古迹独胜

四川广汉的三星堆遗址可说明本区历史文化的古老性。加上佛教文化的交流，西自印度、尼泊尔，东至中原地区，不断有建筑艺术家和工匠来到高原，外来艺术的影响与本民族艺术的交融，形成了本区鲜明、独特的建筑风格和佛教艺术。著名的宫堡式建筑群布达拉宫、唐代古刹大昭寺、高原夏宫罗布林卡、藏传佛教格鲁派名寺扎什伦布寺等庙宇梵宫在世界上知名度很高。西藏拉萨的哲蚌寺、色拉寺，藏北那曲镇的孝登寺等，都是西藏地区的著名大寺，各具特色。此外，佛教圣地峨眉山和道教圣地青城山、古代伟大的水利工程都江堰、乐山大佛、大足石刻、剑门蜀道及大量的三国古迹和名人故里等，都说明了本区人文胜迹的丰厚和富有。

7.2 西南旅游亚区旅游资源概述

7.2.1 重庆

重庆印象

重庆地处四川盆地东南部、长江与嘉陵江的汇合处，具有 3 000 多年的悠久历史，是中国著名的历史文化名城及巴渝文化的发祥地。巴山绵延，渝水纵横，构成了集山、水、林、泉、瀑、峡、洞等于一体的自然景色和融巴渝文化、民族文化、移民文化、三峡文化、陪都文化、都市文化于一身的浓郁文化。

重庆城带给人的感觉如同一片热带森林，潮湿，火热，生命力旺盛，繁殖着葳蕤的绿色植物。重重叠叠的楼房、氤氲的雾气、街巷里喧嚣生动的市井情趣、雨后屋檐下布满青苔的湿润台阶，使得重庆城充溢着难以言喻的美丽。歌乐山烈士陵园、红岩村、渣滓洞、白公馆等红色旅程凝聚着中国革命发展的艰辛往事，古镇磁器口酝酿着老重庆千百年的盛衰荣辱，解放碑、朝天门、人民广场洋溢着重庆城逐渐与国际化大都市接轨的繁华气息。以重庆奉节为起点，顺长江而下，三峡美景如鬼斧神工的山水画廊，千百年时光的渲染使这条航程充满了浓重的人文气息；往西，是北碚的温泉之乡和古老的大足石刻；而多雨的渝南，则暗藏着仙渡溶洞、万盛石林、中山等古镇。观夜景，走街巷，品火锅，游森林，泡温泉，赏民俗，重庆之旅始终使人意趣盎然。

(资料来源：裴凤琴. 中国旅游地理[M]. 成都：西南财经大学出版社，2011.)

1. 旅游资源与环境概况

重庆市原为四川省的一部分，为加强对三峡地区的开发和建设，充分发挥重庆中心城市的带动作用，于 1997 年特设立重庆直辖市，辖 19 个市辖区、21 个县(含自治县)，面积 8.2 万多平方千米，为中国四大直辖市之最。重庆市地形分成两部分，西部为平原，属四川盆地的一部分；东部的山地丘陵与鄂西山地联成一体，境内有四面山、明月山、黄草山、方斗山等，东境还有巫山。长江汇合四川盆地各大支流形成浩荡川江，切穿渝东鄂西山地形成了雄伟壮观的瞿塘峡、巫峡和西陵峡三峡奇观。重庆市自然、人文旅游资源并胜，且品位高、特色浓。尤其是重庆古城、三峡平湖、大足石刻等，都是世界级的资源品牌。

2. 旅游开发现状及发展目标

2012 年，重庆市旅游行业坚持实施"大项目、大投入、大营销"三大战略，加速推进六大旅游精品景区建设，成功创建"世界温泉之都"，集中推出"重庆非去不可"品牌和旅游精品景区形象广告宣传，切实加大境内外旅游营销力度，国内游、入境游和出境游三大旅游市场呈现全面协调发展的良好势头。全市共接待海内外旅游者 2.9 亿人次，同比增长 30.73%(其中过夜旅游者 6 411.79 万人次，同比增长 20.86%)；旅游总收入 1 662.15 亿元，同比增长 31.02%。其中：入境旅游者 224.28 万人次，旅游外汇收入 11.68 亿美元，同比分别增长20.32%和20.69%；国内旅游者2.88亿人次，国内旅游收入1 576.67亿元，同比分别增长30.82%和31.09%。

重庆市已确定了到2020年将建成"山清水秀、环境优美、特色鲜明、功能完善、市场繁荣、文明进步、全国一流、世界知名旅游目的地"的旅游发展目标，以及"强化中心、突出主线、主攻近郊、启动特色"的旅游产品开发思路，并将培育重庆都市旅游中心、长江三峡旅游主线、四面山和金佛山生态旅游区、合川钓鱼城古战场遗址旅游区、仙女山和芙蓉洞观光休闲旅游区、万州科学考察探秘旅游区、巫山小三峡旅游区、黔江民族民俗旅游区、近郊温泉湖泊度假旅游区。

3．旅游资源区域建设

1) 重庆都市风光与邻近周边特色旅游区

本区以重庆城区为中心，大致包括明月山—黄帝山—乌江以西的渝西地区，除重庆山城都市风光外，还有很多著名风景名胜地，如列入《世界文化遗产名录》的大足石刻、缙云山国家重点风景名胜区、金佛山国家重点风景名胜区、四面山国家重点风景名胜区。

知识扩展

国家级历史文化名城——重庆市

重庆位于中国长江与嘉陵江交汇处，是具有3 000多年悠久历史的文化名城。有国家级文物保护单位4处，省级33处，市级122处，著名的有红岩革命纪念馆和被联合国命名的世界文化遗产大足石刻(图7.2)，以及古战场遗址合川钓鱼城，还有国家级风景区和自然保护区等。重庆市区两江环绕，依山傍水，风貌独特，由朝天门港乘船东下，还可饱览雄奇壮丽的长江三峡风光和沿途众多旅游景点。城市因水而起，因商而兴。

图7.2　大足石刻

重庆地处中国内陆之西南，属中亚热带季风气候，夏日阳光炙热，故有"火炉"之称，由于城市依山而建，人谓"山城"，又因冬春云轻雾重，号称"雾都"。更有那闻名古今的巴山夜雨、润物无声，繁衍着这片土地上的文明史。

重庆古称巴，是一个古老的部族属地，但其历史迄今已逾3 000年，是中国著名的历史文化名城，是巴渝文化的发祥地。公元前11世纪商周时期，巴人以重庆为首府，建立了巴国。重庆古称楚州，581年隋文帝改楚州为渝州，重庆始称渝。至南宋光宗先封恭王于此，后即帝位，自诩"双重喜庆"，升恭州为重庆府，重庆由此得名。1895年被辟为对外通商口岸。1940年定为战时陪都。中华人民共和国成立后，20世纪50年代初为中央直辖市，后改为四川省辖市。1997年3月14日经第八届全国人民代表大会第五次会议批准设立为中央直辖市，从而成为中国第四个中央直辖市，也是中国中西部内陆地区唯一的直辖市。

悠久的历史、独特的地理环境使重庆的旅游资源得天独厚。重庆主城区是依山势而建，整座城市呈立体结构。夜晚灯光闪烁，倒影在两条环城的江上如繁星点点，形成一道独特的、绚丽壮观的山城夜景。此间的国家级和著名的风景名胜星罗棋布，有闻名遐迩的长江三峡、缙云山国家重点风景名胜区、古战场钓鱼城、艺术宝库大足石刻，还有秀美宁静的大宁河、千里画廊的乌江。

重庆为国家历史文化名城，又是一座具有光荣革命传统的城市，革命纪念地和陪都遗迹记载下了历史的风云变化。红岩村八路军办事处、曾家岩50号、歌乐山烈士陵园、白公馆、渣滓洞等吸引了全国众多的游客来此参观游览。重庆人性格豪爽热情，充满了活力和创造性。空前的发展机遇给这座城市带来日新月异的变化，重庆作为长江中上游的政治、经济、文化中心，将在我国西部经济的腾飞中发挥更大的作用。

重庆，这座挟长江、嘉陵江两江之水，以浩荡之势滚滚前涌的内陆城市，正像一艘巨轮，乘风破浪，行使在浩瀚的大海之上，她的魅力来自巴渝大地的钟灵毓秀与重庆儿女的勤劳智慧，以及身边母亲之河的奔腾不息……

(资料来源：http://www.cctv.com/geography/special/C12088/20040429/101862.shtml)

2) 高峡平湖风景游

本区位于渝东，包括长江三峡库区及其邻近地区，以壮丽的大江峡谷、宏伟的三峡工程、高峡平湖的湖光山色、灿烂的三国文化和精湛的名胜古迹为特色，这是具有世界顶级水平的黄金旅游区。旅游开发的重点是发展游船水上旅游，全面展示长江三峡的永恒魅力和高峡平湖美景。

小思考

以三峡大坝为依托，如何规划建设高峡平湖景观长廊？

7.2.2 四川

四川印象

"蜀道难，难于上青天"的感慨回响了千年，秀美的巴蜀大地自古以来一直吸引着天南海北之客。巴蜀海纳百川、人杰地灵，李太白从这里杖剑远行，杜工部在此地望月怀乡，陈子昂、苏东坡、陆放翁的千古绝句辉耀着这片浪漫的大地。巴蜀是文化之邦，刘皇叔白帝城托孤，诸葛亮六出祁山，唐玄宗剑阁闻铃，多少忠臣怨主，几许盛衰悲欢，留给了这里的风雨楼台、暮鼓晨钟……

第7章　旅游文化创意与策划的地域特征(西南地区)

四川具有绚丽多姿的自然景观和人文景观,海拔7 756米的贡嘎山号称"蜀山之王",四姑娘山、西岭雪山冰清玉洁,卧龙自然保护区的熊猫憨态可掬,若尔盖、阿坝红原大草原广袤无垠,"峨眉天下秀、青城天下幽、剑门天下雄、夔门天下险"久享盛名航天基地西昌卫星城举世瞩目,三星堆、杜甫草堂、青羊宫、武侯祠、都江堰、乐山大佛等人文景观中外驰名,九寨沟、黄龙寺、稻城亚丁更被誉为"童话世界"、"天上瑶池"。

四川的城市文化值得一提,隽永的人文情怀,丰盛的米粮,遍植的芙蓉,闻名遐迩的丝绸锦缎,与世无争的闲逸生活,这些成就了天府之国——成都。富足与安逸是这座都市的幸福基调,在府南河摇曳的波影里,在龙泉驿绚烂的花丛旁,在无数茶楼酒吧蔓延的气息中,这座城市处处悠然恬淡。自贡以井盐、恐龙、灯会"三绝"而享誉海内外,并有"千年盐都"、"恐龙之乡"、"南国灯城"的美称。"万里长江第一城"宜宾是蜚声海内外的"酒都",蜀南竹海的绿涛、夕佳山的古民居及僰人神秘的悬棺也让人流连忘返。

(资料来源:裴凤琴. 中国旅游地理[M]. 成都:西南财经大学出版社,2011.)

1. 旅游资源与环境概况

四川省位于我国华中地区西部,辖18个地级市、3个自治州、43个市辖区、14个县级市、124个县(含自治县),面积48.5万多平方千米。2 000年前的汉代文学家刘向在他的《战国策》中这样描述过四川:"田肥美,民殷富……沃野千里,蓄积饶多,此谓天府。"从此,四川在中国独享了"天府之国"的美称。春秋时东部有蜀国、巴国,秦改置蜀郡、巴郡,故简称蜀,并有"巴山蜀道"之说;明称四川省,省名由北宋所置川陕四路简化而来。全省地形大致以阿坝、甘孜、凉山三个自治州的东界划分为四川盆地和川西高原两大地域单元。四川盆地因多紫色、红色砂岩及页岩,故又叫"红色盆地",四周由大凉山、邛崃山、岷山、大巴山、巫山和大娄山等山脉环绕。川西高原山地峡谷纵列,雪山重重,又是另一番景象。气候特征为东部盆地冬暖夏热,川西高原寒冷干燥、日照强烈。四川历史文化的发展既有其独立性,又通过长江通道和川陕间的隘口一直同中原华夏文化和东部荆楚文化保持着密切的联系,民风古朴,文化胜迹众多。其自然、人文旅游资源丰富,国家重点风景名胜区和中国历史文化名城的数量在全国各省(区、市)中均处于前列,是少有的旅游资源大省之一。

2. 旅游开发现状及发展目标

2013年,四川全省实现旅游总收入3 877.4亿元,同比增长18.2%。四川省旅游发展定位为:作为中国自然生态旅游和文化旅游的目的地,以世界遗产九寨沟、国宝大熊猫和古蜀文化三星堆树立起四川旅游国际品牌形象。2003年前,将九寨沟、黄龙、峨眉山、乐山大佛、都江堰建成成熟的与国际接轨的世界级旅游精品;2005年前,将卧龙大熊猫自然保护区、三星堆古遗址、四姑娘山、西岭雪山、蜀南竹海等建成成熟的世界级旅游精品;2010年前,将海螺沟冰川、自贡恐龙公园、剑门蜀道、江油李白故里、稻城亚丁、泸州佛宝等建成世界级或国家级旅游精品。重点建设、提升、推出九寨沟—黄龙—大草原—羌寨奇山异水、藏羌风情旅游线,乐山大佛—峨眉山—三苏祠—仙女山佛像、长寿文化休闲度假旅游线，都江堰—青城山—卧龙大熊猫自然保护区—四姑娘山—蜂桶寨生态观光旅游线，自贡恐龙—宜宾蜀南竹海—泸州佛宝观光度假旅游等四条精品旅游线，加强与周边省(区、市)的旅游合作，形成与西藏、陕西、甘肃、重庆、云南、贵州、湘西、鄂西相连的西部大旅游网络。

3．旅游资源区域建设

1) 川中成都、乐山旅游区

本区包括成都和乐山二市，位于四川盆地西北部，地形兼有平原和山地丘陵。成都平原土壤肥沃、灌溉便利，自古有"天府之国"的美称；峨眉山、青城山、西岭雪山等都是天下名山。同时，本区开发历史悠久，自古为四川的政治、经济和文化中心。历史古城、宗教名山在全国都占有重要地位。现在又是四川省重要的工业基地、交通枢纽和重要旅游胜地。

2) 川西自然生态旅游区

本区包括阿坝、甘孜、凉山三大自治州。地形以山地高原为主，气候寒凉，自然环境复杂。区内有多种少数民族聚居，民族风情浓郁，是一个潜力巨大的世界级观光、度假、探险旅游目的地。主要风景名胜地有九寨沟、黄龙、卧龙、贡嘎山、海螺沟、蜂桶寨等。

知识扩展

九寨沟国家重点风景名胜区

九寨沟(图 7.3)位于四川省阿坝藏族羌族自治州九寨沟县境内，是白水沟上游白河的支沟，以有九个藏族村寨(所以又称何药九寨)而得名。九寨沟海拔在 2 000 米以上，遍布原始森林，沟内分布 108 个湖泊，有"童话世界"之誉。1990 年，九寨沟被列为"中国旅游胜地四十佳"之首，1991 年被列入联合国《世界风景名录》，1992 年 12 月由联合国教科文组织批准，正式列入《世界自然遗产名录》。2007 年 5 月 8 日，阿坝藏族羌族自治州九寨沟旅游景区经国家旅游局正式批准为国家 5A 级旅游景区。2010 年 10 月 29 日，九寨沟通过专家评审验收，正式成为全国首个"智慧景区"。

图 7.3　九寨沟诺日朗瀑布

第7章　旅游文化创意与策划的地域特征(西南地区)

九寨沟景区长约6千米，面积6万多公顷，有长海、剑岩、诺日朗、树正、扎如、黑海六大景观，呈"Y"字形分布，以水景最为奇丽，"人间仙境"、"童话世界"是表达九寨沟与黄龙水景最恰当的词语。

水是九寨沟的精灵，湖、泉、瀑、滩连缀一体，飞动与静谧结合，刚烈与温柔相济。泉、瀑、河、滩将108个湖泊连缀一体，碧蓝澄澈，千颜万色，多姿多彩，异常洁净，能见度高达20米，以翠海(高山湖泊)、叠海、彩林、雪山、藏情、蓝冰"六绝"驰名中外，有"黄山归来不看山，九寨归来不看水"和"世界水景之王"之称。

九寨沟的山水形成于第四纪古冰川时期，保存有大量第四纪古冰川遗迹，地下水富含大量的碳酸钙质，湖底、湖堤、湖畔水边均可见乳白色碳酸钙形成的结晶体，属高山深谷碳酸盐堰塞地貌，水乳交融，美不胜收。现代诗人肖草在《九寨沟》诗中写道："放眼层林彩池涟，鱼游云头鸟语欢；飞瀑洒落拂面来，九寨山水扬海天。"这是对九寨沟真实的诠释。

(资料来源：http://baike.baidu.com/view/2214.htm)

黄龙寺国家重点风景名胜区

黄龙寺风景名胜区(图7.4)位于阿坝藏族羌族自治州松潘县境内，主景区黄龙寺离松潘县城56千米。景区由黄龙寺、牟尼沟、雪山梁、雪宝顶、丹云峡等景点组成，面积700平方千米。黄龙寺景区是自然保护区、国家级风景名胜区，与九寨沟同时列为世界人类自然遗产。景区以其奇、绝、秀、幽的自然风光而蜚声中外，被誉为"人间瑶池"。黄龙寺主景区长75千米，海拔3 000～3 558米，乳黄色的长坡上，薜萝丛生，花木竞秀，碧水清泉，漫台滚泻，形成千百块迂回周折、层层嵌砌的彩池。彩池大小不等，形状各异，深浅不一，澄净无尘，随周围景色变化和阳光反射角度的不同，呈现出各种奇幻的色彩，艳丽奇绝。区内有迎宾池、飞瀑流辉、洗身洞、金沙铺地等景点。除主景区外，还有牟尼沟景区，主要景点有二道海、扎嘎瀑布等，以原始森林、飞瀑流泉为特色。雪山梁是去黄龙寺途中的一处重要景点；雪宝顶是全景区的最高峰，海拔5 588米，是登山滑雪的场所；丹云峡集中表现峡谷风光，植被极好。

图7.4　黄龙寺风景名胜区

每年农历六月十五,在黄龙后寺举办庙会,各方民众聚集,热闹非凡,有"帐篷分布如连营,羌歌氐舞杂喧嗔"的描述。

(资料来源:http://baike.baidu.com/subview/79479/9473522.htm)

3) 川南自贡宜宾旅游区

本区位于四川南部,自然风光秀丽,人文历史古老,为中国独特的自然历史名胜区,以自贡和蜀南竹海的自然、人文景观为神奇。

小思考

简要介绍成都的主要旅游资源及其特色。

经典案例

四川的泸沽湖

大家都知道云南丽江有一个泸沽湖(图7.5),其实泸沽湖位于云南和四川两省交界的地方,1/3属于云南,2/3属于四川。但在云南的泸沽湖闻名海内外的时候,四川的泸沽湖还鲜为人知。从旅游空间结构来说,云南的泸沽湖可以形成昆明—丽江—泸沽湖的旅游线路,而四川的泸沽湖可以形成成都—西昌—泸沽湖的旅游线路,但是丽江与泸沽湖叠加效应大,这是云南泸沽湖成功开发的重要原因;而西昌与泸沽湖叠加效应小,这对四川泸沽湖的开发形成了制约。解决空间竞争问题的方法如下。

图7.5 泸沽湖

首先,利用西昌"神州"航天城的特色,打出泸沽湖至西昌是"从母系社会到卫星上天"的促销口号来号召市场,从而在形象上赢取云南。

其次,按照"社会进程隧道、民族风情走廊"来包装西昌至泸沽湖的旅游通道,来解决路途遥远和景观单一的缺陷,从而超越丽江至泸沽湖的未包装的旅游通道,在旅游通道上超越云南。

再次,在泸沽湖按照女神—女祖—女主—女儿的"四女开发"思路进行开发。除了野外的开发外,重点是契合"东方女儿国"的定位,一是选择固守家园的女儿进行典型家庭

第7章　旅游文化创意与策划的地域特征(西南地区)

的开发；二是选择杨二车娜姆(摩梭人歌唱家)的家进行走出去的女儿的开发；三是选择走进来的女儿(比尔直玛——最后一位王妃)进行开发。

最后，为了集中展现摩梭人的宗教文化、风俗风情，充分挖掘泸沽湖的神话传说、原古遗风、原始宗教、走婚风俗、节日歌舞、饮食医药及农耕、捕鱼等生产生活习俗，采用社区化利用、艺术性展示(风情园)两大措施，将泸沽湖打造成鲜活的"东方女儿国"。

分析：

王衍用提出了阴影区的理论，杨振之、陈谨提出"形象遮蔽"与"形象叠加"的概念，其中"形象叠加"指在同一区域内不同旅游地的差异化形象定位，使每一个旅游地具有各自的形象影响力，进而使这一区域产生一种叠加的合力，产生整合性的影响力。四川泸沽湖的策划紧紧抓住了"女儿国"这一主题定位，理出了"女"和"女儿"两条脉络。该策划可供借鉴之处有以下四点：首先，在旅游空间结构上用"从母系社会到卫星上天"这一文脉线索，以形象赢取市场；其次，在旅游通道上用"社会进程隧道、民族风情走廊"来赢取市场；再次，在传统产品上，用立体的"四女"和主体的"三女"来开发景观，打造卖点，赢得市场；最后，在产品文化上，采用社区化利用和艺术性展示将四川泸沽湖打造成鲜活的"东方女儿国"，让市场高度认可。

(资料来源：王衍用，宋子千. 旅游景区项目策划[M]. 北京：中国旅游出版社，2007.)

7.2.3　云南

云南印象

浪漫美丽的云南地处祖国西南边陲，天高地阔，阳光普照，色彩斑斓，是无数流浪的心灵渴望的栖息之所。这里金沙江、怒江、澜沧江三江并流，石林高低错落，原始森林古老茂密，江河溪流源远流长，湖泊温泉星罗棋布，险峰峡谷纵横交错，溶洞奇观千姿百态。闻名于世的春城昆明气候温和，满城花香，明媚的阳光静静拥抱碧蓝的翠湖、滇池，闲散而健康的气息弥散在昆明人的笑容里；千年古城大理的风花雪月源远流长，苍山洱海古朴娴静，白族民居淡雅精致；高原水城丽江家家临溪、户户垂柳，大研古镇、木府历史久远，白沙壁画留存稀世的传奇，泸沽湖宁静绰约，虎跳峡奔腾咆哮，瑞丽常年竹木苍翠，地热蒸腾；神奇的香格里拉，碧塔海湖若翠玉，梅里雪山晶莹剔透；孔雀曼舞的西双版纳，处处绿野仙踪、凤尾摇曳，东南亚风光与傣族风情婀娜多姿，佛教文化遍地盛行。

一山不同族，十里不同天，在这块红土高原上，生息繁衍着20多个自强不息的民族，在世代熏陶中形成了不同的社会文化形态。怒江地区的傈僳族、怒族、独龙族依然保持着古朴的生活习惯，独龙女面纹的习惯使人备感神秘。纳西族的东巴文化、大理的白族文化、傣族的贝叶文化、彝族的贝玛文化，每一个民族的衣食住行、婚恋丧葬、节典礼仪、语言文字、图腾宗教、禁忌审美都个性鲜明，形成了连绵不绝的文化链。

(资料来源：裴凤琴. 中国旅游地理[M]. 成都：西南财经大学出版社，2011.)

1. 旅游资源与环境概况

云南位于我国西南边疆，因位于云岭以南而得名，简称云，又因古为滇国，故别称滇。

全区面积39.4万平方千米，省会昆明，辖8个地级市、8个自治州、12个市辖区、9个县级市、108个县(含自治县)。古人常用"彩云南现"来遥指这片神秘的云岭高原。边疆、民族、山区三位一体构成了云南地理环境的总体特征。云南的西部和南部与东南亚的缅甸、老挝、越南三国交界，边界线长达4060千米，国界线和边境标志物如国门、界桩、界碑及边疆经济特区、边民互市贸易区等风貌特色构成了特有的边关旅游资源。云南境内分布着氐、羌、百濮、百越三大族群共计25个少数民族，约占其总人口的24%。在历史时期相对闭塞的地理环境条件下，社会经济演变较为缓慢，各民族至今仍保持着自己的传统和习俗，而成为一种最为珍贵的多元民族风情旅游资源。境内有伊洛瓦底江、怒江、澜沧江、金沙江、元江与南盘江六大水系；滇池、洱海、抚仙湖、程海等30多个断陷湖泊多与名山构景；有高等植物274科2076属13000多种，其中野生花卉2500多种，素有"植物王国"、"天然花园"之誉。

2．旅游开发现状及发展目标

2013年云南旅游经济指标实现了两位数增长，呈现出"海外市场稳中有增、国内市场持续增长、旅游总收入快速增长"的良好局面。全省累计接待海外旅游者533.5万人次，同比增长16.5%；接待国内旅游者2.397亿人次，同比增长22.1%；全省实现旅游业总收入2111.24亿元，同比增长24.1%。全省旅游业对交通运输业、住宿业、餐饮业、娱乐业和商品零售业的贡献分别达到416.8亿元、375亿元、315亿元、122.9亿元和439.6亿元，产业综合带动作用进一步凸显。

3．旅游资源区域建设

1) 以昆明为中心的滇中旅游区

本区主要包括昆明市城区及其所辖县(市)和建水等昆明周边的风景名胜区，位处全省的中心位置上，城市密集，交通发达，旅游资源品种类型多、特色浓。旅游开发建设主要是要建成云南的重点旅游区和旅游集散中心，有国家级历史文化名城昆明、九乡国家重点风景名胜区、路南石林、建水国家重点风景名胜区。

知识扩展

九乡国家重点风景名胜区

国际洞穴协会会员、国家4A级旅游区、国家重点风景名胜区、ISO 9001质量管理和ISO 14001环境管理体系认证景区——九乡风景名胜区，距省城昆明90千米，距著名的石林风景区28千米。它以溶洞景观为主体，是洞外自然风光、人文景观、民族风情融为一体的综合性风景名胜区，是昆明旅游景点中一枝奇葩。

九乡风景区地处山区，这里气候温凉，与昆明市区气候温差相等。风景区内峰峦连绵，山峰谷底相对高差200米左右，地表海拔在1750～1900米，地势起伏不大。国内外洞穴科学家考察论证后认为：九乡溶洞群发育于6亿年前古老的震旦纪灯影组浅海沉积的灰白色含硅质条带的白云岩中。这是一个非稳定断裂的、溶蚀与浸蚀叠加的岩溶洞穴系统，有被称为"史前奇观"的古海洋微生物化石——叠层石和倒石牙、生物喀斯特(亦称生物造礁奇景,图 7.6)、边石湖群、地下广场大厅、暗峡谷、鱼背石、卷曲石、涡穴等多种水文地质奇观及立体层型洞体和多层洞穴景观等典型剖面和景点。有的是国内罕见的绝景,有的是世界地质学教科书上从未有过的实例,因而备受国内外名家的赞誉。九乡溶洞附近无工业、无污染,环境幽静,空气格外清新,是游玩、休养的好去处。

图 7.6 生物喀斯特

(资料来源:http://baike.baidu.com/view/169516.htm)

建水国家重点风景名胜区

建水风景区位于建水县,面积 170.5 平方千米,由古城、燕子洞地下熔岩和文山红河民族风情等景区构成,人文景观丰富,自然景观奇特,历史文化悠久,被誉为"滇南邹鲁"、"文南名邦"。区内有以文庙、指林寺、东门楼、双龙桥(图 7.7)、文笔塔为代表的元、明、清各代古建筑,以宋家花园、哈尼草房、梯田、彝族古学房为代表的特色鲜明的汉族哈尼族、彝族各族民居,以古洞奇观、百万雨燕巢居、钟乳垂匾及因采燕窝绝技而著称的燕子洞,以及徐霞客游踪、朱德故居等胜迹。

图 7.7 双龙桥

(资料来源:http://baike.baidu.com/view/13743.htm)

2) 以大理为中心的滇西北旅游区

本区包括大理、丽江、迪庆、怒江，总面积 8.9 平方千米。大部分地域位于山高谷深的横断山区，有梅里(海拔 6 740 米)、玉龙(海拔 5 596 米)、碧罗(海拔 4 379 米)等海拔 4 000 米以上的雪山，以及虎跳峡、怒江峡等大峡谷，"三江并流"更是世界奇观。这里是藏族、白族、傈僳族、纳西族等少数民族聚居区，"茶马古道"也是世界级的旅游绝品。开发以生态旅游产品为重点，并融合了少数民族风情，如国家级历史文化名城大理和丽江、迪庆藏族自治州。

3) 滇西旅游区

本区包括西双版纳、思茅、临沧、保山、德宏三地两州，与缅甸、老挝、越南接壤，总面积 12.1 平方千米。大致位于哀牢山以西和北纬 25°线以南地区，属横断山系纵谷区下段，一般海拔 2 500 米以下，保存有一定高原面，并有一系列断陷河谷盆地分布。大部分地区为热带季风气候，虽有较为明显的干湿季，但空气湿度大，西双版纳等地区还有热带、亚热带雨林景观出现。旅游建设主要依托热带、亚热带风光和民族风情及边境区位优势，拟建成具有国际水准的特色旅游区。主要旅游景区有西双版纳、腾冲地热火山、瑞丽江—大盈江等。

小思考

《印象·刘三姐》反映了旅游开发中的哪些文化创意与策划特色？

7.2.4 贵州

贵州印象

贵州素有"公园省"之美称，地处祖国西南及云贵高原的东部。贵州以典型的喀斯特地貌风光著称于世，省内随处可见直插云霄的奇峰、峥嵘诡谲的岩石、飞珠溅玉的山泉、云蒸霞蔚的飞瀑、烟波浩渺的湖泊池沼、高古幽深的溶洞峡谷，风光奇特，古朴神秘。黄果树瀑布气势雄伟，是世界著名大瀑布之一；被誉为"世界奇观"的织金洞规模宏伟、造型精美、景观绮丽；红枫湖有"高原明珠"之称，湖光山色，风景迷人；黔东南舞阳河风景区具有碧水清波、奇峰异石；荔波樟江风景区是世界罕见的亚热带喀斯特原始森林残存区，水上森林盘根错节，鸳鸯双湖碧绿幽静；黔北赤水风景区竹海碧绿、飞瀑溅银，丹霞地貌奇特，浑然成就一幅天然的山水画……

贵州著名的旅游风景区大多位于少数民族聚居地区，千百年沿袭下来的原汁原味的少数民族民风习俗丰富多彩，青岩古镇、南花苗寨、车江千户侗寨、侗家鼓楼和风雨桥、苗族吊脚楼、布依石头寨，处处都有精致的银饰花带、绮丽的挑花蜡染、多彩的民族服装、婉转悠扬的歌声，生活方式更是带着泥土特有的芬芳，能把人带回更为久远的过往。贵州是革命老区，娄山关、遵义会议旧址唤起了人们对革命历史无限的追思，热血奔腾的年代里红色政权艰苦卓绝的突围犹在眼前，雄关漫道，戎马倥偬，在贵州高原地区的山山水水间至今荡气回肠。

(资料来源：裴凤琴. 中国旅游地理[M]. 成都：西南财经大学出版社，2011.)

1. 旅游资源与环境概况

贵州省位于我国云贵高原东北部。明置省，乃用今名，别称黔，省会贵阳。土地面积17.6万平方千米，辖6个地级市(含地区)、3个自治州、10个市辖区、9个县级市、67个县(含自治县)、2个特区。居住有汉族、苗族、布依族、侗族、彝族、水族、仡佬族、壮族、瑶族等民族，是我国多民族省份之一。贵州省山地和高原占全省总面积的87%，其中70%以上是岩溶分布区，地形崎岖复杂，到处是重峦叠嶂、奇山异洞，"山、水、洞"是贵州自然景观中的"三奇"。贵州省自然景观资源高度富集，全省拥有8个国家级风景名胜区、4个国家级自然保护区，以及百花园、百里杜鹃等24个省级风景名胜区，素有"公园省"的美誉。贵州省的著名风景名胜区大多为少数民族聚居区，千百年来原汁原味的少数民族民风习俗、建筑艺术、节日歌舞、传统手工艺品等构成了贵州古朴、神秘的民族风情，为贵州21世纪建设生态旅游省提供了高质量的文化生态旅游资源。

2. 旅游开发现状及发展目标

2011年，贵州全省接待旅游者总量2.67亿人次，实现旅游总收入2 370亿元。计划至2020年，贵州省要建成9个大型旅游景区，开发10个专项旅游产品，营造3个主题品牌旅游产品，建设4条跨省旅游线，形成3条旅游环线，简称"910343"产品建设工程。其中，9个大型旅游景区即黄果树、龙宫旅游景区，兴义马岭河峡谷、万峰湖旅游景区，沈阳河旅游景区，侗族、苗族、水族、瑶族人文生态旅游景区，大乌江梵净山旅游景区，荔波旅游景区，赤水、习水旅游景区，乌蒙山文化旅游景区，贵阳中心旅游景区。10个专项旅游产品是生态旅游、民族文化考察、漂流旅游、溶洞探奇、长征路上酒乡行、屯堡文化、草海观鸟、古生物化石探迷、独特气候高原湖泊度假、商务与会议旅游等。3个主题品牌旅游产品是喀斯特王国探奇游、少数民族风情游、长征文化寻踪游。4条跨省旅游线路是：①贵阳—红枫湖—安顺—龙宫—黄果树瀑布—织金洞—马岭河峡谷—路南石林—昆明黔西旅游线；②贵阳—凯里—从江—黎平至广西三江、桂林与施秉—镇远—铜仁—张家界的黔东旅游线；③贵阳—都匀—三都—荔波—广西的黔南旅游线；④贵阳—息烽—遵义—仁怀—赤水—重庆、长江三峡的黔北旅游线。

3. 旅游资源区域建设

1) 贵阳中心旅游区

贵阳市别称筑，位于省境中部、乌江支流南明河北岸。贵阳是全省的政治、经济、文化中心，同时也是全省最大的旅游中心城市和游客集散中心。贵阳有全省最大的航空枢纽龙洞堡机场，湘黔、贵昆、黔渝、黔桂四条铁路线在此交会，并有通向全省的放射状高等级公路多条。贵阳山川秀丽、气候宜人，素有我国"第二春城"之美称。其城市风格定位为"秀美的山水园林高原城市"。主要风景名胜和文物古迹有甲秀楼、文昌阁、花溪、黔灵山等。

2) 黔东旅游区

本区包括黔东南苗族侗族自治州和铜仁地区，拥有国家级风景名胜区和历史文化名城，以及梵净山、石阡温泉、黄平重安江铁索桥、施秉云台山古庙、台江文昌宫和黎平的鼓楼、花桥等风景名胜和古迹。旅游活动以观赏苗族、侗族民族风情及民族建筑和山水名胜为主。

3) 黔西旅游区

本区包括安顺地区、毕节地区、六盘水市和黔西南布依族苗族自治州，区内有黄果树瀑布、龙宫、红枫湖、织金洞、马岭河峡谷五个国家级风景名胜区，并有安顺文庙、镇宁古城墙、关岭红岩碑、花江岩壁画、安宁明十八先生墓、毕节大屯土司庄园、大方奢香墓、织金古城风貌等胜迹。旅游活动以观赏岩溶山水、领略民俗风情和考古科研、探险考察为主。

知识扩展

大屯土司庄园

大屯土司庄园(图7.8)位于贵州省毕节市东北隅100公里的大屯乡。在黔西北茫茫乌蒙山腹地，于川滇黔三省交界的赤水河畔，崇山峻岭中坐落着一处气势恢宏、庄严肃穆、唐风古韵、虎威逼人的古建筑群。

图7.8 大屯土司庄园模型

(图片来源: http://baike.baidu.com/picview/365595/365595/0/834344afc65831dcfbed50db.html#albumindex=1&picindex=0)

庄园始建于清道光年间(公元1821—1850年)，是当今土司庄园古代建筑中唯一保存完好，规模最大的国家级重点文物保护单位。相传是彝族土司余象仪所建，后经余达父扩建始成今状。它依山势而建，面临缓坡低平的台地。庄园整体布局为中轴大体对称的大规模三路构筑，各路皆有三重堂宇。左路建筑有东花园、粮仓、绣楼等。东花园也称"亦园"，用于接待客人。园内有花圃客房等，其建筑十分精美。花圃错落有致，客房装修华丽，院坝青石铺就，院墙彩绘粉饰，古色古香，十分幽雅。中路建筑有大堂、二堂和正堂，各路堂宇之间均有石坝或内墙间隔。高大的砖筑院墙，墙檐下砌筑斗拱，显得古朴厚重。墙外四周分别筑有碉堡6座，各有其形，各有其用。犹可想见，当年的土司庄园守备森严，肃穆庄重。院内进深80余米，横宽60余米，整个占地面积6 000余平方米，建筑布局层层深进、重重冶高，气势宏伟壮观。其石作、木作以及家具雕刻的各类图纹具有鲜明的彝族文化艺术特征，是研究民族、民俗学的珍贵实物资料。传说当年参加修筑庄园的近300名工匠历时3年之久方才大功告成。1949年后庄园先后为大屯乡政府、龙场中学等单位使用。

1984 年由国务院公布为全国重点文物保护单位。1985 年大堂不慎失火烧毁,1994 年国家文物局拨款 60 万元进行维修,第一期工程恢复了大堂、西花园等建筑。

有机会来到大屯土司庄园的人们,无不为这古朴典雅、庄重宏伟的建筑赞叹,无不为这瑰丽多姿、技艺精湛的艺术所陶醉。她恰如一部凝固的音乐作品,使人如痴如醉,大有"余音绕梁"之感。层层院落,一亭一院一个景,千姿百态各具特色。大厅古朴庄重,花园千娇百媚,水榭玲珑秀美,楼台亭亭玉立。既有古代殿宇的风格,又不乏彝家建筑的气派,真可谓是"十步一个景,一景一重天"。漫游在花园小径,流连于亭台楼阁,仿佛置身仙山琼阁。使人倍感新奇,乐而忘返。

(资料来源:http://baike.baidu.com/view/1605.htm)

国家级历史文化名城——遵义

遵义历为川黔要冲、黔北重镇。历史时期的杨氏家族在这里统治了 700 余年,留下了中国中世纪古堡海龙屯(图 7.9)等播州杨氏遗迹;现代,中央红军北上抗日途经此地在这里召开了遵义会议,又留下了遵义会议会址等革命遗迹。在旅游方面既是黔北重要旅游目的地,又是旅游集散地,并计划建成环境优美、以乌江支流湘江河为纽带、凤凰山和碧云山为依托的山水园林城市。1935 年 1 月,中央红军长征途中,在这里召开了具有伟大历史意义的中共中央扩大会议,史称为遵义会议。会议正式确立了毛泽东在全党的领导地位,为完成二万五千里长征奠定了胜利的基础。现市内保存有许多革命纪念地,位于老城内的遵义会议会址已修葺一新,陈列着许多革命历史文物。市内还有红军政治部旧址,毛泽东、周恩来、张闻天、王稼祥等的住址,红军烈士陵园等。唐大中元年(859 年),南诏国占领播州,唐王朝屡加征讨,至唐乾符三年(876 年),派杨端收复播州,从此杨氏世袭播州领地,至明万历二十八年(1600 年),前后达 700 余年之久。如今,这里的建筑物围墙、敌楼、卡门及碑刻尚存,杨氏家族中一些官吏殁后的坟墓有的也尚存,如杨璨墓等。上述杨氏遗迹对于此地历史研究意义较大,同时也不失为重要的名胜古迹旅游资源。

图 7.9　海龙屯遗址

(资料来源:http://baike.baidu.com/view/23633.htm)

4) 黔南旅游区

本区主要包括黔南布依族苗族自治州各县市。北部被苗岭横贯，成为珠江和长江水系的重要分水岭之一，生态环境优越，境内为我国重要石灰岩分布区，岩溶山水风光秀丽；有布依族、苗族、水族、瑶族等30多个民族聚居，民族风情各有风韵。旅游活动以观赏喀斯特原始森林生态和布依族、水族、瑶族风情为主，并开发有水春河漂流和凯里芦笙节、斗牛节等重大旅游活动。主要风景名胜和古迹有荔波樟江风景名胜区、茂兰自然保护区、独山仙人洞、都匀的明清古建筑群等。

5) 黔北旅游区

本区包括遵义及其所辖各县市。自然旅游资源以丹霞地貌山水风光最具特色；人文旅游资源以中央红军长征文化和酒文化最具影响。尤其是当年中央红军在贵州召开的遵义会议、四渡赤水、娄山关战役等具有深刻文化内涵的重大历史事件及其遗迹，都在地域上与酒文化和丹霞风光紧密结合在一起，故而创造了"长征路上酒乡行"旅游品牌及其遵义—仁怀(茅台)—习水—赤水—桐梓(娄山关)—遵义旅游环线。区内主要风景名胜有遵义古城、赤水风景名胜区等。

7.2.5 西藏

西藏印象

由特殊的地理、民族、历史、文化及信仰所造成的博大精深、神圣纯净的西藏，是一片高贵安详、天人合一的土地。湛蓝的天空空灵高远，平静俯视着它虔诚的子民。这块土地总是与信仰相连，空旷寂静的原野，高峻肃穆的雪山，幽深浩瀚的湖泊，是人类庄严情愫的升华之地。亘古以来，充满神奇色彩的喜马拉雅山，亿万年奔腾不息的雅鲁藏布江，圣洁的羊卓雍错、纳木错、玛旁雍错，历史久远的布达拉宫、罗布林卡、大昭寺、扎什伦布寺，无不引起人们的虔诚膜拜。雄奇凛冽是西藏大地的品质，而各个城市又蕴藏着不同的风情：日光之城——拉萨云集了琳琅满目的藏文化，日喀则的珠峰大本营常年游人不绝，世界屋脊的屋脊——阿里曾经养育了神话般繁荣的古格王朝，松林、雪山、幽谷、寺院在雪域江南——林芝常年如一日地坚持着洁净纯正的禀性……

(资料来源：裴凤琴. 中国旅游地理[M]. 成都：西南财经大学出版社，2011.)

1. 旅游资源与环境概况

西藏自治区简称藏，位于祖国的西南边疆、青藏高原的西南部，辖7个地级市(含地区)、1个市辖区、1个县级市、72个县，面积约123万平方千米。西藏古时为羌戎地，唐、宋时为吐蕃地，元代分设由中央统一管理的地方行政机构宣慰使司都元帅府、万户府等，正式归入中国版图，明称乌斯藏，清初称土伯特(图白忒)或唐古特，也称卫藏，又以其地处中国西部，故名为西藏。西藏旅游资源十分丰富，既有绮丽动人的雪山、蓝湖和草原牧区风光，又有灿烂辉煌的古代文化遗迹，自然资源与人文资源并茂，以其雪山、冰川、高峰、峡谷、热泉、牧场、辉煌的寺庙和灿烂的宗教艺术、藏族风情，吸引着无数海内外游客前往。目前,全区已对外开放的有县(市)5 个、山峰 44 座、世界文化遗产 1 处、世界级自然保护区 1 处、国家重点风景名胜区 1 处、国家级历史文化名城 2 座、国家级文物保护单位 18 个、自治区级文物保护单位 11 个、可供海内外旅游者观光游览的景点 100 多处。西藏还有漫长的边境线,也是我国沿边开发开放的重点地区之一,现已拥有一类边境口岸 4 处。

2. 旅游开发现状及发展目标

2013 年,西藏整个旅游市场呈现出活跃的态势。根据自治区旅游局统计,2013 年全区累计接待国内外旅游者约 1 291 万人次,同比增长 22%,其中接待入境旅游者 22.3 万余人次,同比增长 14.5%;接待国内旅游者 1 268.7 万人次,同比增长 22.1%。旅游外汇收入 1.278 6 亿美元,同比增长 21%;国内旅游收入 157.3 亿元,同比增长 31.3%;实现旅游总收入 165 亿元,同比增长 30.6%。

为将旅游资源优势有效地转化为经济优势,在今后的旅游业发展过程中,西藏将突出民族和地方特色,重点开发符合 21 世纪发展趋势的生态旅游产品、高档次和高品位的文化观光产品、休闲度假旅游产品、富有体验性的探险旅游产品等。以边境口岸为依托,还将开发"(尼泊尔)—樟木—日喀则—拉萨"边境贸易旅游线。

3. 旅游资源区域建设

1) 以拉萨为中心的藏中文化观光旅游区

本区包括拉萨、山南和林芝三地市及其所辖地域,这里开发历史悠久,社会经济相对发达,交通相对方便,旅游资源丰富多奇。这里有国家历史文化名城拉萨、新兴工业城市林芝,国家重点风景名胜区雅砻河,羊八井的地热温泉,雅鲁藏布江大峡谷及色季拉国家森林公园等旅游胜地。

知识扩展

国家级历史文化名城——拉萨

拉萨市位于拉萨河北岸,川藏、青藏公路的终点,已有 1 300 多年的发展历史,为国家级历史文化名城。市区海拔 3 658 米,是世界上海拔最高的城市,终年阳光明媚,有日光城之美誉。空气新鲜,大气透明,是世界上空气最洁净的城市之一。市内风景名胜有唐蕃会盟碑、布达拉宫(图 7.10)、大昭寺、小昭寺、木如寺、哲蚌寺和罗布林卡园林等。庙宇林立,金碧辉煌,一派佛教圣城景象。布达拉宫位于拉萨市区的玛布日山上,是历代达赖喇嘛的冬宫,始建于 7 世纪中叶,依山而筑,占地 41 万平方米,主楼 13 层,高 178 米,东西长 400 米,有 1 500 多个房间,是一座历史价值、经济价值和艺术价值极高的宫堡式建筑群。宫内有宫殿、佛堂、习经堂、寝宫、灵塔殿、庭院等。殿堂分红宫、白宫两个部分。红宫是供奉佛神和举行宗教仪式的地方,白宫是达赖处理政务和生活起居的地方。朱红色的宫墙,金碧辉煌的宫顶,在蓝天雪山的陪衬下,显得格外壮丽,被称为世界屋脊上的一颗明珠。现已进入《世界自然与文化遗产名录》。大昭寺坐落于拉萨市中心,"大昭"

在藏语中意为"觉康",意思是释迦牟尼,始建于7世纪唐朝初期,后又经历代修缮增建,总面积为2 500平方米,坐东朝西,殿高四层,上覆金顶,辉煌壮观。大昭寺内有300多尊佛像,其中最珍贵的是文成公主从长安带去的释迦牟尼镀金铜像,以及吐蕃赞普松赞干布和文成公主、拜木莎公主的塑像。寺前有公主柳(又名唐柳)及标志汉藏两族亲密友好的唐蕃会盟碑。唐蕃会盟碑又称甥舅和盟碑、长庆会盟碑,摆放在拉萨大昭寺前。是在唐长庆三年、吐蕃彝泰九年(823年),吐蕃赞普赤德祖赞(可黎可足)为纪念唐朝和吐蕃最后一次会盟而建。碑身呈方形,高4.70米,宽95厘米,厚50厘米。碑阳及两侧以汉藏两种文字刻载会盟全文及唐蕃会盟官员姓名、职位;碑阴以藏文刻载唐蕃友好关系史和此次会盟的经过、意义。"罗布林卡"在藏语中意为"宝贝园",位于拉萨市西郊,建于七世达赖,是历代达赖喇嘛的避暑夏宫,为西藏著名的园林,现辟为人民公园。园中不仅有华丽的宫殿,还有曲折清幽的亭台池榭,夏季绿树成荫,终年游客络绎不绝。

图7.10　布达拉宫

(资料来源:http://baike.baidu.com/view/146474.htm)

2) 以日喀则为中心的后藏文化旅游区

本区位于雅鲁藏布江中上游,并有年楚河、多雄藏布等支流汇入,古称后藏。这里很早就是藏族聚居地,交通方便,土地肥沃,农牧业发达,历来是西藏的粮仓和农牧产品集散地。本区有日喀则和江孜两座国家级历史文化名城,有著名边境城市樟木,还有世界最高峰珠穆朗玛峰,旅游业发展前景广阔。

3) 以昌都为中心的藏东生态旅游区

本区位于西藏东部,现辖昌都、丁青、芒康、江达等县,总面积11万平方千米,旧为西康地区,简称康区,是以藏族为主的多民族地区,居住着藏族、汉族、纳西族、羌族、普米族、门巴族、傈僳族、彝族等18个民族。整个地区位于横断山区的金沙江、澜沧江、怒江中上游,平均海拔3 500米以上,高山峡谷相间,景象万千。这里有奇峰雪峰、原始森林、珍稀野生动物,形成了独特的立体型气候和自然景观;有新石器时代的村落遗址、恐龙化石、千年古刹、神山圣湖,构成了绚丽多姿的民族宗教文化艺术和人文景观。一切原始天然,充满着新鲜、神秘,能满足国内外游客猎奇、探险、冒险旅游的需要。主要旅游区有昌都、类乌齐、芒康等。

4) 阿里旅游区

本区位于西藏西北部，西邻克什米尔地区和印度，境内平均海拔 4 300 米。这里空气稀薄、光照充足、气候干旱、气温偏低，经济以牧业为主，农牧结合。阿里是西藏象雄文化的发源地，有神秘古远的古格遗风、独特的风土民情。主要风景名胜有古格王国遗址、冈仁波齐峰、玛旁雍错、班公湖等。

小思考

结合所学知识，谈谈如何开发西藏自治区的宗教文化旅游。

阅读材料

"长城向南延伸"——成都洛带金龙长城与湖南凤凰南方长城的运作比较

中国长城举世闻名，它在很大意义上已经成为和中国龙同等地位的中国的一种象征。历来都有"不到长城非好汉"的说法，到长城去看一看几乎是每一个国人都有的愿望。

根据历史文献记载，我国古代有20多个诸侯国家和封建王朝修筑过长城，现在我国新疆、山西、河北、北京、天津、吉林、湖南等省、自治区、直辖市都有古长城、烽火台的遗迹。除了享誉中外的北京八达岭长城和这些古长城以外，现在中国大地上还有另外两条长城出现在人们的视野当中，那就是四川省成都市龙泉驿区的金龙长城(图 7.11)和湖南省凤凰县的南方长城(图 7.12)。虽然没有秦长城的雄伟壮观、久负盛名，这两条长城却也越来越受到人们的关注。在资讯爆炸的现代社会，再好的景点都离不开良好的宣传规划和运作经营。成都金龙长城的早期推广活动做得并不成功，在后来的发展中有了一定的改善，但是经营状况还是不甚理想，并没有为当地的经济发展起到很好的带动作用。湖南南方长城的营销推广却很成功。

两者都是以长城资源为主要旅游项目，但是却取得了很不相同的效果，其中的原因是很值得探寻的。在此仅对两者各自的资源状况、宣传手段等做个简单的比较，以期寻找出一些可供参考的信息。

图 7.11 金龙长城

图 7.12　南方长城

1. 成都洛带金龙长城与凤凰湖南长城的经营状况

1) 金龙长城的经营状况

金龙长城位于四川省成都市龙泉驿区，它原属龙泉驿区金龙镇，2004年年底合并至龙泉驿区洛带镇。金龙长城是中国最大的仿真长城，伏卧九泉山，起于金龙湖景区大门，沿山脊而上至金龙寺，全长1 680米，高4米，宽3米，共有5个烽火台。金龙长城属于原金龙镇政府重金打造的金龙湖景区的一部分，于1999年开始修建，2002年即建成。从成都出发，乘坐到洛带的直达旅游车，50分钟左右就可到洛带镇，从洛带镇出发30多分钟就可以到金龙长城，交通便利。

金龙长城是由政府修建的旅游项目工程，目的是带动当地经济开发。但是修建金龙长城之前没有请旅游业专家进行科学的全方位的规划设计，建成之后的金龙长城没有收到良好的经济效益。当时的政府相关人员也缺少媒体宣传意识，从着手修建到2002年竣工，此期间没有进行相关的大型主题宣传活动，也没有邀请相关媒体前来报道，在长城建好之后同样没有进行专业的大规模的宣传推广。金龙长城在很长一段时间都处于无人知晓的状况，很少有人前往参观，也没有起到带动当地经济发展的作用。

虽然金龙长城早期的开发方案重点是张扬其长城特色，但是效果并不理想。人们通常认为它既没有八达岭长城的宏伟，也没有南方长城的秀美，甚至没有一点历史痕迹及人文典故。它的长城特色未能深入人心。

在金龙长城被划归到洛带镇后，政府出台了新的开发方案，金龙长城的宣传力度有所加大，其知名度也得到了相应的提高。新的管理者将金龙长城定位为休闲健身场所，并以成都市为依托，与洛带古镇结合开发，主要吸引作为观光游客主力的成都游客多次观光消费。

金龙长城休闲健身的品牌在成都市民和高校学生中有了一定的知名度，在节假日和周末有越来越多的游客前去观光。金龙长城的开发虽然较之以前有了一定的改善，但是整体上还存在很多问题。金龙长城想要得到进一步的发展，还应采取更为有效的发展战略。

2) 南方长城的运营状况

南方长城又称"苗疆边墙"，位于湘、黔、渝交界的武陵山区，主要遗存位于距凤凰县城十余千米处的廖家桥镇，是明朝政府当时进行军事封锁和民族隔离的工具。南方长城始建于明嘉靖三十三年(1554年)，竣工于明天启三年(1622年)。南方长城南起与铜仁交界的亭子关，北到吉首的喜鹊营，全长191千米，是中国历史上工程浩大的古建筑之一。城墙高约3米，底宽2米，墙顶端宽1米，绕山跨水，大部分建在险峻的山脊上，由凤凰县西的亭子关—阿拉营—拉毫关—镇竿城—得胜营—竿子坪长官司—乾州元帅府—喜鹊营构成。

凤凰古镇由于拥有众多名人故居而久负盛名，但是由于政治、经济条件及思想观念的限制，早年的文化旅游产业发展得并不好。凤凰古镇仅成为文人骚客"寻根"和美术系学生写生的对象，没有为当地人民带来良好的经济效益，反而成为当地政府年年"倒贴"的工程。

2000年凤凰县政府转变观念，重点发展旅游业。2001年，凤凰古镇被列为国家历史文化名城，当年凤凰县共接待中外游客37万人，比2000年翻了十番。有了明显的经济收益以后，凤凰县政府更加重视对当地旅游资源的开发。所以在发现南方长城这个旅游资源后，政府立即着手进行维修开发工作。第一次维修南方长城实际用时两个月，耗资700万元。凤凰县政府趁热打铁，又加修了两千米，连接上了常年云缠雾绕的梯子坎古堡，使业已残垣断壁的苗疆边墙变成了凤凰腾飞的"翅膀"。

2001年五一黄金周，南方长城正式对外开放。到2001年10月13日，短短的5个月就接待游客近20万人，门票收入突破百万元大关。眼见南方长城的发展势头良好，管理部门迅速在2002年4月20日起推出了包括沈从文故居、熊希龄故居、南方长城等景点在内的凤凰八景一票通制(门票为150元/人)，开通了将南方长城与其他知名景点结合起来的旅游路线，并将其纳入凤凰古镇游这个大的景区范围。为了更迅速快捷地将南方长城的最新动态及相关信息广泛传播，凤凰古镇的官方网站还开辟了专门的版面来介绍南方长城的相关消息。

2002年凤凰旅游门票收入1 850万，2003年凤凰古城旅游有限责任公司接手凤凰旅游，2006年凤凰古城门票收入近3 000万元，其中南方长城门票收入达到800万。现在南方长城已经成为湖南省重要的旅游景点，每年为湖南省的经济发展做出了重大的贡献。

2. 二者的运营策略比较

现代社会已经进入体验经济、娱乐经济和休闲经济时代，旅游作为重要的休闲方式，已成为人类精神生活当中的重要需求之一。随着生产力的发展，经济越发达，社会越进步，旅游消费越旺盛。在现代社会，一个地区的旅游业的发展对当地的经济发展有着至关重要的作用。金龙长城和南方长城都寄托着当地人民的厚望，希望它们的开发为当地的经济发展带来新的契机。但是如果没有进行科学有效的规划开发和运营，即使再丰厚的资源也不能为当地的百姓带来真正的好处。这里就两者的运营开发策略进行一个简单的比较，以找出两者的成功和失败之处，为以后的旅游开发提供经验和借鉴。

1) 二者可资利用的旅游资源分析

(1) 金龙长城和南方长城的资源开发优势。

① 一个旅游景点的发展需要有一个有着良好经济基础及消费能力的地方作为依托。金龙长城位于成都近郊，靠近著名古镇洛带镇。成都市是中国第四大城市，城市人口有1 000多万，有着巨大的消费能力。成都私家车拥有量为全国第三，仅次于北京和广州。西部大开发后，成都的经济条件及人们的消费观念有了极大的改变，人们对生活质量的要求提高了。成都地处平原，交通方便，人们大都有着周末出游的生活习惯。并且由于平原地区缺少山脉景观，爬山登高对于大多数成都人来说是比较新鲜和有吸引力的事情，很容易成为其周末出游的首选。2005年成都与重庆之间的城际列车开通，从重庆到成都只要4个小时。重庆人到成都旅游消费也更加方便。金龙长城有了一个非常巨大的客源地。

金龙长城于2002年竣工，各项基础设施牢固，长城景观完整，在较长一段时间内不需要投入大量人力、金钱及时间来对其进行修缮改造。金龙长城全长1.6千米，坡道起伏很好，随山就势，有急有缓，这样的路程对大多数人尤其是重视身体健康的中老年人来说恰到好处，既起到了锻炼身体的作用，又不至于太累，不会影响第二天的工作状态。

金龙长城顶上是一个有着千年历史的金龙寺。寺庙建筑本身增加了长城的观赏性，同时也丰富了长城的附属旅游项目。人们可以在庙中烧香许愿，或者吃吃斋饭，休息一下。金龙长城的游客数量增加后，也对金龙寺进行了扩大规模的重建，有望将其发展成为金龙长城上的一个重要的景点。

金龙长城脚下有一个金龙湖，湖旁边有一座情人索桥。虽然湖不大，桥也很短，但是如果好好规划，开发出一些附属的游乐项目(如划船)，也可以丰富人们的游玩项目。金龙长城周围风光秀丽，其田园气息对城市居民有着不小的吸引力。在金龙长城旁边还开发了一条樱花沟，春季风光十分美丽。随着季节的变化，周围的树林风光也在变化，加之清新的郊区空气和田园风光及附近各种各样的农家乐活动，都丰富了金龙长城的旅游资源。金龙长城所在的龙泉驿区是水果产区，政府主力推广其春季赏花、夏秋品果的农家乐活动(当初修建金龙长城也就是为了增加游乐项目，带动当地农家乐发展)。每年春季果树开花的时节，漫山遍野的锦绣春色十分诱人，吸引着众多的市民前去踏春赏花。而春游赏花又岂能不登高远眺，并且金龙长城就在附近，所以很多因踏春而来的游客也都成为金龙长城的游客。

② 南方长城也具有自己的资源优势。中国有南方长城一说，但长期以来并不为人所知。凤凰的人们也只是知道周围有一段很老的边墙，并不知道这就是南方长城。直到2000年4月22日，中华人民共和国住房和城乡建设部、国家文物局派出专家组在考察凤凰申报国家历史文化名城的过程中发现此长城，南方长城的存在才得到了现实的证据。当时参加考察的中国长城学会副会长罗哲文先生认定，这就是中国南方长城。他解释这个南方长城有堡、屯、卡、哨台、炮台、碉楼、关厢、关门等各类遗存点591处，长城墙体遗存85处(段)，具备疆界巡逻和堵截攻占等功能，完全符合长城的三个条件，即有一定的长度；与一般的城墙不同，不是封闭物，而是绵延不断的拓展；是完整的军事防御体系工程。接着，湖南省文物局又组织考古专家组，历经3个月时间在凤凰仔细考证，证实了这一结论。其形制、走向及相关的碉楼、炮台、炮楼、哨卡的样式与配置，在《凤凰厅志》与《苗防备览》中均有详尽的叙述并配有图示。南方长城是个实实在在的历史文化实体遗存，是研究明清两代对边远少数民族征服统治的鲜活史料。它就像一个活生生的综合文化载体，具有极大的历史文化价值和旅游观光价值。

第7章 旅游文化创意与策划的地域特征（西南地区）

南方长城保存比较完整的重点开发地段靠近凤凰古镇。这个地段交通网络较为发达，有319国道、枝柳铁路穿越县境，还有与张家界机场连接的高等级公路，交通便利。另外，南方长城距离张家界著名风景区仅4个小时的车程，这些都增加了南方长城对外地游客的吸引力。南方长城周围都是秀美的江南风景，南方山水和湘西风情为其增添了许多魅力。

(2) 金龙长城和南方长城的资源开发劣势。

① 金龙长城自身的特性也决定了它具有一些不可避免的缺点。长城在国人心中是一种古代文化的遗存，是传统文明存在的证明，甚至是我们民族的象征。参观长城是为了满足人们对古代文明的敬仰之情，感受古代劳动人民的伟大。可以说参观长城的仪式性作用要远大于登上一个古代建筑物本身的意义，所以人工新修的金龙长城和通常人们心中正宗的古代长城比起来，不仅是长度、宽度、烽火台及周边的自然风光的区别，更多的是文化内涵上的区别。

金龙长城的"年轻"使得它缺少悠久的历史背景和深厚的文化底蕴，而没有文化底蕴和历史渊源使它很难发展成为类似武侯祠、杜甫草堂这样的外地游客到成都来不得不去的地方。同时，作为长城，无论什么时候人们提到"不到长城非好汉"指的都是北京八达岭长城，这样的文化语境容易让前来观光的游客对金龙长城产生一种轻视的态度。像塑料花较之鲜花一样，它不容易在人们的感情上占有独特的重要地位。

金龙长城靠近洛带古镇，但是长城这一意象本身与周边的客家文化又没有一定的联系，有点不伦不类。在金龙长城建成后，也没有策划塑造出一个新的能够代表自身特色的文化品牌，在成都这样一个文化氛围浓厚的城市，就失去了自己独特的可识别性。在这个方面南方长城就成功得多，不仅极力宣扬了自己作为南方长城的历史优势，又重点打造了"南方长城杯"这样的文化品牌项目。

金龙长城虽然背靠比较丰富的休闲旅游资源——龙泉驿区的农家乐活动和成都市巨大的消费市场，但是金龙长城对自己与农家乐活动可以结合开发的优势没有好好利用，自身在成都地区的长城优势也没有好好地开发。

② 南方长城也有着自己的开发劣势。南方长城所处的湘西地区整体上经济并不发达，凤凰古镇规模较小，当地人们的消费能力有限，旅游收入主要是依靠外地游客。但是长途旅游成本高，对时间和经济的要求也比较高。有较强消费能力的成年人则通常要忙于工作，不可能常常到外地旅游。所以南方长城的客流量比较容易受到时节变化的影响，容易出现节假日过于饱满而平时就比较冷清的状况。在这方面金龙长城则更有优势，它靠近成都市也就靠近了巨大的客源中心。

同时，南方长城修建于明朝，经历了漫长岁月雨雪风霜的侵蚀，受到了很大程度的损坏，需要投入大量资金、人力和时间进行系统性的修缮工作。

与雄伟壮观的北方长城相比，南方长城的规模要小得多，遗留的地段也少得多。据湖南省苗学会会长龙文玉介绍，留下来的边墙只有3 000多米，其中连续的只有2 000多米，大量遗留下来的是碉堡、营盘，保存完好的有黄丝桥古城、舒家寨、拉毫边墙、凤凰县城东北墙等。这样一来，不仅可供开发旅游的地点和资源很少，而且不利于整体上的开发规划。并且自明清后，特别是近代以来，苗疆长城上的石块不断地被当地人拆去建房、垒坎、修水渠等，所以现在只能看到时断时续的城墙和少数的一些保存完好的城堡。南方长城到

189

底还保存了多少，还没有人沿线调查统计过，也没有一个确切的数据资料。

2) 二者的区域资源整合状况

一个地区如果仅仅开发一个独立的旅游景点很难成为气候，必须与周围已有的资源结合起来整体规划才能更好地发展。

(1) 金龙长城。据相关人士介绍，包括金龙长城在内的金龙湖风景区，最初是由换届已久的原金龙镇政府决策开发的。相关镇领导还组织人员在川内进行了调查，并专程前往八达岭长城"取经"。但曾参与过该项目的原金龙镇政府工作人员称，该工程的准备工作(包括设计、规划和资金)全由原金龙镇政府自己组织并完成，并未邀请旅游规划专家介入。由于修长城的时候没有请专家进行专门的规划，修建的金龙湖景区存在很大的资源配置不合理问题。旅游规划专家、四川大学旅游学院杨振之教授曾于 2004 年 4 月受当时新换届的金龙镇政府邀请，对金龙湖风景区进行了首次修建性详细规划。杨振之教授以专业人士的眼光来看这片已成形的人造风景区时，指出这是一个缺乏科学规划的工程，不论整体还是局部的设计，都极不合理。尤其这个完全与当地客家文化不沾边的长城，无论如何也不能与本地文化联系起来，显得很不协调。如果单从科学规划的角度进行评价，杨教授认为这个长城项目称得上是一个错误的工程。但是杨教授也肯定了金龙长城的存在价值，并且指出目前不可能再耗时耗工地将金龙长城拆掉，最好的办法就是在已有的基础上重新对金龙长城进行规划开发。

金龙长城靠近的洛带古镇是全国首批重点小城镇、国家级著名历史文化名镇，同时洛带古镇也是成都市确定的 30 个重点镇，是中国最大的也是唯一的客家古镇，因此又被世人称为"世界的洛带，永远的客家"。

2005 年 10 月 12 日至 14 日，世界客属第 20 届恳亲大会在成都举行，来自 20 多个国家的 155 个代表团共 3 000 多名来宾代表全球 8 000 多万客家人和 200 多个客属社团参会，畅叙情谊，共谋发展。洛带古镇则是大会的唯一分会场，洛带镇人民政府借这次契机，既狠抓古镇老街的保护、恢复与建设，又高度重视客家文化的开发利用，狠抓客家民俗活动的恢复和客家文化氛围的营造，为确定洛带在世界客家文化中的地位而努力。最终，洛带古镇以"天下客家第一镇"的形象正受到海内外客家人士和越来越多游客的关注。

洛带古镇旅游的兴盛，吸引了很多游客前来参观，其实也为金龙长城的发展带来了很大的有利条件。整个洛带古镇本身规模并不大，呈狭长的带状。人们不到半天时间就可以逛完整个古镇，通常人们都还有精力到附近景点参观，所以被洛带古镇吸引前来的游客也就成了金龙长城的潜在游客。但是洛带古镇在进行宣传推广的时候并没有将金龙长城提到一个重要的宣传地位，在整个洛带古镇上很难见到一个宣传金龙长城的醒目标志，也没有明显的关于金龙长城地理位置的路标。两者的宣传规划并没有真正地结合起来，对彼此的促进作用不大。但是南方长城在这方面就做得很好。在凤凰古镇的宣传资料及景点介绍上，南方长城都是非常重要的景点，有着详尽的资料介绍。这样不仅为南方长城带来了游客，也丰富了凤凰古镇的旅游资源。

自 2004 年起，洛带镇政府对金龙湖乡村旅游度假区进行了重新规划，大力实施古街综合整治及配套设施建设，同时全力打造金龙湖乡村旅游度假区。在市区内向多个年龄段、不同层次市民进行调查后的初步结果显示，金龙长城对于那些重视健身娱乐的市民，尤其是那些热爱登山等体育锻炼的中老年人比较有吸引力。于是政府在新的发展规划中开始强调其强身健体的运动休闲功能，弱化其作为长城与客家文化的不协调的尴尬身份。由于金龙湖景区距离古镇核心保护区仅5千米，因此作为古镇旅游区的拓展延伸项目，景区将与客家移民会馆、古街旅游相得益彰。政府相关领导人表示将以客家文化为载体，以金龙湖和附近的柏茂山等美丽的自然风光为背景，以古镇核心保护区为依托，充分挖掘客家文化的内涵，将这里打造成为成都近郊的知名休闲度假旅游胜地，并开发一条联系二者的集观光、健身、娱乐于一体的旅游路线。

(2) 南方长城。整个南方长城规模很大，但是遗存下来的经过修缮后能够作为旅游景点开放的地段并不多，单独以南方长城的品牌进行宣传和规划是不现实的。为此凤凰县确立了将南方长城与凤凰古镇进行整体开发的思路。

南方长城的一大优势即它毗邻历史文化名城凤凰古城。凤凰古城曾被新西兰著名作家路易•艾黎称赞为中国最美丽的小城。凤凰是一个人杰地灵的地方，这个地处西部的少数民族边陲之地出过不少著名人物。其中英名远扬的有民国内阁总理熊希龄，世界文坛巨匠、世界乡土文学之父沈从文，享誉世界的画家、画坛"鬼才"黄永玉，曾享誉京沪的名旦云燕霞等，除此，还有在浙江抗英的民族英雄、浙江处州镇总兵郑国鸿，讨袁护国、反对封建复辟的西南护国军参谋长朱湘溪，辛亥革命光复南京的敢死队队长、护国将军田应诏……

沈从文的一篇《边城》使得凤凰古城成了众多人梦里都想要来的地方。作为众多名人的故乡，凤凰古城不仅提高了知名度，并且增加了景点的数量和可观赏性，如沈从文故居及黄永玉的夺翠楼等。

除此，这里有数以千计的美术爱好者勤奋作画，被誉为中国的"画乡"。至2009年，在凤凰古城被联合国授予证书的民间工艺大师就有六位，他们的工艺作品或被艺术馆收藏，或被艺术名家收藏欣赏。

中原文化和当地巫文化在这里交汇融合，张扬出了凤凰特有的楚巫文化。这一特有的文化禀赋造就了凤凰古城。特定的历史背景和独特的地理位置，使凤凰成为中国南方文化的"炼丹炉"。凤凰古城由于其特别的苗侗风情，以及作为众多名人的故乡而成为旅游热点。而凤凰镇整体开发的一系列景点，如奇梁洞溶洞奇观、黄丝桥古城、山江苗族博物馆、山江苗寨、西门峡漂流等周边旅游项目，又增强了对人们的吸引力，也有利于带动位于其附近的南方长城的发展。同时南方长城自身的文化历史背景与凤凰古城的品牌形象并不冲突，而且还有很大的共通性。南方长城与周围的旅游资源进行了很好的结合，而且还与著名景点张家界风景区遥相呼应，当地政府将其与同一个区域内的众多景点结合起来共同规划和开发，这样就产生了一种多赢的效果。

3) 二者的宣传推广策略

(1) 金龙长城。早期的金龙长城缺少宣传，不为人所知，也就没有起到带动经济发展的作用。2004年12月《成都晚报》记者在采访过程中无意发现这条长城，十分惊讶。当时记者立即向10位市民电话询问是否知道成都建有长城，仅一位张先生称："听说过，没见过。"其余9位均表示相当吃惊，不过接下来的反应全是想要去看看。可见成都周围有长城这一事件对人们还是有一定的吸引力的，也具有一定的新闻宣传价值。如果当初政府和媒体好好合作、规划，肯定能大大提高金龙长城的知名度。而有知名度就能吸引游客前来，就能带来经济收益，进入一个良好的旅游产业发展循环。

金龙长城划归洛带镇后，政府出台了新的开发方案，对金龙长城的宣传力度有所加大，如政府于 2005 年在金龙长城举办过成都民俗文化节之第五届洛带客家水龙节活动。但是这些活动的规模不够大，没有进行专业的整体宣传规划，活动对金龙长城的品牌宣传和塑造没有起到很好的效果。

现在网络资讯越来越发达，人们已习惯于到网络上获取信息，网络成为很多出游者获取景点相关信息的主要渠道。网络上的宣传和评价，对一个景点的发展有着不可低估的影响力。但是金龙长城并没有建立专门宣传推广自己的官方网站。关于金龙长城的信息大都出现在一些"一家之言"的网络日志或者是一些论坛中，其可信度和时效性都不强，游客很难在其中找到有效的客观准确的信息。

总之，金龙长城宣传推广效果整体上并不理想，还需要进一步的改进。

(2) 南方长城。南方长城因其特殊的历史文化价值使得它一面世就受到了众多媒体的关注，在国人心中有了一定的知名度。同时当地政府相关部门对南方长城的宣传推广活动更为迅速、专业，也更为成功。自 2000 年罗哲文教授等一行来到湖南省凤凰县意外发现南方长城起，当地政府立即着手对其进行了修缮开发，并很快推出了一系列的宣传活动。

2003 年凤凰古城旅游有限责任公司董事长叶文智策划了主题为"棋行大地，天下凤凰"的"南方长城杯"中韩围棋邀请赛。叶文智颠覆了传统围棋比赛的理念，把武童当作棋子置于大棋盘上，配以声声苗鼓，盛装的苗族少女在长城上起舞。2003 年的首度比赛就邀请了常昊九段与曹薰铉九段两位著名棋手进行比赛，比赛时仅一天就投入了 300 万的比赛资金，不可不谓大手笔。新颖的比赛形式、著名的比赛选手、巨额的比赛资金，使"南方长城杯"围棋赛一炮而红，在全国拥有了知名度。并且"南方长城杯"围棋赛成为南方长城上两年一届的固定传统，成了南方长城的一张文化品牌项目。

2005 年第二届"南方长城杯"业余围棋大赛于 9 月举行。有 400 名头戴黑白斗笠、身着黑白棋服、手执各种兵器的南北少林武童担当棋子，他们在南方长城上的大棋盘上当场再现了常昊九段与李昌镐九段对局的棋局。除了武童、苗鼓外，还请来了歌唱家、评书家现场表演，并为赛事定做了气势恢宏的主题歌。同时，在比赛的 30 天前就开始在每晚的湖南卫视新闻联播中进行报道，并且邀请到湖南卫视、旅游卫视、贵州卫视、韩国围棋电视台直播其比赛过程。

2007 年 9 月 9 日举行了第三届比赛，请来了凤凰画家黄永玉和文化名人余秋雨、于丹现场论道，还让中国苗鼓与韩国大鼓对撼，并在沱江边上摆开数百古筝。比赛中歌声悠悠，鼓声咚咚，古筝袅袅，余秋雨、于丹坐而论道，一场以棋赛为主的文化大戏让南方长城再一次牢牢地抓住了观众的眼球。

叶文智曾明确表达过他创办"南方长城杯"围棋赛的目的，是想以文化活动丰富南方长城的景观及内涵，并最终塑造南方长城的文化品牌。事实证明他的做法是非常正确的。2005 年举办"南方长城杯"业余围棋大赛以后，南方长城的知名度迅速飙升，大大提升了景区的吸引力和竞争力。举行中韩围棋赛这样的比赛，既能吸引媒体的关注，为南方长城宣传造势，又符合中国南方长城的文化身份，有助于南方长城塑造自己良好的品牌形象。在这一点上南方长城对金龙长城有着很好的借鉴学习作用。

2005年12月28日，在南方长城上还组织了由国家体育总局主办，湘西自治州州委、州政府承办，凤凰县人民政府、凤凰古城旅游有限责任公司协办的2006年中国体育彩票"南方长城杯"新年登高健身活动。这次活动的成功举办又为南方长城的知名度起到了良好的宣传作用。

中央电视台CCTV 4的《走遍中国》栏目于2007年3月26日～4月1日推出了《走遍中国·神秘湘西》系列，其中就有专门的一期节目为《寻找南方长城》。

在这一系列的成功活动的作用下，南方长城已经在人们心中成功地塑造了自己的品牌形象。

4) 二者的收入来源分析

一个旅游区的发展只靠门票收入是远远不够的，何况很多景区是不收取门票的，它的主要经济来源是吸引游客在这里购物吃住和其他各种消费，以及潜在的由旅游业的兴盛而带动的投资商投资开发。

金龙长城采用免收门票的方式来推广，免收门票虽然能够吸引游客，但也失去了一定的经济来源。并且金龙长城没有开发出富有特色的旅游附属产业，其周围开发配套的旅游玩耍项目有限，只有一个孤零零的长城建在山脊上，未免显得单一。在长城脚下也有一些附近的农民在出租马匹，人们可以骑马在周围走一圈，感受一下骑马的乐趣。但除此之外就没有其他娱乐项目了。长城上虽有一些小的铺子卖水或一些其他零食，但是没有特色，人们也很少消费。在长城脚下有一个四层楼的山庄，由于长期客流量少，已经是一幅关门大吉的样子。没有固定的经济收入，就很难有大量资金投入到对其下一步建设开发中。

相比之下，南方长城收取了价格不菲的门票，有固定收入来源。南方长城靠近的凤凰古镇基础设施比较完善，供前来的游客消费的物品比较丰富。同时由于南方长城地处湘西，苗疆风情浓厚，当地相关部门将自己的文化融入了旅游纪念品，像长沙窑，湘西的扎染、蜡染，张家界的砂石画等，让游客带回去，让他们在感受湖湘文化的同时，也传播了湖湘文化。

但是金龙长城和南方长城在纪念品的开发上都还存在着一个共同的缺点，两者都没有开发出具有长城特色的纪念品，这样既不能起到形象宣传作用，又减少了一项重要的经济收入。

3. 结语

总体上来说，金龙长城和南方长城的发展模式有很多相似之处。它们都是在21世纪才进入人们的视野，是在北京的八达岭长城久负盛名的文化背景中打出的两张"长城牌"，都靠近一个经营已经比较成功的古镇，发展策略也是和周围的古镇组成联盟，以寻求共赢。

但是二者也有很大的区别。金龙长城相对于南方长城不那么具有优势。就人们的消费心理来说，如果将金龙长城看成是一个健康活泼的"小家碧玉"，南方长城则就像是没落的"贵族小姐"，两个都是待字闺中的少女。"贵族小姐"虽然已不复昔日光辉，但系出名门，修养深厚，观之则有大家风范，让人不得不动心。金龙长城虽然没有大家闺秀的家庭背景，但是"小家碧玉"也颇有姿色，而且温柔可亲，也有自己的吸引力。人们对二者的选择，就要看个人喜好，但是不是每个人都有机会目睹二者的风采，然后决定自己更愿意迎娶哪一位。所以两位闺秀想要嫁到好婆家以获得良好的发展，"媒婆"也就是宣传策划的作用不容忽视。就这个方面来说,南方长城更加成功。

金龙长城和南方长城自身的资源条件决定了二者不可能取得同样的发展,需要对自己进行准确的定位。金龙长城很难发展成为一个在人们心中有着特殊文化象征、抚今追昔发思古之幽情的旅游景点。但是它地处成都郊区,在休闲文化之都有着自己的独特之处。如果金龙长城将自己定位为努力发展成成都近郊的健身休闲之地,以吸引成都游客的多次消费,那么金龙长城完全可能取得良好的发展。

南方长城则具有更大的开发潜力。作为明长城的遗存,它完全可以充分发挥自己不同于北方长城的特色,成为人们了解古代边疆政策历史的鲜活史料,在人们心中形成不同于北方长城的文化形象。对南方长城的开发应该使用国际化的视野和宣传策略,在国际上推出自己的品牌,使之成为一个具有全球知名度的旅游景区。

由这两个长城的运营例子可以看出,对新兴的旅游景点的开发,首先需要专业化的科学的规划设计,并合理地利用资源,要联系周围环境,取得整体发展。与此同时,品牌的宣传营建也非常重要,通过成功的活动策划建立起旅游景点在人们心中不可替代的形象,这样才能使旅游景点得到真正的长足发展。

(资料来源:蔡尚伟,刘锐. 文化产业比较案例[M]. 北京:中国传媒大学出版社,2009.)

小思考

阅读以上材料,总结金龙长城与南方长城宣传运作方式的异同,以及取得效果的差异在哪里,并尝试以自己的创意理念对之进行策划。

本章小结

本章介绍了西南地区各省市已开发及极具开发潜力的旅游资源,包括民俗风情、历史文化、文物古迹、建筑艺术等,分析了西南地区自然地理环境和人文地理环境的区域特征。通过对西南地区区域文化内涵与特征的分析,结合大量应用案例、阅读材料,让学生在了解本地区旅游资源环境及重要旅游景区景点概况的同时,对其发展现状及发展趋势有了直观把握。在此基础上,锻炼提升学生的创意策划能力,即结合所学知识,设计西南地区不同旅游资源主体的旅游线路、旅游形象,针对市场创新性地开发西南地区的旅游产品,为区域旅游业发展贡献创意策划理念。

复习思考题

一、名词解释

1. 火把节
2. 扎什伦布寺
3. 高峡平湖
4. 象雄文化

二、单选题

1. 西藏自治区位于祖国的西南边疆，面积约( )万平方千米。
   A．123　　　　B．140　　　　C．95　　　　D．110
2. 有"公园省"美誉之称的省份是( )。
   A．云南　　　　B．贵州　　　　C．西藏　　　D．四川

三、多选题

1. 贵州自然景观中的"三奇"是( )。
   A．山　　　　　B．水　　　　　C．洞　　　　D．林
2. 下列名山位于四川省的是( )。
   A．长白山　　　B．青城山　　　C．峨眉山　　D．兴隆山

四、简答题

1. 简述西南地区区域文化内涵与特征。
2. 简述四川省旅游资源与环境概况。
3. 简述云南省旅游开发现状及发展目标。

五、思考题

结合所学知识，尝试设计西南地区以历史文化旅游资源为主体的旅游线路，分析应如何针对市场开发西藏旅游区的旅游产品。

课后阅读

山水国画长卷

在四川绵阳江油市的老君山藏王寨景区，有三条溪流不断、景色秀美的山谷。其中一条最美的叫藏王谷，后来更名为蝶溪。蝶溪的特色是幽静自然的生态美，山谷中的溪流自上而下，逐级形成了八条姿态各异的奇特瀑布，被称为"蝶溪八瀑"。以贯穿山谷上下的瀑布、溪水、山石、林木为背景，配以十组古代人物的雕塑和山林建筑，情景化地打造出了一幅自然环境中的山水国画长卷。"蝶溪八瀑"是全国第一条人工和自然巧妙结合的山水国画长卷。

在蝶溪美丽的自然背景中，增添的人物雕塑景观有渔翁垂钓、村姑提水、树下弈棋、面瀑扶琴、樵夫砍柴、老叟采药、栈道背硝、竹亭观书、仕女扑蝶、顽童戏水等十景。与古代人物雕塑相衬托的有五座景观建筑，即木屋、茅屋、石屋、竹屋和草亭。在约有3 000米长的峡谷溪流中，每隔200米就有一组这样的观赏小品。串联起来，就成为一幅精美的山水国画长卷。

在以草、木、石、竹为原材料的五座山林建筑中，还分别展示了长卷文化、奇石文化、茗茶文化、古乐文化和蝴蝶文化等五种文化内容。例如，展出了十多幅字画描绘蝶溪八瀑

的长卷文化；以产自老君山的著名黄豆石、钟乳石、硝石和化石，讲述了老君山一个个美丽的故事，再配上内蒙古的沙漠玫瑰石、南京的雨花石及鸡血石和木变石等奇石20多种供游客观赏，并展现了美妙的奇石文化；蝶溪的中途还设有一个休息的小茶馆，以宣扬我们民族的茗茶文化；在和面瀑扶琴的长卷形象相对应的地方，还建有一个古乐亭，来展示古乐器和古牙文化；在蝶溪的最下端，有一个蝴蝶展，展出了蝴蝶标本、世界名蝶的照片及各种精美的蝴蝶工艺品，离此不远处，用尼龙细网围起了一个蝴蝶生态园，放养、繁殖着老君山各种美丽的蝴蝶，也有引进的云南名蝶，供游人观赏，同时宣扬蝴蝶文化。蝶溪入口处立着一块巨石，上刻"蝶溪八瀑，山水画卷"八个大字，点出了蝶溪游线的主题。

游客可以观看秀丽的自然景色，欣赏姿态各异的瀑布溪流，拍摄山水国画长卷中的小品或精彩片段，尽情享受全国第一条山水国画长卷优美的自然意境和文化意境。

(资料来源：陈世才. 玩家创意：旅游产品的设计与创新. 北京：北京理工大学出版社，2010.)

第8章　旅游文化创意与策划的地域特征(华北地区)

教学目标

知识要点	掌握程度	相关知识
华北区域与区域文化	掌握	华北区域的地理范围、华北区域文化的地理特征
华北自然地理特征与区域文化内涵	掌握	华北自然地理特征及区域文化内涵
华北区域旅游地理概述	重点掌握	华北区域旅游资源的特征、华北旅游亚区(京、津、晋、冀、豫、鲁)旅游资源概述

技能要点

技能要点	掌握程度	应用方向
华北自然地理特征及区域文化内涵	熟悉	认识本旅游区的自然与人文地理环境特征,了解旅游地理环境对该区旅游文化创意与策划的影响
华北区域旅游地理概述	重点掌握	分析本区发展旅游业的优势与劣势,掌握本区独具特色的重要旅游景区景点,了解本区主要的旅游景点及旅游线路,为旅游景区策划、规划及旅游地项目建设奠定基础

导入案例

"诗经之都，中华文学发源地"——中国河间策划案

河间古称瀛州，地处冀中平原腹地，位于今河北省内，属沧州市管辖，居京(北京)、津(天津)、石(石家庄)三角中心，环渤海经济区。众所周知，城市(区域)综合体的主题定位是一个系统工程，在信息化社会，消费者的消费方式发生了很大变化的今天，商务、休闲、购物的多元化、个性化与情感化的倾向越来越明显。因此，应根据不同群体消费者的不同需要、消费心理特点、区域文化，参考不同功能的不同特质，确定城市综合体的主题定位，而后在空间处理、环境塑造、形象定位与城市综合体内外的有机联系方式等方面对城市综合体进行一致性表现，形成具有代表性的品牌度，使其真正起到城市品牌展示和宣传的中心作用。

我们通过对河间历史及现代文化的解读，发现河间不但拥有以河间府衙为代表的府衙文化，还有以毛家诗为代表的诗经文化，以齐会战役贺龙元帅指挥所旧址、黑马庄解放石家庄、青沧战役朱德总司令指挥部旧址、白求恩大夫战地手术纪念馆为代表的红色文化，以驴肉火烧为代表的美食文化等。这些文化的集中体现就是愉悦、进取、拼搏、创新精神，而这种精神最优秀的表现形式就是诗经文化。

《诗经》是我国第一部诗歌总集。由于其丰富的内容及在思想和艺术上的高度成就，在中国以至世界文化史上都占有重要地位。它开创了中国诗歌的优秀传统，对后世文学产生了不可磨灭的影响，可谓是中华文学的光辉起点。今天我们看到的《诗经》，都是源自河间毛诗一派的传本。由此，河间自古就被誉为"诗经发源地"，其实，也是名副其实的中华文学发源地。

《诗经》的影响是世界性的。日本、朝鲜、越南等国很早就传入了汉文版的《诗经》，从18世纪开始，又出现了法文、德文、英文、俄文等译本。《诗经》中的乐歌，原来的主要用途，一是作为各种礼仪的一部分，二是娱乐，三是表达对于社会和政治问题的看法。但到后来，《诗经》成了贵族教育中普遍使用的文化教材，学习《诗经》成了贵族人士必需的文化素养。这种教育一方面具有美化语言的作用，特别是在外交场合，常常需要摘引《诗经》中的诗句，曲折地表达自己的意思。这叫"赋《诗》言志"，其具体情况在《左传》中多有记载。《论语》记孔子的话说："不学《诗》，无以言。""诵《诗》三百，授之以政，不达；使于四方，不能专对，虽多，亦奚以为？"可以看出学习《诗经》对于上层人士及准备进入上层社会的人士，具有何等重要的意义。另一方面，《诗经》的教育也具有政治、道德意义。《礼记·经解》引用孔子的话说，经过诗教，可以导致人温柔敦厚。《论语》记载孔子的话，也说学了《诗经》可以"远之事君，迩之事父"，即学到侍奉君主和长辈的道理。按照孔子的意见(理应也是当时社会上层一般人的意见)，"《诗》三百，一言以蔽之，曰：'思无邪'。"意思就是，《诗经》中的作品，全部(或至少在总体上)是符合当时社会公认道德原则的，否则不可能用以教化。作为中国文学的主要源头，《诗经》一直受到历代读书人的尊崇，经历2000多年已成为一种文化基因，融入华夏文明的血液。

由此可见，河间"诗经之都，中华文学发源地"的主题定位是实至名归、有根可循、有据可依的，绝非浪得虚名。诗经文化价值的开发，涉及社会的方方面面，河间也就成为诗经文化追根溯源的最本源的载体，为诗经文化的开发与传播提供了最核心的资源支持。河间保护与传承了诗经文化，诗经文化也会成就河间。

(资料来源：http://www.chinacity.org.cn/cspp/csal/79742.html)

第8章　旅游文化创意与策划的地域特征(华北地区)

华北地区包括北京市、天津市、河北省、山西省、河南省、山东省六个省市，人口约3亿，占全国总人口的23.7%，面积69.78万平方千米，占全国的7.3%。可见本区是一个面积只占全国1/13，但人口却为全国近1/4的客源大区。华北地区是中华民族的发祥地之一。早期的周口店人、山顶洞人曾在这片土地上繁衍生息。我国历代的政治、经济、文化中心也多在本区，是我国古代悠久灿烂文化的摇篮。华北旅游区正是以其独特的地理位置和丰富的自然、人文旅游资源，构成了以浓厚的历史文化积淀为主要特色的区域共同体，在全国独占鳌头。例如，北京、开封、洛阳三大古都均在本区。我国古代的三大建筑群、五岳之首泰山、中国三大石窟艺术中心之一的云冈石窟等，都在我国旅游资源中占有显赫的地位。

8.1　华北区域与区域文化

知识扩展

中国最美的十大峡谷之一——太行山大峡谷

太行山大峡谷(图8.1)山高谷深，形成了大起大落、大空间大节奏的雄伟景观。大峡谷将山的静态美与水的动态美鬼斧神工地融为一体，衍生出美学价值极高的地质地貌景观。它的不同凡响不在于某段峡谷，而在于以拒马河、滹沱河、漳河、沁河及太行八陉为脉络，构成了一个在南北长600千米、东西宽250千米的范围内，气势恢宏、博大精深的太行山峡谷系、峡谷群。其中，王屋山地处太行南麓，愚公移山的故事就发生在这里，断崖、飞瀑、幽谷、清泉为其主要特色，点缀以古老的道教文化，有"天下第一洞天"之誉。与之东邻的云台山，瀑布壮观，盆景峡谷独特，"尺寸之中"荟萃山川精粹。太行东麓的苍岩山危崖绝壁、丛林苍郁，殿阁楼台横跨峭壁。嶂石岩地处太行山东麓，具有宏壮、险峻的整体美和嶂、石、套、栈等个性美。野三坡位于太行与燕山交接处，雄、险、奇景观为华北地区罕见，极富原始野趣。

图8.1　太行山大峡谷

(资料来源：http://baike.baidu.com/view/23581.htm)

1. 独特性和垄断性旅游资源丰富且历史文化旅游资源密集

本区的旅游资源不仅有地质、地貌、气候、水体、生物等大量的自然旅游资源，而且有历史遗迹、古城及古建筑、古典园林、古代陵墓、民俗风情和宗教等丰富的人文旅游资源，特别是本区的古人类遗址、四大古都、中国古代三大建筑群、古代皇家园林等，具有垄断性和高品位，是"皇家级"的旅游区域。本区的风景名胜众多，有中国十大风景名胜的万里长城、北京故宫、承德避暑山庄，有属于"中国旅游胜地四十佳"之列的泰山风景区、秦皇岛北戴河海滨等以自然景观为主的旅游胜地，有北京大观园、曲阜"三孔"、颐和园、明十三陵、避暑山庄等以人文景观为主的旅游胜地。全区共有国家级的重点风景名胜区20个，历史文化名城99个，全国重点文物保护单位200多处，此外还依据文物古迹的价值，分别确定了县(市)、省(自治区、直辖市)的文物保护单位。从其分布来看，在华北地区相对较小的区域里，却分布着这么多的旅游资源，可以说是全国旅游资源分布最密集的区域。

2. 各种旅游资源交相辉映

本区是人类活动最早的区域之一，先后建有以四大古都为政治、经济、文化中心的文明社会，人类活动的遗迹也在这片土地上越积越厚。例如，在京冀、齐鲁、中原等地区分布着历史时期的皇家和名人的古建筑、陵墓、园林等，其规模与完整性是其他区域所不能相比的。特别是本区的历史文化名城，在较好的保存历史文化遗迹和进行开发的同时，并没有只保护而不发展，由于建筑设计的巧妙用心使古代建筑与现代建筑和谐统一在了一起，共同组成了区域的特色旅游资源。例如，北京的长安街、平安大街、王府井大街虽然具有现代化的风貌，但两侧众多的文物古迹仍然展现着它们往昔的神采，共同塑造着今日的北京。

有的旅游资源具有时令性，往往每年只有几个月能开展具有规模的旅游活动，但区域的整体性发展，弥补了个别旅游资源的某些不足。例如，青岛崂山风景区是一个以海滨旅游资源为主要特色的旅游胜地，因而旅游旺季是夏季，但是近几年因历史文化旅游资源的进一步开发和旅游娱乐场所的增多，使其成为一年四季都由不同的特色旅游资源组成的满足人们不同需要的区域旅游资源整体，从而具有了强大的吸引力。同时随着小区域的整体目标的建立，也使得区域内的旅游资源朝一个共同的方向发展。例如，秦皇岛市即将建成为一个生态型、国际型、现代化的临海港口旅游城市，相应的我们可以看到一些新兴旅游资源的开发，使秦皇岛的旅游资源由单一的滨海旅游资源向多元化发展。

3. 文物古迹分布大多集中成点与小密集带

本区的文物古迹众多，分布广泛，从北面的长城到南面的南阳卧龙岗，从西边的壶口瀑布到东边的山东威海，形形色色的文物古迹不能尽数，但其中的四大古都、中岳嵩山、东岳泰山、曲阜"三孔"及中国古代三大建筑群等构成了本区的旅游亮点。同时它们在小范围内形成了密集地带，如京津冀北带、鲁中南带，在旅游活动中具有经济和时间效率的绝对优势，进而使一些并不十分有特色的旅游资源占尽了地利优势，而名声远扬。相反，一些较为分散的具有较高价值的文物古迹似乎就被人们淡忘了。例如，济南、泰山、曲阜一线一直是华北地区旅游的热点，区域中的大汶口遗址乘机发展起来，而相距不远的齐都临淄和孟子故里邹县就乏人问津了。

4．以大城市为中心的旅游资源分布呈依次递减的环状带

旅游资源的形成一方面靠自身的优势，特别是自然旅游资源和地域的差异对其形成了决定性的影响，但人文旅游资源更主要的是人类活动的影响和对旅游资源的有意识开发，因此，人为因素往往决定了旅游资源的经济文化发展水平。在本区较大的城市附近往往旅游资源丰富，便于城市居民的休闲娱乐，构成了城市功能的一部分，此种现象以北京最为明显。北京是我国的政治、文化中心，人口众多，因此为解决城市居民的旅游需求，在周边的区、县甚至河北的一部分开发了大量适合短期旅游的风景区，如房山十渡、怀柔碧溪湖、延庆龙庆峡等，这样就形成了以城市为中心的文物古迹旅游资源与周边自然旅游资源相结合的城市旅游资源布局。由于人们的需要程度不同，城市中心最为密集，向外依次递减。交通成为主要的制约因素，在一些小城市更为明显。但北京的个别旅游资源，如八达岭长城、明十三陵除外。本区形成的城市环带主要有济南、青岛、烟台蓬莱、曲阜、济宁、淄博、太原、大同、临汾、石家庄、邯郸、秦皇岛、沧州、北京、天津等。在本区中，众多的或大或小的旅游资源环带覆盖了几乎全区，但不是所有的地方都有旅游资源可开发，一些地区相对薄弱，冀中南地区就是本区旅游资源分布与开发的薄弱地带。

5．旅游资源区域分异明显

1) 京津与冀北亚区

本亚区是以北京为中心，由承德、天津、秦皇岛组成的，并以古都、古代皇家建筑群和皇家园林、温带海滨为主的"皇家级"旅游资源而闻名。北京是首都，历史悠久，古迹众多，建筑宏伟，有高品位的教育、科技旅游资源；承德气候条件适宜，避暑山庄规模宏大；天津有华北地区的对外贸易口岸——塘沽港和市区内文化仿古建筑群；秦皇岛附近有北戴河、南戴河、昌黎等海滨风景区，是温带地区的主要避暑胜地。

2) 太行山以西亚区

太行山以西是黄土高原，有壮观的黄土景观，以五台山、北岳恒山为主的山寺构成了本区的主要特色。其中太原的双塔寺，洛阳的白马寺，大同的云冈石窟、华严寺，应县木塔，五台山的显通寺、佛光寺、南禅寺，恒山的悬空寺，芮城的永乐宫等，都具有盛名。

3) 冀中南亚区

冀中南除了赵县安济桥、邯郸响堂石窟等历史遗迹以外，最有特色的是现代革命遗迹和爱国主义教育基地，如清苑冉庄地道战遗址、西柏坡中共中央旧址、石家庄白求恩柯棣华纪念馆、涉县八路军一二九司令部旧址等，本亚区与其他亚区相比历史文化遗存略显逊色，但革命遗迹是本亚区的最大旅游热点。

4) 河南亚区

河南作为中华民族的发祥地之一，历史文化遗迹十分丰富。本亚区有我国古代文化遗迹，如仰韶文化遗址、大河村遗址等；有历史遗迹，如观星台、钧台钧窑遗址等；有古聚落遗址，如商代都城遗址、郑韩故城、汉魏故城等；有古战场遗址，如官渡古战场、新野古战场等；有古代陵墓，如北宋皇陵，许慎墓、东周帝王陵寝、张衡墓；有名人故里，如杜甫故里、玄奘故里、苏子由旧寓、岳飞故里等；有众多的寺庙，如白马寺、少林寺、乾明寺、安国寺、关林等；有古塔，如嵩岳寺塔、开封铁塔、少林寺塔林、开封繁塔、天宁寺三圣塔等；有著名的石窟碑刻，如龙门石窟、浚县千佛洞、千唐志斋、曹魏三绝碑等；有古建筑群，如相国寺、中岳庙等；此外还有众多的历史革命遗迹、名园景区、著名的现代工程等。可见，河南亚区是全区中历史文化遗迹最丰富、时代最完整的区域。

5) 鲁中南亚区

鲁中南是以泉城济南、东岳泰山、曲阜"三孔"为中心的集名山、历史文化于一体的亚区，历来是旅游资源开发得最充分、开发历史最悠久的地区之一。同时自然景色与人文历史紧密结合也是本亚区的特色，如经石峪等，这种混合型景观在本亚区内不胜枚举。

6) 胶东半岛亚区

本亚区包括以山海风光为特色的以青岛、烟台、蓬莱为核心的沿海旅游资源亚区。独特的地理位置与特有的海滨地貌景观让本亚区始终保持着较高的旅游地位。例如，青岛是著名的海港和旅游避暑胜地，加上海滨小城市优美的城市建设、典雅的古典风格建筑，形成了独特的景观群，令人流连忘返。

6．全国与地区旅游资源的焦点——北京

北京是我国旅游业最发达和全国旅游资源最密集的城市之一，也是旅游资源数量增长最快的地区之一，本区既有中国典型的古都风貌又有现代大都市的繁荣景象，既有众多的名胜古迹又有种类繁多的现代娱乐旅游设施，既有悠久的历史文物古迹又有现代科技旅游场馆，是一个历史与现代、古文化与新科技交融并存的综合旅游城市。在历史文化遗迹方面，北京曾是历史上金、元、明、清等朝代的都城，有周口店中国猿人遗址，有被誉为"世界奇迹"的万里长城和著名皇家建筑群——故宫，有天坛、地坛、月坛等皇家庙坛，有颐和园、北海公园、景山公园等皇家园林，有明十三陵等皇家陵墓，有八大处、卧佛寺、大钟寺等文物古迹，有香山、紫竹院、玉渊潭等自然、人文风景公园，有天安门、北大红楼、卢沟桥等革命纪念地，有国家博物馆、中国人民革命军事博物馆、地质博物馆、中国古生物博物馆、中国航空博物馆等多种类型的国家级博物馆，有圆明园等历史遗迹……在现代城市旅游资源方面，有王府井、西单、大栅栏等现代商业街，有北京世界公园、北京游乐园、北京九龙游乐园、北京石景山游乐园、北京昌平国际高尔夫球俱乐部等旅游娱乐场所，有房山十渡旅游度假区、延庆松山风景区、密云水库风景区等众多的旅游度假区，有中国科技馆、国家图书馆、中关村上地信息产业开发区和以清华、北大等名校参观为卖点的信息科技教育旅游资源，有平安大街、使馆区的特色一条街等旅游资源，有国家体育场("鸟巢")、国家游泳中心("水立方")、工人体育场等大型体育场馆，以及时令性的旅游资源，如香山红叶节和大型的国内外赛事、会议等。不难看出，北京的旅游资源种类丰富，形成了以古迹、文化、科技为主的旅游资源特色，其优势与地位是其他地区所不能比拟的。

7. 民俗民风悠久古朴与风物特产丰富

本区作为中华民族长期繁衍生息的沃土，有着悠久古朴的民风。本区有北京四合院、老舍茶馆、天桥乐园、天津杨柳青和潍坊的杨家埠年画、河北吴桥杂技、山西乔家大院、河南开封宋都御街等，还有诸多重要的汉民族节庆，如吴桥国际杂技节、北京地坛庙会、山东潍坊风筝节、河南少林寺武术节等。本区的风物特产也十分丰富，以文化艺术为主要特色，如北京的京绣和开封的汴绣、河北唐山和山东淄博的瓷器、北京的工艺品景泰蓝、北京漆器、北京泥塑、天津的泥人张、河南朱仙镇的年画、河南南阳的独山玉、山西新绛县的澄泥砚等。此外，本区的饮食文化也颇负盛名，如中国十大菜系中的京菜、鲁菜，同时仿古风味的菜肴也十分讲究，如北京的仿膳宫廷菜、谭家菜，山东的孔府菜和开封的仿宋菜等，都名扬海内外。

8.2 华北旅游亚区旅游资源概述

8.2.1 北京

北京印象

天坛的明月，北海的风，卢沟桥的狮子，潭柘寺的松，红墙碧瓦太和殿，十里长街卧彩虹……作为中华人民共和国的首都、中国的政治、文化中心，世界历史文化名城和古都之一，北京是所有中华儿女心中的骄傲。

如此广阔的土地长存文明的火种，从古之蓟城至今之首都，丰厚的历史积淀和文化存留带给北京城难以企及的气度和风范。走在城市里，脚下的每一寸土地都曾历经无数沧桑，眼前的每一处风景都曾见证京华烟云，处处漫溢的王者之风和皇家气派使人肃然起敬。如今，那些经历了各朝各代烟雨风云的遗址、园林、城墙依然屹立在现代文明之中；胡同、京腔、名吃处处都凝结着世代黎民百姓的浓酽生活，依稀使人看到远古质朴的民间风情。金碧辉煌的紫禁城、巍然耸立的天安门城楼、逶迤万里的宏伟长城、收藏丰富的博物馆使人折服，幽深的胡同、亲切的四合院、铿锵的京剧、全聚德的烤鸭、同仁堂的药香让人倍感亲切，更有景色秀丽的香山公园、竹林遍地的紫竹院、环境幽雅的玉渊潭……置身于宫阁楼宇丛中，漫步在胡同和四合院的群落，游不完的名胜古迹，听不够的京腔京韵，弥漫其间的浓浓京味使人沉迷。

如今的北京城更是与国际接轨，无数高楼大厦鳞次栉比，众多立交桥四通八达，王府井步行街霓虹闪烁，三里屯酒吧风情摇曳，"中国硅谷"中关村飞速发展，使得北京集皇城乐土的古韵和现代化大都市的气息于一体，其特有的大气和包容吸引了无数慕名而来的游人。

(资料来源：裴凤琴. 中国旅游地理[M]. 成都：西南财经大学出版社，2011.)

北京是我国的首都，辖14个区、2个县，总面积约1.7万平方千米，以其独特的地位成为全国政治、经济、文化、交通和对外交往的中心。全市依山傍水，山区和平原面积约为2∶1，北部、西部、东北部是连绵起伏的群山，东南是一片缓缓向渤海倾斜的平原。北京的气候属于温带大陆性季风气候，春暖花开和秋高气爽之季是旅游的最佳季节。北京历经千年封建王朝，其古迹之多，园林之美，山水之胜，在世界上久负盛名。北京现代化建设成就斐然，已成为世界著名的大都市。现在北京对外开放的旅游景点有200多处，其中：全国重点文物保护单位90多处。目前，北京是中国第一大旅游城市，每天流动人口达百万之多，也是举世瞩目的国际性市场，它以特有的古都风貌和现代都市风光，吸引着越来越多的中外游客。

北京游览区包括北京市及其周边地区相关景点。北京是历史文化名城。评为旅游四十佳的是八达岭长城、故宫、颐和园、明十三陵、大观园。八达岭、十三陵、野三坡是国家级重点风景名胜区；长城、故宫、周口店北京人遗址列入《世界遗产名录》。

(1) 北京市中心皇家建筑游览线：天坛—天安门广场—故宫—景山—北海—恭王府—鼓楼，游者可将"北京胡同游"穿插其间，观赏北京四合院，领略旧日京味风情。

(2) 北京西北郊以皇家园林为主的游览线：颐和园—圆明园—大钟寺—动物园。

(3) 外环线现代大都市人文景观游览线：亚运村—钓鱼台—大观园—世界公园。

(4) 远郊长城及明清皇陵游览线(除清西陵外都在北京东北远郊)：长城—明十三陵—清东陵(清西陵)。

(5) 西郊名山古寺游览线：香山—碧云寺—卧佛寺—八大处—潭柘寺。

(6) 西南远郊古迹，山水风光游览线：卢沟桥—周口店—十渡—野三坡。

8.2.2 天津

天津印象

与首都的华丽锋芒和宏大气魄相比，相邻咫尺的天津城少了几分雄者之风，但纷纷攘攘的世俗生活使其充满了另一种熨帖平易、朴素低调的美。其实，这座城市的历史同样不容人小觑。19世纪中叶，天津被辟为通商口岸，逐步发展成为当时中国北方最大的金融商贸中心。如果时间充足，在天津城的大街小巷四处走走，那些历史的痕迹仍然静静弥漫在这座城市的各个角落。让人流连和回味。具有仿清建筑特色的天津古文化一条街、有"京东第一山"之称的盘山、曾为我国华北地区海防要隘的大沽口炮台、梅兰芳曾登台演出的广东会馆等都是游人云集的去处，塘沽海滨、独乐寺、天后宫、文庙、清真大寺等也是天津值得一去的著名景点。

天津的民间艺术更是闻名海内外，杨柳青年画、泥人张彩塑、魏记风筝、刻砖刘砖雕和天津地毯、挂毯至今保留着原汁原味的民俗风情。天津的小吃更是不能不提，狗不理包子、十八街麻花、耳朵眼炸糕被誉为"津门三绝"，让人回味无穷，初来旅游的朋友一定不能错过。

(资料来源：裴凤琴. 中国旅游地理[M]. 成都：西南财经大学出版社，2011.)

天津市是历史文化名城。盘山是国家级重点风景名胜区。天津旅游资源的丰富度、知名度相对较低，与有些地区"旅游搭台，经贸唱戏"所不同，天津是靠工业、商贸来促进旅游业发展，融历史文化与山水风光于一体。

天津旅游资源丰富，其中有始建于隋朝的大型木结构庙宇——独乐寺、蓟县有"蓟北锁钥"之称的黄崖关长城、号称"京东第一山"的蓟县盘山、大沽口炮台、望海楼教堂等。天津不但有多种多样的传统风味食品，其民间艺术同样丰富多彩、驰名天下：泥人张彩塑闻名全国，享誉世界；杨柳青年画历史悠久，深受国际友人青睐；魏记风筝获1914年巴拿马国际博览会金奖；以"刻砖刘"为代表的建筑装饰砖雕，使天津刻砖成为中国独一无二的民间建筑工艺。

天津的主要游览线是：水上公园—文庙—广东会馆—独乐寺—盘山。

(1) 水上公园。水上公园是天津市内最大的公园，占地160多公顷，其中水面占一半以上。园内有三湖十三岛，岛之间以造型精美的拱桥、曲桥和桃柳堤相连。沿湖有眺远亭、芙蓉榭、湖滨轩、水上登瀛楼和竹质长廊点缀其间。公园以水取胜，兼有江南风貌和北国情趣。

(2) 文庙。文庙又称孔庙，始建于明正统元年(1436年)，是天津市规模最大、保存最完整的建筑群，占地13万平方米，由牌坊、礼门、泮池、棂星门、大成门、大成殿、崇圣祠和配殿等建筑组成。庙内供有孔子、孟子、颜回等圣哲的牌位。庙内雕梁画栋，壮观辉煌；庙外两座明代过街牌坊造型独特精美，为我国牌楼中所罕见。

(3) 广东会馆。广东会馆建于1907年，曾是广东人的同乡聚会馆堂。会馆采用北方四合院式布局，房屋殿堂又具广东潮州风格，馆中戏楼及舞台装修精美。孙中山先生曾在此演讲，邓颖超曾在此演出过新剧《亡国镜》。广东会馆现辟为我国最大、内容最丰富的戏剧博物院，是我国戏剧研究的中心之一。

(4) 独乐寺。独乐寺又称大佛寺，位于蓟县城内，始建于唐代，是我国著名的古代佛教建筑之一。独乐寺观音阁是我国现存最古老的木结构高层楼阁，是我国古代木结构建筑的代表作。观音阁内高16米的十一面观音菩萨像同寺内辽代彩塑胁侍菩萨及明代壁画，是我国古代文化之珍品。

(5) 盘山：盘山是燕山余脉，海拔500米，主峰864米。史称"京东第一山"。属花岗岩山体，山上奇石众多，林木郁蔽，泉水清冽，环境幽雅，其中"上盘之松、中盘之石，下盘之水"为盘山三胜。此外还有五峰、八石、七十二观、十三宝塔，以及亭台楼阁、历代名人题刻等名胜古迹。

8.2.3 山西

山西印象

山西位于华北平原西侧，春秋时期属晋国地，故简称晋。公元前453年，赵、魏、韩三分晋国，故又别称"三晋"。

山西是中华民族文明的发祥地之一，相传华夏民族的始祖黄帝、炎帝都曾在山西留下足迹，历史上传说的"尧都平阳"、"舜都安邑"、"禹都薄板"等旧址都在山西境内，使山西有"中国文化艺术博物馆"的美称；中国现存宋、辽代之前的地上古建筑物大多位于山西境内，各种传统民居、石塔、石雕制品、石窟造像、壁画展示了山西各时期的文化艺术。四大佛教圣地之一的五台山，寺庙群集千年之萃；建于北魏的恒山悬空寺建于悬崖峭壁之上，以惊险奇特著称；太原的晋祠是形式多样的古建筑荟萃的游览胜地；平遥古城保存完好,被列入《世界文化遗产名录》;芮城永乐宫是典型的元代道观建筑群,宫内壁画是我国绘画艺术的珍品;云冈石窟是全国三大佛教石窟之一,气势雄伟,雕刻精细。

晋商文化是山西历史上的辉煌篇章,乔家大院、常家大院、曹家大院、王家大院及日升昌票号、算盘博物馆等人文景点既具有山西民居的建筑特色,又依稀回荡着勤劳睿智的晋商当年在三晋大地乃至整个中国谱写的雄浑乐曲。

(资料来源:裴凤琴. 中国旅游地理[M]. 成都:西南财经大学出版社,2011.)

1. 旅游资源与环境概况

山西省辖 11 个地级市、23 个市辖区、11 个县级市、85 个县,面积约 16 万平方千米。山西处于华北平原西侧,是中华民族文明的发祥地之一,素有"中国古代艺术博物馆"、"文献之邦"的美称。春秋时期属晋国地,故简称晋。春秋时代,山西传统形式的木建筑基本形制已经形成,而且壁画成为古代宫廷、庙堂建筑必不可少的组成部分。石塔、石雕制品、石窟遗像展示了山西各时期文化艺术。晋商文化的崛起,也是山西文化的一种体现,晋中的历史文化名城平遥、祁县便是代表与象征。北岳恒山、五台山、北武当山,山色不同,神态各异。奇峰险壁间构筑了娘子关、雁门关、宁武关、平型关等多处雄关险隘。壶口瀑布以壮阔著称,娘子关瀑布以秀美闻名。激流险滩在黄河中游多处可见,如壶口以下的龙槽激流、龙门"三激浪",均显雄伟壮观。

2. 旅游开发现状及发展目标

山西拥有多姿多彩、得天独厚的人文、自然和社会旅游资源,但主题形象一直不太明确。"来山西主要看什么",这一至关重要的问题长期没有得到解决。山西旅游资源的优势在于多,劣势在于散。而旅游消费的特点是在最短时间内获得最大的物质和精神的享受。为此,近年来山西在对旅游资源整合的基础上,推出实施精品战略。具体讲就是推出晋北佛教古建文化游、晋中晋商民俗文化游、晋南黄河根祖游,形成山西省旅游资源和产品的主体构架。

"十一五"期末,山西省计划将旅游业培育成为新兴支柱产业,实现跨越式发展,建成中西部旅游经济强省、全国新兴旅游热点省;建设成全国有影响的特色文化旅游目的地、北方生态休闲避暑胜地。将进一步发挥旅游产业综合功能,在加快建设支柱性产业的同时,积极发挥旅游业在凝聚山西精神、振兴山西文化、展示新山西形象、增进人民福利等方面的积极功能,努力扩大就业容量,促进城乡交流,协调地区发展,在建设"和谐山西"的战略进程中发挥重要作用。

3. 旅游资源区域建设

该旅游资源区以太原和大同为中心城市,以三大石窟之一的云冈石窟、五岳中的北岳恒山和佛教四大名山中的五台山为主体,成为以名胜古建筑和石窟艺术为特色的著名旅游区,可将三晋佳胜大部览尽。此线重点是五台山、恒山、悬空寺、大同、平遥。游览本旅游区的线路是大同—浑源县—应县—五台山—太原—祁县—平遥—盂县—娘子关—石家庄。

1) 大同旅游区

大同位于晋北大同盆地，在京包、大秦和北同蒲铁路交叉点上，地理位置重要，为历代兵家必争之地，现在也是捍卫首都北京的军事要地。远在1500多年前，北魏王朝建都于此，因此它又是历史文化名城。现有人口70多万，是我国最重要的煤炭工业基地；大同市内东大街上有明代九龙壁，壁长45米，高8米，该壁优美精致，色彩绚丽，工艺精湛，是我国最早和最大的九龙壁。善化寺俗称南寺，位于大同城南，为全国辽金时代所建寺院中布局保存最完整者。华严寺位于大同城西，寺始建于辽代，是辽金时期我国华严宗重要寺庙之一，其建筑、泥彩塑像、壁画俱绝佳。距市西16千米的云冈石窟依南麓开凿，东西绵延1公里，现存洞窟53个，造像51万尊。是我国最大的石窟群之一，也是世界闻名的艺术宝库。该窟石雕造像气魄宏伟，其艺术手法上承秦汉，又吸取与融合了犍陀罗佛教艺术，技法以洗练、粗犷为特征，充分体现了北魏艺术风格，对研究我国石窟艺术发展史有重要意义。其中第二十窟主佛为释迦牟尼露天结跏趺坐坐像，高13.7米，两肩宽厚，面貌丰腴，慈祥而庄重，服饰华丽，是云冈石窟的代表作。佛宫寺释迦塔，俗称应县木塔，建于辽，八角九级，高67.13米，为国内外现存最古老、最高大的木结构塔式建筑，故称为"木塔之祖"。木塔斗拱结构复杂，历经大地震巍然不动，其内壁画亦为佳作。

2) 恒山——五台山旅游区

(1) 恒山。恒山横亘于晋北浑源县城南，绵延150余千米，为海河支流桑干河与滹沱河的分水岭。山体呈东北-西南走向，东连太行群山，西控雁门天险，南接五台群峰，北临塞北盆地。恒山主峰天峰岭海拔2 017米，与另一高峰翠屏山夹谷对峙，浑水中流，自古为兵家必争之天险。山上怪石争奇，古树参天，苍松翠柏之间散布着楼台殿阁。恒山古有十八胜景，今存有琴棋台、朝殿、会仙府、九天宫、悬空寺等十多处，另有出云洞、紫芝峪等自然风光。

(2) 五台山。五台山位于山西省东北部五台县境内，为太行山一脉。五台山，素称"华北屋脊"，山势雄伟，五峰耸立，因峰顶平缓如台，故称五台。因山区高寒，盛夏凉爽，故又称清凉山。山上有大片原始针叶林和天然牧场，已被列为国家级森林公园。五台山是文殊菩萨的道场，是我国四大佛教名山之一。古刹梵宇星罗棋布于林荫之中，山涧之旁，泉流潺潺，钟声悠悠，身临其境，如登梵宇仙山。其中最著名的寺庙有南禅寺(其大殿为唐代遗存)、佛光寺(其东大殿为唐代遗存)、金建延庆寺、元建广济寺等。五台山还是抗日战争时期晋察冀边区政府驻地，白求恩大夫曾在此工作，朱德、毛泽东、周恩来、任弼时等都来过此地。每年农历六月，五台山举办骡马大会，四方人畜云集。佛事活动更盛。

(3) 悬空寺。悬空寺位于浑源城南4千米，建在恒山脚下金龙峡口西南崖峭壁上。寺建于北魏晚期，背(翠屏)山面(天峰)岭，上载危岩，下临深谷，势若悬空，寺缘此得名。正如古人所言，"飞阁丹崖上，飞云几度封"，"蜃楼凝海上，鸟道没云中"。全寺共有大小殿阁近40座，佛像78尊。

(4) 平遥古城。平遥古城是我国迄今保存完好的四座古城之一(其余三座为湖北江陵荆州城、西安古城、辽宁兴城)，距今已有两千年历史。现存平遥古城墙建于明初，城呈长方形，周长6千米，墙高12米，上面原建有敌楼94座，城外有宽、深各4米的护城河环绕。

城墙每隔50米筑堞台一座，共计72座，并设垛口3 000个，应"孔子三千弟子，七十二贤人"之说，城内至今仍保存多处明清年代民宅建筑。

3) 太原旅游区

太原古称晋阳，现为山西省省会，位于太原盆地北端，濒临汾河，同蒲、石太、太焦铁路交会于此，火车、飞机均很方便。它的重工业发达，以钢铁、煤炭、电力、机械、化工为主。太原市是国家历史文化名城，游览点有明代建筑纯阳宫和双塔寺、山西省博物馆、天龙山石窟、道教石窟——龙山石窟、崇善寺等，但规模、价值则以晋祠为最。晋祠位于城西南25公里的悬瓮山麓、晋水源头，创建年已无考证，但北魏郦道元《水经注》中已有记载："际山枕水，有唐叔虞祠"。圣母殿是晋祠中年代最古、建筑最精、艺术最美、规模最大的建筑物。殿内圣母居中而坐，这位圣母就是叔虞与成王之母、武王之妻、姜子牙之女邑姜。圣母两侧有42尊宋代侍女彩塑，形态各异，生动如真人。这宋塑侍女像和难老泉、周柏合称"晋祠三绝"。圣母殿前的鱼沼飞梁，是国内现存同类建筑的特例。

8.2.4 河北

河北印象

河北省是中华民族的重要发祥地之一。早在5 000多年前，中华民族的三大始祖——黄帝、炎帝和蚩尤就在河北由征战到融合，开创了中华文明史。春秋战国时期，河北地属燕国和赵国，故有"燕赵"之称；元、明、清三朝定都北京，河北成为京师的畿辅之地。悠久的历史使这块土地拥有厚重的人文色彩。历朝历代的文化遗产和民俗特色在大街小巷随处可见，生动演绎着千年来的岁月风尘。

长城在河北境内绵延1200多千米，浓缩了整个万里长城的精华，历史在这里变得异常清晰。从前刀光剑影的疆场依然有着震撼世人的宏大气魄，登上山海关，心头浮现起防御要塞隆隆的炮火、四起的硝烟以及文人墨客脍炙人口的千古文章。与长城的壮美相对应的是另一种人工精心雕琢的秀美，那便是承德的避暑山庄及环绕周边的外八庙。这里充溢着朴素淡雅的自然山水和乡村野趣，江南美景与塞北风光尽收在非凡的皇家园林当中，末代封建王朝依稀远去的背影使人对逝去的过往产生无限遐思。张家口的张北坝上草原是我国及亚洲地区纬度最低的原始草原，天高地阔，静穆悠远，元代时就被辟为皇家游猎之地，因为距离北京很近，成为身居北京的人们工作之余休闲旅游的首选之地。清东陵、清西陵、满城汉墓气势非凡；北戴河、南戴河风光优美；西柏坡则为红色旅游的热点。

(资料来源：裴凤琴. 中国旅游地理[M]. 成都：西南财经大学出版社，2011.)

1．旅游资源与环境概况

河北省辖11个地级市、36个市辖区、22个县级市、114个县(含自治县)，面积约19万平方公里。河北省简称"冀"，因位于黄河下游以北而得名。夏朝以来，中国分为九州。河北省称"冀州"；战国时期，河北省北属燕国，南属赵国，故称河北为"燕赵之地"。

河北省内环京津，东临渤海，西依太行，北靠燕山，是全国唯一兼有海滨、平原、湖泊、丘陵、山地、高原的省份。河北旅游形成两大区域：一是以承德、秦皇岛、唐山等地为核心的冀东北地区,旅游资源以名胜古迹、山水、海滨为特色;二是包括石家庄、保定等地为中心的冀西南地区,旅游资源以人文古迹景观和革命纪念地为特色。

2. 旅游开发现状及发展目标

河北是旅游资源大省,从资源禀赋上看,河北自然风光秀美,地形地貌齐全。河北现有世界文化遗产3处,历史文化名城5座。悠久的历史使河北形成了深厚的文化积淀。全省有省级以上文物保护单位670处,其中国家级88处,是中国著名的文物大省。有中国十大风景名胜2处,中国旅游胜地四十佳3处,国家级风景名胜区5处,国家级森林公园9处,国家级自然保护区3处,可谓古有遗存可赏,今有胜境可观。2012年河北省旅游业总收入为1588亿元,仅居全国第21位。河北省作为一个旅游资源大省,近年来坚持政府宣传与企业推介相结合、业界推广与公众促销相结合、请进来与走出去相结合,在主要客源市场集中促销,形成宣传营销合力。开展河北旅游进京津、京港澳高铁旅游联盟营销等系列活动,赴俄罗斯参加"中俄旅游年"活动,打透京津核心市场,启动京港澳高铁沿线市场,不断拓展俄罗斯、韩国等海外重点客源市场。在国内外重点客源地建立河北旅游市场营销联盟,有针对性地开展务实促销。与打造承德避暑山庄、金山岭长城等精品景区同步,河北将重点培育"一大两小"三条精品旅游线路,即承德-秦皇岛-唐山省级精品旅游环线和保定"两白一山一城"、环省会周边两条市级精品旅游线路,以完善旅游体系,提高旅游效益。

3. 旅游资源区域建设

1) 冀东北游览区

本旅游地区以承德-秦皇岛为核心,是个以山地海滨等自然风光与皇家园林为主要内容的游览、避暑、疗养区。其主要游览线是:承德避暑山庄-外八庙-山海关-北戴河-昌黎海岸。

(1) 承德避暑山庄。承德避暑山庄夏无酷暑,冬无奇寒,相对湿度小,是我国北方内陆难得的避暑胜地。承德避暑山庄又称热河行宫或离宫,始建于康熙四十年(1701年),是清代皇帝避暑消夏、行围狩猎、比武操练、处理政务、接见来使的离宫。山庄占地546万平方米,宫墙周长10公里,是我国现存规模最大、保存最为完整的皇家园林。避暑山庄在我国园林建筑艺术中别具一格。在设计上以"自然天成地就势,不待人力假虚设"为指导思想,用集锦式布局方法巧妙地因山理水、凿湖开渠、造林筑堤、修宫筑苑,使人工建筑和自然风光和谐地融为了一体。它集我国南北造园艺术之大成,汇集了镇江金山寺、苏州寒山寺与沧浪亭、杭州六和塔、南京报恩寺、宁波天一阁、嘉兴烟雨楼、泰山碧霞元君祠等建筑之长,并加以创新,使人在视觉、听觉、触觉上获得秀逸、清新、恬静、典雅之感。全山庄分为宫殿区和苑景区。宫殿区的清帝行宫一反宫殿建筑富丽堂皇之态,以北方民居形式为主,古朴淡雅。苑景区又分湖泊、平原、山峦三景区。湖泊区水面开阔,亭榭楼阁风格多样,长堤、桥梁连接湖心小岛,意境含蓄深远,曲折多变;平原区万树园芳草萋萋,苍松巨槐挺立;山峦区山峦起伏,峡谷深邃。山庄有景点多处,其中由康熙、乾隆题名的就有72处。

(2) 外八庙。外八庙在避暑山庄周围,分布着11座藏传佛教寺庙,它们以避暑山庄为中心，形成百川归海、众星捧月之势。它们是康熙、乾隆年间为来觐见皇帝的各少数民族的王公贵族修建的，是清代维系统一的多民族大帝国的历史见证，也是我国多民族文化交流融合和民族团结的标志。

(3) 山海关。山海关北依燕山，南临渤海，地势险要，是东北、华北的咽喉要冲，兵家必争之地，素有"京都锁钥"之称。它是由关城、东西罗城、南北翼城和威远、宁海两哨共七个城堡组成的古代城防建筑群，结构严谨。明代著名书法家萧显手书的原匾"天下第一关"悬于城楼之上。山海关长城南起老龙头，经山海关关城蜿蜒北伸。

(4) 北戴河。北戴河是我国著名的海滨游览避暑胜地。早在清光绪二十四年(1898 年)就已正式辟为避暑区。这里海岸线长 5 千米，弯曲环转，海水清澈，潮平浪静，沙细滩缓，是一处理想的海滨浴场。加之雨量充沛、气候宜人，岸外峰峦起伏、松柏葱郁，极适宜于避暑和疗养。主要游览景点有南天门、通天洞、老虎石、莲花石公园等名胜古迹 24 个和海滨公园 5 个。

(5) 昌黎黄金海岸。昌黎黄金海岸沙软水净，是优良的天然海水浴场，海岸沙丘景色壮观，附近有碣石山等景点和温泉多处，既可进行海水浴和水上运动，又可开展度假疗养、野营及游览观赏。根据沿岸环境条件可开发 94 个海水浴场，最大日容量为 30 万人，可缓解北戴河海滨的压力。

2) 冀南游览区

新兴城市石家庄是河北省省会，历史文化名城有保定、正定、邯郸。苍岩山、嶂石岩是国家级重点风景名胜区，以山水风光及桥梁、石窟为主要景观。本游览区的旅游线是白洋淀—苍岩山—赵州桥—嶂石岩—响堂山石窟。

(1) 白洋淀。白洋淀由形状各异、大小不同的 92 个淀泊和 3 700 多条沟壕组成，水域面积 366 平方千米，水陆交错，阡陌纵横，田园散布，村庄星罗，气候宜人。淀中水域辽阔、资源丰富、藕白蟹肥，水中白帆点点，岸边垂柳丝丝，田间欢声笑语，构成了一幅十分诱人的北国水乡图。

(2) 苍岩山。苍岩山位于河北省井陉县，方圆 180 平方千米，旅游资源丰富，气候宜人，是著名的风景名胜区。景区内群峦积翠，危崖峭壁，怪石嶙峋，古柏横空，禅房古刹，碑碣夹道，殿阁楼台，引人入胜，有岩关锁翠、风泉漱玉、炉峰夕照、空谷鸟语等十六景，白鹤泉、孤石古柏、虎影仙踪等七十二观。此外还有北魏至清代的千佛洞石窟、柿庄宋金时代墓群壁画、杨庄古长城等古代文化遗址。

(3) 赵州桥。赵州桥亦称安济桥，位于河北赵县洨河上，桥长 64 米，宽 9 米，为隋代工匠李春设计并主持建造。它是世界上现存最早的一座大型单孔敞肩石拱桥。其独到之处是在桥的拱肩上各设有两个小拱，不仅造型十分轻盈优美，更重要的是既减轻了大拱券和地脚的载重，又扩大了洪水时的过洪量，减少了洪流阻力，为世界桥梁史上的一项伟大创举。

(4) 嶂石岩。嶂石岩位于河北省赞皇县。它以雄伟、奇特、壮观的山岳地貌为主，奇峰怪石林立，山崖如斧劈刀削，最高峰海拔达 1 774 米，体现了太行山岳的风格与气魄。天然巨型回音壁弧长 310 米，高 120 米，闻名遐迩。

(5) 响堂山。响堂山位于邯郸市，因在洞内拂袖即发出铿锵之声而得名。景区内共有石窟 16 座，大小造像 4 300 余尊，石窟构思奇妙，石像栩栩如生。石窟附近均有寺院，多规模宏大、雄伟壮观。它是我国古代佛教、建筑、雕刻、书法及绘画艺术的珍贵遗产。

8.2.5 河南

河南印象

河南是古人类繁衍生息之地，也是中国古代文明的主要发祥地。传说中伏羲氏在此结网捕鱼，神农氏在此创建农业，燧人氏在此钻木取火，仓颉在此潜心造字。文明的曙光早在新石器时代就已在河南升起，代表裴李岗文化、仰韶文化的精美陶器及 8 000 多年前的文字契刻符号与乐器足以震撼古今。

自古就有"得中原者得天下"之说，东京汴梁、七朝古都开封不知曾经云集过多少英雄豪杰、达官显贵。轩辕黄帝故里的风貌，问鼎中原、逐鹿中州的传说，赫赫有名的少林武功，嵩阳书院的宋明理学，《清明上河图》中熙熙攘攘的繁华浮世，无一不使这块土地神秘而富于传奇色彩。洛阳、开封、安阳、郑州四大古都和郑州、南阳、商丘、浚县四个国家级历史文化名城里古迹繁多、名胜遍布。中国三大石刻艺术宝库之一的洛阳龙门石窟、千年古刹登封少林寺、中原第一古刹洛阳白马寺、安阳殷墟甲骨文、周易发源地汤阴羑里城、炎黄子孙寻根拜祖圣地——新郑轩辕黄帝故里、雄伟壮丽的黄河小浪底等上百个旅游景点组成了古都之旅、黄河之旅、功夫健身之旅、寻根朝觐之旅、三国之旅等十余条旅游线路。如今，一年一度的洛阳牡丹节更使河南闻名中外。

(资料来源：裴凤琴. 中国旅游地理[M]. 成都：西南财经大学出版社，2011.)

1. 旅游资源与环境概况

河南省位于黄河中下游，因大部分在黄河以南，故名河南。古代为九州中心之豫州，故简称豫，有中州、中原之称。河南省辖 18 个地级市、50 个市辖区、20 个县级市、88 个县。全省总面积 16.7 万平方千米，省会郑州市。

河南在中华民族文化的形成与发展史上有非常重要的地位，先后有 20 多个朝代的 200 多位帝王建都或迁都于此，留下了难以尽数的名胜古迹。河南旅游资源丰富多彩，以拥有丰富的古文化旅游资源而著称，因此河南古文化旅游繁荣，如寻根之旅、黄河之旅、古都之旅、石窟之旅等。

知识扩展

河南旅游资源的六大特色

河南丰富的旅游资源中，最为著名的当数以下六个方面。

(1) 黄，即黄河。黄河之所以成为世界性著名的旅游资源，不仅仅因为它是世界大河之一，具有与其他世界大河不同的水文特性，以及突出于地表之上十几米的"悬河"景观，更重要的是因为它是中华民族的摇篮，是璀璨夺目的中国文明发源地。几千年来，在其两岸留下了大量的文化古迹和大型的现代化工程建筑，如许多著名的古渡口、古战场、大河决口处、大型水电站、提灌站和铁路桥、公路桥等。

图 8.2 少林寺

(2) 教,即佛教与道教。佛教是世界三大宗教之一,其教徒广泛分布于南亚、东亚和东南亚各国。我国是一个佛教盛行的国家,河南又是我国佛教活动最早的地区,留下了大量与佛教有关的驰名世界的旅游资源。例如,拥有 1 900 多年历史的我国第一座寺院——洛阳白马寺,全国三大石窟之一和国家级风景名胜区——洛阳龙门石窟,佛教禅宗祖庭——少林寺(图 8.2),拥有 1 400 多年历史的天下雄寺——开封大相国寺,拥有 900 多年历史的开封佑国寺和全国最高的佑国寺塔(铁塔),以及汝州的风穴寺、登封的嵩岳寺、三门峡的宝轮寺塔等,这些都是驰名中外的与佛教有关的人文旅游资源。道教是我国固有的宗教,源于先秦,老子(又称李耳)为教祖。道教较早盛行于以河南为中心的中原地区,后由中原地区向外传播至全国各地。目前,河南仍保留有大量与道教有关的著名旅游资源,如位于老子故里河南鹿邑的太清宫、有"天下第一洞天"之称的济源阳台宫、河南现存规模最大的道教庙宇中岳庙,以及开封市的延庆观、修武县的海蟾宫、睢县的吕祖庙等。

(3) 武,即武术功夫。少林武术和陈氏太极拳是中国体坛上的两颗璀璨明珠,特别为中国和河南增光添彩。少林武术含少林武功和少林拳术两部分,它集我国北派武术之大成、中华拳术于一体,是我国武术的正宗之一。少林武术乃少林拳术、器械及对练等内容的总称。自北魏起,少林武术经过 1 400 多年的反复琢磨、提炼,现已发展成为闻名全球的武术流派,在东亚、东南亚、北美和西欧都有很大影响。太极拳发源于温县陈家沟,是内功拳,习拳时强调意气,以心行气,以气运身,意动而行动,意到气到,意到劲到,整个拳法一气呵成,如行云流水,绵绵不绝,能以静制动,以柔克刚,以顺避害,后发制人。太极拳流传甚广,影响深远,现在除在中国广为传播外,在日本、美国、英国、法国、意大利、澳大利亚等几十个国家和地区都设立有专门研究太极拳的机构,并有很多人在学习太极拳。每年到陈家沟学习和切磋拳艺的国际友人络绎不绝,太极拳术已被全世界所公认。

(4) 古,即古都城、古遗址、古文物。据历史考证,远在 50 万前的旧石器时代,人类就已在中原大地上劳作、生息和繁衍。因此,人们常把中华民族的古文化与河南联系在一起,甚至把河南视为中国历史发展进程的缩影。中原文化光辉灿烂,古迹胜地俯首可见。据不完全统计,全省有各类文物 130 多万件,约占全国的 1/8。这些文物古迹中有不少都是全国唯一的或著名的。另外，还有保留至今的大批历史名城，其中国家级历史文化名城有洛阳、开封、郑州、安阳、南阳、商丘、浚县7个，省级历史文化名城有许昌、禹州等13个。全国有7个古都，河南独占其三。现有国家级文物保护单位30处，省级重点文物保护单位541处，市(县)级文物保护单位3 614处。

(5) 山，即风景名山。鸡公山是我国著名的避暑胜地；嵩山为我国五岳之一；位于太行山区河南境内的云台山和王屋山，是国家级风景区和我国著名的道教圣地；大别山和伏牛山是全国和河南重要的自然保护区、森林公园所在地，当然也是生物旅游资源最丰富的地区。

(6) 根，即文化之根和姓氏祖根。河南是我国最早的姓氏起源地之一，被中国人公认的人文始祖炎黄二帝曾长期在中原地区活动，其后代支脉繁盛，人丁兴旺，又派生出许多分支，形成了众多的姓氏。据有关专家统计，中国古今姓氏有8 155个，其中起源于河南的大约有1 400个(至今仍沿用的姓氏有1 286个)。国家曾按照姓的人口多少排序，列出了汉族中100个大姓，其中源于河南的就有73个。如果加上人数较少或罕见的姓，源于河南的至少有130多个。可见，河南是中华民族很多姓氏的根源地，这为河南开展寻根朝祖旅游提供了得天独厚的条件。

(资料来源：宋志敏. 中国旅游地理[M]. 郑州：黄河水利出版社，2001.)

2．旅游开发现状及发展目标

"十五"以来河南省将旅游产业作为全省国民经济新的增长点和支柱产业来培育，加大对旅游重点景区开发建设的投入，集中力量实施了"一带四区"工程，以郑、汴、洛"三点一线"丰富的历史文化资源为依托，以嵩山少林寺、龙门石窟、黄河小浪底、开封宋都景区等基础设施建设为重点，着力开发以古都、名寺、祖根、功夫、宗教为特色的文化观光、寻根朝觐及休闲度假、生态观光旅游项目，加快了伏牛山、南太行、桐柏—大别山景区的连线连片开发。河南旅游资源开发跨上了一个新台阶，旅游业进入了一个新的发展阶段。2012年，河南全省共接待境内外旅游者3.63亿人次，同比增长18.07%；旅游总收入3 364.1亿元，同比增长20.06%。河南依托"古、河、花、拳、根"等丰富多彩的旅游资源基础，形成了多样化的产品系列，培育和发展了一批在全国有影响的精品旅游景区和线路。

3．旅游资源区域建设

本旅游资源区位于河南省中北部，以中原交通中枢郑州、古都洛阳和开封、中岳嵩山为主体，是一个以古都和古文化为主要特色的游览区。唐三彩为本区最著名的特产。本区旅游线可采取先游焦作附近的云台山，再按郑州—中牟—开封—巩义—嵩山—洛阳的顺序游览，重点是云台山、开封、郑州、嵩山、洛阳等地。

1) 云台山旅游区

云台山位于豫西北太行山南麓的修武县境内，西距焦作30余千米，古称覆釜山，后因山顶常有云雾缭绕，遂改今名。云台山曾是魏晋时期著名的"竹林七贤"——嵇康、阮籍、山涛、向秀、阮咸、王戎、刘伶的隐居地，现为国家森林公园。云台山较为独特的是，它与平原紧密为邻，层峦叠嶂的山岳风光与一马平川的田园风光形成了鲜明对比。作为主体的自然景观中，尤以潭瀑景观和盆景峡谷景观令人称绝。

2) 开封旅游区

开封位于豫东黄河中游南岸，是我国八大古都之一，战国时的魏，五代的后梁、后晋、后汉、后周和北宋及金代后期均建都于此，因此有"七朝古都"之称。北宋时最为繁华，北宋张择端的名画《清明上河图》就生动地描绘了当时汴京(开封)城东门外以虹桥为中心的汴河两岸的闹市风光。开封的旅游景点主要有：①雄伟壮丽的相国寺，位于开封市中心，战国时为魏公子信陵君故宅，唐扩建为相国寺，建筑宏伟，居我国十大古寺之列。寺东钟亭内悬有一口重约5吨的大铜钟，每逢霜天，传声尤远，"相国霜钟"为汴京八大景之一。②延庆观位于相国寺西，是道教全真第一祖重阳真人传教的场所，现仅存玉皇阁。③包公祠位于延庆观西、包公湖西畔北端。④水光相映的龙亭位于城北部，原为北宋和金皇宫遗址，清代建龙亭大殿，大殿金碧辉煌，远望如天上宫殿，近年在龙亭午朝门外建了宋都一条街。⑤高耸入云的铁塔位于城东北部，始建于北宋，高55米，八角13层，是我国最高的仿木结构琉璃砖塔。"铁塔行云"为汴京八景之一，现为开封标志，登塔可眺望全城。⑥林密花艳的禹王台位于城东1.5千米处，原名古吹台，明时开封屡遭黄河水害，为纪念大禹治水功绩而改名为禹王台。⑦别具风格的繁塔建在禹王台西南的繁台上，"繁台春色"也为汴京八景之一。

3) 郑州旅游区

郑州是河南省省会，地处中原黄河南岸，是中原最大的城市，市区人口100多万，也是中原最大的交通枢纽，位于京广和陇海两大铁路干线的交会处，是全国铁路网最重要的枢纽之一。火车站位于市中心，主要商业大厦在车站附近，比较方便。郑州的旅游景点有早于安阳市殷墟数百年的商代古城遗址、作为郑州市标的二七纪念塔、眺黄河观双桥的黄河游览区和省博物馆等。

4) 嵩山旅游区

嵩山位于河南登封城北，是国家重点风景名胜区。嵩山由东、西两群山峰组成，东为太室山，西为少室山。东、西两群山各由36座山峰组成，太室山磅礴如卧，峻极于天，向有卧龙之称，少室山陡峭秀丽，摇曳云表，向称九鼎莲花。嵩山属分散型山体，因而景点也较为分散，大体分为中岳庙和少林寺两大游览区。如果时间充足，还可去元代观星台一游。中岳庙位于太室山南麓，始建于秦，是祭祀太室山神的场所。嵩阳书院位于太室山南麓峻极峰下，原是北魏嵩阳寺旧址，宋仁宗时改为嵩阳书院。古今有很多名人学者来此驻足，司马光、范仲淹、欧阳修、朱熹、程颢、程颐等都曾在此讲学。院内两株树龄逾2 000年的古树——汉封"将军柏"，为嵩山胜景之一。少林寺位于少室山五乳峰前，始建于北魏，南朝刘宋末年，印度僧人达摩首传佛教禅宗于此，故少林寺被称为禅宗祖庭。少林寺素有"天下第一名刹"之誉，寺中今仍存唐代文物500余件，不同时期的古塔230余座。少林派武术名震海内外，少林拳素负盛名。观星台位于登封城东南15千米的告成镇，是我国现存最古老的天文观星台，由元代著名天文学家郭守敬所建。郭守敬曾以告成观星台为中心，在全国设立天文站，测定出二十四节令和一个回归年的精确时刻，与现在世界上通用的格里历分秒不差。

5) 洛阳旅游区

洛阳位于河南省西部陇海铁路上，是国家历史文化名城，由于位于古代中国的中心位置，一向有中州之称。洛阳已有 3 000 多年历史，西周时在此营建洛邑，之后，先后有东周、东汉、曹魏、西晋、北魏、隋、唐(武后)、后梁、后唐等九个朝代在此建都，故有"九朝古都"之称。洛阳昔有"画阁朱楼尽相望，红桃绿柳垂檐向"的描绘。洛阳名胜古迹很多，其中以龙门石窟和白马寺最为著名。龙门石窟位于洛阳南郊伊水两岸的悬崖峭壁上，满山翠柏，瀑布飞泉，长桥卧波，伊水碧流，尤以龛窟雕饰著称于世。龙门石窟始建于北魏，先后经历 400 多年。龙门石窟规模宏大，内容丰富而精美，现存窟龛 2 100 多个，佛塔 40 多座，造像 10 万余尊，最大高达 17.14 米，最小仅 2 厘米。最具代表性的有古阳洞、宾阳洞、莲花洞、潜溪寺、万佛洞、奉先寺、看经寺等。白马寺位于洛阳城东 12 千米处，建于汉永平十一年(公元 68 年)，是佛教传入中国后官府兴建的第一座寺院，被尊誉为中国佛教之释源和祖庭。"洛阳地脉花最宜，牡丹尤为天下奇"，"花开时节动京城"，洛阳牡丹自古就闻名天下。现在牡丹成为洛阳市市花，每年清明谷雨季节，洛阳市都要举办牡丹花会，赏牡丹成为洛阳旅游高潮。

6) 豫晋陕黄河三角游览线

黄河是中华民族的摇篮。为了领略黄河风光，可按三门峡—芮城—蒲州—解州—临汾—壶口瀑布—龙门—韩城的路线游览，重点是三门峡、壶口瀑布和黄河壶口三门漂游。

(1) 中流砥柱——三门峡。三门峡位于黄河中游豫晋陕三省交界处，是黄河经潼关东流入大平原的最后一座峡谷。这里石壁陡峭，黄河流经此处，被河心石岛劈成三股，现以三门峡为中心建成了三门峡水利枢纽工程，奔腾咆哮的黄河水至此被拦截了，形成高峡平湖——三门峡湖。在此可看到黄河不同的景观：每年 11 月至翌年 6 月冬春季节，大坝蓄水，黄河水由浊变清，碧波万顷；每年 7 月至 10 月夏秋季节大坝泄洪，黄河水由清变黄，浊浪滚滚，一派雄浑粗犷的壮丽景色。1990 年在三门峡考古发掘的虢国墓地轰动了国内外考古界。墓地距今已有 2 800 余年，但仍保存完好，不仅在考古上，而且在旅游方面都很有价值。

(2) 中华第二瀑——壶口瀑布。"风在吼，马在叫，黄河在咆哮"的著名歌词就是以壶口瀑布为背景而作的。壶口瀑布位于晋西吉县城西 45 千米和陕东宜川县交界的九曲黄河河床中，这里两山夹峙，黄河河床由 250 米骤然收束为 30 米，汹涌、激越的黄河夺路而下，瀑布落差 50 米，气势非凡。巨大的高落差使河水冲入槽底时，轰然喷发，其声似雷，水柱、浪花、细雨、烟霭随风飘逸四洒，激起 50 余米高的迷雾，此即壶口瀑布独有的"水底冒烟"胜景。据说大禹治水是从壶口至孟门这一段开始的，故壶口三门(孟门、石门、龙门)段至今流传许多大禹治水的传说。

(3) 黄河奇漂。滚滚黄河从壶口跌落下来通过龙槽，从容下流，这正是漂流的好地段。自龙槽南端乘橡皮船漂游，先进入孟门，河中的孟门山是大禹开凿孟门的遗迹，有"孟门夜月"等奇景；继续下漂可至黄河古码头之一的小船窝，这里水势起伏，浊浪滔滔，两岸悬崖绝壁；再继续下漂就到了乡宁县的万宝山，这里山回水转，鸟声不断；再下漂，水势渐缓，经小滩、师家滩、石鼻子至石门，石门像两扇大门，将黄河水挤向二三十米宽的峡谷，河水奔腾向前，两岸雄峰对峙，河水出石门，在深山峡谷中，曲折回转，进入龙门，这是漂流的终点。

本区其他景点有芮城永乐宫、永济市蒲州镇的普救寺、运城市解州镇的关帝庙、韩城的司马迁祠和党家村明清建筑村落、临汾的尧庙和尧陵、潼关古城等。

经典案例

淮阳太昊陵伏羲大脚印策划

太昊陵(图8.3)位于河南省淮阳县，传说是人祖伏羲氏(即太昊)定都和长眠的地方。陵墓位于淮阳县城以北的蔡河边。太昊陵包括伏羲氏陵和为祭祀他而修建的陵庙，是我国著名的三陵——太昊陵、黄帝陵、大禹陵之一，原占地面积875亩，是一座气势磅礴、规模雄伟、殿堂豪华的古代宫殿式建筑群，历来被称为"天下第一皇朝祖圣地。"

图8.3 太昊陵

被誉为"天下第一陵"的太昊陵是伏羲氏的陵墓，各种典籍记载和民间传说都将这位中国人祖的诞生与大脚印联系在一起。相传华胥氏姑娘到雷泽去游玩，看到了雷神留下的巨大脚印，便好奇地踩了一下，感应受孕，怀胎一年后，伏羲降生了。此后伏羲与其妹女娲成婚，生儿育女，成为人类的始祖。川门自古就有在太昊陵"摸子孙窑"求子求孙、求子孙平安健康的习俗。那么，建造一个特大脚印作为与游客互动的项目，让游人都去踩踩，一方面顺应了人们求子求孙的心理需求，另一方面也让游客了解了伏羲降生的历史传说，将中国古老的神话故事用充满情趣的活动表现了出来。

这一案例中，华胥氏踩雷神足印而怀孕生伏羲的故事几乎尽人皆知，但是将大脚印做成一个旅游项目却并非人人都能想到，这就是在充分挖掘当地旅游文化资源后得到的效果。

(资料来源：杨力民.创意旅游：讲述旅游策划的故事[M].北京：中国旅游出版社，2009.)

8.2.6 山东

山东印象

孔子传道的故事早已消散在岁月风尘之中，然而儒家风范依然在齐鲁大地上留存，厚重的文化积淀使山东成为诗书之地、礼仪之乡。历代皇帝朝拜泰山的风光不再，然而泰山依然是中华民族的象征，"登泰山而小天下"的名句千古流传。千年中华文化正是如此吐纳百代、生生不息，亘古绵延在山东大地。

山东省地处黄河下游，黄海、渤海之滨，鲁东为半岛，伸入黄海、渤海中，与辽东半岛对望；鲁中有泰山，东岳泰山有拔地通天之势，为五岳之首；鲁西北为华北平原的一部分，有黄河故道，沙地分布；鲁西有东平湖、微山湖等湖群。民族脊梁泰山、孔子故里曲阜、百泉之城济南、人间仙境蓬莱、滨海明珠青岛，这些声名赫赫的风景点大约是人们对山东最直接的印象。其实，山东的魅力处处闪烁，齐都淄博的悠久历史穿越时空，潍坊的风筝飘遍了世界，大明湖里"映日荷花别样红"，菏泽市牡丹竞相争艳，胶东沿海渔家风情浓郁，长岛、刘公岛等海岛更是各具特色。

走入山东，细细品味无处不在的文化精髓，一路旖旎的风光、开阔的视野带给人无比舒畅的心情。一份永恒的记忆从此将镌刻在内心深处。

(资料来源：裴凤琴. 中国旅游地理[M]. 成都：西南财经大学出版社，2011.)

1. 旅游资源与环境概况

山东辖 17 个地级市、49 个市辖区、31 个县级市、60 个县。山东地处中国东部、黄河下游，北、东临渤海、黄海，与朝鲜半岛、日本列岛隔海相望，面积约 16 万平方千米。山东东部海岸线上，分布着风光绮丽的海滨城市：黄海明珠青岛、鱼果之乡烟台、人间仙境蓬莱、海滨花园威海，景色秀丽，气候宜人。山东的文明史可以上溯到 5 000 多年前，是中华文化的发祥地之一。在山东，发现了中国最早的文字——大汶口陶文和丁公村龙山陶书，发掘出了中国最早的城邦——城子崖龙山古城，拥有中国现存最古老的长城——齐长城。山东的旅游可以分为六条特色线路：济南、泰安、曲阜延伸到邹城的曲阜圣地之旅；融青岛、烟台、威海为一体的海滨旅游区；以潍坊市区为中心，以风筝、杨家埠木版年画、民俗风情为主体的民俗旅游区；以淄博齐国故城、殉马坑、蒲松龄故居为主体的齐文化旅游区；以黄河入海奇观和原始风貌为特征的东营黄河口旅游区；以水浒故事为主线，梁山、阳谷为重点的水浒旅游线。

2. 旅游开发现状及发展目标

2013 年，山东省旅游业总收入突破 5 000 亿元，位列全国三军；"好客山东"经过 6 年的培育，品牌价值达到 170 亿元。山东在一年中连续创立了"天下第一泉"、"沂蒙山"两大国家级 5月景区，全省总数达到 9 家。

"十一五"期间，山东省旅游业取得了快速增长和明显突破，旅游总收入上了第三个千亿元台阶，产业环境、产业结构和空间结构逐渐优化，产业素质有较大提升，产业功效进一步增强，成为转方式、调结构、扩内需、惠民生的重要力量，在国民经济和社会发展中的地位日益突出。山东将全面落实旅游业战略性支柱产业定位，加大政策支持力度，深度开发优势特色资源，大力推进旅游与文化、体育、农业、工业、林业、商业、水利、地质、海洋、环保、气象等相关产业和行业的融合发展，促进旅游业转型升级。集约开发山东半岛蓝色旅游度假区，科学开发黄河三角洲高效生态旅游区，提升和拓展山水圣人旅游区，加快建设鲁南新兴旅游区，打造沿海旅游带、沿黄旅游带、沿运河旅游带和水浒文化旅游带。实施"好客山东"旅游品牌创建工程和人才强旅工程，强化旅游品牌营销推介，着力发展旅游中心城市，建设一批具有带动示范作用的重点项目，大力拓展旅游新兴业态，着力开发温泉度假、邮轮游艇、低碳旅游、生态养生、特色运动、葡萄酒旅游等高端产品，鼓励和扶持旅游装备制造业发展，延伸旅游产业链条，组建一批在国内外市场上具有影响力的旅游企业集团，提高旅游产业的竞争力和经济效益。使旅游开发与经济转型、文化提升、生态建设相融互动，力争形成特色鲜明、主题突出、环境友好、结构合理、人民满意的旅游发展新格局。

3. 旅游资源区域建设

1) 济南—泰山—曲阜旅游区

本旅游区位于山东省中南部，以泰山风景区和曲阜"三孔"为核心，还包括以泉城、大明湖和千佛山闻名的济南和东海名港连云港。本区具有旅游点集中、交通极为方便、旅游资源价值高、景观类型多样、距经济发达地区近等特点。旅游线路可采用济南—灵岩寺—泰山—曲阜—邹县—枣庄—微山湖—徐州—连云港路线。

(1) 济南。济南位于山东省中部，是山东省省会，京沪、胶济铁路交会于此。济南南近泰山，北临黄河，是一座具有 2 000 余年历史的名城。济南过去以"家家泉水，户户垂柳"的泉城著称。近年来泉水渐少，但主要泉景仍在。济南的泉水可归纳为趵突泉、黑虎泉、珍珠泉、五龙潭四大泉群。趵突泉居四大泉群之首，位于旧城区西南隅，有"天下第一泉之称"。泉畔有观澜亭，凭栏俯视三泉喷涌情景极佳。趵突泉附近还有金线泉、漱玉泉、马跑泉、柳絮泉等名泉。五龙潭位于济南旧城西门外江家池小巷内，它由五处泉水汇集而成，水深数米，面积亩许，状若深潭，因而得名。古人曾言"四面荷花三面柳，一城山色半城湖"，其中的山指千佛山，湖即大明湖。千佛山位于济南市区南侧，古名历山，为济南"三胜"(泉、湖、山)之一，隋朝时遍山雕佛，故得此名。登山可见其北部九山并列，还有"齐烟九点"之称。大明湖位于济南旧城北部，由珍珠泉等多股泉水汇成，湖面46.5公顷，湖水激滟，荷柳相映，沿湖亭台楼阁、木榭长廊参差有致。湖周有遐园、北极园、南丰祠、小沧浪、辛弃疾纪念祠等胜地。

知识扩展

济南为何被称为泉城？

济南市区位于鲁中南丘陵和华北平原的交界线上，城南山区的岩石是质地较纯的石灰岩，而平原区地下却是质地坚硬的岩浆岩，山区石灰岩层以大约30°的斜坡向北倾斜，到了济南正好被地下的岩浆岩截断。这里的地下水资源十分丰富。石灰岩多孔隙和溶洞，能够大量贮运地下水，于是南面山区的大量地下水便沿着山势倾斜向北流去，到了济南一带受阻于岩浆岩层，便在地下聚集起来，成为济南泉水的泉源，地下水积聚产生向上压力，就沿着某些裂缝喷薄而出，形成天然涌泉。清代刘鹗在《老残游记》中称济南"家家泉水，户户垂柳"。济南号称七十二名泉,其实远不止此,据《济南府志》记载,城内名泉多达150余处。

(资料来源:李娟文,游长江.中国旅游地理[M]. 2版.大连:东北财经大学出版社,2002.)

(2) 泰山。泰山又称东岳,位于山东泰安城北。泰山以其雄伟壮丽而获"五岳独尊"之誉。历史上曾有七十二代帝王来泰山封禅,文人墨客更是接踵而至,他们留下的众多墨迹、石刻和文物瑰宝,以及儒、释、道三教一体的古代东方历史文化,在这里构成了"历史的画卷"。岱庙位于泰安城内西北角,始建于秦,历代屡有扩建,为我国现存三大宫殿式宗庙建筑之一。泰山风景一向有"东路幽,西路旷,山顶妙,后山奥"一说。若要全面领略泰山风景,最佳方案是穿过岱庙,北行至岱宗坊,走东路经石峪、中天门、五大夫松、南天门、碧霞祠直上玉皇顶。登上玉皇顶会有"会当凌绝顶,一览众山小"之意境,同时可赏"旭日东升"、"晚霞夕照"、"黄河金带"、"云海玉盘"等岱顶四大奇观。下山时走小道经游后石坞到中天门,走西路下,途经长寿桥,可右行游览扇子崖,折返长寿桥东,走正路南下,经黑龙潭水库、冯玉祥墓至普照寺。

阅读材料

望岳

唐·杜甫

岱宗夫如何,齐鲁青未了。
造化钟神秀,阴阳割昏晓。
荡胸生层云,决眦入归鸟。
会当凌绝顶,一览众山小。

知识扩展

观"泰山日出"的时间

"泰山日出"(图 8.4)是最吸引人的景致之一。泰山观日出是观的海上日出,而泰山顶离最近的莱州湾或石臼所东南的黄海海面的距离达到了230千米。所以,在泰山观日出要靠大气折光,而要使大气折光,必须具备两个条件,一是只有在夏至(即6月22日左右)前后各约31天和冬至(即12月22日左右)前后各约47天内,方有可能在上述两处海面见到日出;二是在这156天内,观日出的那天天气必须是整夜特别晴朗,而且是无风或微风,这有利于大气形成下层气温低而上层气温高的逆温现象,使空气密度下密上疏,从而为大气产生折射提供充分的条件。据此道理,登山者只有在这156天内的风和日丽、晴朗无云的日子登泰山,才能如愿以偿,否则,会抱憾终生。看"泰山日出",一般是头天登上泰顶,在泰顶旅馆住一宿,次日凌晨4时左右提前登上玉皇顶或日观峰,选好位置,只要天气晴朗就能看到。

图 8.4　泰山日出

(资料来源：李娟文，游长江. 中国旅游地理[M]. 2 版. 大连：东北财经大学出版社，2002.)

(3) 曲阜。曲阜北距泰山 90 千米，西距京沪铁路兖州站 15 千米，是我国古代伟大的思想家、教育家孔子的故乡，曲阜以"三孔"(孔府、孔林、孔庙)著称。

① 孔庙。孔庙在曲阜市中心，是历代祭祀孔子的庙宇，原为孔子故宅，后经历代重修扩建，规模日大。现有院落 9 处，门坊 54 座，殿堂等 466 间，内立 13 座历代帝王所立的"御碑亭"，占地 327 亩，南北长逾 1 千米，古木参天，雕梁画栋，其规模和壮丽仅次于北京故宫。

② 孔府。孔府在孔庙东侧，昔称衍圣公(孔子后裔的封号)府，为历代衍圣公官署，院落 9 处，分东、中、西路。中路前为官衙，后为内宅，东路为家庙，西路为客厅院。建筑严谨，气势雄伟，是我国最大最豪华的封建贵族府第。

③ 孔林。孔林是孔子及其后裔的墓地，位于曲阜城北 1.5 千米，面积达 3 000 余亩，外有 3 米高、7 千米长的砖砌林墙。林正中偏南为孔子墓，林内有树 2 万多棵，古墓和碑碣如林，是中国规模最大、持续时间最长、保存最完整的宗教古墓群和人造园林。

(4) 邹县。邹县为儒家大师孟子(有亚圣之称)出生之地，是春秋时邹国的都城，有"二孟"及峰山。孟庙又名亚圣庙，位于邹县城南，为历代祭祀孟子胜地。庙内古树苍郁，遮天蔽日，孟庙东邻孟府，是孟子嫡裔居住之地，前为官衙，后为住宅。孟林坐落于邹县城北 1.5 千米的四基山西麓，林内古柏参天，中有小渠贯通。南北峰山位于城东南 20 千米处，被誉为"岱南奇观"、"邹鲁灵秀"。

2) 胶东滨海旅游区

山东半岛夹在渤海、黄海之间，自古就是中国海上交通基地之一，又是"黄河入海流"的出口，其旅游路线为青岛—石岛—成山角—威海—昆街山—烟台—养马岛—蓬莱—石岛—牺霞或莱州—潍坊—青州—淄博，然后从济南返回。这条旅游线主要是游览胶东海滨风光和观赏鲁中民族风情，重点浏览青岛。

(1) 青岛。青岛位于胶东半岛南侧、黄海胶州湾出口处东岸，三面环海，一面临山，风景优美，气候宜人。青岛发展历史较短，清代后期才形成市镇，但由于德国、日本侵入，建筑物多为别墅，式样、颜色各不相同，现今每条街上都种植花木，整个城市像个巨大的花园。青岛以避暑、海浴为主要旅游内容，且有小青岛、栈桥、八大关、汇泉、海产博物馆、十大山头公园等旅游点，另外青岛石老人国家旅游度假区为国家级旅游度假区。崂山位于青岛市东北崂山县境、黄海之滨。主峰崂顶海拔 1 133 米，山势东峻西缓，东、西两面临海拔起，形成了很多绝壁海崖，海浪直拍崂山脚下。崂山兼具山、海、石、洞、林、泉诸景，景色秀丽，气势磅礴，自古就有"海山名山"之誉，古有"泰山虽云高，不如东海崂"之说。崂山又是我国道教名山，为"道教全真天下第二丛林"。山中有太清宫、上清宫、龙潭瀑、明霞洞、八仙墩、白云洞、棋盘石等大量游览去处。蒲松龄《聊斋志异》故事多以此为背景，更增添了崂山的神秘色彩。

(2) 威海。威海位于胶东半岛北缘威海湾西岸，三面环海，背负青山。位于威海市东海湾的刘公岛是北洋海军大本营，现存水师提督衙门、丁汝昌官邸、码头等旧址。这里还有环翠楼等旅游点。

(3) 烟台。烟台位于胶东半岛东北黄海之滨，东距蓬莱 70 千米，西距威海 88 千米，市区人口 36 万。数千米长的芝罘半岛伸入海中，有烟台山、毓璜顶、芝罘岛、牟平养马岛等旅游点。"烟台苹果，莱阳梨"久负盛名，烟台素有"水果之乡"之称，并获"国际葡萄酒城"之名。

(4) 蓬莱。蓬莱古称登州，位于胶东半岛最北端，倚山抱海，自古就是人们幻想中的仙境。海市蜃楼这种奇景在蓬莱春夏之交时可以看到。蓬莱阁位于城西北丹崖山巅，面对大海，如凌云烟，素有"仙人琼阁"之称。蓬莱水城位于蓬莱阁东侧，又称备倭城，为明代抗倭名将戚继光所筑，是我国现存较完整的古代海军基地。整个水城以巧妙的布局、独特的结构为建筑界、考古界、军事界所称道。长岛位于蓬莱北 15 千米的渤海海峡中，从蓬莱北望，影影绰绰若海上仙山，被誉为"海上桃源"。

(5) 潍坊。潍坊有"风筝之乡"之称，每年举办国际风筝节，吸引了大批国内外游人。市东郊的杨家埠是潍坊风筝的主要产地。

阅读材料

青岛国际啤酒节

青岛国际啤酒节(图 8.5)是以啤酒为媒介，融经贸、旅游、文化为一体的大型节庆活动，是亚洲最大的啤酒盛会。

图 8.5　青岛国际啤酒节

青岛国际啤酒节由开幕式、啤酒品饮、文艺晚会、艺术巡游、文体娱乐、饮酒大赛、旅游休闲、经贸展览、闭幕式晚会等活动组成，是由国家有关部委和青岛市人民政府共同主办的。节日期间，青岛的大街小巷装点一新，举城狂欢。占地近500亩、拥有近30项世界先进大型娱乐设施的国际啤酒城内更是酒香四溢、激情荡漾。节日每年都吸引超过20个世界知名啤酒厂商参与，也引来近300万海内外旅游者举杯相聚。

2005年8月13日开幕的第十五届青岛国际啤酒节首次由中国台湾的东森电视台和山东卫视合作，将开幕典礼向亚洲、欧美等地区进行了同步连线转播，同时亦与新浪网合作进行了网上视频直播。

青岛国际啤酒节每年在青岛的黄金旅游季节8月的第二个周末开幕，为期16天。啤酒节的主题口号是"青岛与世界干杯"。

青岛国际啤酒城号称亚洲最大的国际啤酒都会，位于香港东路与海尔路交叉路口，前临石老人海水浴场，左傍青岛国际会议中心，占地达35公顷。青岛国际啤酒城分南、北两大功能区，南区为娱乐区，北区为综合区，已建成大型游乐世界。

如同青岛啤酒精心酿造的醇香一样，啤酒城为我们酿造了一个充满激情和快乐的节日——青岛国际啤酒节。

作为青岛国际啤酒节的主要举办地和重要载体，啤酒城对今日啤酒节的声名远扬有着突出而特殊的贡献。在啤酒节从最初的"自斟自饮"、"自娱自乐"逐渐成长为"海纳百川"、"五洲同乐"的盛大节会和充分彰显城市活力与激情的靓丽名片的过程中，啤酒城也主动将自身的功能设置从最初的简单提供饮酒的地方转变为集饮酒、娱乐、休闲、旅游、品牌展示、经贸和文化交流于一体的多功能快乐之城。据了解，多年来，崂山区每年都要投入资金，引入新的设计理念，对啤酒城进行国际化、专业化的改造，使其越来越符合一个狂欢节事的布局。与此同时，崂山区几乎每年都要投资维护啤酒城的城容城貌，对其进行美化、绿化、硬化，并不断增加城内的各种服务设施，使啤酒城越来越具人性化。近几年来，崂山区还对啤酒城的周边环境进行了整治，使路及其他外部服务设施越来越健全。因此，从某种程度上说，是啤酒城锻造了一个啤酒节，是啤酒节成就了一个啤酒城。

啤酒城作为将众多节庆功能凝为一体的相对独立的区域，使青岛国际啤酒节与国内外的众多啤酒节有着不同的特色，"逛啤酒城"和"参加啤酒节狂欢"几乎成了一个同义词。如果说，青岛国际啤酒节已然成为一个品牌，那么，青岛国际啤酒城同样已经成为了一个品牌。作为一个负有盛名的节日的长期固定主办地，啤酒城在国内外人士中的声誉日隆——数以十计的国际著名啤酒品牌年年参与，每年有众多旅行社组建数以百计的旅行团"赴节旅游"，这就是一个明证。

2010年8月14日到8月29日，第二十届青岛国际啤酒节将在美丽的帆船之都拉开帷幕。本届啤酒节可谓好戏连台，除了传统的劲歌劲舞、民乐丝竹、京剧、东北二人转以外，最值得关注的可谓是由青岛响虎俱乐部主办的中外武术对抗赛。

青岛响虎俱乐部成立于2009年，是WMA中国武术职业联赛的加盟俱乐部之一，是一所集中华武术技法精髓的挖掘、整理、变通、发扬、训练教学、赛事推广于一体的专业机构。在2009年首届中国武术职业联赛中，青岛响虎夺冠而归，成为名副其实的武林盟主。在一年多的时间里，青岛响虎俱乐部不断发展壮大，推动了中华武术的传承和发展。

第8章 旅游文化创意与策划的地域特征(华北地区)

青岛国际啤酒节作为亚洲最大的啤酒盛会,历届都有数十个国家和地区及国内的啤酒厂家参加,并且吸引了数百万旅游者前来参观。中外武术对抗赛与国际啤酒盛会的完美结合,不仅能够吸引中外游客的关注,而且对于各啤酒品牌的提升及中华武术的传播都有着十分重要的意义。

(资料来源:http://baike.baidu.com/view/463711.htm)

小思考

阅读以上材料,总结青岛国际啤酒节家喻户晓的原因,以及与世界最具盛名的三大啤酒节(英国伦敦啤酒节、美国丹佛啤酒节和德国慕尼黑啤酒节)相比,其宣传营销、创意策划的不同点及相同点分别是什么?有何可资借鉴之处?

本章小结

本章介绍了华北地区各省市已开发及极具开发潜力的旅游资源,包括民俗风情、历史文化、文物古迹、建筑艺术等,分析了华北地区自然地理环境和人文地理环境的区域特征。通过对华北地区区域文化内涵与特征的分析,结合大量应用案例、阅读材料,让学生在了解本地区旅游资源环境及重要旅游景区景点概况的同时,对其发展现状及发展趋势有了直观把握。在此基础上,锻炼提升学生的创意策划能力,即结合所学知识,设计华北地区不同旅游资源主体的旅游线路、旅游形象,针对市场创新性地开发华北地区的旅游产品,为区域旅游业发展贡献创意策划理念。

复习思考题

一、名词解释

1. 华北旅游区
2. 三皇五帝
3. 八大古都
4. 独乐寺

二、单选题

1. 佛教传入我国后,最早建立的寺庙是( )。
   A. 洛阳白马寺　　B. 嵩山少林寺　　C. 浙江天台寺　　D. 湖北玉泉寺
2. 有"五岳独尊"之誉的名山是( )。
   A. 嵩山　　　　　B. 华山　　　　　C. 泰山　　　　　D. 恒山

三、多选题

1. 分布在华北的中国十大风景名胜有( )。
   A. 天坛　　　　　B. 万里长城　　　C. 北京故宫　　　D. 承德避暑山庄

2. 华北旅游资源区域分异明显，主要可分为( )等亚区。
   A．京津与冀北亚区　　　　　　B．太行山以西亚区
   C．冀中南亚区　　　　　　　　D．胶东半岛亚区

四、简答题

1. 华北文化旅游区的旅游资源有何特征？
2. 山东文化旅游区主要的人文旅游景点有哪些？
3. 试分析华北旅游区旅游资源的优势及开发中存在的问题，并简要阐述各省的发展策略。

五、思考题

中岳嵩山已被列入《世界文化遗产名录》，请对比东岳泰山的旅游资源优势，给出嵩山的资源特点，然后分析嵩山旅游业开发的优势和劣势，以及开发泰山有哪些成功经验和失败教训，最后给出旅游资源开发的建议。

课后阅读

打造"国学之都"品牌——升华河南旅游形象策划案例

1. 策划宗旨。

1) 本策划案目的

(1) 通过进一步对河南文化和精神深层文化的挖掘和广泛的新闻宣传推广，让全国乃至世界更多、更深层次地了解河南的旅游文化。

(2) 向海内外展现河南文化的"唯我独有"的骄傲，让河南旅游文化为提升河南民众的凝聚力发挥重用作用。

(3) 加快河南旅游文化事业的发展，让越来越多的海内外炎黄子孙了解河南、关注河南、向往河南。

2) 打出"国学之都"品牌的基础和意义

我们的祖先在中原这片土地上，用智慧创造了影响中华文明进程和文化发展的优秀的精神和物质财富。自夏代到北宋近 3 500 年间，共有 200 多位帝王建都或迁都河南，足以说明古人对中原文化的认同和对中原辐射功能的认同。

历史形成的文化、政治中心的功能和作用不仅凝聚了中华传统文化的精髓，积淀了河南深厚的文化蕴涵，还赋予了河南文化的特殊意义及特有内涵，即以崇高、庄严为基质的国学文化。

河南特殊的历史地位和作用记录和贯穿着中国几千年的文明历史，承载着历史文化的传承，国学文化就是在中国几千年封建社会演变的背景下逐步形成的，因此，河南众多的名胜古迹、民间传说、书法石刻、宫观庙宇，就是一个天然的历史、艺术博物馆，是浓缩中华民族文化的国学博览基地。中原文化是几千年来一直被认同的中华民族文化的代表和精神象征，完全有历史依据证明河南是国学的发祥地，是文明之源、文化之根，是当之无

愧的"国学之都"。

如果说，在当今改革开放的时代，沿海城市是"血液"，经济发达城市是"骨架"的话，那么河南的国学文化就是中国的"魂"，是一切中国文化、思想和中国民族性的起源。

3) 策划主题

打造"国学之都"旅游品牌，以此求得喜爱中国文化游的海内外人士在文化上的认同，达到弘扬河南文化、重塑河南形象、振奋河南精神、发展河南经济的目的。

前人已铸造了河南的辉煌，今人更应增添河南的灿烂。该策划将围绕着"国学之都"的弘扬与建设、国学文化的继承与发展展开，让世人再一次瞩目河南。

(1) 弘扬河南的历史文化。
(2) 推进河南的文化影响。
(3) 升华河南的旅游形象。

2. 中国旅游事业发展的启发

1) 中国旅游文化推介的手法

中国的旅游文化推介可以说是成功的，它的主要特点是：

(1) 产品特征明确。即销售历史、销售文化(宣扬四大文明古国、东方神秘古国)。

(2) 举办、承办辅助性活动。为促进国民经济和旅游业的发展，由政府出面承揽国际性的大型会议，如亚运会、奥运会、世博会、特奥会、世界文化年会、世界华商大会、大型国际商品交易会、国际性学术年会等，扩展了旅游的新看点，宣扬了新时代的中国文化与经济。

(3) 抓软、硬件配套工程。①世界文化遗产的重点宣传推广；②注重线路包装，开辟专车、专列、专机，提高接待能力；③进一步加强了旅游城市、旅游景点的生态环境的宣传、特色饮食文化的宣传、地方性的风土民情的宣传。

由此可见，旅游并不是单纯的旅游，而是全民参与、政府带动、社会支持的事业。因此，河南旅游文化事业的发展首先必须获得河南省政府、各级地方政府的政策支持与倾斜；其次，旅游文化的宣传定位要得到全河南人民的共同认可、参与。

2) 河南旅游宏观发展建议

(1) 确定河南旅游文化的主导口号或战略定位，形成理念体系，要把这个理念体系建立在高端，要有依据、有煽动性，要成为河南旅游文化的旗帜和远景目标。

(2) 河南旅游应该加入到国际和中国旅游文化体系中，申请世界文化遗产(无论批准予否)与中国旅游文化重点项目，组织各媒体、专家采访或参与遗产申报的论证、研讨，请政府发出声音并给予支持。

(3) 注重全省的旅游产品质量(旅游整体水平提高)。旅游管理部门应该宏观指导河南各地的饭店、酒吧、餐馆、博物馆和旅游景点的特色建设和挖掘，以提高人文视觉吸引力。更重要的是，这些设施提供的服务要物有所值，也就是说，水平与参观的价格相匹配。对河南旅游景点采取分级方法，确定票价与相关配套设施的服务等级。

(4) 将景区景点和节庆活动纳入全省旅游文化布局。为了更具吸引力，主要的旅游产品要经过全面规划，包括它的促销、商业化和阐释。应使这些产品贯彻全年，使旅游者有充分的时间来了解和享受，如民俗游、特色游、寻根游等。

(5) 注重信息提供和好客度。与旅游者的交流和互动是从旅游的最初阶段开始的。在典型的城市旅游过程中，旅游者的行程安排都基于他能够获得的有效信息。因此，建议组织编写当前流行的《自助游手册》，丰富河南旅游网站，学习、链接、参与当前网上活跃的自助游团体讨论，与各大旅游中介团体建立互惠关系，以及时提供河南旅游信息，提升好客度。

(6) 注重旅游的文化品质。要树立提升文化的独特性和文化的包装展示水平的意识。

(7) 世界上公认的旅游城市都拥有丰富的文化内涵和让人羡慕的传统。河南应该在全省范围内挖掘和选择出一些传统风情，把优秀的、独有的项目保留下去，为游客带来难忘的快乐之旅。

3. 河南旅游文化定位与特色

此定位应作为河南旅游文化的旗帜和远景目标，如"文明之源、文化之根"、"国学之都、国学文化"、"历史的脉络、文化的音色"等。

1) 市场分析

(1) 历史数据。

① 著名学者丁文江对《二十四史》中立有列传的历史人物进行了籍贯考证，见表8-1。

表8-1 河南籍名人情况

河南籍名人	人数/人	名列各省比例	排名
西汉	39	19%	2
东汉	170	37%	1
唐代	219	17%	3
北宋	324	22%	1
南宋	37	6%	4
明朝	123	7%	4
总计	912	—	—

② 王天兴主编的《河南历代名人辞典》中记录了自传说时代至现代的河南籍名人人数，见表8-2。

表8-2 河南籍名人人数

朝代	人数/人
先秦	120
秦汉	422
魏晋南北朝	365
隋唐五代	548

续表

朝代	人数/人
宋辽金元	756
明清	846
总计	3 057

③ 姚泽清收录的在中国历史上有重要影响与杰出贡献的河南历史名人见表8-3。

表8-3　在中国历史上有重要影响与杰出贡献的河南历史名人

朝代	人数/人	人　名
春秋战国	18	老子、庄子、墨子、韩非、商鞅、吕不韦、苏秦、尉缭、范蠡、孙叔敖等
秦汉时期	54	李斯、陈胜、陈平、张苍、贾谊、杜诗、邓禹、许慎、张仲景、蔡文姬等
魏晋南北朝	39	钟繇、司马懿、阮籍、向秀、干宝、谢安、谢灵运、范晔、范缜、江总等
隋唐五代	44	张巡、玄奘、姚崇、一行、杜甫、吴道子、韩愈、李商隐、李贺、王审知等
宋元明清	43	吕蒙正、韩琦、程颢、程颐、郭熙、李诚、岳飞、许衡、史可法、吴其等
总计	198	—

实际上，北宋及以前的绝大多数历史名人，即使不是河南人，也在河南长期活动并保留有大量遗迹与传说。

传说中的三皇五帝都与河南密切相关；自夏代到北宋近3 500年间，共有200多位帝王建都或迁都河南；七朝古都中安阳、洛阳、开封名列其中；用于体现河南历史文化丰厚的地上与地下文物达3万处以上，其中世界级文化遗产1处，国家级文物单位54处，国家级历史文化名城4座，馆藏文物数量占全国的1/8，达130余万件，地下文物数量居全国首位。

(2) SWOT分析。

Strength(优势)——独特的文化、历史、文物遗存；交通四通八达；有成就的河南人遍及全国各地。

Weakness(劣势)——社会对河南人文资源存有非议；缺少整体规划，旅游文化不集中。

Opportunity(机会)——中原腹地的崛起势在必行；中华文化的复兴给河南旅游带来了发展机遇；随着人民的生活水平提高，全球、全国开始重视旅游发展。

Threat(威胁)——各接壤地区，如山东、江苏、湖北，其旅游产业已成规模；政策与资金力度支持不够。

2) 客户群

(1) 中国历史(国学)教育基地：大、中、小学，各类院校、政府机关、厂矿企业。

(2) 旅游团体(包括新兴自助游、驾车游)。

(3) 东南亚、华侨、华裔等热爱中国文化事业的人群。

(4) 中老年群体寻根游。

(5) 全球热爱中国传统文化的中国历史考古游、文物保护游——因为历史文化遗产不仅是中国的，也是世界的。

4. 河南的旅游产品与服务

河南的旅游产品有两条主线：历史脉络与文化音色。旅游者可选择任何一条线路，追寻自身所需求的精神产品。

1) 历史脉络

从史前文明开始，按历史脉络重新编排河南的旅游线路，如史前文化看郑州，殷墟文化看安阳，两汉文化看南阳，魏晋南北唐看洛阳、许昌，宋文化看开封，人文寻根、拜人文始祖看淮阳等。

2) 文化音色

此音色指与河南旅游相关的风、土、人、情，是指追索历史之外的河南人文、乡土特色，满足寻根、寻找风土人情、寻找中原文化源头的中外人士之精神。

河南有本家(姓氏祖根)、本土(古中国，2 000年前的中国)、本色(原生态的环境与文化、艺术)，如太昊陵、龙门石窟、洛阳牡丹、中州豫剧、信阳毛尖、桃园结义、包公传说等。

3) 服务体系建立

(1) 建立河南旅游服务中心，提供电话热线、网上预订、投诉服务。

(2) 河南旅游服务体系的软硬件改造、认证、达标。

(3) 在低价酒店、金融服务、分时度假领域等方面进行开发和加强。

由政府统一调控，以河南旅游为龙头，带动整体河南软、硬件环境改善与配套。

从国际旅游发展趋势看，金融服务将会以手拉手的方式与旅游及旅行业协同发展。首先，由于购买的本质和规模，现金交易将会被电子支付系统取代。其次，旅游及旅行业具有长距离、国际化和多元化的特性，因此需要让旅游者携带钱物更加方便、安全。就是通过旅游管理部门和银行的加强合作，在重点旅游区域增加ATM、货币兑换等金融综合服务，为旅游者提供一种便捷的服务。

5. 推介策略

1) 一个中心

即围绕打造"国学之都"旅游文化品牌，用政府支持、民间行为进行策划设计，可充分显示河南省委、省政府的敏锐的政治素质、强烈的文化意识和高度的民族责任感和社会责任感，这本身就很具有新闻价值。

宣传要以高口号定位，引起社会各界特别是专家学者的广泛讨论、参与，召开新闻发布会，启动新闻宣传点，请中央电视台、凤凰卫视、上海电视台、东方卫视、人民日报、大河报等全国重点媒体进行研讨、论证、报道。

前期宣传"国学之都、国学文化"，后期宣传河南，制造、组织一系列围绕升华河南文化形象的活动，达到电视有像、广播有声、报纸有字，且持续时间长、关注面广的效果，"国学之都、国学文化"是河南旅游文化的独有特色和优势，将会形成一个响亮的旅游文化品牌。

2) 两个基本点

对于河南旅游的具体操作，我们提出了两个基本点。第一个基本点是围绕历史脉络和中原历史起源、发展而展开的旅游文化线路,第二个基本点是围绕河南的风土人情、文化特色展开的旅游线路。以上为推介计划的核心理论,具体操作应根据实际情况,量体裁衣,量力而行,雅俗共赏,逐步实施,不限先后。其根本是统控全局、紧抓重点。

(1) 在北京召开一次河南旅游文化推介理念招标会。邀请中央电视台、中央人民广播电台、凤凰卫视、北京电视台、上海电视台、人民日报、人民日报海外版、中国旅游报、大河报等重要媒体参加。

(2) 成立"国学之都旅游文化推进委员会",组织在京研讨会。聘请中国著名国学大师任继愈、李学勤、罗哲文、郑孝燮、余秋雨等为委员会的主任和顾问,使"国学之都"从学术上得到著名学者的认可和支持,并形成"国学之都形成和发展的理论体系"。

(3) 征集"国学之都"吉祥物、吉祥图案和"国学韵曲"。向海内外征集"国学之都"吉祥物和吉祥图案,征集在能够充分体现出河南博大精深的文化内涵和民族精神的"国学韵曲"。"国学之都"吉祥物、吉祥图案设计应能够充分表达河南是中华的文明之源、文化之根理念,图案简洁明快,现代感和传统感相结合,易于人们记忆;词曲作品体裁应包括民族、美声、通俗、交响乐、民乐,评选结束时邀请一流的演唱家、民乐演奏家、交响乐演奏家、指挥家,在全国和海外举办"国学韵曲"获奖作品巡回音乐会,进一步向海内外推广河南精神文化,推广和打响"国学之都、国学文化"的旅游文化品牌,不断引起人们对河南旅游文化的关注。以河南文化景点、人文故事为背景,选择"国学韵曲"系列作品中的代表性音乐作品拍摄音乐MTV,邀请著名演奏家或歌唱家出演,送各省、市电视台及中央电视台播放。

(4) 全面包装河南主要旅游城市。对郑州、洛阳、开封、许昌、安阳、南阳、淮阳等重点城市的机场、机场路、火车站、城市中心、大型商厦、饭店,以及主要道路的路牌、广告牌、车站牌进行旅游景点、旅游文化、旅游住宿、旅游服务配套等一系列围绕旅游的视觉宣传。

(5) 聘请著名导演完成河南旅游宣传短片,在各电视台、媒体广为宣传,并为成功签约召开新闻发布会。

(6) 聘请知名度较高的名人作为河南旅游文化形象大使,利用名人效应进行一系列媒体宣传、活动。

(7) 组织专家论证,向联合国教科文组织申请几项世界文化遗产。河南省需多申报世界文化遗产,不管申请下来与否,都要下功夫宣传、造势,展开媒体讨论与宣传。河南仅有一个龙门石窟是联合国教科文组织命名的世界文化遗产,从河南的文化遗存、文物遗存来看,这种承载力远远不能支撑起河南旅游文化大省的架构。

(8) 推出河南重点旅游线路,进行新包装线路宣传。

① 根据河南的历史开发出一个河南考古游的新项目,如在河南界内以时间顺序优选几处古文化:石器时代中心(仰韶文化、商都文明、大河文化)、史前文明、宋文化中心。

② 开发河南文化游新项目。道学、玄学、理学是中国传统文化思想体系形成的基石。道学的上圣老子、真君庄子、列子、计然子都是河南人或曾在河南写作;玄学创始人王弼是河南人;理学张载与"二程"(程颢、程颐)是河南人,且多在河南书院(应天书院、嵩阳书院、龙门书院、百泉书院等)讲学。根据这些文化遗存的分布,编制出一条文化游的线路,

可以向全国的中学和大专院校推介。

③ 开发寻根游。

④ 开发风情游。根据河南历史人物的创新、诚信、礼义、忠诚、进取、坚韧、勤奋、朴实、格物、求真等,编撰对人生会产生影响的风情故事,开发一条线路。写河南人之于中华文明的创造与创新可以从仰韶文化、殷商甲骨说起;写中原人的诚信与忠义可以从比干庙、关帝林、岳飞庙切入;写中华文明的辉煌可以谈唐论宋,从洛阳到东京,从昔日郑州的商战到今日中原的崛起;对于写坚韧顽强王朝的兴衰,中原人的流离;礼义文化、商业文化、宗教文化、尚武精神……老子、墨子、李斯、贾谊、张衡、杜甫、韩愈、白居易、岳飞……古有愚公移山,今有大别山老区的红军。

这些历史典故和传说可体现中原文化在形成发展过程中显示的文化品格,是后世子孙代代品格的基础,正是千千万万中国人的这样的品格才形成了中国的民族性。要挖掘民族性,弘扬民族性中与时代发展相吻合的内容。

⑤ 河南原有包装较好的旅游项目有洛阳龙门石窟风景群、洛阳牡丹等。为再塑河南人文美德,还可根据人文礼、义、廉、信、耻可划分出礼线、义线、廉线、信线、耻线五条旅游线路,有利于记忆和传播。

(9) 文化团体巡展。汇聚河南省当地语言与艺术、文化与名胜,组织三场当地艺术选拔、展演的优秀剧目,并到全国几个重点城市巡展,宣传河南的旅游文化,同时汇编出版介绍河南历史和文化的《脉络》、《音色》两本书。

(10) 2006年3月24日始,老子诞辰2 577年,组织老子与中国文化思想系列研讨会。老子生日为农历二月十五,姓李,名耳,字伯阳,谥曰聃,是楚国苦县(今河南省鹿邑县)人,约生活于公元前571年~公元471年。

① "中国文化与河南文化"研讨会。邀请海内外的专家、学者、社会名流,以"中国文化与河南文化"为题在北京举行研讨会,邀请中央电视台、新华社、中新社、人民日报等媒体参加。

② 开辟"国学神韵"专栏。邀请上海文汇报、新民周刊、新民晚报、杭州都市快报、南京现代快报、济南齐鲁晚报、青岛半岛都市报、广州南方都市报、福州海峡都市报、成都商报、武汉晚报、长沙潇湘都市报、天津今晚报、北京新京报、香港东方日报、香港文汇报、香港明报、台湾中国时报,以及新加坡联合早报等25家在海内外较有影响的媒体来河南采风,鼓动他们在报纸上开辟"国学神韵"专栏,系列性地向海内外介绍河南的文化和精神。

6. 组织架构(略)

7. 财务预算(略)

8. 结论:

在科技时代的今天,中国的旅游事业中能够倾服世界的就是中国独有的历史文化,影响中国历史、文化、文明进程的民族文化将是中国旅游事业可持续发展的生命力。河南如何利用自己的历史文化优势,抓住中国文化复兴的机遇,是河南旅游事业发展的方向性的思考和定位的大课题。

河南虽还具有黄河文化资源,但维系华夏情感的黄河这根纽带是要靠文化教育去延续的，中华民族就是要靠一条文化纽带来凝聚。如果仅空泛地提出什么"人文始祖、文化发源、文明摇篮"，吃祖先、吃历史，自己不再积淀，不再有新的东西发展，最终会有水尽源枯之时，会被不断前进与创新的时代所遗弃，增加海内外华夏儿女的凝聚力只会成为空谈。让炎黄子孙到大陆、到河南来寻根？寻找什么？看到什么？应该让他们看到的是文明素质很高、同祖同根的血亲、乡亲。河南人应该率先倡导"肩负起历史、文化、古文明发扬光大的重任"，而不是以靠寄生于老祖宗留下来的家产求得施舍。

因此，河南旅游事业的发展应该理直气壮地高举中国特色的人文旗帜，弘扬和继承中华传统文化中优秀的遗产，提升和重塑河南旅游文化形象，并充分体现出河南人的文化觉醒。文化觉醒了，河南的民族精神、人文精神、文化价值观念都会随之觉醒。这种觉醒是凝聚创新的动力，它可成为河南民众前进与凝聚的动力，成为河南新的人文精神和时代精神生成的基石。

(资料来源：http://q.sohu.com/forum/20/topic/47615747)

第9章 旅游文化创意与策划的地域特征
(长江中下游地区)

教学目标

知识要点	掌握程度	相关知识
长江中下游区域与区域文化	掌握	长江中下游区域的地理范围、长江中下游区域文化的地理特征
长江中下游自然地理特征与区域文化内涵	掌握	长江中下游自然地理特征及区域文化内涵
长江中下游区域旅游地理概述	重点掌握	长江中下游区域旅游资源的特征、长江中下游旅游亚区(苏、皖、鄂、湘、赣)旅游资源概述

技能要点

技能要点	掌握程度	应用方向
长江中下游自然地理特征及区域文化内涵	熟悉	认识本旅游区的自然与人文地理环境特征,了解旅游地理环境对该区旅游文化创意与策划的影响
长江中下游区域旅游地理概述	重点掌握	分析本区发展旅游业的优势与劣势,掌握本区独具特色的重要旅游景区景点,了解本区主要的旅游景点及旅游线路,为旅游景区策划、规划及旅游地项目建设奠定基础

第9章 旅游文化创意与策划的地域特征(长江中下游地区)

导入案例

"博爱之都"——南京推出的旅游品牌

南京著名旅游景点中山陵的博爱坊(图 9.1)之横批"博爱"二字系孙中山先生手迹。今天,它已经成为南京市对外旅游推广的品牌。南京市旅游局宣布,"博爱之都"将成为南京新的统一对外的旅游形象宣传口号。

图9.1 博爱坊

"博爱之都"取孙中山先生在近百年前提出的"博爱"之义,"博爱之都"蕴涵了南京多元文化交融的城市特征,表达了"宽容"、"海纳百川"的城市精神,体现了南京人民豁达开放的胸怀和热情好客的民风民情。

南京旅游资源极其丰富,名胜古迹众多。只要踏上南京这块土地,散步 5 分钟,你就会遇见原汁原味的历史遗迹,城市里到处洋溢着古老的历史文化气息。举世闻名的中山陵、夫子庙及其秦淮河风景带都是"中国旅游胜地四十佳"之一,是首批国家 4A 级旅游区。旅游已成为南京的支柱性产业之一。

南京市旅游局称,该市已通过在重庆、成都、北京和郑州等地的整体旅游形象宣传促销,将"博爱之都"的形象逐步推广开来,将来,仍将以城市整体旅游形象的宣传推广为核心,重点加强旅游的策划与创新,促进旅游、园林、文物等各部门联合推广这一形象口号,把"博爱之都"的城市旅游新形象推出中国,推向世界。

(资料来源:沈祖祥. 世界著名旅游策划实战案例[M]. 郑州:河南人民出版社,2004.)

长江中下游地区包括江苏省、安徽省、湖北省、湖南省、江西省五个省,国土面积81 万平方千米,以长江为纽带,以秦岭—大别山、南岭—云贵高原为屏障,东临大海,与广阔的太平洋相连,有淮河、长江、钱塘江等滚滚东流入海,并有大运河南北纵贯,形成了这里特有的海洋和内河的水运优势和沿河、沿海的城市景观,形成了较为完整的区域整体。

9.1　长江中下游区域与区域文化

1. 壮美神秀的自然景观

本区地形以平原、丘陵为主，在亚热带海洋性季风气候的影响下，使其无山不神、无水不秀。在植物区系上既有称为生物基因库的张家界、金佛山、神农架，也有生物量很低而被称为"红色荒漠"的局部紫色页岩裸露地。在自然景观上，湖南张家界的砂石塔状峰柱、崀山的"天下第一巷"、江西庐山的花岗岩高山雄景、湖北的神农溪及鄂渝之间的长江三峡等，均为世界罕见的自然奇景；黄山、九华山、齐云山、天柱山及东西洞庭山等，都是名扬古今的风景名山；江苏扬州瘦西湖、无锡太湖、安徽太平湖，以及壮美的长江、繁忙的黄浦江、钱塘涌潮、东海碧波等，都是景色诱人的水域风光。且往往山水融合，相得益彰，令游人流连忘返。

2. 源远流长的历史文化

在中国文化区划上，本区主要分属于荆楚文化区、吴越文化区和淮河文化区。中国的古老文明离不开以中原为核心的黄河华夏文化，但长江流域以稻作文化为基础发展起来的荆楚文化和吴越文化的地位不可低估，因此，王会昌提出了"双源并出"的观点，林河从"中华为什么叫'华'"的考证中，还提出了华胥文化的起源地应在鸟语花香的长江中游地区。经考古发掘成果看，江西万年县大源乡仙人洞遗址出现的距今一万年前的"草楂纹"陶器，湖南澧县发现的城头山古城遗址，湖北武汉黄陂区发现的盘龙城商代早期城市遗址等，都可说明本区历史文化的古老性。湖北随州出土的战国曾侯乙墓编钟，长沙市出土的马王堆汉墓女尸和走马楼吴简，湘西龙山里耶出土的秦简，以及江南的三大名楼，宋代天下四大书院的长沙岳麓书院和庐山白鹿洞书院，以及屈原祠、王昭君故里、舜帝陵、明显陵、神农架和大量的三国古迹和名人故里等，都可说明本区人文胜迹的丰厚和富有。除此之外，四大佛教名山本区占有其一(九华山)；七大藏书楼占有其二(扬州文汇阁、镇江文淙阁)；徽墨、歙砚、宣纸、湖笔乃著名文房四宝，其产地亦都在本区。至于淮河文化，一直是我国南北文化的重要分支，具有南北过渡的浓重色彩。凤阳花鼓、淮海戏、柳琴戏、泗州戏及黄梅戏等，也独具特色。

3. 丰富多彩的园林建筑、民间工艺

本区的传统工艺美术品如苏州刺绣、南京云锦、安徽铁画等，都驰名中外。湖南的湘绣、彩瓷、陶器、菊花雕、漆器、竹器、烟花爆竹，湖北的木雕、牙雕、绿松石雕、绢花、剪纸，江西的陶瓷、竹木器、乌骨、龙尾砚、李渡毛笔等产品备受中外游客青睐。现代都市主题公园与古老园林交相辉映的江南园林让世人称绝。南京、苏州、扬州、湖州等地汇集了江南古典园林的精华，尤以苏州园林为最胜。其园林历史有1 000多年，至明清最盛时全市各式园林300余处，至今仍有80多处，其中拙政园、留园、网师园、环秀山庄已列入《世界文化遗产名录》。为拓展文化内涵，扩大旅游空间，丰富旅游活动内容，本区凭借

其雄厚的经济和科学技术实力,又兴建了一系列人造主题公园,如无锡的太湖影视城、苏州的未来世界等。老园、新园各有特色,相得益彰。

小思考

你能说出中国四大佛教名山和七大藏书楼么?

9.2 长江中下游旅游亚区旅游资源概述

9.2.1 江苏

江苏印象

"上有天堂,下有苏杭"的说法妇孺皆知。江苏地处我国东部沿海,是全国地势最低平的省份。省内长江横贯东西,京杭大运河纵贯南北,苏南太湖、苏北洪泽湖等水网密布,有"水乡泽国"之称,又因物产众多,生活富庶,有"鱼米之乡"的美誉。

悠久的历史留下了众多名胜古迹,南京、镇江、常熟、徐州、淮安、扬州、苏州等均为国家级历史文化名城。六朝古都南京不仅拥有明孝陵、秦淮河、夫子庙、玄武湖等古老景点,也有中山陵、雨花台、南京大屠杀遇难同胞纪念馆等革命教育基地。苏州园林独步天下,周庄、同里、木渎等古镇众多。"二十四桥明月夜"、"烟花三月下扬州"勾勒出了扬州城的无边风月,无锡太湖之滨的鼋头渚流传着吴越时代的古老传说。漫步在烟水葱茏的江苏,入眼处皆街巷临河,小桥流水,粉墙黛瓦,简静雅洁。朴素安然的古镇,深远宁静的园林,美丽绝伦的民间艺术,与世无争的河流,随意停泊的小舟,平淡自足的生活方式,一切都去留无意,千年如一日地流淌着淡淡的风韵。镇江三山、宜兴三奇、连云港花果山水帘洞也是江苏有名的景点。

如今,秦淮河的桨声灯影依然摇曳着千百年的柔美风情,吴侬软语依然吟唱着数不尽的风流往事,数百年前的私家庭院依然在寂寞中坚守着古典和悠闲的品性,姑苏城外的寒山寺依然与江枫渔火相看两不厌,中国传统文化酝酿的浓醇芳香让人微醺。

(资料来源:裴凤琴.中国旅游地理[M].成都:西南财经大学出版社,2011.)

1. 旅游资源与环境概况

江苏省位于祖国东部,跨华北平原和长江下游平原,东濒黄海。清置江苏省,以旧江宁、苏州二府首字得省名,国土面积10.26万平方千米,辖13个地级市、54个市辖区、27个县级市、25个县。江苏地势低平,绝大部分地区在海拔50米以下,低山丘陵仅占全省面积的5%;气候温和湿润,雨量适中;境内有长江、淮河、沂沭河三大水系,并有大运河沟通南北,湖泊众多,河网稠密。农业开发历史悠久,农副土特产品丰富,手工业素称发达,工艺美术品种多样;商业自古繁荣,城市密集。江苏还是当代中国经济、科技、文化最发达的省份之一,亦是中国七个重点旅游省之一。江苏的自然风光以"山水组合、以水见胜"为特色,历史文化资源极其丰富,吴文化、汉文化、六朝文化、明文化、太平天国文化、民国文化等璀璨夺目,形成了独特的文化优势。江苏旅游名城众多,各具秀姿,异彩纷呈。

2. 旅游开发现状及发展目标

2013年江苏全省接待旅游者总人数5.18亿人次,同比增长10.9%;实现旅游总收入7 195亿元,同比增长14.1%居全国各省区第二位。计划至2020年,江苏省旅游产品开发建设的中心任务是调整结构、开发精品,实现旅游可持续发展,将现有旅游资源优势转化为市场优势。为此,在调整产品结构方面,要逐步由传统观光为主的单一结构,向商务旅游、文化观光旅游和度假休闲旅游相结合的多元化结构转变,重点发展高附加值的商务散客旅游、高文化含量的观光旅游及工业、农业、体育、科技、教育等丰富多彩的专项旅游产品。在实施旅游精品战略、开发培育名牌产品方面,将重点培育和开发以观光精品为主体,以度假休闲、高科技农业生态观光、现代工业旅游和专项旅游精品为补充的江苏名牌产品系列,如南京的明城墙风光带、秦淮风光带、苏州古典园林和水乡古镇、无锡的灵山胜境、太湖影视城,扬州的瘦西湖风景区、古运河及镇江三山风景区和徐州的两汉文化系列(汉画像石馆、楚王陵)等文化观光精品;苏州太湖国家旅游度假区、无锡太湖国家旅游度假区、天目湖旅游度假区、阳澄湖旅游度假区、常熟东海温泉、连云港海滨浴场等休闲度假旅游精品;苏州未来农林大世界、无锡粉色生态农业园、苏州西山国家现代化农业示范区、盐城沿海滩涂湿地生态旅游区、苏州工业园、昆山开发区、小天鹅集团等工、农业旅游项目等。

3. 旅游资源区域建设

1) 环太湖旅游区

本区包括苏州、无锡、常州三市,是江南乃至全国旅游资源高度富集区、旅游开发的高强度区和旅游产业的高效益区。全区拥有国家级太湖风景名胜区,苏州枫桥、虎丘山、常熟虞山和茅山四个省级风景区,以及苏州西山、宜兴森林公园等七个国家级公园,并有国家级历史文化名城苏州、163个市级以上文物保护单位及数百处古典园林,还有无锡唐城、欧洲城、三国城、水浒城和苏州未来农业大世界,以及无锡灵山大佛等现代主题公园。本区旅游开发建设的重点是要把古典园林、古镇、古城、吴文化、太湖风光和现代旅游景观进行包装、组合,形成以观光旅游、度假休闲旅游为主的旅游产品系列,培育成全国最重要的旅游强市之一。

知识扩展

国家级历史文化名城——苏州

苏州物华天宝,人杰地灵,被誉为"人间天堂",又因其"小桥流水人家"的水乡古城特色,而有"东方威尼斯"、"东方水城"的美誉。苏州自有文字记载以来的历史已有4 000多年,公元前514年建城。

苏州园林集中代表了中国园林的设计精巧和艺术风格，以拙政园(图 9.2)、留园、网师园、环秀山庄最具风格。拙政园位于苏州市娄门东北街，是苏州最大的名园，与北京的颐和园、承德的避暑山庄和苏州的留园合称中国四大名园。拙政园是明代园林的代表作，以江南水乡风光为特色。全园以水池为中心，楼亭台榭临池而建，整个园林犹如浮在水面上，具有江湖山林的风貌。园内池广树茂，厅榭精雅，平桥低栏，景色秀美。全园分东、中、西三部分。东园有秋香馆、兰雪堂等建筑；西园有三十六鸳鸯馆和十八曼陀花馆；中园是全园精华，以远香堂为主体建筑，面临大荷池，四周为花窗，漏窗透空，水景如画。留园位于苏州西郊阊门外，具有清代园林建筑风格。全园分四个景区，中部是全园精华，以山水为主，峰峦回旋，明洁清幽；东部以庭院建筑为主，高大豪华；西部是自然山林；北部为田园风光。四个景区以曲廊相贯通，700 多米长的曲廊壁上镶嵌有历代名家书法石刻 300 多处，为著名的"留园法帖"。虎丘位于苏州市阊门外山塘街，山上的虎丘塔成为苏州的象征。虎丘山虽不高，但气势雄奇，古迹石刻众多，有"吴中第一名胜"的美称。沿山而上，有千人石、剑池、断梁殿、憨憨泉、试剑石等虎丘十八景。同里与周庄同为苏南著名的水乡古镇。同里镇位于吴江东北部，四周有五湖环绕，镇内河道纵横，街巷相连，民居沿河而建，互通舟楫。镇中的"三堂两桥"是典型的江南水乡建筑群，层次丰富，古貌依旧。著名的古园林退思园更具江南水乡建筑特征。与其临近的周庄，位于昆山市西南，距苏州市 38 千米。由于它"镇为泽国，四面环水，咫尺往来，皆需舟楫"的特殊自然环境，故有"中国第一水乡"之称，至今仍完好地保存着原来的水镇建筑及独特的风格。古镇内呈井字形的四条古河道，串起了拱桥、水港、河埠、石栏、廊场、楼阁、深宅及众多古迹，构成了小桥、流水、人家的江南古镇典型画卷。

图 9.2　拙政园

(资料来源：http://baike.baidu.com/view/2239.htm)

2) 宁镇扬旅游区

本区包括南京、镇江、扬州和泰州市，跨长江两岸，风景秀丽，人文历史古老。南京、镇江、扬州三市均为国家级历史文化名城，南京钟山和蜀岗瘦西湖为国家重点风景名胜区，明孝陵已列入《世界文化遗产名录》。其旅游开发主要是充实传统旅游产品的文化内涵，大力提高旅游吸引力和旅游产品水平，使之成为省内最主要的旅游目的地之一。

3) 连徐淮旅游区

本区包括连云港、徐州、淮阴、宿州诸市，位于淮河下游河道苏北灌溉总渠以北，属于淮河流域，为黄淮海平原的主体部分，地势低平，为我国历史上的兵家必争之地，遗留有大量文物古迹。区内有徐州、淮安两座国家级历史文化名城和云台山、云龙山、洪泽湖等风景名胜。旅游开发主要发挥其历史悠久、古迹众多、名人文化和乡村野趣的优势，重点开发以两汉文化为主体的文化观光，以林景、花卉、田野为主体的农业观光，以及名人探访、民俗旅游等专项旅游产品，并大力发展自然观光和生态旅游产品。

知识扩展

威尼斯位于意大利东北部威尼托大区首府，威尼斯省省会，是世界著名的历史文化名城及威尼斯画派的发源地，其建筑、绘画、雕塑、歌剧等在世界上有着极其重要的地位和影响。威尼斯水城是文艺复兴的精华，是世界上唯一没有汽车的城市，上帝将眼泪流在了这里，却让它更加晶莹和柔情，就好像一个漂浮在碧波上的浪漫的梦。

威尼斯有"因水而生，因水而美，因水而兴"的美誉，享有"水城"、"水上都市"、"百岛城"等美称。

9.2.2 安徽

安徽印象

"两根筷子夹着碗，屏障在西也在南，东面不平北边平，黄山胜过九华山。"这首民谣形象地概括了安徽省的地貌。长江和淮河像两根筷子，分别位于巢湖的南、北面；巢湖如碗，位于安徽中部；耸立于西部的大别山与绵延于南部的黄山、九华山，恰如两道屏障，世代捍卫着安徽大地。

安徽取安庆、徽州两地首字而得名，是我国南北地理交汇的过渡地带，拥有秀美壮丽的山岳景观。风景奇绝的黄山是闻名遐迩的游览胜地，古人早就有过"五岳归来不看山，黄山归来不看岳"的说法，山脚下的屯溪老街、程氏三宅建筑精美，历史悠久，另有四大佛教圣地之一的九华山、古称南岳的天柱山、道教圣地之一的齐云山、蔚然深秀的琅琊山等名山。

安徽历史悠久，战国时期的古城寿春(今寿县县城)、灵璧虞姬墓、乌江霸王祠、因唐代诗人刘禹锡的《陋室铭》而闻名的"陋室"、泾县桃花潭、亳州的曹操宗族墓群和华佗庵、歙县的许国石坊和棠樾牌坊等都是历史的见证。安徽也是文化极为发达的地区，对中国的经济发展影响深远。徽班进京的故事源远流长，成就了京剧如今的辉煌，而黄梅戏根深蒂固地扎根在徽州大地，至今依然妇孺皆知。徽派建筑、徽派艺术、徽菜琳琅满目，别具一格，尤其是散布在歙县、黟县境内的明清民居、祠堂、牌坊及村落布局，都使安徽成为探源寻古的好去处。

(资料来源：裴凤琴. 中国旅游地理[M]. 成都：西南财经大学出版社，2011.)

1. 旅游资源与环境概况

安徽省位于华东地区的西北部，跨长江、淮河、钱塘江三大流域，清置安徽省，旧以安庆、徽州两府首字得省名，辖 16 个地级市、45 个市辖区、6 个县级市、56 个县，面积约 14 万平方千米。因安庆一带古称皖国，故简称皖。以淮河、长江为界，将全省自然分为淮北、淮南和皖南三大部分，分别以平原、丘陵和山地地形为主。淮河下游平原和长江两岸地带多湖泊；山丘区多名山和水库，山水秀丽。淮北地区为暖温带半湿润季风气候，淮河以南为亚热带湿润季风气候，南北自然景观具有明显的过渡性特征。淮北毗连中原，开发历史悠久；淮南、皖南山丘区为我国历史时期中原人口南迁的聚集区和中继站。安徽省自然人文景观均丰富多彩，名人辈出，风景名胜和人文史迹遍布省境各地。全省拥有国家重点风景名胜区 8 处，国家历史文化名城 3 处，其中黄山被列为《世界自然与文化遗产名录》，堪称旅游资源大省。与山东、江苏、浙江等旅游发达省区相邻，离上海也不远，现代交通有京沪、京九、皖赣、合九、宁芜等区际铁路干线经过；长江黄金水道横贯南境，高等级公路更是四通八达；并拥有合肥、阜阳、黄山三大机场，已形成水陆空立体交通网络，这些都为安徽现代旅游业的发展创造了优越的区位交通条件。

2．旅游开发现状及发展目标

2012 年，安徽全省接待旅游者总量 331.46 万人次，同比增长 26.1%；实现旅游总收入 2 617.79 亿元，同比增长 38.55%。计划至 2020 年，安徽将实施名牌精品战略，发掘一批特色性强、文化内涵丰富的旅游产品，使地方产品、创意产品成为新开发产品的优势，集中力量形成一批绝品、精品。例如，对黄山、九华山、太平湖、天柱山、齐云山、琅琊山、太极洞、天堂寨以及徽文化、桐城派文化、明文化和齐云山道教文化进行深度开发，对黄山国际旅游节、九华山庙会、马鞍山国际吟诗节、淮南豆腐节、铜陵青铜文化节、安徽黄梅戏艺术节等旅游节庆活动进行创新。

3．旅游资源区域建设

1) 以黄山、九华山为中心的皖南旅游区

本区多属低山丘陵，一般海拔低于 1 000 米，少数高峰形成了险峻雄伟的名山，如黄山、九华山、齐云山等。山间多向斜盆地，为重要耕垦地区，并形成了如歙县等文化内涵深厚的历史文化名城，至今保存有大量明清时期的古街、古民居。皖南人民创造的徽文化是我国最具特色的地域文化之一。本区旅游开发的重点是继续打好黄山牌，做好徽文章，加大对古徽州系列人文资源的深度开发。

经典案例

英格兰的"树梢吊桥"

英国在位于东部诺福克的塞特福特森林的树梢上修建了一条约 36 米高、610 米长的"树梢吊桥"。该森林是英格兰面积最大的天然森林之一。

吊桥于 2006 年春天向游客开放。建成后的吊桥高耸入云，人们可以踏上这条晃晃悠悠的"空中走廊"，体验高空摇荡带来的惊心动魄的刺激感觉，还可以从高空鸟瞰壮观的自然景象，感受大自然的神奇奥妙，享受别样风情。

诺福克郡"空中走廊"的宏伟计划是由伦敦千禧桥和摩天大楼"小黄瓜"的设计者们提出的。提出这个设计方案的是从事户外设计的 Go-Ape 公司，该公司创始人特里斯特拉姆·梅休说:"我们希望重新营造那种坐在飞机上,当飞机冲破云层,俯瞰浩瀚云海的壮观感觉,只不过此次将是一个例外,映入你眼帘的将是5万株树。"设计师们希望建成后的吊桥能让游客感觉就好像站在树梢上,踩着鸟儿的翅膀。游客站在吊桥上向下望时,可以看到200种不同的树种,以及平时难得一见的珍禽异兽。

全球林冠项目主任安德鲁·米切尔博士说,栖息在树枝上的动物极为温驯,这会让参观者惊叹不已。"鸟儿和树上的动物都不会惧怕人类,"他说,"如果更多人能从新的角度去观察生命,那无疑将是件绝妙的事情。"

设计师们希望这座"树梢吊桥"每年能吸引8万名来自世界各地的参观者。由风力涡轮机提供动力的电梯甚至可以让老年人和残疾人也享受到这项工程所带来的乐趣。为保证最大程度地保护森林,这条"空中走廊"将在中南部威尔特郡奇彭纳姆的一座工厂里建造,最后在森林中组装。

虽然世界上也有其他许多类似的"空中走廊",但在英国,如此大型的工程还是首次尝试。这项工程的设计师是曾协助在泰晤士河上建造千禧桥的建筑师克里斯·怀斯。怀斯说,游人走过时,"树梢吊桥"会有轻微晃动,人们会感觉到自己真的在树梢上行走一样。"虽然有些轻微晃动,但它会很好地保持平衡。"怀斯说,"在树梢上漫步时,人们会感到有些紧张,而这也正是一些人前来的目的。"

尽管在风速达到每小时40千米时,参观者会被禁止登上吊桥,但工程师们还是一再强调,吊桥会被极好地固定住,足以抵抗森林中的强风。

分析:

"树梢吊桥"是一个很大胆的创意,在"树梢吊桥"上行走的感觉,恐怕是让人一辈子也难以忘记的体验。令人意外的是,它能够在环保势力非常强大的英国获得支持,也许是因为策划者提出了很好的保护方案,将项目对环境的破坏控制在了最低限度。若要将它和张家界百龙电梯做一下比较的话,前者带来的体验更为丰富,而对环境的破坏却比后者要小,这也许就是虽然后者也是一个很大胆的创意但是却遭受到很多批评的原因。

(资料来源:王衍用,宋子千. 旅游景区项目策划[M]. 北京:中国旅游出版社,2007.)

2) 淮南旅游区

本区介于淮河与长江之间,地形以大别山地和江淮丘陵为主体,有天柱山、琅琊山等名山。区内人文历史悠久,有合肥、寿县、凤阳等历史文化名城。旅游开发重点一是发挥合肥旅游中心城市的龙头作用;二是突出名山、名城的开发。

3) 淮北旅游区

本区地形以平原为主,东北部有局部侵蚀残丘,自然景观较为单调,但人文历史古老,旅游开发重点为亳州文化。

知识扩展

黄山

黄山(图 9.3)位于安徽省南部黄山市境内(景区由市直辖),为三山五岳中的三山之一。黄山为道教圣地,遗址遗迹众多,位列中华十大名山的第二位,有"天下第一奇山"之美誉。郦道元、李白、徐霞客等名士都曾在此留下壮美的诗篇和历史的足迹。黄山是中国最美的、令人震撼的十大名山之一,同时又是著名的避暑胜地、国家级风景名胜区和疗养胜地,入选了"中国旅游胜地四十佳"。黄山于1990年12月被联合国教科文组织列入《世界文化与自然遗产名录》,是中国第二个同时作为文化、自然双重遗产列入名录的风景名胜,可见其重要的历史文化地位。

图9.3 黄山

黄山原称黟山,因传说中华民族的始祖轩辕黄帝曾在此修炼升仙。唐天宝六年(747年)六月十六日改现名,这一天还被唐玄宗钦定为黄山的生日。黄山以其奇伟俏丽、灵秀多姿著称于世。这里还是一座资源丰富、生态完整、具有重要科学和生态环境价值的国家级风景名胜区和疗养、避暑胜地,自然景观与人文景观俱佳。

黄山处于亚热带季风气候区内,由于山高谷深,气候呈垂直变化。同时由于北坡和南坡受阳光的辐射差大,局部地形对其气候起主导作用,形成了云雾多、湿度大、降水多的气候特点。主峰莲花峰海拔1 864.8米,山中的温泉、云谷、松谷、北海、玉屏、钓桥六大景区,风光旖旎,美不胜收。

黄山集中国各大名山的美景于一身,尤其以奇松、怪石、云海、温泉"四绝"著称,是大自然造化中的奇迹,历来享有"五岳归来不看山,黄山归来不看岳"的美誉。

(资料来源:http://baike.baidu.com/subview/2312/5837055.htm)

9.2.3 湖北

湖北印象

位于长江中游的湖北省,因地处洞庭湖之北而得名,古为楚国属地,以荆州为中心,故又有荆楚大地之称。

长江孕育了荆楚,自然装扮着湖北。湖北省地势西高东低,鄂西大巴山的神农架主峰神农顶为省中最高峰,海拔3 105米,峰峦叠嶂,溪瀑淙淙,是著名的旅游胜地。省东南为江汉平原,远古时代的云梦泽留下了众多湖泊,使湖北享有"千湖之省"称谓。纵横交错的河流、星罗棋布的湖泊和自西向东横穿荆楚大地的万里长江,构成了湖北"水乡泽国"的绮丽景色。

在悠悠的历史长河中积淀，于漫漫的春秋岁月里酝酿，并且物产丰饶、文化灿烂、景色优美的荆楚大地上，以荆州古城、襄阳隆中、当阳长坂坡为代表的三国文化根基厚实，楚文化、茶文化、药文化、鱼文化、石文化各显异彩，屈原故里、昭君故里、张飞庙的古老传说余音袅袅，更有"白云千载空悠悠"的黄鹤楼、"伯牙摔琴谢知音"的古琴台、周瑜大败曹操的赤壁……每个景点都有或动人或悲壮的故事。武当山朝圣、神农架探险更使湖北之旅多了几分趣味。

(资料来源：裴凤琴. 中国旅游地理[M]. 成都：西南财经大学出版社，2011.)

1. 旅游资源与环境概况

湖北省辖 12 个省辖市、1 个自治州、38 个市辖区、24 个县级市、40 个县(含 2 个自治县)、1 个林区，面积约 19 万平方千米。湖北省简称鄂，地处长江中游、洞庭湖以北。东、西、北三面环山，中间低平，略呈向南敞开的不完整盆地。长江自西向东横穿全省，纵横交错的河流和星罗棋布的湖泊，构成了"水乡泽国"的绮丽景色。

湖北省的旅游资源以山水风光和三国遗迹见长，从地理位置上可划为鄂东南、鄂西南和鄂西北三大旅游地区。鄂东南地区包括武汉、荆州等地，旅游资源以楚风楚韵为特色，人文旅游资源极为丰富；鄂西南地区包括宜昌、神农架等地，旅游资源以高峡平湖、古朴民俗为特色；鄂西北地区包括襄阳市、武当山等地，旅游资源以道教文化、三国文化为特色。神农架、武当山分别被联合国教科文组织列入"人与自然保护圈计划"和《世界文化遗产名录》；举世闻名的长江三峡跨湖北、重庆，全长 201 千米，被海内外游客誉为"山水画廊"和"黄金水道"。

2. 旅游开发现状及发展目标

2013 年，湖北全省接待旅游者总量 4.09 亿人次，同比增长 18.5%；实现旅游总收入 3 205.61 亿元，同比增长 21.9%。计划至 2020 年，湖北的旅游开发实施精品名牌战略，重点开发适应 21 世纪消费趋势的生态旅游产品、高档次和高质量的观光产品、高舒适度的度假旅游产品、富有体验性的探险旅游产品、文化内涵丰富的专项旅游产品。在旅游产品建设上，要进一步提升长江三峡风光游、太岳武当文化游两大国际旅游精品；形成神农架生态游、三国文化寻踪游、楚文化精粹游三个国际旅游名品；努力培育以武汉都市商务会展游、清江民俗风情游、"千湖之省"湖泊休闲度假游、神农炎帝朝觐游、鄂东南名人名山名寺游等为主体的系列旅游产品。

3. 旅游资源区域建设

计划至 2020 年，湖北省按照突出城市、依托干线、巩固区域、形成网络的总体思想，以武汉为龙头，宜昌、十堰为重点，形成一圈(鄂东南大武汉都市旅游圈)、二区(鄂西南大三峡与民俗风情旅游区和鄂西北太岳武当文化旅游区)的旅游区空间格局。

1) 鄂东南大武汉都市旅游圈

本区包括以武汉市为核心、以 200 千米为半径范围内的武汉、黄冈、鄂州、黄石、咸宁、荆州、荆门、仙桃、潜江、天门、随州和孝感等鄂东南城市群。在功能上主要发挥武汉中心城市的辐射带动作用，加大周边地区旅游开发力度，形成以国际国内商务旅游、文化观光特别是周末度假休闲游为主的大武汉都市旅游圈。

知识扩展

国家级历史文化名城——钟祥

钟祥(图 9.4)，这颗镶嵌在江汉平原上的明珠，有着广袤肥沃的土地和优越的地理区位。历代先民的创造，几千年的文明积淀，在这块土地上孕育、产生和传承了大量的历史文化遗产。文物普查表明，钟祥市境内有各类文物保护单位和文物点近千处，馆藏文物万余件。在这些遗存中，其一脉相承的悠久历史、丰富的楚文化内涵、浓郁的明代文化色彩和绚丽多姿的文物景观，尤为世人所瞩目，钟祥由此被誉为"大地博物馆"。1994 年，钟祥被国务院公布为国家历史文化名城。

图 9.4　钟祥

钟祥市是一片古老而神奇的土地，它是楚文化发祥地之一，文字记载历史长达 2 700 多年，春秋战国时称郊郢，系楚国陪都，明朝是全国三大名府之一——承天府所在地。悠久的历史，孕育了光辉灿烂的楚文化，造就了楚辞文学家宋玉、楚歌舞艺术家莫愁女等一批在历史上具有深远影响的人物。明嘉靖皇帝曾发迹于此，境内文物众多，构筑了明代全国最大的单体帝陵——显陵和气势恢宏的明代建筑群，明显陵在 2000 年被联合国教科文组织评为世界文化遗产。这里旅游资源十分丰富，有大洪山国家级风景区、大口国家森林公园等自然景观，特别是黄仙洞 2 万多平方米的喀斯特地貌为世界罕见。

(资料来源：http://baike.baidu.com/view/49635.htm)

知识扩展

神农架国家级自然保护区

神农架国家级自然保护区(图 9.3)位于鄂西房县、兴山、巴东三县交界处，地处大巴山系和武当山系之间，另有超过 2 000 米的山峰 20 多座，素有"华中屋脊"之称。相传神农氏(炎帝)曾在此尝遍百草，医治百病，由于山峰陡峭，便搭架上山采药，由此得名"神农架"。

神农架是中国内陆唯一保存完好的一片绿洲和世界中纬度地区唯一的一块绿色宝地。它所拥有的在当今世界中纬度地区唯一保持完好的亚热带森林生态系统，是最富特色的垄断性的世界级旅游资源，动植物区系成分丰富多彩，不仅古老、特有而且珍稀。苍劲挺拔的冷杉、古朴郁香的岩柏、雍容华贵的桫椤、风度翩翩的珙桐、独占一方的铁坚杉，枝繁叶茂，遮天蔽日；金丝猴、白熊、苏门羚、大鲵及白鹳、白鹤、金雕等走兽飞禽出没草丛，飞翔于天林间。一切是那样地和谐宁静，自在安详。这里还有着优美而古老的传说和古朴而神秘的民风民俗，人与自然共同构成了中国内地的高山原始生态文化圈。神农氏尝草采药的传说、野人之谜、汉民族神话史诗《黑暗传》、川鄂古盐道、土家婚俗、山乡情韵都具有令人神往的诱惑力。这里山峰瑰丽，清泉甘洌，风景绝妙。神农顶雄踞"华中第一峰"，风景垭(图 9.5)名跻"神农第一景"；红坪峡谷、关门河峡谷、夹道河峡谷、野马河峡谷雄伟壮观；阴峪河、沿渡河、香溪河、大九湖风光绮丽；万燕栖息的燕子洞、时冷时热的冷热洞、盛夏冰封的冰洞、一天三潮的潮水洞、雷响出鱼的钱鱼洞令人叫绝；流泉飞瀑、云海佛光皆为大观，是进行生态旅游和探险旅游的胜地。

图 9.5　风景垭

(资料来源：http://baike.baidu.com/view/617.htm)

2) 鄂西南大三峡与民俗风情旅游区

本区包括宜昌市、神农架和恩施自治州，在旅游区域结构上包括一体(三峡(两坝一峡)国际旅游区)两翼(神农架生态旅游区、清江土家族民俗风情旅游区)，其功能是要建设以宜昌市为中心，主要面向国际观光度假市场及国内观光旅游市场，以三峡工程建设为契机，依托三峡旅游热线，延伸开发配套，形成以神奇秀美的高峡平湖、雄伟壮观现代工程、古朴浓郁的民俗风情、沉淀丰厚的移民文化和良好和谐的生态环境为主要特色的大三峡与民俗风情旅游区。

3) 鄂西北太岳武当文化旅游区

本区包括十堰市和襄阳市，旅游建设的重点是要形成以十堰为中心、武当山为龙头、道教文化为特色，兼及三国文化、生态旅游的太岳武当文化旅游区。

9.2.4 湖南

湖南印象

湖南省位于长江中游中国南部，大部分地区在洞庭湖之南，故名湖南。境内湘江贯穿南北，古称"潇湘"，简称为湘。据传湘江流域过去多植芙蓉，诗人谭用之有"秋风万里芙蓉国"之句，故湖南又有"芙蓉国"之称。

"洞庭天下水，岳阳天下楼"，潇湘大地山秀水美，橘子洲头静观江天暮雪，岳麓书院静坐"爱晚亭"，马王堆汉墓惊见千年女尸，天心阁里遥想古城往事，衡山高处流连雁峰烟雨，桃花源中梦回人间仙境，凤凰城里陶醉湘西风情，张家界、武陵源内观摩古老林木，都是陶冶身心的选择。湖南自古人杰地灵，毛泽东、刘少奇、谭嗣同、蔡锷等叱咤风云的历史人物都是从这里走出，成就了青史留名的丰功伟业；韶山毛泽东故居、新民学会旧址、清水塘革命纪念馆、自修大学旧址、浏阳文家市会师旧址、刘少奇同志故居、杨开慧同志故居、雷锋纪念馆等人文景点荟萃。

(资料来源：裴凤琴. 中国旅游地理[M]. 成都：西南财经大学出版社，2011.)

1. 旅游资源与环境概况

湖南省辖13个地级市、1个自治州、34个市辖区、16个县级市、72个县(含7个自治县)，面积约21万平方千米。湖南是一个多民族聚居的省份，除汉族外，还有土家族、苗族、侗族、瑶族、回族等少数民族。湖南省境东、南、西三面环山，呈向北敞开的马蹄形盆地。山地、丘陵合计占全省土地面积的80%，矿产资源丰富，使湖南成为著名的"有色金属之乡"和"非金属之乡"。东部湘江河谷和北部洞庭湖平原农业发达，是著名的"鱼米之乡"。湖南属亚热带季风气候，温暖湿润，四季分明，但冬季短期寒冷，衡山等山体可以形成雾凇冰雪奇观。湖南是旅游资源大省，其丰富度、品位和开发条件位居全国前列，湖湘文化、革命圣地和名人故居、山水风光及湘西少数民族风情等资源更是闻名中外。省会长沙是一座拥有3 000多年历史的名城。中国五岳之一的衡山、中国江南三大名楼之一的岳阳楼、被列入《世界自然遗产名录》的武陵源(张家界、索溪峪、天子山)、被称为"天下第一漂"的猛洞河等都驰名中外。毛泽东的故乡——韶山，近年开辟了滴水洞景区、韶山观日阁、毛泽东诗词碑林等景点。

2. 旅游开发现状及发展目标

2012年，湖南全省接待旅游者总量逾3亿人次；实现旅游总收入2 234.1亿元，同比增长25.11%。湖南省的旅游产品正在走向体系化、多样化和品牌化。在此基础上，今后将重点开发知名度高、地方特色鲜明和竞争力强的旅游产品，大力开发新的世界级旅游产品，培育更多的新的旅游热点热线和旅游经济增长点。在观光旅游产品方面重在挖潜改造，充实观赏内容，形成名人故里、生态旅游、寻根祭祖、民俗风情等系列产品；在度假旅游产品方面要加快建设3个国家级旅游度假区、13个省级旅游度假区和13个市(州)级旅游度假村，工作重心要转移到度假酒店、别墅、度假活动项目等主体设施和经营设施的建设上；

在专项旅游产品方面要形成生态漂流、水上游乐、溶洞探险、温泉休闲等系列产品，还要加强和提高以长沙为中心的精品旅游线的配套化水平。

3．旅游资源区域建设

计划至2020年，湖南省将建成张家界武陵源、天门山、韶山、岳阳楼和洞庭湖、常德城头山和壶瓶山、凤凰古城和苗疆长城、南岳衡山、炎帝陵、新宁昆山、桃花源、长沙岳麓山、湖南省博物馆、宁乡花明楼、宁乡灰汤温泉、岳阳君山张谷英村、南湖、汨罗屈子祠、张家界茅岩河、城步南山、常德夹山、柳叶湖、郴州东江湖、永顺猛洞河、宁远九嶷山和舜帝陵、永州柳子庙、芷江抗日受降纪念坊、浯溪碑林、益阳桃花江美人窝、蔡伦故里等世界重量级旅游景区景点和国家级重点旅游景区景点。

1) 湘中东名城名山名水旅游区

本区包括长沙、株洲、湘潭、岳阳、益阳、娄底六市，地处湖南省的中部和东北部、湘江下游、洞庭湖的东南部，是湖南省开发历史最悠久、经济最发达、城镇最密集、旅游资源最丰富多样、旅游业也最发达的地区。

2) 湘西自然山水民族风情旅游区

本区包括张家界、湘西土家族苗族自治州、怀化及常德四市，基本上都位于洞庭湖—雪峰山一线以西的湖南西部地区。除常德东部为洞庭湖平原外，其余均为山地丘陵区，是我国土家族、苗族、侗族等少数民族的主要聚居区。这里旅游资源的数量丰富，品位很高，但以奇山异水、民族风情最具特色。

知识扩展

岳阳

岳阳古称巴陵，又名岳州，公元前505年建城，距今已有2 500多年历史。岳阳位于北纬29.22°，东经113.06°，东倚幕阜山，西临洞庭湖，北接万里长江，南连湘、资、沅、澧四水，区位优越，风景秀丽，土地肥沃，物产丰富，素有"鱼米之乡"的美誉。岳阳市属北亚热带季风湿润气候区，年平均气温17℃，年平均降雨量1 302毫米，四季分明，雨量充沛。岳阳矿产资源丰富，矿藏矿点有200多处，其中钒矿储量居亚洲之冠。岳阳目前代管汨罗市、临湘市2个县级市，辖岳阳县、华容县、平江县、湘阴县4个县，岳阳楼区、云溪区、君山区3个区，设有岳阳经济技术开发、城陵矶临港产业新区、南湖风景区和屈原管理区，总面积15 019平方千米，总人口548.34万。改革开放以来，岳阳先后被国家批准为沿江对外开放城市、国家历史文化名城、中国优秀旅游城市、国家卫生城市、国家园林城市、全国创建文明城市工作先进城市。

岳阳承东联西、贯穿南北，区位优势十分明显，是湖南唯一的临江口岸城市，城陵矶港是长江八大良港之一。

岳阳为江南最早的古城之一，以"洞庭天下水，岳阳天下楼"著称于世。境内有岳阳楼（图9.6）、屈子祠、君山岛、张谷英古建筑群等风景名胜193处，有平江起义旧址、任弼时纪念馆等革命文物纪念地22处。岳阳楼新景区于2008年5月建成对外开放，新增了古城门、古城墙、五朝楼观、汴河街等33个景区，尽显古城风貌，衬托楼湖风光，再现巴陵胜状。屈原投江殉国的汨罗江被誉为"蓝墨水的上游"，是龙舟文化的发源地。以爱情文化为主题的君山岛名扬中外，被誉为"东方伊甸园"。张谷英村集中国传统文化、平民意识、建筑艺术、审美情趣于一体，堪称"天下第一村"。岳阳还被评为中国楹联文化城市、中华诗词之市、中国魅力城市，并大力实施"热游岳阳"工程，初步形成了以楼、岛、湖为特色的湘楚文化游、生态观光游、民俗风情游、休闲度假游、温泉康体游、名人故里游、神秘探险游、宗教朝圣游八条黄金旅游线路。

图 9.6　岳阳楼

该市有国家级森林公园 3 处、国家生态建设示范县(区)3 个，全市森林覆盖率 36.4%，城区公共绿地面积达到 125 万平方米，人均公共绿地面积 8.75 平方米。岳阳拥有洞庭湖 60% 的水域面积，东洞庭湖湿地加入了《关于特别是作为水禽栖息地的国际重要湿地公约》，区内有国家一级保护的鸟类 7 种、二级保护的 37 种，国家一级保护的鱼类 2 种、二级保护的 2 种，国家重点保护的水生哺乳动物 2 种，国家一级保护的植物 3 种、二级保护的 31 种。每年都有数十万只候鸟在洞庭湖越冬，因此岳阳被授予"中国观鸟之都"称号，并荣获"最值得驻华大使馆向世界推荐的中国生态城市"称号。团湖荷花公园被上海大世界吉尼斯评为"面积最大的野生荷花成片聚生地"。有"东方日内瓦"之美誉的南湖，湖内绿岛耸立，呈现"一龙赶九龟"的奇观，湖畔修建了环湖旅游走廊和总面积 15 万平方米的南湖广场。2009 年，岳阳入选 60 个新中国成立 60 周年"中国城市发展代表"。

(资料来源：http://baike.baidu.com/view/4982.htm)

3) 湘南名山秀水旅游区

本区包括衡阳、永州、郴州、邵阳四市，境内有大小河流 800 多条，分属湘江和资江水系；地处南岭山脉北侧，地质结构复杂，地貌类型多样；处于南亚热带到北亚热带的过渡位置上，气候温和湿润。这里山水奇秀，素以"锦绣潇湘"之地著称。本区在古代被视为蛮荒之地，贬谪文化是其突出特点，柳宗元、秦观、寇准等名人都在这里留下了他们的足迹和诗文。主要风景名胜有衡山、九嶷山、昆山、东江湖等。

知识扩展

张家界传说

张家界(图9.7)早先并不叫张家界,叫青岩山,那时,青岩山上也没有姓张的人家。相传,汉高祖刘邦平定天下后,滥杀功臣。留侯张良想到淮阴侯韩信说过的:"狡兔死,走狗烹;飞鸟尽,良弓藏;敌国破,谋臣亡",不禁打了几个寒战,便想效法当年越国范蠡,隐匿江湖,开始寻找去处。入江淮,乃刘氏腹地;至留县封国,不能久安;秦岭、巴山,虎豹成群,不是养生延年之处;西北方,匈奴骚扰……他思来想去,决定去找赤松子大仙。昔日三闾大夫屈原被放,曾游荆州、武陵,还给沅、澧二水诸名山留下了许多诗句那里必有人间仙境,必多养生乐趣,于是,他便循着赤松子的足迹,上了天门山。以后,又辗转登上了青岩山。这里别有天地,正是张良要寻求的"世外仙境"。从此,他便在这里隐居下来,修行学道,并留下了一脉张氏子孙。据说,张良为了让青岩山更美,曾在青岩山南侧种了七棵银杏树。这七棵银杏树长得又高又大,就像七把巨伞,撑在半山腰。许多年后的一天,一个叫张万冲的朝廷官吏,穿着长袍马褂,坐着八抬大轿,带着妻室儿女上青岩山游玩。当他看到这七棵银杏树像巨人般立在那里,顿起邪心,便想以这七棵树为界,把青岩山这块神奇的土地划为己有。于是,他请来一名雕刻匠,要他在每一棵树上雕刻一个大字。雕匠雕了七七四十九天,才刻成"指挥使张万冲界"七个大字。字刻完后,张万冲很是满意。当下,他贴出门板大的告示,规定以七棵银杏树为界,方圆五十里,从锣鼓塌至黄石寨,从朝天观到止马塌,一概禁止通行,违者砍头。并将山寨上所有张氏家族都赶走,只留他张万冲一脉在这仙山福地繁衍生息。他的这道禁令害得周围的百姓连打柴放牧都得绕道走,害得张氏族人携儿带女,流离失所。有一天,猎户张家雄进山赶老虎,恰从七棵银杏树下路过,他见每棵树上都流着黄水,如泪人一般。张家雄最初感到惊奇,不知道银杏树为什么会流泪,后来他看到了"指挥使张万冲界"七个大字,才恍然大悟,他顿时火冒八丈,拔出猎刀劈向那块告示牌。张家雄的这一举动非同小可,寨里寨外的人们齐声叫好,只有张万冲气急败坏,暴跳如雷。他调来三百亲兵,把青岩山一带围得水泄不通。他四处抓人,八方搜山,捉不到张家雄,就在寨民头上出气,还把寨民赶到银杏树下,声言要用大家的血染红那七个大字。正危急时,只见树上闪光,树叶吐云,树枝嘶叱,树干上突地喷出七股黄水,直朝着张万冲的人马射来。一霎时,狂涛巨浪,铺天盖地,把张万冲三百兵马一齐卷进金鞭溪去了。寨民们见此阵状,吓得一个个忙对着银杏树作揖叩头,呼天叫地,求苍天保佑。这时,猛听得云头上有人发下话来:"寨民们听着,此地本是天造地设,人间仙境,哪能容得张万冲这个不肖子孙横行!吾神已令白果仙人将他葬入海底。此地现归张氏共同所有,永世永代生息!"说罢,他将拂尘往七棵银杏树上一指,只见七棵银杏树上立即现出了"人间仙境张家界"七个金灿灿的大字。众人抬头一看,只见那仙人一副书生模样,头挽高髻,身穿麻衣,鹤须童颜,一派仙风道骨。人群中有几个懂学问的长者,大惊说:"那不是跟赤松子大仙同游天门山、青岩山的子房公公么?"众人听了,忙一起伏地礼拜。只见那仙人轻甩水袖,笑盈盈地隐入茫茫云海,向黄石寨方向飘然而去。因为是张良仙人赐名,此后,人们便把青岩山叫做张家界。

图 9.7　张家界

(资料来源:http://baike.baidu.com/view/19051.htm)

9.2.5　江西

江西印象

江西位于长江中下游南岸,因其历史悠久、经济繁荣、文化发达,享有"物华天宝,人杰地灵"之誉。江西养育了陶渊明、欧阳修、黄庭坚、朱熹、文天祥、汤显祖等众多历史名人,是名副其实的"江南昌盛之地"、"文章节义之邦"。

江西富有革命斗争传统。井冈山是革命的摇篮,那里有十里杜鹃长廊和满山遍野的翠竹;南昌是红旗升起的地方,南昌起义的枪声似乎依然回荡。这块英雄的土地孕育了无数豪杰故事,也为后人留存了宝贵的历史文物资源。"落霞与孤鹜齐飞,秋水共长天一色"的佳句似乎依然余音袅袅,徘徊在滕王阁;"横看成岭侧成峰,远近高低各不同"的庐山风光秀美如诗,且以政治名山闻名;景德镇素以瓷都闻名于世,不仅有古瓷窑遗址、陶瓷历史博物馆等珍贵文物,且因古属徽州,所以留有多处凝聚徽州文化的旅游景点;婺源的风俗与皖南地区非常相似,徽派古建筑、古祠堂、官邸、亭阁楼台遍布全县。另有"珍禽王国"鄱阳湖、道教发祥地龙虎山,风景各异,都是值得一游的景点。

(资料来源:裴凤琴.中国旅游地理[M].成都:西南财经大学出版社,2011.)

1. 旅游资源与环境概况

江西位于长江中下游交界处的南岸,南依南岭,北枕长江,古时处于"吴头楚尾"、"粤户闽庭"的战略区位,是一个物华天宝、人杰地灵的省份。因唐代曾属江南西道管理而得名江西,又因有境内最大的河流赣江,故简称赣。全省面积为 16.69 万平方千米,辖 11 个地级市、19 个市辖区、10 个县级市、70 个县。省境东、南、西三面有群山环绕,地势南高北低,略呈一个向北开口的盆地。境内赣江、抚河、信江、修水诸河汇集成鄱阳湖水系。鄱阳湖面积 3 914 平方千米,为全国第一大淡水湖。北部鄱阳湖平原及赣、抚等河谷平原是全国著名的"鱼米之乡";山地丘陵区林特产品丰富,名山胜水众多。本省旅游资源具有四大地域特色：一是山水多，尤以庐山、井冈山、龙虎山、三清山和鄱阳湖等"四山一湖"最绝；二是红色旅游资源丰富，"中国革命摇篮"井冈山、"八一起义英雄城"南昌、"红色故都"瑞金、"中国工人运动的发源地"安源，在中国乃至世界现代革命史上都具有重要地位；三是景德镇历经千年不衰的陶瓷艺术；四是道教文化源远流长，龙虎山、三清山等都是我国著名的道教圣地。大京九铁路和皖赣铁路的兴建，浙赣铁路的改道，大大缩短了它与华东和东南沿海的距离，江西人民凭借其资源优势，正在改善旅游环境，抓紧建设"沿海后花园"。

2. 旅游开发现状及发展目标

2013年，江西全省接待旅游者总量2.5亿人次，同比增长22%；实现旅游总收入1 896.06亿元，同比增长35.18%。计划至2020年，江西省的旅游开发将实施精品战略，着力开发旅游精品，重点推出精品线路，集中力量办好重点节庆活动，并要提高产品的质量和知名度。所要着力开发的旅游精品有以名山名湖名城为依托的观光旅游产品，以革命圣地为依托的红色旅游产品，以景德镇为依托的陶瓷赏购研修旅游产品，以道教、佛教为依托的宗教朝圣旅游产品，以自然保护区和森林公园为依托的生态旅游产品，以名山和湖岛度假为依托的度假休闲产品，以庐山为依托的会议旅游产品，以名人故里和水乡山寨为依托的民俗风情旅游产品。重点推出面向国际国内市场的南昌—庐山—景德镇名山瓷都文化旅游线，面向日本、韩国和东南亚各国的南昌—龙虎山三清山名山道教文化旅游线，面向国内市场的南昌—井冈山—赣州瑞金革命传统旅游线。并举办天宝地灵江西行、井冈山杜鹃节、庐山世界文化景观节、龙虎山国际道教文化旅游节、景德镇国际陶瓷博览会等重大节庆活动。

3. 旅游资源区域建设

经多年培育建设，江西已形成了以南昌为中心的赣北名城名山名湖旅游区、以景德镇为中心的赣东瓷都道教圣地旅游区、以赣州为中心的赣南革命圣地和客家文化旅游区三个各具特色的旅游区。

1) 赣北名城名山名湖旅游区

本区包括南昌市和九江市，地处江西北部，境内有省会南昌和"江西北门"九江，属世界自然文化遗产的庐山及进入国际湿地名册的鄱阳湖等高品位旅游地，是江西旅游产业的中心区和龙头。

知识扩展

南昌

南昌是江南的历史文化名城，简称"洪"，是原中华民国军事首都，现为江西省省会，作为中国东南部的重要经济城市，具有2 200多年城史，是长江下游地区重要经济带城市、三大创新制造业城市、鄱阳湖生态经济区核心城市，城市分五横三纵、总体五环，现已建成三环。南昌是中国第一个低碳试点城市，有"东方爱丁堡"之美誉。东城区的瑶湖新城正在逐渐形成众人瞩目的"东方西雅图"。南昌曾荣获"国家卫生城市"和"国家园林城市"

称号，城中主要有十湖一江。南昌是国家重要综合交通枢纽、重要制造业基地，为长、珠三角及闽东南经济地区之腹地，乃省外大型产业及总部转移对接的基地，拥有非常重要的历史地位。2006年被《新闻周刊》杂志选为"世界十大动感都会"之一，是全球百大摩天楼城市、国家级历史文化名城、红色革命根据地、新中国第一面军旗升起之地，被誉为"未来都会，绿色之都"。主要名胜有滕王阁(图9.8)、八一起义纪念馆、青云谱、西山万寿宫、东湖百花洲等。

图9.8 滕王阁

(资料来源：http://baike.baidu.com/view/8557.htm)

景德镇

景德镇是国家级历史文化名城，是著名瓷都，也是中国古代的四大名镇之一。景德镇所产的瓷器质地优良，具有"白如玉、明如镜、薄如纸、声如磬"的特点，还创造了古彩、素彩、硬玉彩、珐琅彩等瓷器类别。现已能生产100多种光彩夺目、绚丽多彩的名贵色釉。这里四周群山连绵，到处是奇峰异洞，还有茶乡风情、明清古建筑，是真正的山水文化名城。

(资料来源：http://baike.baidu.com/view/8557.htm)

2) 赣东瓷都道教圣地旅游区

本区大致包括鄱阳湖—抚河一线以东的江西东部地区。境内旅游资源以景德镇瓷都风光和三清山、龙虎山的道教文化为特色。

3) 赣南革命圣地客家文化旅游区

本区包括吉安和赣州两市及抚州市的临川和乐安两县，位于南岭山脉北侧，东有武夷山脉绵延，西有罗霄山脉高耸，内部是广阔的赣南丘陵盆地。其地理环境复杂，历史文化古老，是我国客家民系的主要聚居区。旅游资源以革命圣地红土地文化和客家文化最具特色。

阅读材料

水浒文化旅游资源开发比较

《水浒传》作为我国四大古典文学名著之一，流传甚广。随着文化旅游的不断升温，与之相关的水浒文化旅游也不断受到重视。电视连续剧《水浒传》的热播，在全国乃至全球产生了很大的影响，也加速了水浒旅游的发展。例如，江苏无锡、盐城与山东省的梁山、郓城、阳谷、东平四县等地的旅游业都做起了水浒旅游的文章。现对江苏、山东的水浒资源开发做一比较，以为类似旅游开发提供镜鉴。

1. 江苏、山东水浒资源开发概况

1) 江苏

江苏省对于水浒资源的开发，最典型的是无锡影视城的水浒城(图 9.9)。

图 9.9　水浒城

20 世纪 80 年代，中央电视台建设外景基地的消息一经传出，无锡市便表现出对央视无锡影视基地水浒城异乎寻常的热情，积极主动自我推介，同时制定出了许多优惠政策，使举棋不定的央视迅速落子。基地建成后，《西游记》进驻开拍。1988 年，基地利用拍摄《西游记》闲置的道具修建西游记艺术宫，一时竟成为旅游热点，获益颇丰。西游记艺术宫建成后，无锡影视城快速复制竞争优势，唐城、欧洲城、三国城、水浒城相继落成。水浒城建成于 1996 年，陆地面积 36 公顷，可供拍摄的水上面积 1 500 亩。主体景观可分为州县区、京城区、梁山区三大部分。州县区反映北宋时期中下层社会生活概貌的故事场景，有衙门、监牢、法场、街坊、店铺、庄园等。最有特色的景点是紫石街，街上有妇孺皆知的武大郎饼店、王婆茶馆、郑屠肉铺等。《水浒传》中的许多片段都是在州县区拍摄的，如张都监血溅鸳鸯楼、王婆贪贿说风情、武松斗杀西门庆等。京城区包含的建筑有皇宫、大相国寺、樊楼、高俅府等，《水浒传》中的宋徽宗临朝听政、林冲私闯白虎堂等戏均在此拍摄。京城区的重要建筑清明上河街是根据宋代画家张择端的名画《清明上河图》中虹桥至街市城门内外的布局而设计建造的。1997 年 3 月 8 日正式对游客开放后，水浒城在这条街上开设了各种体现中华民族传统文化的手工艺作坊、店铺，并有各种民间演出，如杂耍、木偶戏、魔术、驯兽等。梁山区依山傍湖而建，沿山势建有梁山码头、寨门、校场、扭头门、断金亭、忠义堂等景点，《水浒传》剧组曾在此拍摄了卢俊义上山、梁山英雄排座次、水浒悲风等情节。《水浒传》中拍摄用的高俅官船、橹船、车船、战船等十多艘仿宋古船，之后都提供给了游客游览太湖。

早在 2002 年，无锡影视基地的负责人便说到，三国城、水浒城等虽以影视拍摄为主，但每年的游客接待量在 100 万人次以上。按照三国城与水浒城联票 90 元计算，二城收入至少在 9 000 万元以上。再加上几年来持续攀升的人数，年收入至少在上亿元。江苏盐城是施耐庵的故乡，设有施耐庵纪念馆、施耐庵研究会、施耐庵书画院等。为弘扬中国的水浒文化，盐城市成立盐城市水浒协会，积极组织学术活动，不断提高水浒与施耐庵研究的水平和层次。1996 年，盐城市水浒协会与大丰市施耐庵研究会、施耐庵纪念馆举行了纪念施耐庵诞辰 700 周年学术研讨会，在社会上引起了较大的反响。随着到施耐庵纪念馆旅游、观光、考察的人数逐渐增多，世界上唯一的施耐庵纪念馆在海内外的影响也逐渐扩大，从而让"施公遗踪"成为盐城新十景之一。2007 年大丰市也开始加快脚步进行水浒旅游开发，该年 5 月，大丰市规划开发了白驹水浒风景区，并立项了"大丰水浒文化资源的开发与利用"课题，从此江苏水浒旅游开发队伍中又多了一支生力军。

2) 山东

早在 20 世纪 80 年代初期我国旅游业刚刚起步时，山东就开发了以观光为主的水浒专项旅游，并重点向日、韩和东南亚等受中华文化影响较大的亚洲地区推介。1984 年，由 20 名来自中国香港的旅游者组成的第一个境外旅行团参加了水浒之旅，游览了水泊梁山、景阳冈、狮子楼、寿张县衙、时迁盗鸡处、祝家庄等景点。

之后近 20 年的时间里，山东水浒文化旅游景区疏于建设，导致山东水浒旅游停滞不前。与其他地方相比，散乱、低档的开发现状令人堪忧。电视连续剧《水浒传》播出后，央视黄金时段的免费广告和推介使得与水浒没有任何联系的无锡成为水浒旅游的胜地。而水浒旅游作为山东旅游八大景区之一，全部相关旅游收入每年只有区区几百万元，无论与山东的旅游老区泰山、曲阜、青岛等地，还是与旅游新贵蒙山、东昌湖都无法相比。

2000 年 12 月，山东省政府和世界旅游组织共同编写的《山东省旅游发展总体规划》中，对水浒文化旅游开发做出了规划，并就区中各地的定位进行了明确分工。其中，梁山主要做"山"的文章，东平主要做"水"的文章，阳谷、郓城分别做"狮子楼"和"武校"的文章。

2002 年 9 月，阳谷、郓城、梁山、东平四县曾开会共议水浒游一盘棋开发，当时还引起了不小的轰动，但由于合作松散，没有取得实际的效果。

2003 年 2 月，在梁山县政府召开了梁山、东平、阳谷、郓城旅游景区四县联谊座谈会，达成了整合资源、联合开发的共识。

可惜的是，这种整合共识并没有得到很好的贯彻。多年来四县联而不合，造成了重复建设与同位竞争。尤其是东平和梁山，争相开发，竞争激烈。

2005 年，梁山县政府特邀无锡水浒影视城总设计师、《水浒传》电视连续剧总美术师钱运选先生精心设计了《水泊梁山风景区总体规划》，并且集中兴建了一批独具特色的旅游景点，得到了中外游客的一致好评，梁山旅游业步入了新的发展轨道。同年，梁山风景区被评为山东省"十佳山岳旅游区"。

与此同时，东平县旅游开发也搞得有声有色。

2006 年，该县东平湖和腊山景区共接待游客 17.162 万人次，实现门票和船票收入 116.7 万元，旅游总收入 9 300 多万元。同年，东平湖与梁山湖出现纷争。东平湖的开发者在其宣传推介中将腊山称为"前梁山",将腊山附近的六工山称为"北梁山",又将东平湖称为"梁山泊",引发了梁山县主管部门的不满和异议。他们认为东平湖开发者擅自更名,是想借助梁山的名气,是不负责任的侵权行为。但东平方面认为,这只是企业行为,是景区宣传包装自己的一个手段而已。双方为此不惜对簿公堂。据媒体报道,在2006年12月23日举行的水浒文化座谈会上,由水浒游地名权引发争议的梁山、东平双方都表示,水浒游合作是应该的,但是官司还会继续打下去。

2007年5月,梁山、郓城和阳谷三个景区达成共识,打破了地域界限,通过联合整合水浒旅游资源,统一包装,联手开发,做大做强水浒旅游品牌。

2007年9月17日至26日,中国(梁山)水浒文化节在山东省梁山县举行。以"水浒故地,魅力梁山"为主题,意在弘扬水浒文化,打造旅游名城,建设和谐梁山。借此时机,阳谷县联手梁山、郓城、东平三县,根据梁山好汉大本营郓城宋江故里、阳谷武松故事、景阳冈、狮子楼、东平水寨、阮氏三雄故里的区域定位,统一规划,统一宣传,相互推介,共拓市场,捆绑销售,实现共赢,轮流做盟主,共同打造了大水浒文化旅游区品牌。

水浒文化旅游,这一国内唯一的一条以起义军遗址为游览主题的旅游线,实在有着极大的开发价值。

2008年3月,原山东省副省长才利民对泰安市就旅游等工作进行了调研。明确指出,东平湖旅游开发要紧紧围绕水浒文化,科学编制整体规划,打造水浒文化旅游大概念。同时,要把水浒文化与运河文化有机结合,深入挖掘运河文化内涵,使东平湖真正成为济南城市群经济圈的后花园,吸引更多的游客来东平湖参观游览、休闲度假。

2008年3月14日,《山东省水浒旅游专项规划》通过了专家评审。按照规划,水浒文化旅游将立足于水浒文化的继承、传播、创新和发展,统一步调,打破区划篱笆,在跨地区联席会议的基础上,规划大水浒,发展大旅游,实现大联合,以把水浒旅游品牌响亮地打出去为主要目标。从构建产品开发体系的资源整合、构建产品线路体系的空间整合及进行统一协调的机制等三个方面进行整合。在具体功能定位上也有明确划分:梁山突出山寨文化,形成水浒山寨文化、市井文化、民俗文化三大优势;东平做足水泊的文章,再现八百里水泊的风采;郓城围绕水浒英雄故里和武学圣地打造成仁义之乡、忠义之城,形成水浒文化与运河文化的有机结合;阳谷则要做足武松的文章,突出宋代市井文化,结合《金瓶梅》打造两大文学名著的完整载体。经过资源、区域和机制整合之后的水浒文化旅游将重新打响"传奇好汉、英雄故里"、"梁山聚义、水泊传奇"的响亮口号。

与此同时,梁山县委、县政府为加快旅游开发步伐,决定自2008年3月24日起,以县财政担保,通过县国有资产运营投资有限公司运作,面向全县发行债券5 000万元,所筹资金主要用于水浒文化城、梁山影视城的开发建设。此次发行的为五年期债券,并委托中国工商银行梁山县支行出售。但是,由于没有上报国家有关部门审批,属强行摊派,引起当地民众不满。

2. 江苏、山东水浒旅游开发状况分析

1) 江苏

与山东相比,在水浒旅游开发方面,江苏是后起者,但是在短短十年中,便赚足了人气,赢回了利润,使得本为水浒文化发源地的山东望尘莫及。其优势主要表现在以下几个方面。

(1) 独特的区位优势。江苏省水浒文化旅游开发主要是无锡与盐城两地，大丰市的水浒文化旅游开发还未成气候。无锡是中国著名的风景旅游区，位于长江三角洲腹地、江苏省东南部。东距上海市128千米，与苏州市接壤；南濒太湖，与浙江省相望；西离南京183千米，与常州交界；北临长江，与天然良港张家港为邻。沪宁铁路横亘东西，京杭运河纵贯南北，水陆空交通便捷。盐城地处江淮平原的东部、长江三角洲的北部边缘，东临黄海，南近长江，区位优势也较明显。可以说，优越的地理位置和便利的交通，为无锡和盐城的文化旅游发展奠定了较为扎实的基础。

(2) 既有的旅游资源。既有优势旅游资源往往会对本地新兴的旅游景点起到意想不到的促进作用。与山东水浒旅游开发的四县相比，无锡与盐城具有较丰富的既有旅游资源。无锡被誉为"太湖明珠"，以山水秀美、人文景观众多而著称。太湖之滨，有鼋头渚、蠡园、梅园、锦园、万顷堂、马山诸景等以自然景观著称的梅梁胜迹；惠山之麓，有锡惠公园、寄畅园、天下第二泉、惠山街、吟苑公园、东大池等以山、泉、亭、桥、祠庙等体现江南特色的锡惠胜迹；另外还有唐城、三国城、水浒城、统一嘉园、灵山大佛胜景等。无锡集(长)江、(古运)河、(太)湖、(天下第二)泉、(善卷、张公、灵谷、慕蠡)洞、(惠)山于一体，构成了江南水乡的特有风貌。盐城旅游资源拥有湿地生态、新四军重建军部纪念馆和海盐文化三大特色，其中湿地生态资源是盐城市最独特、最珍贵的旅游资源。东部沿海滩涂683万亩，约占全省滩涂总面积的3/4、全国的1/7，有世界上第一个野生麋鹿保护区和国家级珍禽自然保护区，是太平洋西岸、亚洲大陆边缘最大的海岸型湿地，已被列入世界重点湿地保护区。

(3) 经济发展水平较高。经济水平的高低，直接关系到旅游产业发展的快慢和旅游产业竞争力的大小。具有较高经济发展水平的无锡与具有较大经济增长潜力的盐城在这方面优势明显。

按照世界银行统计标准，人均生产总值达到5 000美元为中等收入国家和地区平均水平，人均国内生产总值在5 000～8 000美元为中等发达水平。而早在2003年，无锡市人均生产总值便已达到5 200美元，突破了5 000美元大关，意味着无锡经济不仅达到了世界中等收入地区平均水平，而且已向中等发达水平迈出了第一步。2008年，无锡实现地区生产总值4 419.5亿元，人均生产总值突破1万美元，提前两年实现了"十一五"规划预期目标，成为国内该项指标最高的城市之一。

盐城属于江苏沿海经济带，是"京沪东线"的重要节点、"北上海经济区"的重要成员。随着上海中心城市、长江三角洲地区对外辐射扩散效应的增强，以及海洋开发战略的实施、沿海交通基础设施的建设，盐城与上海及苏南地区的经济联系必将日益密切，盐城在区域经济格局中的重要地位也将日益凸显。

(4) 注重营销策略。无锡影视基地是央视在国内最早建立的影视拍摄基地，成立于1987年。20世纪80年代末，在这里建造了中国第一个人造景观——西游记艺术宫。限于当时的条件，该艺术宫十分简陋。但是，以8角钱的低廉门票对外开放后，居然吸引了大批游客前来参观。由此使无锡发现影视旅游市场巨大，效益惊人。此后，在此相继成功开发了唐城、三国城、水浒城，并动用央视资源，在基地拍摄了上百部影视剧和各种影视节目，迅速将无锡影视基地发展成为中国规模最大、游客最多、效益最好的影视拍摄基地和旅游景点。

无锡制胜的妙招就是抓住机遇快速占领市场。《三国演义》《水浒传》《太平天国》等大型电视连续剧在央视热播后，无锡影视基地迅速借助其轰动效应包装、宣传、拓展影视基地旅游项目。但是占领市场之后，无锡影视基地的可观收益引发了"羊群效应"。20世纪末，大大小小的影视基地在全国上下遍地开花。与此同时，各地影视基地遭遇瓶颈，效益下滑。

为了改变这种处境，2001年3月底，无锡影视基地开发出了"古战船太湖黄金游"，并利用自己的旅游网络使之迅速纳入上海、南京、杭州等地旅行社的行程单。4月1日，无锡影视基地市场营销部出台《关于"古战船太湖黄金游"的团队合作协议》，将这条新线路及其团队票务政策同时向所有签约经销商推出。12月25日，根据票房数据显示，在八个月的时间里，这条古战船载客量高达39万人。2002年，另外三条古战船投入运营。当年底，水上游客总数突破60万人。在此期间，太湖之滨的各大景点，有的斥资数百万元，日夜赶工打造仿古游船；有的不惜代价，常年包租外事船队，跟风推出古船游太湖项目；与无锡影视基地隔湖相望的某景区，甚至直截了当打出了"水上看央视基地"的招牌，然而均无功而返。

无锡影视基地涵盖了三国城、水浒城等众多影视基地，整合宣传的成功对于无锡水浒城的发展起到了很大的促进作用。

2）山东

历史文化遗迹是一个地区文脉的体现，是最宝贵的人文景观。山东水浒旅游开发起步较早，20余年之后却步履蹒跚，远远落后于江苏。原因在于以下几个方面。

（1）地域关系复杂，重复建设严重。水浒旅游所依托之《水浒传》虽有历史依据，但是文学作品本身就有虚构性，同时不同历史事件、人物故事的发生地，由于年代久远，不免支离破碎。因此，山东发展水浒旅游，必须树立一盘棋的思路，方能避免散兵游勇式的旅游发展状态。

山东省与水浒文化有关的地域包括梁山、郓城、阳谷、东平四县，分属济宁、菏泽、聊城、泰安四市。

梁山是中国唯一一处以农民起义为主题的国家3A级风景旅游区。山上有多处反映水浒故事的文化遗址与场景，如108条好汉聚义之忠义堂、林冲火并王伦之断金亭、当年李逵镇守的黑风口、左右军寨和安置义军眷属的后寨及三关、杏花村王林酒店等相关文化遗迹，山下道路两旁的仿宋建筑已颇具规模。这里理所当然应该是水浒旅游的龙头景区。

阳谷县是武松打虎故事的发生地。已建成狮子楼文化旅游区及集武松打虎故事游、森林生态游、水上娱乐游等于一体的景阳冈风景区。东平湖是昔日八百里水泊的遗存水域，风景秀丽，三面环山，湖光山色，古有"小洞庭"之美誉。1985年，它被山东省列为首批省级风景名胜区，又是水浒旅游热线的核心景区。

东平湖周围名胜古迹众多，已发现古遗址39处，古墓葬20处，石刻、碑刻、摩崖造像34处，古建筑9处。郓城是宋江及众多梁山好汉的故乡，有"梁山一百单八将，七十二名在郓城"之说。水浒英雄宋江、晁盖、吴用等人揭竿而起的故事由此演绎，与智取生辰纲相联系的黄泥岗等遗迹也在这里。

郓城秉承了《水浒传》中的许多习俗，从商业的角度而言，有以水浒命名的商店、公司,如宋江武校、水浒人家、水浒庄园、忠义酒楼等;从文化的角度而言,有水浒文化学会、水浒文化艺术中心、水浒文化传播中心等;从经济的角度而言,有忠义宋江剑、水浒麻将、水浒人物打火机、水浒108将纸杯等;从餐饮的角度而言,祝家报晓鸡、水浒老鸭、浪里白条等菜名别具一格。

可以说,两寨两人(两寨即山寨、水寨,两人即宋江、武松)构成了水浒发源地的主要特色。

水浒四县作为水浒文化链条中的一个环节,本应整合开发,成就影响,但是复杂的行政地域关系成为联合的绊脚石。一方面,各县为了自己获利,纷纷竭尽全力争抢核心地位,试图独揽一切开发,死守小市场争夺利益;另一方面,由于各县隶属不同的行政区域,缺乏统一协调,导致各自为政。因此,贻误了好时机,错失了大市场。

虽然四县曾多次聚在一起召开联席会议,商谈合作开发,并达成共识,走大水浒、大旅游之路,共同打造水浒旅游品牌形象,实现共赢。然而,最后合作并未向纵深展开。四县依旧各自为政、单打独斗,以致资源浪费、重复建设。例如,在2006年,东平湖的开发者山东梁山泊旅游开发有限公司便在东平湖湖心岛,也就是当时的聚义岛项目中,立起了晁盖墓的新牌坊,但是晁盖墓就在梁山的脚下;还准备在东平梁山泊水浒文化旅游景区的"前梁山"南面建造聚义厅,而聚义厅的原址就在梁山,而且已经是一个颇有影响的景点。需要注意的是,当时正在开发的东平梁山泊水浒文化旅游的核心位置东平湖湖心岛和腊山国家森林公园,距离梁山只有半小时车程。

(2) 经济水平较低,旅游投入匮乏。从济宁、菏泽、聊城、泰安、无锡、盐城六市的地区生产总值和人均生产总值的数据对比中可以看出,江苏无锡的经济实力远远高于济宁、菏泽、聊城、泰安各市。显然,江苏无锡发展旅游业具有其他地区无法比拟的优势。

水浒故地所在的鲁西南地区经济发展水平较低,旅游业发展缺乏足够的资金来源。因此,虽然有些人有发展水浒旅游产业的热情,希望借此推动当地经济增长,但落到实处时,无不面临资金匮乏的巨大压力。

梁山,这个与新中国(1949年成立)同龄的农业县,其文化底蕴与经济水平显然难以支撑起浩渺的水浒文化,八百里水泊已不复存在,取而代之的是滚滚农田。梁山主峰周围已被现代文明侵蚀得体无完肤,周围尽是楼盘、农舍。将梁山恢复成梁山泊的风貌尚需巨资。

在郓城,很多水浒故事发生的地方都只留下了一些故事和传说,就连宋江的老家,也只有一处故居和宋江井;仿宋一条街由于位置偏僻,很多游客不得不放弃;名闻天下的黄泥冈也没有了当时的险峻。因缺乏资金支持,旅游资源开发往往后劲不足。

此外,与江苏相比,山东水浒旅游服务设施不配套,食、住、行、游、购、娱不能全方位满足游客的要求;旅游项目形式单一,缺乏具有冲击力、震撼力的顶级大项目。而这都需要资金的投入。

(3) 交通不畅、宣传不力。进行旅游产品开发要完善交通,使游人通达;注重宣传,使名声在外。山东水浒四县的交通不畅通成为水浒旅游业发展的重要制约因素。除了梁山、腊山、景阳冈等为数不多的几个景点外,其他绝大多数旅游区内连路牌都没有,就连在地图中也很难找到通往水浒景点的路线。石碣村是阮氏三雄的家乡,位于银山镇,可是就连当地人也无从知晓石碣村的具体位置。早年山上有亭子,亭中有石碑,石碑上书"石碣村",

而后亭子坍塌，石碑不见，石碣村的位置也就无人知晓了。大水浒旅游区地跨四市，要促进水浒旅游首先要铺设交通线路，连接各个县区，形成四县一线。同时增加地名标志，使模糊的地名清晰化、清晰的地名固定化，并建立旅游专线，加开旅游专车，可以让游客在很短的时间内游览较多的地点，节省旅游成本。另外，还要把交通旅游路线旁的交通、通信、接待设施搞好。

宣传方面，在2002年上海国际旅游交易会上，无锡的展台前出现了"武大郎"、"潘金莲"卖炊饼的场面，此外还有"三碗不过冈"的酒旗，以及景阳冈特色的酒坛和大酒碗。而山东虽然是水浒故事的发源地，但展台上除了聊城的"光岳楼"，根本没有其他与水浒旅游线有关的展示与资料。在2005年济南国际旅游交易会上，无锡水浒影视城的队伍杀入了山东地盘，也令"梁山好汉"十分尴尬。之后，水浒旅游的宣传推广逐渐引起了山东四市的重视。但是，山东水浒品牌的宣传却一直处于散兵游勇的状态，没有整合开发。2007年9月，四县经过协商，一致同意合力打造大水浒旅游品牌，整合包装，整合宣传，但仍面临四市自身利益的掣肘。例如，在2009年第十四届中国北方旅游交易会上，原梁山具旅游局局长佟振堂亲自带队，并派出了近20人的表演队伍，推出了"好汉大聚义"、"真假李逵"、"杨志卖刀"等节目；与此同时，聊城市也派人参展，推出了"三碗不过冈"茅草屋酒店及武大郎和潘金莲扮演者的表演等节目。

3. 结语

山东是水浒文化的发源地，虽然其利用水浒文化资源开发当地旅游事业起步较早，但江苏却后发先至，吃起了"水浒大餐"，这对山东省水浒资源及拥有类似文化资源的景点的开发不无警醒意义。

天时不如地利，地利不如人和，山东的联而不合使得拥有水浒自然资源优势的山东四县远远落后于江苏对同一旅游题材的开发。经过多年的发展，江苏水浒文化旅游方兴未艾，而山东正迎来新的战略机遇期，趁着文化产业大旗飞舞的"天时"，水浒文化发源地的"地利"，山东四县真正"大同"的"人和"，山东若能整合资源，协作分工，奋起直追，定能打造出响当当的大水浒旅游区。

（资料来源：蔡尚伟，刘锐. 文化产业比较案例[M]. 北京：中国传媒大学出版社，2009.）

小思考

阅读以上材料，总结山东、江苏水浒文化旅游开发中的利弊得失，并得出自己的结论。

本章小结

本章介绍了长江中下游地区各省市已开发及极具开发潜力的旅游资源，包括民俗风情、历史文化、文物古迹、建筑艺术等，分析了长江中下游地区自然地理环境和人文地理环境的区域特征。通过对长江中下游地区区域文化内涵与特征的分析，结合大量应用案例、阅读材料，让学生在了解本地区旅游资源环境及重要旅游景区景点概况的同时，对其发展现状及发展趋势有了直观把握。在此基础上，锻炼提升学生的创意策划能力，即结合所学知识，设计长江中下游地区不同旅游资源主体的旅游线路、旅游形象，针对市场创新性地开发长江中下游地区的旅游产品，为区域旅游业发展贡献创意策划理念。

复习思考题

一、名词解释

1. 文房四宝
2. 桐城派
3. 三清山
4. 威尼斯

二、单选题

1. 江苏省自然风光的特色是(　　)。
   A. "山水组合、以水见胜"
   B. "奇山峻峰、绿色盎然"
   C. "鱼米之乡、山水画卷"
   D. "雄浑厚重、沧桑悠远"
2. 黄山原称(　　)。
   A. 黟山　　　　B. 红山　　　　C. 青山　　　　D. 兰山

三、多选题

1. 长江三峡被海内外游客誉为(　　)。
   A. 休闲水乡　　B. 高峡平湖　　C. 山水画廊　　D. 黄金水道
2. 下列旅游资源属于江西省的是(　　)。
   A. 庐山　　　　B. 井冈山　　　C. 三清山　　　D. 五台山

四、简答题

1. 简述长江中下游地区的区域文化内涵与特征。
2. 简述湖南省旅游资源与环境概况。
3. 简述江苏省旅游开发现状及发展目标。

五、思考题

结合所学知识，以张家界名称来源故事为例，谈谈如何将故事传说融入旅游文化创意与策划中。

课后阅读

古寨旅游开发

只要提到安徽省池州市的旅游业，人们想到的只有我国著名四大佛教圣地之一的九华山。其实,池州山清水秀,文化瑰宝众多,别的不说,光东至县就多得让人目不暇接。

1. 皖南东至

东至是东流、至德二县的合称。东流县名源于古人的"长江北去,到此东流"这句话,是因为扬子江上游的水一直是朝北走的,只是到了东流地界才"一江春水向东流"。我们且不论古人说得是否有道理,但东至的确是一块令游人留恋眷盼的宝地。东流旧属江西彭泽,晋陶渊明时任彭泽县令。某日督邮到访,众吏须束带揖迎。陶叹曰:"吾不能为五斗米折腰,拳拳事乡里小人邪!"遂挂印东去,到庐山耕读种菊。

历代以来,文人墨客到此拜谒者不乏其人,留下众多尊陶咏菊诗文。现东流仍有陶公祠,祠周松菊掩映,垂柳婆娑。立祠远眺,大江东去,帆樯穿梭,不由心旷神怡。

香口温泉位于东至到庐山公路侧,终年蒸汽袅袅,塘中荷莲反季,六月荷花四月开,水温达43℃,日出水600吨,水质晶莹,香盈甘洌,久旱不枯,愈冷愈热,为池州奇观。

2. 南溪古寨

知道南溪古寨(图9.10)的人恐怕不多。虽然南溪只是东至县一个很偏僻的小山村,但据族谱记载,121年,其祖日䃅为匈奴休屠王子,随浑邪王归汉,武帝授以马监侍郎之职,并赐名金姓。128年,武帝驾崩,昭帝即位,日䃅受诏辅政,受封秺侯。汉代,武帝至平帝历经七代帝王,金氏家族均有朝廷重臣,史称"七代留芳"。时至唐代,其十一世金侨公为避"黄巢之乱",迁居徽州。延请徽州风水名师,历经三年有余,选中南溪一方宝地,率领族人来此安居乐业,至今已达1 128年。宋、明、清三朝,族中均有廉吏鸿儒见彰史册,现仍留有族谱28本,记载了金氏家族103代人的典故及村中自然风貌。山寨地形向有"九龙戏珠"、"金线吊宝葫"之称,村舍按"八卦阵图"建成,有99弄、88沟,弄弄相通,沟沟相连,外人易进难出,易守难攻。村舍均按当年匈奴游牧式样建造,四面土筑墙,屋顶毛竹作瓦,外观酷似帐篷,内居则冬暖夏凉。

图9.10 南溪古寨

第二次世界大战期间,日寇大举进犯徽省,当时的县长唐志和为避日军锋芒,选中了地势险要的南溪作为县府本部,将政府迁至南溪办公历时三年,直到1945年日军投降,才搬回县城。现村中仍留有国民政府旧址。

1) 古寨特色

南溪房屋多为明代徽派风格,即四周马头墙,天井居中,两厢四正,称之"四水归堂"。房屋中高两低,配有喜鹊,头上尾外,此一造艺也就是俗称的"喜鹊报喜,连年有喜"之意。村口有"神山"两座，形若乌龟，有"金龟守天门"之称。山顶耸立五层宝塔一座，高25米，砖木结构。据传，先祖造此塔有"佛塔镇山妖"之意。世代相传，龟山、宝塔均有抵御外邪、守护风水之功效。塔下有凤鸣寺，佛庙巍峨壮观，历经千年。老人们说，村里连年风调雨顺，五谷丰登，均仰赖此塔神功佑护，为明代遗物，可惜毁于"文革"时期。

村前巨樟蔽日，树下古桥清泉，令人不觉有幽深肃穆之感。路口原有两座贞节牌坊倚道而立。清代，民女金娣年轻貌美，新婚未久就守寡在家，立誓为夫守节，养孤侍老。儿子苦读勤学，终于高中状元，招为驸马。清帝乾隆闻知金娣守寡多年，教子有方，孝节两全，甚为感动，颁旨立碑，以昭世人。只是牌坊在"文革"时期被毁，现在道旁仍留有青石残块。

村中有大成祠，占地1 200平方米，前后三进，有99根顶梁柱，柱雕石刻精美，木雕玲珑剔透，栩栩如生。此祠堂规模恢宏，据传为明代万历年间遗物。

村后有石狮山，其山形若巨狮，尾东头西，高达30余米，张牙舞爪，煞是吓人。狮子张口龇牙，一泓清泉涓涓而出，百年不断，人称"舞狮吐金"。道旁有飞来石，据传为当年地藏王打坐遗址。山中巨岩怪异，千姿百态，令人浮想联翩。

山下有过天桥，据传为清代遗物。桥后为慈云寺，乃千年古寺，迄今香火旺盛。山上陡壁峭石，溶洞溪泉，竹林苍翠，风景之美令人叹为观止。

后山有水帘洞，洞口水帘倒悬，洞内石连万象，观后不禁拍案叫绝。

2) 古寨情韵

山脚有徽州古道，曲曲弯弯的青石小径通向远方。著名的徽商就是从这样荒僻的小路走向世界的。道侧有情人谷，俗称桃花湾。每到春暖花开之时，满山遍野的桃花、映山红竞相开放，宛若彩云飘浮山谷而得名。

相传，民女美娟才貌俱佳，与同村青年春柳相爱至深。未料，春柳出外经商不利，徽人又有"不发财不回乡"之陋习。有情之人无缘成双，于是二人在此殉情身亡，后人甚为感动，将桃花湾更名情人谷。至今山口立有石碑，上书"南溪社神"四字，下款为"明万历年立"字样。石碑前，可俯瞰全村，前有珠山，后有九龙，一条徽商古道穿村而过。

村中，溪水倒流，三步两桥，小溪由西向东兜住河水，此一走向也就是风水上所说的"招财进宝，肥水不流外人田"之意。

3. 古寨开发

南溪古村虽具开发价值，但由于历史演进的种种因素，立时开放旅游难度较大。

首先，村落周围林木均已砍伐，失去了往日树森林茂、草翠泉幽的超然意境；其次，村落整体形样衰败，补救需要大量资金投入。据介绍，南溪2003年才开通乡级公路，当地人均年收入约1 500元，村里多数青壮劳力均外出打工。同时，林木栽培形成景观，也非一年半载可以完工了事，周边缺乏规模景区扶持。眼下，当务之急是在村周补植树木，最好是两三年能见成效的竹林等速长植物，以加快古寨的旅游拓展进程。

(资料来源：武彬，龚玉和. 旅游策划文化创意：河山·因我们的到来而改变[M]. 北京：中国经济出版社，2007.)

分析题：阅读以上材料，分析南溪古寨旅游开发的价值，谈谈如何从保护、开发双向角度开发南溪古寨的文化旅游，并试着提出南溪古寨旅游开发的创意策划。

第10章 旅游文化创意与策划的地域特征
(东南沿海地区)

教学目标

知识要点	掌握程度	相关知识
东南沿海区域与区域文化	掌握	东南沿海区域的地理范围、东南沿海区域文化的地理特征
东南沿海自然地理特征与区域文化内涵	掌握	东南沿海自然地理特征及区域文化内涵
东南沿海区域旅游地理概述	重点掌握	东南沿海区域旅游资源的特征、东南沿海旅游亚区(沪、闽、浙、港、澳、台)旅游资源概述

技能要点

技能要点	掌握程度	应用方向
东南沿海自然地理特征及区域文化内涵	熟悉	认识本旅游区的自然与人文地理环境特征,了解旅游地理环境对该区旅游文化创意与策划的影响
东南沿海区域旅游地理概述	重点掌握	分析本区发展旅游业的优势与劣势,掌握本区独具特色的重要旅游景区景点,了解本区主要的旅游景点及旅游线路,为旅游景区策划、规划及旅游地项目建设奠定基础

第10章　旅游文化创意与策划的地域特征(东南沿海地区)

千岛湖宣传策划成功案例

千岛湖位于浙江淳安境内(部分位于安徽歙县),是世界上岛屿最多的湖。千岛湖又叫新安江水库,是在距浙江建德市新安江镇以上4千米处建坝蓄水而成的人工湖。水库上游具有明显的"湖泊效应"且有大大小小的岛屿,因此称千岛湖;水库下游建德境内的新安江有"第二漓江"之称,江水清澈见底,不仅晨时暮间浓雾翻滚恍如仙境,而且凉气袭人,是国内外休闲避暑胜地。

旅游策划的灵魂是创新,要做到"你无我有,你有我新,你新我奇"。千岛湖这几年的品牌宣传得益于一系列成功的活动策划。一是水下古城的宣传炒作,为千岛湖秀美的湖光山色添上了神秘的面纱。2002年与中央电视台合作,开展了千岛湖水下古城的炒作。巨大的亮点吸引了国内百余家电视台、报刊、网站等新闻媒体争相报道。据统计,仅中央电视台《新闻联播》和《中国新闻》栏目就连续报道了30余条有关千岛湖水下古城新闻。二是2005年国际湖泊旅游论坛活动,打响了中国湖泊旅游典范的品牌,树立了千岛湖在业界领先的形象。论坛吸引了16个国家的450多名专家学者、湖泊景区代表、旅游管理者,以及国家旅游局、中国旅游协会、国际湖泊组织、国际旅游组织的官员参与。会议取得了圆满的成功,树立了千岛湖在业界的形象,打响了中国湖泊旅游典范的品牌。三是成功举办了秀水节活动,通过举办一些活动,如开幕式、国际游艇展、环湖自行车、水上摩托艇等,以水为媒,喊响了"天下第一秀水"的口号。

分析:

以上宣传活动策划的成功之处就在于立足于高起点、高端化、特色化。例如,水下古城的炒作就是借助央视这样一个高端传播媒体,同时结合人们对千岛湖水下古城的神秘探知欲望,就像尼斯湖水怪一样仅仅抓住人的猎奇心理,才起到了轰动效应。国际湖泊旅游论坛就是一个高起点的宣传活动策划典范,论坛邀请的都是全国湖泊旅游景区的负责人和湖泊旅游营销策划的专家学者,这些人的到来使得千岛湖在湖泊景区业界的知名度大大提升。在听取了千岛湖景区的成功经验后,就有很多景区纷纷效仿千岛湖的做法,专家学者更是在各地讲学时将千岛湖作为一个成功案例到处宣扬。可以说国际湖泊旅游论坛奠定了千岛湖在业界的知名度和美誉度。秀水节的成功举办就在于它的特色化之路。千岛湖秀水节每次举办的活动都是围绕"水"的文章,立足本土文化,最终才成为了千岛湖对外宣传的一张金名片。

千岛湖近几年对外宣传活动的策划显然取得了巨大的成功,千岛湖品牌依靠这些年的活动策划而成为一个全国知名的品牌。

(资料来源:http://www.chinacity.org.cn/cspp/csch/47822.html)

东南沿海地区包括上海市、福建省、浙江省、香港特别行政区和澳门特别行政区、台湾省。民族以汉族为主,还有黎族、畲族、回族、苗族、壮族、满族、高山族等少数民族。闽、浙二省是我国沿海开放的主要省份,台湾省是中国不可分割的领土,香港和澳门已分别于1997年7月1日和1999年12月20日回归祖国。本旅游区地理位置靠近海洋,属暖热带与亚热带季风气候，再加以便利的交通，众多的文物古迹，使这里成为我国旅游业发展最重要的地区之一。本区旅游资源多，开发潜力巨大，对国内外游客具有强烈的吸引力。

10.1 东南沿海区域与区域文化

1. 旅游资源类型丰富，且分布相对集中

东南沿海旅游区的旅游景观，除了缺失亚寒带、寒带和荒漠草原景观外，山、水、岛、林自然风光齐全。从旅游文化构成讲，本区具有南北文化兼容、中西文化交融、现代城市文明与传统历史文化交相辉映的多元文化特色，区内人文景观既有中原传统文化的印迹，也有西方现代文化的烙印，还有鲜明的地方民俗文化特征，现代城市风光和人造主题公园是本区的特色。

旅游资源的地域空间分布具有相对集中的特点。历代经济和人口相对集中在上海、福州、漳州、泉州、厦门、香港、台南、台北等地，导致许多人文景观也相对集中于此，由于自然景观的开发与各个时期人类活动密切相关，所以这些城市均成为旅游中心城市和本区主要的旅游目的地。

2. 以热带和海洋特征为主的自然旅游资源

本区地处热带、亚热带，自然旅游资源具有显著的热带特征。在自然旅游景观中，常绿阔叶林与季雨林繁茂四季，表现出独特的南国风光；民俗文化如饮食、服饰等，以及民风习俗、民居建筑风格等，均体现了热带环境的特点，是我国热带风光旅游资源的主要旅游目的地。这里是我国3S旅游资源最丰富的海滨度假旅游区。本区有福建湄洲岛、浙江舟山岛等，可以开展海岛观光，海上潜水、滑水、漂流等休闲娱乐活动。

3. 以多元、外向、现代为主的人文旅游资源

本区人文旅游资源的最大特色是多元化和交融性。历史上北方汉族居民南移至此，另海外华人来此谋生，现代是我国改革开放的前沿，文化背景具有南北交融性和中外融合性。在泉州、漳州等历史文化名城中，南北并蓄、中外兼容的古迹比比皆是。例如，传统民居土楼保留了中原聚族而居的传统，还有兼有江南、北方园林风格的岭南园林，现代城市建筑、主题公园等设施则反映了外向文化。华南区宗教的类型多样，既有我国的本土宗教，又有外来的宗教，如道教圣地武夷山、太姥山，福建莆田湄洲岛妈祖庙、泉州天主教、基督教堂及清真寺等。

在现代城市旅游发展的同时，保留了传统的民间工艺、民俗文化，如粤剧、闽剧、粤绣、客家文化及热带水果等名优特产。

第10章 旅游文化创意与策划的地域特征(东南沿海地区)

知识扩展

海上丝绸之路

海上丝绸之路(图10.1)始于泉州,也称瓷器之路,经过东南亚、印度、波斯湾,最后到达非洲的埃及、肯尼亚。早在汉代时我国远洋航运已能抵达日本、东南亚地区,唐代海上贸易更为活跃,向西直达阿拉伯地区。宋代指南针广泛应用于航海,又因北方战火不断,陆上丝绸之路中断,国家政治、经济中心南移,因此与国外联系的海上丝绸之路有了更快发展,泉州港逐渐成为大港。当时从泉州港南航可达菲律宾,西航经东南亚、阿拉伯海可直达波斯湾和非洲东海岸各国,向北至朝鲜半岛和日本,可与世界上70多个国家和地区通航,这大大促进了泉州经济和海外贸易繁荣,许多国家的商人、旅行家和传教士纷至沓来。当时侨寓泉州的外国人达数万,有的长期居住,如阿拉伯商人蒲寿庚家族数代侨居中国。伊斯兰教、印度教、摩尼教、古基督教等相继传入泉州,使之成为"宗教博物馆"。明、清以来,由于战乱、海禁,加之晋江泥沙的淤积等自然原因,泉州港逐渐衰落,变成区域性的小港,但民间商贾的海外贸易仍未间断。

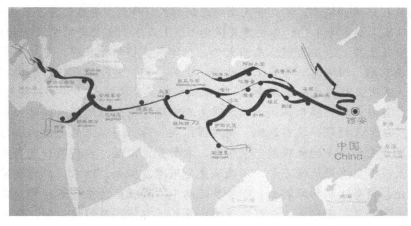

图10.1 海上丝绸之路

现在泉州城内还保留着大量海上丝绸之路的文物。海上交通博物馆中的文物是中外人民友好往来的见证。其中,古船陈列馆陈列了一艘沉没泉州湾后渚港西南海滩的古船,是一艘尖底型的多桅杆船,船身长24.2米、宽19.5米,平面近椭圆形,船身有三重木板、13个隔舱,是可载2 000吨以上的宋代大船"福船"的前身。泉州古外销瓷陈列馆陈列着新石器时代至新中国成立后的300多件展品,说明五代时泉州陶瓷器开始外销,宋代时已远销亚、非50多个国家和地区,明清时销路遍及亚、非、欧三洲。海外交通史石刻馆陈列的300多件宋、元时期侨居泉州的外国人所遗留下的宗教石刻,如墓碑、墓盖、雕像、寺庙建筑的石构残件等,是伊斯兰教、摩尼教、婆罗门教、基督教等的石刻碑记。此外,城内海上丝绸之路的古迹还有后渚港、聚宝街、市舶司等遗址。后渚港自宋以来就成为泉州湾内的大港,元代时大船常泊百余艘,小船不可胜数,当时摩洛哥旅行家伊本·巴图泰称之为世界最大海港。聚宝街在泉州东南角,临晋江,长400米,宋元以来泉州海外交通鼎盛,外国人把船驶进泉州湾内沿晋江溯源而上,至此处装卸货物、交易。据说当时街上从早到晚摆满了珍珠、玛瑙、钻石、琥珀等奇珍异宝,故名聚宝街。从某种意义说,海上丝绸之路持续时间更长、通达范围更广、贸易规模更大。

(资料来源:林婉如. 中国旅游地理[M]. 2版. 大连:东北财经大学出版社,2008.)

10.2 东南沿海旅游亚区旅游资源概述

10.2.1 上海

上海印象

提起上海,眼前浮现的是东方韵味与欧洲风情并存的摩天建筑,曲折回旋、幽暗繁复的老弄堂,发黄的旧历牌上美人的笑颜,奢华蛊惑的霓虹夜色,耳边回响的是风花雪月的上海故事、老歌《夜上海》旖旎的曲调和飘荡在大街小巷的吴侬软语。

上海是海纳百川的东方明珠,是我国经济中心、工业基地和国际贸易中心之一,从骨子里弥漫出丝丝缕缕的情调,吸引着天南地北的游人。外滩、石库门房子及各种海派建筑、现代设施,以及汇聚古今中外的各种建筑风格,是上海本土文化与外来文化相结合的产物;东方明珠、金茂大厦、世纪大道、南浦大桥、世博展览馆雄伟壮观,是新都市文明飞速发展的象征;南京路、淮海路、徐家汇商业城、上海老街、襄阳路服饰、泰康路艺术街、福州路文化街、具有民族特色的豫园商城,使上海成为名副其实的"购物天堂";度假村、酒吧、咖啡厅、茶坊等各种娱乐休闲场所酝酿着都市小资们向往的闲适优雅的氛围;各种博物馆、大剧院、名人故居、城市绿地、街边雕像展示着上海深厚的文化内涵与丰富的城市性格;上海也是中华美食的大观园,京帮菜、本帮菜、川菜、广帮菜和上海菜成为上海的主要菜系;入夜,上海滩风情万种,不夜城星光璀璨。如今,以人民广场和浦江两岸为中心的城市观光、商务、购物旅游圈,以公共活动中心和社区为主的环城都市文化旅游圈,以佘山、淀山湖、洋山深水港、崇明岛等为重点的远郊休闲度假旅游圈,形成了上海的旅游主力。

(资料来源:裴凤琴. 中国旅游地理[M]. 成都:西南财经大学出版社,2011.)

1. 旅游资源与环境概况

上海市位于我国大陆海岸线中点,东临太平洋,南临杭州湾,西为江浙,北为长江口,有枕江负河之势。上海历史悠久,古代为海滨渔村,春秋时为吴国,战国时为楚国春申君封地,因此,黄浦江也称春申江,申成了上海的别称,上海市内高架线就是"申"字形布局。又因吴淞江口一带称沪渎江,故上海又简称沪。上海宋代设镇,元代设县,清代成为繁荣港口,鸦片战争后,成为"冒险家的乐园",1930年设上海市。

上海发展旅游业有以下优势:①上海是我国海陆空交通枢纽,是国内外游客的集散地;②上海是全国最大的购物中心,商品质量好、品种全、样式新,吸引着国内外购物者;③上海人文旅游资源丰富。

2．旅游开发现状及发展目标

2013年，上海市实现旅游总收入3 900亿元，接待国内旅游者人数2.7亿人次，接待入境旅游者人数830万人次。"十二五"期间，上海旅游已经勾勒了一幅宏伟的发展蓝图。在此期间，上海市将打造一个旅游都市中心，主要集中在黄浦江、苏州河、迪士尼乐园一带。目标是建成一座独具魅力、充满活力的现代旅游城市，创造旅游收入过5 000亿元。上海旅游将建成的新格局是"一圈四区"，即是将已有的经济中心区域建设成为集商务会谈、旅游观光、购物消费、文化展览的中心圈，周围为东部的会展游览区、西部的山水休假游览区、南部的乡村度假旅游区，以及北部的产业旅游体验区。

3．旅游资源区域建设

上海自然人文资源丰富，其旅游资源以人文景观为主，主要的旅游点有豫园、玉佛禅寺、龙华寺、鲁迅故居、鲁迅墓、中国共产党第一次全国代表大会会址、徐光启墓园、宋庆龄墓、淀山湖、崇明岛、外滩等。

1) 豫园

豫园位于黄浦江边，地处闹市，为上海最大的古典园林。豫园以其高超的造园艺术、久远的文物古迹成为江南名园之一。该园始建于明嘉靖三十八年(1577年)，其最早的园主为明嘉靖年间进士，四川布政司潘允端，取名豫园，意在"豫悦老亲"，即让其父母在园中安度晚年。豫园在历史极盛期曾占地70余亩，现占地30多亩。全园由5条龙墙将30余处旅游点分割成6个景色各异的风景区。园内假山奇石、亭台楼宇、荷池曲池、小桥流水布置得曲折有致。点春堂为园内主要建筑之一，为清末小刀会起义时的指挥处。玉华堂前的太湖石"玉玲珑"相传为北宋花石纲遗物，为江南园林三大奇石之一(另两个奇石为苏州的冠云峰、杭州的绉云峰)，一直是豫园的精华所在。

2) 外滩

外滩地处南京路东头、苏州河边、黄浦江畔，是一条南北走向的临江大道，全长约1.5千米。外滩是游客在上海旅游的必到之处，已成为上海的象征。一幢幢兴建于19世纪末到20世纪初的风格迥异的异国建筑使外滩享有万国建筑博览群的美称，如汇丰银行大楼与上海海关大楼，人称"姐妹楼"，均出自英国建筑设计师威尔逊之手，是上海的主要标志。建于1929年的沙逊大厦(今和平饭店北楼)，楼顶成金字塔形，大厦内汇集了39个国家不同风格的装饰和家具。外滩也因此成为百年近代上海历史的缩影。

3) 玉佛寺

玉佛寺位于普陀区安远路，它不仅是江南有名的寺庙，而且在国际上久负盛名。该寺建筑宏伟，有弥勒殿、大雄宝殿和玉佛楼等。玉佛楼中供奉着释迦牟尼玉佛坐像一尊。寺内西厢有卧佛堂，内供玉卧佛一尊，是释迦牟尼涅槃雕像。东厢是上海佛教协会主办的上海佛学院所在地。寺内还藏有经书佛典7 000余卷，是国内较完整的藏经处之一。

4) 淀山湖

淀山湖位于上海市郊青浦区境内，是上海地区最大的淡水湖。淀山湖边建有大观园游览区，内有梅花园、百花园、桂花园及根据《红楼梦》小说建造的仿古建筑的大观园。园门口有座大型照壁，上面是以《红楼梦》主要人物为题材的巨型浮雕。园内亭台楼阁、假山池塘、小桥流水、曲径通幽，构成了怡红院、潇湘馆等十余组景点。近年来在大观园游览区旁兴建了现代化的水上运动场和国际高尔夫球场，使这里成为上海最大的风景游览区之一。

5) 松江佘山

松江位于上海市南郊，是一座具有 2 500 年历史的古城。松江历来是上海地区的一个游览胜地，保存着许多文物古迹。方塔园内有一座有 900 余年历史的宋代兴圣教寺塔(俗称方塔)，塔高 48.5 米，端庄挺拔，造型优美。塔旁的照壁为 1370 年所造，壁面有大型砖雕，寓意深刻，形象生动。醉白池公园是松江城内又一座著名的江南古典园林，景色秀丽，别具一格。松江城内还留有唐代陀罗尼经幢、元代清真寺、明代大包桥等建筑。松江城外的佘山也是旅游胜地。东佘山茂林修竹、风景秀丽，相传清代乾隆皇帝下江南时曾到过此地，著名的兰笋也出产于此。西佘山峰顶建有远东首屈一指的圣门大堂，楼顶十字架耸入云霄。

10.2.2　福建

福建印象

福建号称"东南山国"，丘陵山地占全省 80%以上，闽中戴云山、闽西武夷山风景如画。福建大地花木繁茂，一年四季花开不败，其中漳州水仙花有"凌波仙子"之美誉。

福州的三坊七巷间、婆娑榕树下记录了城市平实的足迹，湄洲岛妈祖庙里香火缭绕；九曲溪激荡的溪瀑，仿佛流动的灵眸，牵动着碧山秀水中驿动的心灵；海上花园——厦门清幽的环岛路与鼓浪屿上缭绕的琴声，倾诉着挥之不去的浪漫情愫；泉州港早在宋元时期就成为东方第一大港，泉州作为海上丝绸之路的重要驿站，承载着东方厚重的海上文明史；闽西龙岩是客家人的祖地，这里的一砖一瓦都镌刻着客家人生生不息的生命脉搏，长汀古镇被誉为中国最美丽的山城，既有"客家大本营"之称，也是中央红军长征的出发地，留下了革命先烈的光辉足迹。八闽大地像是一幅徐徐展开的画卷，惠安女是画卷中最生动的一笔，她们勤劳朴素、活泼开朗，色彩艳丽的花头巾、衣袂翩然的短衣宽裤、生动洁净的面庞，在福建大地上犹如花朵盛放。一路走来，山环水绕，草木葳蕤，客家风情摇曳多姿，美不胜收。

(资料来源：裴凤琴. 中国旅游地理[M]. 成都：西南财经大学出版社，2011.)

1．旅游资源与环境概况

福建简称闽，地处我国东南部沿海，隔台湾海峡与台湾省相望，南北分别与南海和东海相通而与太平洋相连。全省面积 12 万平方千米，人口 3 321 万，省会福州。福建省的丘陵、山地约占全省面积的 60%，海岸曲折多岛屿，兼有山海之优。气候以亚热带季风气候为主，高温多雨，气候湿润，森林面积占全省面积一半以上，动植物资源丰富。

福建旅游资源十分丰富，全省形成了武夷山、鼓浪屿、妈祖文化、海上丝绸之路、客家土楼等五大旅游品牌。精心打造了九条精品旅游线：①武夷山的世界双遗旅游；②厦门鼓浪屿海滨风光游；③湄洲妈祖文化游；④惠安女民俗风情游；⑤闽西土楼客家文化游；

⑥闽东畲族风情游；⑦漳州国家地质公园游；⑧福州三坊七巷文化游；⑨泰宁大金湖山水文化游。

2. 旅游开发现状及发展目标

文化旅游作为福建产业发展的重要组成部分，在经济、文化发展过程中发挥了不容忽视的重要作用。目前，福建省已形成迷人的武夷仙境、浪漫的鼓浪琴岛、神奇的福建土楼、动人的惠安女风采、神圣的妈祖朝觐、古老的昙石山文化、神秘的白水洋奇观、光辉的古田会址、奇特的水上丹霞、壮美的漳州滨海火山十大旅游品牌，大多数品牌都具有深厚的文化内涵，是福建省文化旅游产品的典范。2013 年，福建全省旅游接待人数达 2 亿人次，同比增长 16.9%；旅游总收入达 2 286.47 亿元，同比增长 16.1%。

新时期，为适应市场需求，整合行业资源，充分发挥福建文化资源丰富的优势，促进旅游产业与文化产业有效结合。福建将着力打造一批地域特色明显，时代风貌突出，在国内外具有一定影响力、社会效益和经济效益良好的文化旅游品牌，逐步形成一批国际知名的文化旅游目的地。将充分挖掘闽南文化、客家文化、红色文化、畲族文化、朱子文化、闽茶文化、瓷艺文化等福建特色文化的内涵，围绕表现文化、延伸文化，积极整合、包装福建文化资源，努力打造富有特色的多元文化旅游产品，有效发挥文化资源的最大价值。

3. 旅游资源区域建设

福建按照旅游资源分布与开发状况，分为闽北、闽中、闽南、闽西四个旅游区。

1) 闽北旅游区

本区相对集中分布在南平、宁德、三明、武夷山等城市，以世界"双遗"武夷山及以闽江上游支流为主的山水风光为特色，国家级风景名胜众多。

(1) 武夷山。武夷山位于武夷山市西南，是典型的丹霞地貌景观区，有四溪、七潭、九滩、十一涧、十三泉、七池、八井等水景和二嶂、三冈、八岭、三十六峰、四十六洞、六十一石、九十九岩等山景。武夷山是我国著名的道教文化中心，人文景观丰富，其中，武夷宫建于唐代，是历代帝王祭祀武夷君的地方。武夷山是我国首批国家重点风景名胜区，并已列入《世界自然文化遗产名录》。

武夷山自然保护区面积为 56 530 公顷，以中亚热带山地森林生态系统及珍稀物种为保护对象。生物资源极其丰富，植物种类有 4 000 多种，有被称为"活化石"的裸子植物银杏及红豆杉、铁杉、中国鹅掌楸等珍稀古树，有 400 多种野生动物，是我国加入联合国"人与生物圈"计划的自然保护区之一。

(2) 太姥山。太姥山是国家重点风景名胜区，位于宁德所辖福鼎市东南部，景区三面临海，一面靠陆，有"山海大观"、"海上仙都"之称。景区有太姥山岳、九鲤溪瀑等 300 多个自然景观。人文景观以古刹、碑刻出名，有国兴寺、瑞云寺、灵峰寺等寺院，以及唐、宋、元、明等碑文石刻。

(3) 鸳鸯溪。鸳鸯溪是国家重点风景名胜区，位于宁德市屏南县东北部，全长 18 千米，集溪、瀑、湖、峰、岩、洞等山水景观于一体，有"爱侣圣地"、"鸳鸯故乡、人间仙境"之美誉。

(4) 金湖。金湖是位于三明市泰宁县金溪上游的一个人工湖，面积 136 平方千米，水深色碧，岛湖相连，湖四周为丹霞地貌，群峰竞秀，洞奇石美，为国家重点风景名胜区和国家地质公园。

2) 闽中旅游区

本区位于福建省中东部的福州、莆田市，主旅游资源以海滨、现代都市风貌和妈祖文化为特色。

(1) 双塔。双塔位于福州市东，指白塔(原名定光塔)和乌塔(原名净光塔)，为福州市的标志。白塔始建于 904 年，重建于 1548 年，砖木结构七层八角，高 41 米。乌塔始建于唐末五代，高 35 米，塔壁有浮雕佛像，共 46 尊，是研究五代时期闽国的史料。

(2) 海坛岛。海坛岛位于福州市平潭县东部海面，是福建第一大岛，又名平潭岛。岛上为海蚀地貌，海岸风光独特，有三十六脚湖、石牌洋礁、牛山渔场等景区，是著名的海滨度假旅游地及国家重点风景名胜区。

(3) 湄洲岛妈祖庙。妈祖庙位于莆田市湄洲岛上，湄洲岛位于湄洲湾口，岛上自然景观俊秀多姿，有天籁之响的湄屿潮音、鬼斧神工的奇峰异石、一望无垠的黄金沙滩，为国家旅游度假区。岛上的湄洲天后宫是世界上妈祖宫庙的祖庙，建有妈祖朝圣区、妈祖史迹陈列馆、妈祖文化研究馆和民俗文化村等景区。

3) 闽南旅游区

本区位于福建南部，包括厦门、漳州、泉州三市，面海靠山，海岸曲折，是历史上对外交流的通商口岸，形成了独特的海上丝绸之路文化和阿拉伯文化旅游资源。

(1) 鼓浪屿—万石山。鼓浪屿位于厦门市区南部，岛西南有一礁石，每当涨潮之时，浪击礁石，声似擂鼓，人称"鼓浪石"。岛上建筑具有浓郁的欧陆风格，有罗马式的圆柱、哥特式的尖顶、伊斯兰圆顶、巴洛克式的浮雕等，有"建筑博览馆"之称，还有"音乐家摇篮"、"钢琴之岛"的美誉。万石山位于市区，因山上怪石嶙峋、千姿百态而得名，是一个集自然与人文景观于一体的公园。

(2) 陈嘉庚故居与集美学村。集美学村是陈嘉庚先生倾资所建，包括集美大学在内的各类学校、幼儿园及相关设施，整个建筑融古今中外建筑精华为一体，被称为嘉庚风格建筑。景区内有陈嘉庚故居、归来堂、鳌园、嘉庚公园等。

(3) 开元寺。开元寺位于泉州西街，建于唐垂拱二年(686 年)，采用轴线布局，建筑雄伟，雕刻精美。其中，大雄宝殿号称"百柱大殿"，殿有供奉五方佛金身塑像，斗拱上饰 24 尊妙音鸟(飞天乐伎)，殿前石台砌有人面兽身的石浮雕，是外来建筑与艺术的完美结合，也是福建最大的佛教建筑之一。

(4) 清净寺。清净寺位于泉州市内涂门街，阿拉伯名为艾苏哈子大寺，俗称清净寺。该寺始建于北宋，现存寺门、奉天坛、明善堂等，是中国现存的最早的伊斯兰教清真寺之一。

4) 闽西旅游区

本区包括龙岩、上杭及九龙江上游地区，地处深山，生态环境良好，以客家文化和红色文化为特色。

(1) 长汀古城。长汀古城位于龙岩市长汀县，盛唐到清末一直是州、郡、路、府的驻地，古迹有唐代古城墙、古城楼，宋代汀州试院、文庙、天后宫等古迹。长汀也是客家人的主要聚居地，有五凤楼、汀州花灯等客家文化景观，现建有客家博物馆。长汀是第二次国内革命战争时期的中央苏区，有福建省苏维埃政府旧址、第四次反围剿紧急会议旧址、中央闽粤赣省委旧址及瞿秋白、何叔衡纪念塔等。1994年，该城被国务院列为国家历史文化名城。

(2) 永定土楼。永定土楼位于龙岩市永定县，是世界上独一无二的山村客家民居建筑。永定土楼形式多样、数量众多、分布广泛，全县有各式土楼2万多座，尤以圆楼和方楼最多。位于高头乡的承启楼被称作"土楼之王"，位于湖坑镇的振成楼按八卦图设计，又名"八卦楼"，位于高陂镇的遗经楼为永定现存最大的方形土楼。

(3) 梅花山。梅花山位于上杭、龙岩、连城三地交界处，最高峰海拔1 823米，是闽江、汀江和九龙江的发源地。原始森林保存完好，生物资源丰富，有福建柏、长苞铁杉、钟萼木、华南虎、金钱豹、大灵猫等国家重点保护动植物，是国家级自然保护区。

10.2.3 浙江

浙江印象

浙江是我国岛屿最多的省份，省内自然风光与人文景观交相辉映，山岳、河湖、海岛、溶洞、温泉、避暑地、自然保护区等旅游资源十分丰富，可用"青山绿水，丝府茶乡，书圣佛国，文物之邦"来概括。普陀山、雁荡山、天台山、仙都山峰峰迥异，杭州西湖、绍兴东湖、嘉兴南湖、千岛湖秀丽迷人。浙江丝绸和龙井茶历史悠久，品质优良，驰名中外；浙江也是中国书法的圣地，历史上曾出现过王羲之、褚遂良、吴昌硕等书画大家；浙江自古佛教兴盛，名寺众多，普陀山为中国四大佛教名山之一，每年都有大量信徒前来朝拜；浙江人文荟萃，著名的文化遗址有7 000年前的河姆渡文化遗址和5 000年前的良渚文化遗址，古墓、古塔、古碑刻、古建筑等更是遍及全省。

走在浙江，怀着水一样清新温润的心情，看到的是水一般恬静悠然的风景。杭州整个城市宛如一个草长莺飞的大园林，四处蔓延着闲适悠然的城市品性，西湖则是她最亮的眼睛。宁波的"南国书城"天一阁典藏丰富，书香袅袅；乌镇、西塘、南浔等古镇明清建筑保存完好，中国古文化的韵味质朴醇厚；温州的楠溪江号称"天下第一江"，是中国山水画的摇篮；泰顺廊桥造型精巧别致，经历过岁月的风尘，依然承载着人生百相，凝结着历史的悲喜。

(资料来源：裴凤琴. 中国旅游地理[M]. 成都：西南财经大学出版社，2011.)

1. 旅游资源与环境概况

浙江简称为浙，省会杭州，人口4 677万，位于东海之滨，地势为西南部高、东北部低。龙泉市境内的黄茅尖海拔1 929米，为本省最高峰。中部以丘陵为主，大小盆地错落分布于丘陵山地之间；东北部为冲积平原，地势平坦，土层深厚，河网密布。浙江沿海有2 000多个岛屿，是我国岛屿最多的省份。浙江属亚热带季风性湿润气候，温和湿润，四季分明，夏秋多台风，七八月间有伏旱，对旅游活动有较大影响。

浙江旅游景点数量众多、类型丰富，全省现有西湖、两江一湖(富春江—新安江—千岛湖)、雁荡山、楠溪江、普陀山、嵊泗列岛、天台山、莫干山、雪窦山、双龙、仙都等11个国家级风景名胜区，数量居我国首位。浙江已逐步建立了一个以杭州西湖风景名胜区为中心的旅游网络，形成了东、西、南、北四条各具特色的精品旅游线路，即浙东水乡佛国游、浙西名山名水游、浙南奇山秀水游和浙北丝绸古镇游。

浙江省主要旅游线路有：

(1) 浙东旅游线：杭州—绍兴—新昌—天台—奉化—宁波—普陀—嵊泗—上海。

(2) 浙西旅游线：杭州—富阳—桐庐—建德—千岛湖—黄山。

(3) 浙北旅游线：杭州—平湖—上海。

(4) 浙中南旅游线：杭州—金华—武义—永康—缙云—丽水—温州，温州—雁荡山—台州—大陈，温州—瑞安—平阳—文成—泰顺。

(5) 浙皖旅游线：千岛湖—新安江—富春江—逍遥津公园—包公祠。

2．旅游开发现状及发展目标

党的二十大报告指出，要推进长江经济带发展、长三角一体化发展。经过多年的不懈努力，浙江旅游取得了骄人的成绩，已跨入全国旅游领先行列。2013年全省接待入境旅游者866万人次，实现旅游外汇收入54亿美元；接待国内旅游者4.34亿人次，实现国内旅游收入5 200亿元；全省实现旅游总收入5 536亿元，同比增长15.3%。近年来，浙江以沪杭高速铁路建设、2010年上海世博会为发展机遇，以杭州国际旅游目的地城市为核心，以古越文化、江南水乡风情、运河古镇文化为支撑，挖掘城市特色与优势，强化旅游资源整合，加快形成了休闲度假、旅游观光和商务会展三大功能相互协调、彼此促进的格局，形成了组合有序、功能互补、布局合理的区域旅游产品体系，提高了旅游产品在国内外市场的影响力和对全省旅游的带动力，构造了长三角南翼的"黄金旅游产业区"。计划到2020年，浙江将建设成为全国领先的旅游经济强省，进一步把旅游业培育成为全省服务业的龙头产业和国民经济的重要支柱产业，使浙江成为国内一流、国际知名的重要旅游目的地。

3．旅游资源区域建设

1) 浙北旅游区

本区位于浙江北部，包括杭州市、嘉兴市、湖州市、绍兴市。这里旅游资源集中，自然旅游资源以山、河、湖、海风光为主，人文旅游资源以古典园林、古镇古城及历史古迹为主。

(1) 杭州。杭州之美，美在山水秀丽、风景如画的西湖。"欲把西湖比西子，淡妆浓抹总相宜"，历史上有过不少贤人治理西湖的记载，其中数唐白居易、北宋苏东坡、明杨孟瑛、清李卫和阮元的功绩最为显著，并在西湖上留下了白堤、苏堤和湖中三岛等胜景。西湖中的苏堤和白堤，将整个西湖划为外湖、北里湖、岳湖、西里湖、小南湖等五个湖面。外湖的三潭印月(即小瀛洲)、湖心亭及阮公墩三个人工岛屿，又恰似神话中的蓬莱三岛，鼎足而立，各显风姿。著名的西湖十景有断桥残雪、平湖秋月、三潭印月、花港观鱼、曲院风荷、苏堤春晓、柳浪闻莺、双峰插云、雷峰夕照、南屏晚钟。现在又评选出了新西湖十景，即云栖竹径、满陇桂雨、虎跑梦泉、龙井问茶、九溪烟树、吴山天风、阮墩环碧、黄龙吐翠、玉皇飞云、宝石流霞。西湖不仅山水秀丽、景色宜人，而且具有 2000 多年的历史文化。众多的名胜古迹和历史文物集中分布在西湖及其周围，如灵隐寺、岳庙、六和塔、飞来峰摩崖造像、西泠印社等，为西湖平添了许多诗情画意。

(2) 灵隐寺。灵隐寺位于杭州市西湖西部的灵隐山麓，又称云林禅寺，是我国佛教禅宗十刹之一，已有 1 600 多年的历史。灵隐寺建筑有天王殿、大雄宝殿等。大雄宝殿内有 9.1 米的金装释迦牟尼像，是用 24 块香樟木雕成的，为我国现存最大的木雕坐像。灵隐寺隔溪相望的山峰即为飞来峰，又称灵鹫峰，古木参天，岩石突兀，峰下有五代至元时期的 380 多尊石刻造像，也是我国南方最重要的石窟艺术之一。

(3) 千岛湖。千岛湖位于浙江杭州西淳安县、建德市之间的新安江上游，是新安江水电站建成后形成的巨大人工湖，因其山青、水秀、洞奇、石怪而驰名。千岛湖的湖水清澈，湖中 1 078 个岛屿星罗棋布，千姿百态。主要景点为龙山岛、羡山岛、蜜山岛、桂花岛、赋溪石林、方腊洞等，为国家级重点风景名胜区之一。

(4) 沈园。沈园位于绍兴市内，是一座著名的园林。园内有楼台亭阁、假山池塘，茂林翠竹，环境优美。沈园是唐代诗人陆游与唐琬相遇的地方，园中墙壁上留有陆游的千古名词《钗头凤》。

(5) 钱塘江潮。观赏钱塘江潮的最佳地点为嘉兴市南海宁盐官镇。每年农历 8 月中旬，钱塘江潮水涌来，远看一条白线，近看如万匹银练，声如雷霆，翻江倒海，令人惊心动魄，一年中尤以农历八月十八为潮汛最大。

(6) 莫干山。莫干山位于湖州市德清县西部，由于夏无酷暑被称为"清凉世界"，为避暑胜地。莫干山以竹、泉、云和清、凉、静为主要自然特点，植被多以竹为主，莫干山的云、竹、泉被称为三绝。其主要景点有芦花荡、莫干湖、怪石角、剑池飞瀑、旭光台、碧坞龙潭、观瀑亭，为国家级风景名胜区。

2) 浙东旅游区

本区位于浙江东部沿海，包括宁波市、舟山市、台州市和温州市，曲折的海岸线、众多的岛屿及名山古寺构成了本区的旅游资源特色。

(1) 雪窦山风景区。雪窦山风景区位于宁波市西南奉化市，分为雪窦山、溪口镇、亭下湖三大景区，区内有人文与自然景观 50 余处。雪窦山素以清幽雄奇著称，为弥勒菩萨的道场，主要景点有千丈岩、妙高台、三隐潭、徐凫岩、雪窦寺等；溪口镇镇口有武岭门雄踞，四面环山，剡溪中流，中街有蒋氏故居丰镐房等；亭下湖是拦剡溪上游之水形成的人工湖，四周群山环抱，山水相映，环境清幽。

(2) 普陀山。普陀山是我国四大佛教名山之一，同时也是著名的海岛风景旅游胜地。普陀山作为佛教圣地，最盛时有 82 座寺庵、128 处茅棚，僧尼达 4 000 余人。普陀山的风景名胜和游览点很多，主要有普济寺、法雨寺、慧济寺。普济寺始建于宋，为山中供奉观音的主刹。法雨寺始建于明，依山凭险，层层叠建，周围古木参天，极为幽静。慧济寺建于佛顶山上，又名佛顶山寺。在山海相接之处有许多石洞胜景，最著名的是潮音洞和梵音洞。岛的四周有许多沙滩，是优良的海水浴场。岛上树木葱郁，林壑幽美，有樟树、罗汉松、银杏、合欢等树。前人对普陀山做了这样高的评价:"以山而兼湖之胜,则推西湖;以山而兼海之胜,当推普陀。"

　　(3) 嵊泗列岛。嵊泗列岛位于舟山群岛的东北部,素有"海上仙山"美誉,是我国唯一的国家级列岛风景名胜区。其地处长江与钱塘江入海口的汇流处,有海瀚、礁美、滩洁、石奇、洞幽、岸险的风光特色,旅游景区有泗礁山、花鸟山、嵊山、洋山四大景区。冬无严寒、夏无酷暑的亚热带季风气候,使嵊泗列岛享有"南方北戴河"的盛誉。

　　(4) 雁荡山。雁荡山又名雁岩、雁山,位于浙江省东南的乐清市附近,为首批国家重点风景名胜区、中国十大名山之一。雁荡山以山水奇秀闻名,史称中国"东南第一山",因山顶有湖,芦苇茂密,结草为荡,南归秋雁多宿于此,故名雁荡。山体主要由属于火成岩的流纹岩构成,形成了独具特色的峰、柱、墩、洞、壁等奇岩怪石,在广阔的景区中,触目可见屏、崖、壁、嶂等主要构件,称得上是一个造型地貌博物馆。

　　灵峰、灵岩、大龙湫并称"雁荡三绝",是雁荡精华之所在。雄鹰敛翅、犀牛望月、夫妻峰、相思女等景观形神兼备,令人神思飞翔、浮想联翩。灵岩被视为雁荡山的"明庭",它以灵岩古刹为中心,后有灿若云锦的屏霞嶂,左右天柱、展旗二崖对峙,壁立千仞。大龙湫又名大瀑布,为雁荡山最大瀑布,也是全国著名的大瀑布之一。瀑水来自190米高的连云嶂崖顶上,飞驰直泻崖下深潭,气势非凡,终年奔腾不息。大龙湫的景色和姿态还随着季节、风力、晴雨等的变化而不时变换。

　　3) 浙西旅游区

　　本区处在浙江中西部地区,包括金华市、衢州市。本区历史悠久,文化古迹遍布,以丹霞、山水、岩洞等自然景观著名。

　　(1) 双龙洞。在金华市境内,有双龙洞、黄大仙、大盘山、尖峰山等六个景区。主要景观以双龙洞、冰壶洞、朝真洞最为著名。双龙洞为道教三十六洞天之一,有历代碑刻等人文景观多处,以"道教名山"、"奇异山洞"、"清凉世界"著称。

　　(2) 江郎山。江郎山位于衢州所辖江山市境内,是典型的丹霞地貌风景名山。景区内三座石峰拔地而起,一线天被列为"全国一线天之最",著名的景点有霞客游踪、洞岩钟鼓、郎峰仙道、石隙奇观、开明禅寺等。江郎山为国家级重点风景名胜区。

经典案例

南宋皇城遗址规划创意

　　今天,在我们浏览杭州历史文化渊源资料时不难发现,无论是城市的品位,还是现在杭州人依然坚持的生活方式,或者是人们引以为自豪的"天堂"之誉,甚至是当前追求的"休闲之都"定位,无一不折射出传统西湖文化的基调。而对西湖文化的溯源,就不能不提到吴越文化和南宋文化了。因此,对南宋皇城遗址景区及诸多西湖历史遗址的修复和建设,如雷峰塔的重建,万松书院的复建,梁祝文化公园的开辟及西湖南环、西环和北环的全面整治等,不仅会对今天的西湖游客分布失衡状况有较大改善,扩大杭州游客的容量,而且还能使人们感受到城市历史文化发展的脉络。

第10章　旅游文化创意与策划的地域特征(东南沿海地区)

图 10.2　南宋皇城遗址公园规划图

在缅怀前人业绩的同时，也能感受到中华文化的源远流长。因为每一处历史遗址无一不透露出这个城市昔日的辉煌，映衬出城市的品位，继而提高这个城市在世人心目中的价值。

由于历史演进中的诸多原因，杭州古城地面的大片物证几近消失。近年来，对于南线、西线景观的恢复、挖掘和开发，在一定程度上弥补了古城文化近于湮没的缺憾。因而，凤凰山南宋皇城遗址的开发，将会大大丰富杭州旅游产品的人文内涵，使西湖的自然山水和历史积淀形成有机的互补，同时也将加重西湖申报文化遗产的分量。

在历史文化遗址开发上，对于如何解决保护与合理利用的问题，国内至今尚无成熟的"定论"可以照搬。因此，对凤凰山南宋皇城遗址的开发，需要通过多次实地踏勘和多方专家的谨慎论证，考虑用创新的思路构建出一个"杭州模式"来，为全国旅游产业和文保事业树立一个成功的典范作为借鉴。

总体上来说，旧时南宋宫殿的布局和凤凰山的位置，体现了自然景观与皇城宫室的有机融合。登临山巅，近可赏精致的宫殿及皇家园林，远可眺之江长流及西湖的波光山色。皇城因凤凰山而更显庄重华美，凤凰山因宫殿而更显其灵秀丰盈。

城内的殿、堂、亭、台、轩、石林等建筑及园林小品和小西湖的构筑，则展示了清秀的山水风光和优雅的宫殿之美。可以说，南宋皇城特色是中国历代诸多宫殿构筑中少有的。因此，我们在构景上，基本体现的是"文化兴景"思路，注重对无形文化资源的挖掘和展现，尽力避免大规模地复原建筑物。因为，如果在皇城遗址上大兴土木，既有悖于开发的真实性及国家文物必须严格保护的原则，同时也加大了投资规模可能造成的风险。况且，实践证明，大规模复原古建筑物所走的"主题公园"之路，并非当前旅游开发经营的最佳途径。

因而，我们在南宋皇城遗址景区的规划上，体现的是增加景区的历史旅游内涵，提升西湖旅游的文化品位，使之成为吸引旅游者的亮点，做成一座中国文化历史的巍峨丰碑，同时，也将使皇城遗址成为展现中国文化和南宋政治、经济、社会、人文风情的一个"独特院落"。在南宋皇城遗址规划上，我们应有选择地、象征性地恢复部分建筑，并新建少量旅游设施加以配套，通过远望皇城禁宫、寻觅皇宫遗址、巡视皇宫文化和体验皇城风情的

275

旅游线路设计，形成一城、一园、一寺、一广场、一功能区的格局，力创一个"中国皇城遗址旅游"的全新产品，展现给世人。

在遗址内，要突显南宋特色：一方面"歌舞升平，偏安一方，城内百业兴旺，肆市繁荣"；另一方面突出，"强敌压境，外权欺凌"的南宋政经特色，起到以史为鉴的作用。凤凰亭处于凤凰山主峰顶端，立于亭上，可俯视皇城山川形胜和宫城风貌。游人在此能实地诠释前人对于风水学中的"皇者风范"的山川理念，满足游客的猎奇心理。而立于凤凰山次峰的览景石上，则可一览皇城全貌。

巡视南宋皇宫文化旅游线路是由丽宁门至垂拱殿，到东宫，直至和宁门的宫廷大内，采取局部重建，并用写意手法展示"南宋政权的脆弱致其受尽强敌侵凌"的历史背景，皇室成员纸醉金迷的生活，以及由兴至衰的全貌。

旅游者在这里会感受到强烈的视觉冲击。在大内南北建丽正门与宁和门等，此处则表现为残墙、残门、断梁、杂草等，令游客到此回味无穷。从南宋由"街巷瓦肆，市井繁荣，皇宫金碧辉煌，达官贵人穷奢极侈"到"蒙古铁蹄下政权的灭亡"，展示了"南宋抗金、军事失利、纳贡称臣、兵败溃退，直到灭亡"的整个历程。

在区内局部复建一个宫殿，取名天章阁，再现宋代王宫的恢宏气势。为便于游客与大内的衰败景象产生强烈对比，应利用宫殿空间，以原物、仿制品、图片等形式全面展示南宋政治、经济、文化、社会、风俗、宗教等。

凤凰山的御花园曾在我国园林史上有着独特的地位，作为皇城遗址公园只能局部建设，部分恢复御花园的景观实物。遗址中的圣果寺现尚存西方三圣、三十六罗汉等佛像遗迹，此处旁边宜恢复吴越风格的小寺庙。月岩曾是西湖赏月最佳去处之一。据传，中秋之夜，月光正好从月岩的圆孔中穿射池中，形成"月岩望月"奇景，这里曾是南宋禁苑名景。

现在仍有"光影中天"及"高大光明"等古代题刻。应在周边种植梅、桃、桂、荷等四季花木，达到四时观景的效果。中秋之夜可举办赏月晚会，在点将台上进行表演。

凤凰古道是由丽正门至山顶、万松书院一带的山路。将原道拓宽，并以碎石、卵石铺路，对沿途植被进行整理，种植名贵花木，恢复其古色古香的"御道"风情。梵天寺于北宋乾德二年(964年)始建，应修复大殿、佛像等，营造宗教园林，再现宋、明时期的古刹形象。

对于大内禁区，应在大庆殿、垂拱殿、慈宁殿和东宫等原址附近仿建宫殿遗址。外观大体是宫墙倒塌、断梁残柱、坍壁碎瓦、杂草丛生的颓败景象，任人凭吊，引人思索，直接起到"以史警世"的作用。

南宋皇城遗址景区的开发，将为旅游者打造一条南宋古文化旅游线路，把西湖旅游中关于吴越文化、南宋文化的景点串成一线，向世界展示一个古城、古都杭州的厚泽历史渊源。并拟将湖边的雷峰塔、宝石塔、吴山天风、清河坊、万松岭、万松书院、钱王祠、净慈寺、岳王庙、灵隐寺、天竺三寺等景点组合起来，提升西湖旅游的总体格局，向世界展示一个东方文明的中国，展示古都古城杭州的风貌。

(资料来源：武彬，龚玉和. 旅游策划文化创意：河山·因我们的到来而改变[M].
北京：中国经济出版社，2007.)

10.2.4 香港、澳门

香港印象

香港得名于香江,素称东方明珠,由香港岛、九龙半岛、新界及附近的 260 多个离岛组成。繁华地段、商业中心及行政官署主要集中在香港岛北部的中区和九龙半岛南部一带,太平山顶、浅水湾、九龙塘景色优美。香港东南部拥有众多海湾,景色优美的海滩、历史遗迹和各种现代公园(如海洋公园、动植物公园)都是旅游的好去处,迪士尼乐园的建成与开放更是在全世界掀起了港岛旅游的新高潮。

香港精致小巧,富饶安康,商业气息浓郁,自然环境优美,城市节奏忙碌紧张而有条不紊,公共交通网络完善,娱乐业高度发达,夜生活繁华璀璨,是集世界美食于一地的"美食之都",更是名副其实的"购物天堂"。徜徉于闹市区之外的公共绿地,能够充分感受到香港这个繁华都市所包蕴的商业文明和自然之美,"动感之都"的魅力无穷无尽。

(资料来源:裴凤琴. 中国旅游地理[M]. 成都:西南财经大学出版社,2011.)

香港和澳门特别行政区分别位于珠江口东、西两侧,与深圳和珠海市区毗连,四周环海,环境优美,以低山、丘陵为主的地形及亚热带海洋性季风气候为其基本特征。本区人口稠密,经济发达,现代城市景观独特,为亚洲乃至世界著名的旅游目的地。

1. 香港旅游区

香港有人口 700 多万,总面积约 1 100 平方千米。香港共分为四大部分:香港岛、九龙半岛、新界及离岛。香港岛的面积为 78 平方千米,占全香港陆地面积的 7%,是主要的商业地区。九龙半岛是位于北边港口的半岛,尖沙咀一带是游客聚集的地方。新界的面积约有 980 平方千米,相当于香港陆地面积的 91%。离岛共包括 262 个岛屿。香港的维多利亚海港与美国的旧金山、巴西的里约热内卢并称为世界上三个最优良的天然深水港。香港与世界上 200 多个国家和地区的 460 个港口有运输和贸易往来,是世界上最繁忙的航运港口之一。香港面积不大,但却以其东西方文化交融和现代都市风格,获得了"购物天堂"、"美食之都"、"观光者乐园"、"动感之都"、"会议之都"等美称。2011 年,全区接待旅游者 3 000 万人次,创旅游收入 2 530 亿港元。

1) 太平山

太平山位于香港,又名扯旗山、维多利亚峰,海拔 522 米,为全港最高点。山顶建有全港最高的公园——山顶公园,有卢吉道、夏力道、柯士甸道三条情趣各异的登山之道。夜登山顶,可俯视世界四大夜景之一的香港夜色。

2) 浅水湾

浅水湾位于香港岛南部,因湾成月牙,具有湾宽水浅、浪静、沙细而松软的特点而得名。浅水湾是香港最著名的海滨浴场,有"东方夏威夷"之美称,周围多豪华建筑、餐馆商号、茶座酒吧一应俱全。东部有天后娘娘和观音菩萨两尊雕像,近岸海中有七色慈航灯塔,为理想的海滨休闲度假旅游地。

3) 海洋公园

海洋公园位于香港岛南部深水湾，是世界最大的海洋主题公园之一，占地170英亩（1英亩≈4 046.86平方米）。公园建筑分布于南朗山及黄竹坑谷地。山上以海洋馆、海洋剧场、机动游戏为主；山下是亚洲水上乐园、花园剧场、金鱼馆及仿照历代文物所建的集古村。

4) 香港迪士尼乐园

位于大屿山竹篙湾的香港迪士尼乐园于2005年底落成开幕。香港迪士尼乐园占地126公顷，背靠北大屿山，面向竹篙湾，是全球第五个以迪士尼乐园模式兴建的迪士尼全球的第十一个主题乐园。香港迪士尼乐园环抱山峦，与南海遥遥相望，是第一个以加利福尼亚州迪士尼为蓝本的主题公园，游客走在这里就像走进了童话故事王国，能感受神秘奇幻的未来国度及惊险刺激的历险世界。其中美国小镇大街、探险世界、睡公主城堡、明日世界等是其代表性的娱乐地点，每一处都能给游客带来无尽的奇妙体验。

5) 天坛大佛

天坛大佛位于香港大屿山宝莲寺对面的木鱼山顶，建于1993年。大佛坐南朝北，庄重慈祥，集云冈、龙门佛像雕刻艺术精华，大佛底座仿北京天坛圜丘而建，从山脚至佛底有260级石级，为香港著名的旅游胜地。

经典案例

海洋公园迎战迪士尼乐园——我们和米老鼠不一样

香港海洋公园是全球最著名的海洋主题公园之一，也是赴港游客的必选项目之一，但是随着香港迪士尼乐园建成开业，美国米老鼠将有力地挑战海洋公园的地位。

其实早在两年前迪士尼乐园的计划落实后，营业28年的海洋公园就可能要面临接近而立之年的最大的经营危机。海洋公园显然也意识到了这一点，为此，海洋公园也积极做好了应对，开始斥资55亿元港币对园区进行翻新。到2010年，海洋公园更加名副其实地成为以海洋为主题的公园，娱乐设施激增两倍，并可让游客近距离接触大自然及33种全新品种的动物。此外，在商业化运作方面也向迪士尼乐园发出了挑战。例如，迪士尼乐园与地铁公司合作，开辟了一条专门通向迪士尼乐园的地铁路线，而海洋公园也将仿效其做法，力争开发地铁港岛南线。由于海洋公园位于香港仔，更靠近中环、铜锣湾等商业区，相比之下，迪士尼乐园地处大屿山，基本上没有什么商业区，比前者要逊色得多，因此预计地铁港岛南线的建成将成为海洋公园交通竞争的有力筹码。另外，迪士尼乐园的另一个重要特色是其拥有童话世界酒店，这已经成为众多青年伴侣的"童话婚庆"首选场所和众多跨国公司的年度会议首选地。在迪士尼乐园的业务中，来自会务的收入也许会占到收益的15%之多，尽管还没有正式开张，就已经收到了2008年会议安排的请求。出乎意外的是，海洋公园的扩建计划也包括了三大酒店建设。三家酒店其中一家是在主要入口处，另外两家会安排在方便客人游玩之处，还可以兼顾去香港仔或铜锣湾等其他地方旅游购物。

不可否认，迪士尼乐园和香港海洋公园的差别还是很大的，前者的主题是个虚幻世界，而不是真实的人物，它注重的是开发创造力和幻想，通过电视、电影和卡通人物来激发游客的兴趣；而海洋公园是个以动物为主题的公园，它在园区中拥有实实在在的动植物，而且寓教于乐，特点非常鲜明，在东南亚乃至全球都很有知名度，从这两个特点来看，应更倾向于理解为海洋公园和迪士尼乐园是相辅相成的。

尽管随着迪士尼乐园的开业，两园之争正越来越受到关注，但反过来看，迪士尼乐园对海洋公园是个促进因素。香港迪士尼乐园第一年入场人数会在560万人左右，其数字是东京迪士尼乐园的1/3。这个规模虽不如东京的大，但对香港的旅游业来说却是一个重要的促因。因为它为香港开拓了一个全新的旅游市场，以前香港吸引的以商业旅游和区域旅游为主的'过客'比较多，有了迪士尼乐园之后，会吸引更多的家庭旅游者，香港海洋公园也会从中受益。全新的海洋公园对未来香港的经济具有正面而深远的影响，除可促进香港旅游业之外，更可增加就业机会，并有利于香港旅游的发展。

(资料来源：王勇. 中国旅游地理[M]. 北京：对外经济贸易大学出版社，2006.)

小思考

香港迪士尼乐园与海洋公园在旅游开发中存在怎样的关系？

2. 澳门旅游区

澳门印象

澳门位于珠江入海口的西侧，长期以来中西文化的汇聚交流使澳门成为一个极具异域色彩的旅游城市。东亚最大赌场葡京大酒店富丽堂皇，更使得澳门成为"东方赌城"，慕名而来的游客络绎不绝。

澳门半岛上耸立着众多的欧式教堂及古老建筑，徜徉其间，仍可以重拾昔日的风采和传统的韵味。各式各样的教堂是人们渴求心灵安宁之地，而酒类博物馆、海事博物馆等则让旅游者对澳门留有丰富的记忆。氹仔岛位于澳门半岛之南，环境优美，建筑别具风格，宏伟壮观的澳门大学、赛马场均建于岛上。路环岛上花木繁茂，空气清新。著名的黑沙滩广阔平缓，迷人神秘。竹湾海滩沙粒洁白，葡式别墅聚集，具有浓郁的欧陆色彩。

(资料来源：裴凤琴. 中国旅游地理[M]. 成都：西南财经大学出版社，2011.)

澳门包括澳门半岛、氹仔岛和路环岛，独特的地理位置和历史背景，使澳门成为东西方文化的交汇地。澳门环境幽静，旅游资源丰富，素有"东方拉斯维加斯"之称。2011年，全区接待旅游者总量0.28亿人次。

1) 东望洋山

东望洋山位于澳门半岛东部，与西望洋山对峙，海拔93米。其中澳门最高点东望洋炮台、圣母雪地殿教堂和灯塔被称为三大名胜古迹。卢廉若公园坐落在山北麓，为澳门唯一的具有苏州园林风韵的公园。

2) 大三巴牌坊

大三巴牌坊位于澳门炮台山下，巍峨壮观，为澳门的象征之一。大三巴牌坊是圣保罗教堂的前壁遗迹，是当时东方最大的天主教堂，具有欧洲文艺复兴时期的建筑风格与东方建筑特色。因与中国传统牌坊相似，所以俗称大三巴牌坊。

3) 葡京赌场

葡京赌场是澳门葡京大酒店内的赌场,号称东南亚第一大赌场。赌场有两层,每层有一个可容纳数百人的大堂,并环以几个大厅。因建筑物外貌颇似鸟笼,故冠以"雀笼"的外号。

10.2.5 台湾

台湾印象

台湾位于我国东南海域,东临太平洋,西隔台湾海峡与福建相望。台湾自古以来曾有"蓬莱"、"瀛洲"、"岛夷"、"流求"等别称,是祖国不可分割的一部分。

清代即有"八景十二胜"之说的台湾是个美丽的旅游宝岛,西海岸沙滩平缓,多海水浴场;东海岸断崖陡峭,多奇石怪岩。阿里山是台湾八景之一,有神木、日出、云海、晚霞与铁路等"五奇"盛景;日月潭也是台湾八景之一,它是台湾岛上唯一的天然湖泊,湖面辽阔,潭水澄澈,环湖重峦叠嶂;澎湖湾具有朴素而深邃的韵味,附近的老建筑别具一格,明朝的天后宫繁复精细,清式的屋舍封存着无数风雨飘摇的故事。台湾信奉妈祖,以北港朝天宫为代表的 500 余座妈祖庙遍布全岛,每年都要举行奉祀活动。

漫步在台湾,中华五千年文化的精髓在这片土地上留存着,浓浓的乡愁弥漫在大街小巷。历史的变迁让人唏嘘,海峡两岸的美好明天更使人饱含期待。

(资料来源:裴凤琴. 中国旅游地理[M]. 成都:西南财经大学出版社,2011.)

1. 旅游资源与环境概况

台湾省简称台,由台湾岛、澎湖列岛、绿岛、兰屿等大小几十个海岛组成,面积 3.6 万平方千米。台湾岛是我国第一大岛,中央山脉纵贯南北,东部为山地,西部为平原。北回归线穿过南部,气候属热带亚热带季风气候,夏长冬短,高温多雨,夏秋多台风。物产丰富,风光独特,溪流、瀑布、湖泊景观奇特,森林茂密,动植物种类繁多。台湾岛地处亚欧板块和太平洋板块的交界地带,现代火山地貌典型,地热资源丰富,温泉密布。台湾四周环海,东部、北部、南部海岸多断崖、奇岩,西部海岸沙滩绵长,多优质海滨浴场。由于历史的原因,台湾历经数次殖民统治,因而形成了一些特殊的文化习俗,留下了许多文物古迹。

2. 旅游资源区域建设

台湾主要分为台北、台中、台南和台东四个旅游区。

1) 台北旅游区

本区以台北市为中心,包括基隆、宜兰、桃园、新竹等县。旅游资源以现代城市景观和文物古迹为特色,是台湾旅游业发达地区。

(1) 阳明山。阳明山位于台北市北郊,火山、温泉众多,森林茂密,景色多变,已开辟为国家公园。公园内有台北历史博物馆、台北故宫博物院、台北龙山寺等人文景观。

(2) 北投温泉。北投温泉位于台北市西北,区内温泉规模大、泉眼多,为国际著名的观光温泉度假胜地。

(3) 大屯火山群。大屯火山群位于台北市，由 16 个圆锥火山体组成。其中，七星山为大屯火山群中最新的火山，大屯火山群中最大的火山是小观音山，风光秀丽。大屯春色为台湾八景之一。

2) 台中旅游区

本区以台中市为中心，包括彰化、云林、南投、嘉义、台中等县。台湾八景中的双潭秋月、阿里山云海、玉山积雪均分布于此，是台湾重要的旅游目的地。

(1) 日月潭。日月潭位于南投县东鱼池乡，面积 9 平方千米，是台湾最大的天然湖泊。湖内有状似珠子的小岛，将湖分为南、北两半，北半湖状如日，南半湖形似月，日月潭因此得名。湖水色湛蓝，水平如镜，湖光月影相映潭中，幽雅宁静，也是我国十大风景名胜地之一。

(2) 阿里山。阿里山位于嘉义东北，最高峰海拔 2 663 米，为台湾著名的避暑胜地。日出、晚霞、云海、森林为其"四绝"，阿里神木红桧树龄达 3 000 多年，树干高 53 米，粗 19 米，伟岸挺拔，为"亚洲树王"，还有巨佛寺、八塔山宝塔等人文景观。

(3) 玉山。玉山位于嘉义、高雄、南投交界处，海拔 3 950 米，为台湾最高峰。山顶常年积雪，远望如玉而得名。奇峰、云瀑、林涛、积雪为其"四绝"。

3) 台南旅游区

本区以台湾最大港口高雄市和台南市为中心，旅游资源以热带海滨和名胜古迹为特色。

(1) 关子岭温泉。关子岭温泉位于台南县，泉水水温高达 80℃，色乳白，火焰伴随泉水喷涌，成为水火同源奇观。

(2) 赤崁楼。赤崁楼位于台南市，原为 17 世纪荷兰人入侵时所建的古堡，城墙砖为红色，郑成功以此地指挥征讨荷兰军，收复台湾，是一座具有典型民族风格的双层楼宇。

(3) 安平古堡。安平古堡位于台南市，古堡北控安平大港，西屏海疆，东隔台江与赤崁楼对峙，互成犄角，故安平夕照为台湾八景之一。

(4) 鹅銮鼻。鹅銮鼻位于屏东县恒春镇，是台湾的最南端，建有鹅銮鼻公园。园内有大片热带海岸树林和丰富的鸟类，鹅銮鼻灯塔最为著名，塔高 18 米，灯塔上刻有"东亚之光"，为远东最大海上灯塔。

(5) 澎湖。澎湖位于台湾海峡中的群岛县，由大小 64 个岛屿组成。居民多以渔业为生，入夜，鱼帆归港，海面灯火与天上星光交相辉映，澎湖渔火为台湾八景之一。

4) 台东旅游区

本区以台东山脉为中心，山地众多，直逼海岸，高山深谷，险峻壮观，主要包括台东和花莲两市。位于花莲县的太鲁阁公园，为台湾第二大公园。公园以峡谷、山岳为特色，立雾溪水不断向下侵蚀，形成了垂直壁立的 U 形峡谷，鲁阁幽峡为台湾八景之一。园内还有台湾八景之一的清水断崖景观。海底拔起、峭壁插天的大断层和 5 000 米的临海绝壁景观，为世界上罕见的海岸奇观。

阅读材料

老余杭开发创意

老余杭与杭州城区山水相连，是一块自然风光秀丽、人文景观荟萃、历史底蕴厚实、旅游资源丰富的地方。说到地域文化特色，最著名的典故就是杨乃武与小白菜冤案了。

1. 杨乃武与小白菜冤案始末

20世纪初，余杭县杨乃武与小白菜奇案历时三载，轰动朝野。卷入此案的上有朝廷王公，下至升斗百姓。上海《申报》亦介入报道，影响甚远。百余年来，根据此案编写的戏剧、小说、电影层出不穷，广为流传，此案成为清末四大奇案之一。

清同治年间(1862—1874 年)，癸酉科乡试举人杨乃武在余杭城内有住房三楼三底，余一间出租乡人葛品连夫妇肆市豆腐。葛妻毕秀姑，颇有姿色，肤莹洁，体轻盈，喜着青衣白裙，街坊以"小白菜"呼之。时杨妻詹氏与秀姑相熟，秀姑常留饭杨家。闲时，杨教秀姑习字念经。好事者便有"羊(杨)吃小白菜"风闻。岂料是年十月，葛品连抱病，身发寒热。医者诊视，断为痧症。医者用万年青等药灌服无效，申时身亡。

其母冯氏扬言可疑，鸣保喊告，投递县衙。知县刘锡彤闻及秀姑与乃武多有物议。逐先人之言，不容置辩，滥加酷刑，一连数堂，杨、毕屈打成招。公堂定罪：谋杀亲夫，毕当凌迟，乃武论斩。

至是，乃武、毕氏延颈待决之时，上海《申报》载之甚详。谓之：品连死时，乃武在舅家析产，代书分单。其舅居乡，距城数十里。一日之中，不能在乡理事，复又入城杀人，此冤证也。

次年九月，富商胡雪岩闻讯，资助杨妻偕子赴京上告。经历多有曲折，沪《申报》逐篇详述。某国公使阅报后谓清廷总署："贵国刑律不过如杨乃武案含糊了结耳。"恭亲王闻之大惊，遂令此案移京发落，由刑部严讯。

光绪三年(1877 年)，刑部查实冤情。结案："杨同食教经，不属运嫌，诬指平人，革去举人，免议。毕秀姑(小白菜)不避嫌疑，致招物议，杖八十。知县刘锡彤倚官滋事，纵令妄为。拟杖一百，发配三千里。"

同年，乃武平反出狱，聘为《申报》幕僚。次年因编《字林西报》译稿开罪钦差郭崇涛，郭氏大怒，派员督查。乃武其时恐又生牢狱之灾，潜回余杭种桑养蚕了却余生。秀姑出狱后返回余杭，已无家可进，遂入佛门终其残年。此乃后话。

2. 佛教圣地——径山

老余杭的径山在长乐镇后，因有"径"通天目而得名。主峰称凌霄峰，前有堆珠峰，北有大人峰，左有宴坐峰，右有鹏搏峰，所谓"五峰罗列，奇巧幽邃"，历来为古人推崇。唐大历三年(768 年)建径山禅寺，宋列为江南"五寺十刹"之首，其后寺院屡建屡毁。南宋庆元五年(1199 年)，日本僧人数度朝奉径山，其时径山寺僧亦远渡日本传经。据考，径山为日本临济宗师之源。20 世纪 80 年代后，日本僧俗数十批登径山参谒寻宗。径山茶亦名闻海内外。南宋端平二年(1235 年)，日本僧人圆尔辨圆将径山茶种、制茶技艺及茶宴仪式等带回日本，现盛行于日本的茶道据传源出余杭径山。

径山茶色淡味浓，清香扑鼻，沁人心脾。饮后余香久留，一向被视为茶中珍品。而今径山留有龙潭飞瀑、望江亭、东坡洗砚池、灵岩碣石、松原天风、龙潭喷泉、吊桥渔歌等景观。近年，径山寺已修复，游人源源而至，声名远播海外。

3. 道教洞天——洞霄宫

老余杭镇西中桥乡九峰村，原有洞霄宫，在大涤山天柱峰下。相传，晋葛洪辞官后，在此修炼。道教中"三十六洞天"之三十四、"七十二福地"之五十七，即洞霄宫。宫观始建于汉武帝元封三年（公元前108年），已有2100余年历史。唐弘道元年（683年），宫坛从大涤洞迁至前谷，称天柱观。

宋大中祥符五年（1012年），宋真宗赐额为洞霄宫，宋淳祐七年（1247年），理宗书"洞天福地"，成为著名道家圣地。现仅存遗址，有古樟、水池等遗迹。大涤山以九锁山为主峰，入山处原有石坊，刻"九峰拱秀"。现石坊已毁，碑额尚存。原中路有宋高宗时建翠蛟亭，取自东坡诗句"庭下流泉翠蛟舞"。亭已废，基石可辨。行百步，有一方平地，相传为洞霄宫遗址。宫周环山，有"狮象守山，灵凤还巢"之说。汉武帝元丰三年（1080年）在此建宫坛，宋大中祥符五年（1012年）改为洞霄宫，与嵩山嵩福宫同为宫观之首。旁有大涤洞、栖兵洞、归云洞，相传三洞相通。此处翠峰丹泉，奇岩深洞，古桥修竹，清幽奇绝。

相传李白、苏轼、陆游、范成大等人在此均有题咏。洞霄宫屡建屡毁，今存遗址一片，但照壁上嵌有明清碑刻依稀可辨，此处乃今人寻古探幽之佳地。只是近年来人们开山取石，山色景观已遭破坏，原有青石古道，因拖拉机等行驶，早已旧迹难觅，甚为可惜。

4. 古镇秀色——双塔耸秀和通济古桥

老余杭之双塔耸秀为古城添彩增色。安乐塔，又名天宝塔，立于安乐山上。原塔五层，建于吴越，后遭雷击，塔顶毁坏。1986年重建，现塔高36米，内有石阶。拾级而上，登塔顶，全镇一览无余。

苕溪北岸另有一塔，称舒公塔，为明代七层方塔，古镇溪流塔影，相映成趣。双塔耸秀，一塔高踞山巅，一塔雄镇溪边，放眼双塔，蔚为奇观。镇中的通济古桥（图10.3）为三孔石拱桥，桥长50米，高9.6米，始建于东汉四年（175年），原为木桥，明洪武元年（1368年）改建石桥，正统年间（1436—1449年）双加石栏，现为县级文物保护单位。

图10.3　通济古桥

5. 竹海险关——独松关

独松关在老余杭百丈乡与安吉县交界处，关隘雄踞两山狭处，颇具气势。周边竹林幽深，旧时亦为一避暑胜地。

6. 高山平湖——四岭水库

四岭水库在双溪乡四岭村，群山环抱，湖水深幽，碧波荡漾，无论环游湖岸，泛舟湖中，还是垂钓湖边，都令人心旷神怡。据传，茶圣陆羽隐居苕溪，在此修身养性，撰写《茶经》。亦为余杭胜景之一。

老余杭镇是老余杭县政府所在地，自从县政府搬迁到临平后，古镇仿佛从人们的记忆中淡出。近年来，老余杭的房地产升温，楼屋建筑缺乏系统规划，致使人们印象中的江南名城那种水乡古韵风味逐渐褪色。华而不实的洋楼触目皆是，使得古镇整体风貌衰退，在旅游景区开发上大打折扣。

但是，老余杭具有深厚历史沉淀，自古以来，人文荟萃。唐宋明清诸多名家如白居易、范仲淹、欧阳修、王安石、苏轼、陆游、文天祥等的题刻及诗文，王安石的荆公读书堂，东坡先生怀旧亭，三国大将凌统的军事方略等都有记载，有待挖掘和整理。目前，老余杭的几条旅游线路雏形已成，人们在那里不仅能观赏到壮丽的山河美景，也能体味到余杭源远流长的历史文化。

(资料来源：武彬，龚玉和. 旅游策划文化创意：河山·因我们的到来而改变[M]. 北京：中国经济出版社，2007.)

小思考

阅读以上材料，谈谈如何有针对性地深入挖掘旅游地的历史文化资源，并说说你对"文化是旅游的灵魂"这句话的看法。

本章小结

本章介绍了东南沿海地区各省市已开发及极具开发潜力的旅游资源，包括民俗风情、历史文化、文物古迹、建筑艺术等，分析了东南沿海地区自然地理环境和人文地理环境的区域特征。通过对东南沿海地区区域文化内涵与特征的分析，结合大量应用案例、阅读材料，让学生在了解本地区旅游资源环境及重要旅游景区景点概况的同时，对其发展现状及发展趋势有了直观把握。在此基础上，锻炼提升学生的创意策划能力，即结合所学知识，设计东南沿海地区不同旅游资源主体的旅游线路、旅游形象，针对市场创新性地开发东南沿海地区的旅游产品，为区域旅游业发展贡献创意策划理念。

复习思考题

一、名词解释

1. 客家土楼
2. 妈祖文化

3. 闽南文化
4. 红树林海岸

二、单选题

1. 具有"海上花园"城市之称的是(　　)。
   A. 广州　　　　B. 深圳　　　　C. 厦门　　　　D. 汕头
2. 湄州岛妈祖庙属于(　　)。
   A. 闽中旅游区　　　　　　B. 闽西旅游区
   C. 闽北旅游区　　　　　　D. 闽南旅游区

三、多选题

1. 改革开放以来，国家首批设置的14个沿海开放城市，本区有(　　)。
   A. 宁波　　　　B. 温州　　　　C. 福州　　　　D. 厦门
2. 下列旅游景点属于浙北旅游区的是(　　)。
   A. 杭州　　　　B. 普陀山　　　C. 灵隐寺　　　D. 千岛湖

四、简答题

1. 港澳旅游的基本特点有哪些？
2. 简述东南沿海旅游区旅游资源的基本特征。
3. 东南沿海作为中国著名的侨乡，试分析它对发展旅游业有什么影响。

五、思考题

试评价东南沿海旅游区旅游资源开发的优势、存在问题及开发方向。

课后阅读

给我一天，还你千年——宋城集团的文化开发战略

杭州宋城集团是中国最大的民营旅游投资集团。集团开发和正在开发的旅游休闲景区有杭州宋城、杭州美国城、杭州乐园、山里人家、华美学校、龙泉山、云和湖、杭州21世纪庆典城、杭州世界休闲博览园、南京旅游新城、中国渔村等。其投资方向以旅游休闲业和景观房产为主，包括主题乐园、大型休闲社区、生态旅游、农业观光、度假酒店等，同时涉及教育、科技、文化传播等领域，涵盖了旅游休闲中的食、住、行、游、娱、购全部要素。集团资产规模超过40亿元，是世界娱乐与主题公园协会的首席会员。

2001年五一期间，宋城集团所属的在杭州的三大景区共接待游客52万人次，门票收入2 500万元，占杭州旅游门票总收入的50%。仅杭州乐园就创下了9.23万人次的杭州单一景区单日客流量最高纪录，宋城集团因此被誉为中国旅游休闲界的一匹黑马。宋城现象引起了行业内外的普遍震惊和关注，作为一个民营旅游投资集团，其良好的经营机制正在日益显示出勃勃生机和强大的竞争优势。

1. 宋城集团的文化战略策划

作为一家民营旅游投资集团，杭州宋城集团在景区开发中注重文化内涵，强调文化品位，走出了一条旅游开发与文化产业相结合的道路。如果说旅游是文化产业之外的一个独立行业，那么，在对二者的连接与融合上，宋城集团进行了以下策划探索。

(1) 以丰富多彩、形式各异的民俗活动、舞台节目、广场节目和影视表演丰富景区文化内涵，提升景区文化品位。1996 年宋城集团第一个项目——宋城(图 10.4)开园时，就提出了"文化是宋城的灵魂"。文化的表现形式是多种多样的，宋城的城墙由上千万块特制的青砖砌成，城门口的九龙柱是在山东曲阜用整块的大理石雕琢而成的，景区高大的城门楼、放着青光的石板街、"巨木虚架桥无柱"的虹桥及财神殿、观音堂、月老祠，仿宋小吃一条街等，都是对宋古文化的阐释。仅有这些是不够的，虽然它们是对 1 000 年前中国都市建筑文化、婚俗文化、饮食文化、神灵信仰文化的再现，但它们只是文化的物化，而不是一种鲜活的东西。作为一个以反映两宋文化为主体的公园，它需要一种更为直观和亲切的表达方式，需要提炼和升华。所以，宋城还拥有开封盘鼓、舞中幡、皮影戏等民间杂艺表演，蜡染、制锡、活字印刷等作坊表演，以及杨志卖刀、梁红玉击鼓抗金、汴河大战、水浒好汉劫法场等大型影视表演，水幕电影和大型歌舞《宋城千古情》等，有 40 多种娱乐性、参与性节目。这些节目从不同角度、以不同手法烘托了共同的主题，有力地再现了张择端《清明上河图》中宋代都市的繁荣景象。从宋城开始，注重文化内涵、强调文化品位成为宋城集团景区开发的传统。集团所属的杭州乐园是中国最大的综合性游乐公园，除了广阔的水面、茂密的森林、充满异国风情的景观及各种最新的极限运动、游乐项目外，还有影视场景剧《海盗大战》等大型演出。承担表演任务的宋城艺术总团也在不断发展壮大，现有 5 个分团，专职演员 300 人，成为国内较大规模的专业艺术团体之一。

图 10.4　宋城

(2) 注意结合景区特点，充分利用景区旅游者集散优势，设置各类展览馆、纪念馆等，使单纯的观光休闲成为寓教于乐的知识性旅游。宋城有张择端纪念馆、活字印刷馆、杭州历史文化名人群雕，杭州乐园有荷兰馆、啤酒馆、航海博物馆、动物养殖馆等，山里人家有五谷丰登苑、明清农具展览馆、农村家用器物展览馆和杭州唯一保存完好的知青点，这些文化场馆的设置很好地实现了教育与娱乐功能的结合，同时也增加了游历空间，进一步强化了景区的主题，因而深受游客欢迎。山里人家还成为萧山区的青少年教育基地，吸引了数十万游人特别是在校青少年前去参观、学习。宋城集团还利用景区这个载体推出了一些非常设性的大型展览活动，如各种绘画展、书法展等。中国轻工业联合会、中国工艺美术学会、中国玩具协会与云和县人民政府共同举办了"2001 杭州乐园•云和木制玩具展"，其间杭州乐园同时举办了"200 万元寻宝大行动"，3 天内观展的游客达 20 万人次之多，取得了事半功倍的效果。

(3) 经常举办各种大型文化节庆和文体竞赛活动。宋城集团的各景区都有鲜明的特色和的良好品质。这使得它们成为举办各类大型文体活动的良好场所。现在，宋城的春秋季庙会、民俗文化节，杭州乐园的玫瑰婚典、啤酒狂欢节，山里人家的丰收节等都已成为定期举办的、广大游客喜闻乐见的大型节庆活动。这些活动的成功举办既使旅游者感受到了多姿多彩的中外文化魅力，同时活动本身也成为了景区吸引旅游者的一大亮点。

2. 宋城集团在以文化为中心的战略指导下的发展历程

1) 中国最大的宋文化主题公园

1996 年 5 月 18 号是宋城成立的日子，这对杭州旅游业来说注定是一个不平凡的日子。杭州市第一个主题公园——宋城，在一片议论声中跳出了单以西湖观光游为中心的怪圈，在当时几乎是一片荒地的之江国家旅游度假区建成开园。宋城的开园带有一丝悲壮的色彩，因为 1996 年是中国主题公园的寒冬。20 世纪 80 年代末，新加坡西游记主题公园的成功运营，在我国产生了示范效应，国内各种人造景观遍地开花，到 1993 年、1994 年达到了顶峰，全国光西游记宫就有成千上万个。然而好景不长，两年后人造景观迅速降温，落入低谷，这一过程可以说是中国主题公园发展的第一个轮回。起点低、追求短期效应、粗制滥造、重复建设、缺乏主题、缺少创意、缺乏个性、缺少文化品位、投入与产出不协调等因素是导致第一轮主题公园开发失败的最主要的原因。第一轮主题公园的失败可以用"尸骨遍野"来形容，3 000 多亿元资金被深套其中，主题公园开发进入了严冬。宋城是宋城集团对主题公园在中国第一轮开发失败后进行重新认识的全面阐述，宋城人坚信，主题公园是中国旅游发展的重要阶段，也是中国旅游在改革开放后，与世界旅游接轨的第一次真正意义上的重要尝试，它的出现，既丰富了旅游发展的空间，又提高了旅游业的整体效益。美国迪士尼乐园已开园一个世纪之久，却越做越旺，成为美国文化的一个重要组成部分，就是最明显的例证。然而，作为杭州的第一个主题公园，宋城的第一步却举步维艰。在全国主题公园衰败的大背景下，一些报刊和专家对主题公园这类人造景区几乎到了口诛笔伐的程度，他们称在杭州这样的历史文化名城开发建设人造景观，无异于造假古董，其生命力肯定不会长。当然看好的也不乏其人。毁也好，誉也好，在众人的疑虑、争议甚至非议中，宋城以大无畏的勇气铺下了第一块墙砖。对于假古董之说，宋城集团总裁黄巧灵说："故宫、六和塔都是人造景观，但是由于它们有深厚的文化内涵，依然能够叫人常看常新；雷峰塔已倒掉 70 余年，但是它依然耸立在人们的心中。"黄巧灵认为，文化是主题公园的灵魂，特色和个性是主题公园的生命,一个成功建设和经营的主题公园,它的综合意义是一般自然景观所不能比拟的。历史证明了黄巧灵的判断,尽管宋城姗姗来迟,但是它的亮相还是给杭州的旅游业带来了巨大的震动。以历史文化为灵魂,动态表演和静态景观相融合,这种全新的旅游开发思维给当时杭州长期以来的静态旅游模式带来了强烈的冲击,这种影响用"一石激起千层浪"来形容是恰如其分的。

"给我一天,还你千年"成为继"西湖观光"之后杭州旅游的又一经典口号,宋城景区则被业内人士称为杭州旅游的第二个支撑点。

宋城的开发实际体现了旅游景观和文娱演展相结合的开发思维,在设计造园的同时又很重视城市历史文化氛围的营造。在造园观赏性的基础上增加了文化娱乐性,反映了现代旅游在观光需求中的文化需求和娱乐需求。宋城既有《清明上河图》再现区的古朴、凝重、严谨和九龙广场、城楼广场、艺术广场轴线式大人流的集散功能,又有大景观的包容性和冲击力。斗拱飞檐、车水马龙渗透出浓郁的古宋风情,铸铁、陶艺、王员外家彩楼抛绣球、汴河大战等内容设置又极具参与性,它模糊了时空概念,缩短了时空距离,满足了人们怀古寻根的欲望,使宋城成为一座寓教于乐的历史之城。时至今日,宋城已获得浙江十佳美景、首批国家4A级景区等荣誉,短短5年多时间,共接待旅游者700万人次,并以每年10%的速度递增,开园3年即收回全部投资。"给我一天,还你千年"成了一句响彻全国的响亮口号。

2) 主题公园文化理念的进一步探索——杭州乐园的开放

1999年4月25日对杭州宋城旅游业来说又是一个特殊的日子。华东地区最大的全新一代综合性主题公园——杭州乐园建成开园,这也标志着宋城集团对主题公园的开发进入了第二个阶段。杭州乐园是宋城人在中国旅游业从主体观光旅游向休闲度假旅游过渡时期所进行的第一次尝试。宋城人提出当代居住的新概念:不是冷冰冰的屋子,而是住在花园里,住在自然的景观房、休闲房;会议也变得不再枯燥,而是在优美的环境中开的休闲会议。杭州乐园的开园是宋城人对多元化大型休闲社区的初步探索。杭州乐园参照了日本豪斯登堡的模式。豪斯登堡是日本人为建立21世纪人类理想的生活空间而打造的实验城市,他们认为21世纪人类离不开水、新鲜的空气、绿色、湖泊和森林,因此,豪斯登堡营造了一个优美的环境,具有大片的森林、湖泊和草地,并在这样的环境中自然融合了旅游、休闲、度假、居住的概念。这种理念在杭州乐园得到了充分的体现,这里有荷兰村的主题旅游,有高尔夫和大片网球场的大型运动休闲场所,拥有富含平衡身体机能的氡矿泉水和具有养身功能的氡温泉度假村,漂浮水上、四面环山的大型水上会议中心及与自然完美融合的景观房产。杭州乐园突破了单一主题公园的概念,成为一个集旅游、休闲、度假、居住、会务于一体的大型休闲社区。开园两年多来,取得了巨大的成功,房地产的收益回收了大部分的投资,主题公园作为景观房产的配套,以低门槛进入市场。2001年五一期间就接待了30余万游人,收入近2 000万元,取得了良好的社会效益和经济效益。氡温泉度假村和水上会议中心则以浓郁的欧陆风情和优美的自然环境,成为国内外大型企业理想的会议场所。在旅游旺季和会议高峰期,氡温泉度假村的订房需提前一个月预约。杭州乐园的成功其实是宋城集团对旅游发展趋势把握的成功,杭州乐园的开园成为中国旅游由观光旅游向休闲旅游过渡的一个重要标志。

3) 其他主题公园的相继开园

随着杭州乐园的成功,宋城集团开始不断探索并完善休闲旅游的概念。1999年9月9日,杭州山里人家开园,山里人家以农业观光为主题切入,融休闲、度假和幼儿教育为一体,漫山遍野的竹林围绕着一座历经百年风雨沧桑的小山村,竹林、木屋、流水、古树、老井、人家,营造了一种恬静的山野风光。1999年9月26日,杭州美国城开园,它是一个把教育和旅游完美地融合在一起的休闲社区。在花园般的校园里,3 000多名华美学校的学生在这里上课,他们既是学生又是景区的管理者,理念与实践在这里得到了最佳结合。2000年9月28日,宋城集团成功竞拍到了奥利安娜号豪华游轮,成为游轮的新主人。奥利安娜号是世界四大名船之一,从它诞生的那天起,整个世界为之瞩目。宋城集团在充分体现这艘皇家游轮英伦风情的基础上,又赋予了它全新的休闲主题:顶层甲板作为海上主题乐园,体现了浓郁的热带风情,奥利安娜艺术团将再次轮流演出充满异域风情的世界歌舞,梦幻剧场是儿童的活动天地,游轮中央的红磨坊大剧院,每天上演场景歌舞,由来自世界各国的艺术家联袂演出,强大的演员阵容,美轮美奂的舞美灯光,铸就出世界一流的大型晚会。奥利安娜休闲会议中心,拥有数百间豪华客房和各种规格的会议厅,以及与之相配套的宴会厅、休闲吧、电影院、舞厅、健身房、游泳池等。奥利安娜堪称一座漂浮的海上皇宫。因奥利安娜号的风采所产生的独特魅力,使豪华游轮上的休闲度假成为世界休闲旅游的新时尚。为了完善宋城集团的休闲度假体系,融入海滨休闲旅游度假概念,宋城集团又于2001年9月15日,在浙江宁波象山石浦投资开发了中国渔村度假区,包括石浦渔港、石浦古街、石浦渔村、檀头山、渔山岛、宋皇城沙滩等,使中国渔村成为具有中国特色的法国尼斯海滨度假区。南京旅游新城是宋城集团跨区域建设的大型旅游休闲项目,位于南京牛首山旅游区内,一期开发面积5 000亩,主要项目有明城、法国山地公园、牛首山自然公园及欧美风情小镇、公寓、别墅等。南京旅游新城是宋城集团顺应世界旅游休闲度假潮流,打造的一所集旅游、休闲、度假、居住于一体的大型休闲社区,它的建成将极大地丰富南京旅游项目的内涵,对南京社会经济的发展产生积极的影响,成为南京旅游休闲度假的希望之城。随着宋城集团对休闲度假探索的深入,一定要创造中国真正的多元化大型休闲社区的概念越来越清晰。正在规划中的21世纪庆典城和世界休闲博览园都将是多元化大型休闲社区的经典之作。21世纪庆典城位于之江国家旅游度假区,毗邻华美学校的南片区块,占地2 000亩。该项目集文化、娱乐、休闲、度假、会展、居住于一体,主要包括大型水上休闲娱乐中心海洋巨蛋、以夏威夷海滨风情为特色的休闲度假区、广泛运用高科技的会展影视中心及华美学校二期、未来世界、夏威夷风情国际街和人造火山等项目。宋城集团正在建设的占地2 000多亩的世界休闲博览园又是一个集旅游、休闲、度假、会展、商务,居住于一体的全新休闲度假社区,荟萃了世界各地最前沿的休闲度假村模式,如德国体现乡村度假精髓的施雷伯庄园、美国森林度假山庄、日本温泉度假村、荷兰小镇等。博览园同时拥有最前沿的娱乐中心和设施齐全的社区配套中心,完美地体现了"旅居结合,分时度假"的全新休闲概念。

(资料来源:沈祖祥主编. 世界著名旅游策划实战案例[M]. 郑州:河南人民出版社,2004.)

第11章 旅游文化创意与策划的地域特征(岭南地区)

教学目标

知识要点	掌握程度	相关知识
岭南区域与区域文化	掌握	岭南区域的地理范围、岭南区域文化地理特征
岭南自然地理特征与区域文化内涵	掌握	岭南自然地理特征及区域文化内涵
岭南区域旅游地理概述	重点掌握	岭南区域旅游资源的特征、岭南旅游亚区(粤、桂、琼)旅游资源概述

技能要点

技能要点	掌握程度	应用方向
岭南自然地理特征及区域文化内涵	熟悉	认识本旅游区的自然与人文地理环境特征,了解旅游地理环境对该区旅游文化创意与策划的影响
岭南区域旅游地理概述	重点掌握	分析本区发展旅游业的优势与劣势,掌握本区独具特色的重要旅游景区景点,了解本区主要的旅游景点及旅游线路,为旅游景区策划、规划及旅游地项目建设奠定基础

导入案例

《印象·刘三姐》

大型桂林山水实景演出《印象·刘三姐》是锦绣漓江·刘三姐歌圩景区之核心工程，由桂林广维文华旅游文化产业有限公司投资建设，我国著名导演张艺谋出任总导演，国家一级编剧梅帅元任总策划、制作人，以及两位年轻导演——王潮歌、樊跃加盟，数易其稿，历时三年半努力制作而成。它集漓江山水风情、广西少数民族文化及中国精英艺术家创作之大成，是全世界第一部全新概念的山水实景演出。演出集唯一性、艺术性、震撼性、民族性、视觉性于一身，是一次演出的革命、一次视觉的革命。

图 11.1　印象·刘三姐

方圆两千米的阳朔书童山段漓江水域、十二座背景山峰、广袤无际的天穹，构成了迄今世界上最大的山水剧场。投资建造的目前国内最大规模的环境艺术灯光工程及独特的烟雾效果工程，创造出了如诗如梦的视觉效果。传统演出是在剧院有限的空间里进行，这场演出则以自然造化为实景舞台，放眼望去，漓江的水，桂林的山，化为中心的舞台，给人以宽广的视野和超然的感受。传统的舞台演出是人的创作，而山水实景演出是人与上帝共同的创作。山峰的隐现、水镜的倒影、烟雨的点缀、竹林的轻吟、月光的披洒随时都会进入演出，成为美妙的插曲。晴天的漓江，清风倒影特别迷人；烟雨漓江，赐给人们的却是另外一种美的享受，细雨如纱、飘飘沥沥、云雾缭绕，似在仙宫，如入梦境……演出正是利用晴、烟、雨、雾、春、夏、秋、冬不同的自然气候，创造出了无穷的神奇魅力，使那里的演出场场如新。

演出以《印象·刘三姐》为总题，大写意地将刘三姐留给人们印象中的经典山歌、民族风情、漓江渔火等元素创新组合，不着痕迹地溶入于山水、还原于自然，成功诠释了人与自然的和谐关系，创造出天人合一的境界，被称为"与上帝合作之杰作"。演出把桂林、阳朔举世闻名的两大旅游、文化资源——桂林山水和刘三姐留给人们的印象进行巧了妙地嫁接和有机的融合，让自然风光与人文景观交相辉映。演出立足于桂林，与桂林的音乐资源、自然风光、民俗风情完美地结合，游人看演出的同时，也在看漓江人的生活。

锦绣漓江·刘三姐歌圩坐落在漓江与田家河交汇处，与闻名遐迩的阳朔书童山隔水相望。广维文华旅游文化产业有限公司与当地政府从歌圩建设一开始便达成了默契，既强调艺术的表现也高度重视环境保护，使整个工程建设与大自然融为一体。现在，歌圩几乎全部被绿色覆盖，里面种植有茶树、凤尾竹等，加上所植草皮，绿化率达到了90%以上。其中，灯光、音响系统均采用隐蔽式设计，与环境融为一体，水上舞台全部采用竹排搭建，不演出时可以全部拆散，隐蔽起来，对漓江水体及河床不会造成影响。观众席依地势而建，呈梯田造型，与环境协调，同时也考虑到了行洪的安全。就连所设的两座厕所也引进了韩国技术，是目前全国最先进的生态环保厕所，厕所的污水并不直接排入漓江而是循环使用。另外，100多亩建设用地上，鼓楼、风雨桥及贵宾观众席等建筑散发着浓郁的民族特色，据建设单位介绍，整个工程不用一颗铁钉，令人叹为观止。

观众席呈绿色梯田造型，180°全景视觉，可观赏江上两千米范围的景物及演出。观众席设位2 200个，其中普通席2 000个、贵宾席180个、总统席20个；演员阵容强大，由600多名经过特殊训练的演员构成；演出服装多姿多彩，根据各不同的场景选用了壮族、瑶族、苗族等不同的少数民族服装；整个演出时间约90分钟。

据广维文华旅游文化产业有限公司的负责人介绍，目前已申报了世界上最大的鼓楼群、世界上最大的山水实景剧场两项吉尼斯纪录。

(资料来源：http://baike.baidu.com/view/32018.htm)

岭南地区包括广东省、广西壮族自治区、海南省，位于我国东南沿海，隔海与越南、菲律宾、马来西亚等国相望，为我国最主要的侨乡。各省区历史文化的联系自古密切，现代经济贸易往来和科学技术的交流日渐频繁，包括旅游在内的区域经济一体化趋势越来越明朗。

11.1　岭南区域与区域文化

1. 山、海、岛兼备的地面结构

本区境内有莲花山、罗浮山、阴那山及海南岛的五指山等山地、丘陵。地表形态破碎，平原、谷地散布其间，较大的平原有珠江三角洲、韩江三角洲等。山地丘陵以花岗岩地貌、丹霞地貌、岩溶地貌和火山地貌最为典型，形成了不少著名的风景名胜，如由花岗岩构成的罗浮山、天涯海角等，由丹霞地貌构成的五指石等，由岩溶地貌构成的七星岩等，由火山地貌形成的广东西樵山、湖光岩等。本区平原面积虽不大，但河网密布，土壤深厚肥沃，盛产粮食、桑蚕、甘蔗、热带和亚热带水果及淡水鱼、蔬菜、花卉等。辽阔的海洋及其岛屿，是本区的另一特色。所面临的南海不仅辽阔壮美，而且多海峡、港湾及散布其间的岛屿，如琼州海峡、海南岛、雷州半岛等，不仅在国内地位重要，而且在世界上具有影响。漫长的海岸线多为岩岸，不仅多岬湾良港、海滨沙滩，而且海岸风光秀丽。在雷州半岛和海南岛，还分布着一些不同类型的红树林海岸，其独有的生态系统和红树林风光，更是人与自然和谐共处的天然乐园。

2. 热带、亚热带季风气候森林景观

本区纬度位置低，地势南倾，南临南海，西南距印度洋不远，受东南亚季风环流控制，形成了典型的热带、亚热带季风气候，全年湿热，南北有异。大部分地区长夏无冬，春秋相连，夏季长达 6～10 个月，南海诸岛大部分终年皆夏，旅游季节很长，旅游淡季和旺季差别较小，春秋二季最为宜人，夏季温度偏高，冬季成为避寒疗养和旅游的中心。本区濒临热带海洋，成为降水量丰沛的地区。在湿热气候条件下，植被繁茂，森林覆盖率很高，四季常青，有热带、亚热带季雨林和常绿阔叶林，多古老品种，如苔类植物、蕨类植物，茎花景观、附生现象非常普遍。这里椰林婆娑，独榕成林，木棉花开如火，蕉叶承雨，攀藤附葛，茎上开花结实，树上又生草木，一派热带、亚热带森林景观。海南、粤北等地区都还保存着大片原始森林或次生原始森林及一些独特的生物多样性生态系统，国家在这些地区建立了一系列自然保护区或国家森林公园。广东的鼎湖山、车八岭、丹霞山、南岭、内伶仃岛—福田，海南的东港寨红树林、大洲岛、三亚珊瑚礁等，都是著名的国家自然保护区，其中有的还纳入了联合国"人与生物圈"计划的保护网。

3. 现代城市文明与传统文化交相辉映

本区凭着面向海洋和对外联系方便的优势，早在宋元时期，广州便是著名的东方大港，也是我国南方海上丝绸之路的起点。20 世纪 80 年代初期开始至今的我国改革开放，使以珠江三角洲等为代表的东南沿海地区，一跃成为我国经济最发达的地区。城市里林立的高楼大厦、高架桥、环城高速公路，如涌如潮的车流，以及地下铁道、购物超市、大型主题公园，都是城市现代文明的象征，这些在这里同西方发达国家已无多大差别，所不同的是这里仍然保留着较为发达的传统物质文化。例如，广州的美食文化和粤剧、粤绣，佛山的工艺陶瓷，肇庆的端砚，潮州的潮剧，海南的椰雕、椰酒，广东梅州的客家围龙屋和客家山歌，开平的碉楼，以及广东的四大名果荔枝、香蕉、菠萝、柑橘，海南的橡胶、咖啡、椰子等热带经济作物等，都是极具地域特色的传统文化内容。

4. 南北兼容、中西合璧的地域文化

广东、广西一带，古为"百越"或"百粤"之地，先民主要以渔猎山伐为业。秦汉时期的中央王朝着意经营岭南，在开疆拓土的同时，大量北方移民南下与土著杂处，尤其是唐宋以来历代几次大规模中原汉人的南迁移民活动，将先进的中原文化与闽粤土著文化交融磨合，形成了以粤语方言为主要特征的南海文化及仍保持中原古唐音的客家文化，这些还深刻地打着中原文化的烙印，如岭南园林兼容了北方园林和江南园林的风格。由于广州自古就是著名的沿海商业城市和对外贸易港口，阿拉伯商人早在宋元时期便把伊斯兰教及其有关的阿拉伯文化带入了这里。鸦片战争后随着广州等地被强迫辟为对外通商口岸，香港和澳门的不平等屈辱历史，使其深深打上了英、葡、日等国的文化烙印。尤其这一带数百万贫困人民去海外谋生，使广东的梅州、潮汕地区及珠江三角洲地区，以及海南的海口、文昌、琼海等地，成为著名侨乡。由于华侨的木本水源之心和爱国爱乡情感，他们一直同祖国保持着密切联系，也把国外的先进文化引了进来。所有这些，无不显示出本区文化南北兼容、东西合璧的特点。

5. 旅游资源类型齐全，但以生态和人造主题公园旅游资源最具特色

本区兼跨热带、亚热带，背山靠海，山、海、岛自然风光齐备；人文历史古老，中原文化、古越文化、客家文化、华侨文化，苗族、瑶族、黎族等少数民族文化，大河文化、海洋文化、西洋文化等多种文化长期交融，使得本区旅游资源类型齐全。广东广州市的越秀山、莲花山、白云山，惠州罗浮山，南海西樵山，肇庆鼎湖山，韶关车八岭，仁化丹霞山，南雄恐龙遗址，清远清新温矿泉，从化温泉及珠江口、伶仃洋、大亚湾；澳门的大濠岛；香港的长洲岛、大屿山；海南三亚的亚龙湾、天涯海角、黎苗风情，陵水南湾猴岛，兴隆热带花园，保亭七仙岭，儋州兰洋温泉，尖峰岭热带雨林等，都是高品位的生态旅游资源。本区凭借其经济实力和特有的客源优势，其人造主题公园以发展早、数量多、规模大、特色浓而著称，如具有开创性的香港宋城、迪士斯乐园，深圳"三园"（中华民俗文化村、世界之窗、锦绣中华），以及广东其他地区的广州东山乐园、南湖游乐园、番禺香江野生动物世界，中山海上庄园、珠海农科中心，海南的南山文化等，都是极具影响的主题公园，充分显示了本区主题公园的特有优势和发展前景。

11.2　岭南旅游亚区旅游资源概述

11.2.1　广东

广东印象

广东位于我国大陆南部，简称粤，是中国的南大门。因为其经济发达、道路畅通、风景整齐和谐、沿途的民居整齐漂亮而令人赏心悦目。

广东温和的气候映衬着青山秀水，富庶的生活带来优越的生活环境与便捷的娱乐享受。开阔明朗的城市风貌、便利齐全的购物圈、琳琅满目的粤菜美食、五彩缤纷的热带水果、浓郁独特的岭南文化、连绵不绝的海滨浴场、健康时尚的温泉疗养、国际化的高尔夫球场，使广东处处呈现出一派南国锦绣风光。广东革命历史久远，广州花都太平天国洪秀全故居、广州起义烈士陵园、黄花岗七十二烈士墓、中山纪念堂、三元里人民抗英斗争烈士纪念碑等景点记载着历史艰难前行的沧桑痕迹。

五羊之城广州是美食园圃、购物天堂，天河广场、中信广场、上下九路商业步行街、北京路商业步行街、华林寺玉器一条街、文德路文化街翻涌着蓬勃的商业浪潮，时时挤满了熙熙攘攘的人群。吃早茶、品佳肴、泡酒吧、夜游珠江，都是身在广州不可错过的人生享受。深圳不仅有紧张忙碌的都市节奏，也有"五湖四海"的悠闲自在，世界之窗、锦绣中华微缩景区、中国民俗文化村凝聚着深圳人对中华悠久历史文化的无限向往。"百岛之市"珠海明净精致，珍珠乐园、梦幻水城、钻石沙滩催人狂欢。由汕头、潮州、揭阳、汕尾等城市组成的潮汕文化圈与粤文化、客家文化共同构成了岭南文化，潮州方言、潮州音乐、潮州工夫茶、潮剧、潮菜、潮绣都别具一格，民间结拜、插花习俗等不少乡梓风俗牵动着历史、触动着人心。

（资料来源：裴凤琴. 中国旅游地理[M]. 成都：西南财经大学出版社，2011.）

第11章 旅游文化创意与策划的地域特征(岭南地区)

1. 旅游资源与环境概况

广东位于我国大陆最南部,相传古为百越(粤)之地,故简称粤。土地面积18万平方千米,人口7 858万,省会广州。辖21个地级市、54个市辖区、23个县级市、44个县(含3个自治县)。境内居民以汉族为主体,并有瑶族、畲族等少数民族,为著名侨乡。广东籍华侨、华人、港澳台同胞人数约3 000万人,遍及世界100多个国家和地区。省境南临南海,海岸线总长3 368千米,海域辽阔,岛屿众多。地势北高南低,境内山地、平原、丘陵交错,河网纵横。河流大多自北向南流,主要有珠江、韩江等,由其冲积而成的珠江三角洲、韩江三角洲土地肥沃,是著名的"鱼米之乡"。全省地处低纬度,北回归线横贯陆地中部,大部分地区属亚热带季风气候,夏长冬暖,雨量充沛。全年草木葱茏,生机盎然,四季花果飘香,动、植物品种繁多。广东在中国近、现代史上曾经风云变幻、英雄辈出。鸦片战争、太平天国运动、戊戌维新、辛亥革命、北伐战争、广州起义等许多重大历史事件都在这里发生,涌现出洪秀全、康有为、梁启超、孙中山、叶剑英等一批杰出的历史人物,并留下了许多珍贵的遗迹。改革开放以来,经济发展迅速,在珠三角地区涌现了一大批新兴的工业城市,商贸会展服务业发达,全省经济总量持续多年居全国各省(区、市)首位,是我国名副其实的经济大省、旅游强省。

2. 旅游开发现状及发展目标

2013年,广东全省实现旅游总收入8 305亿元,同比增长12.4%;旅游外汇收入160亿美元,同比增长2.6%;两项指标均居全国首位。计划至2020年,广东旅游实施地区发展战略调整,把珠江三角洲、粤北、粤东和粤西培育成各具特色、互相呼应的四大旅游区。同时,加快国际化和现代化步伐,利用144小时便利签证,加强粤、港、澳三地协作和旅游大环境建设,将珠三角打造成亚太旅游胜地。未来珠三角旅游业目标是与国际旅游业全面接轨,强化粤、港、澳旅游协作,成为亚太地区的重要旅游胜地及亚太都市会展圈核心,主要发展商务游、会展游、美食游、高尔夫游、主题公园游、古城新韵游等旅游精品;以韶关、清远为中心,以"青山、温泉、风情、佛韵"为主题,把粤北建设为"珠三角的郊野公园"、"广东的山水大观园",重点发展以丹霞山、民族风情、清新温泉为代表的生态旅游、民风游及三连地区的民俗文化旅游。将粤东旅游形成"两圈两带",即潮汕文化圈、客家文化圈与山旅游带、海旅游带,突出文化旅游的文化优势,增强客家、潮汕的旅游吸引力。在粤西开发海上丝绸之路,重点开发海滨和温泉旅游,并重视与海南、越南和广西的联合。

3. 旅游资源区域建设

根据地域文化特色和社会经济发展水平,以及其地域分布,广东省大致可分为珠江三角洲(粤南)、粤北、粤东和粤西四个旅游地理区。

1) 珠江三角洲旅游区

本区位于省境中南部,以珠江三角洲为主体,以广府文化和外向型经济为特色。这里是广东省乃至全国人口最稠密、城镇最密集、经济最发达、现代旅游业发展水平最高的地区。广义的珠江三角洲分别以西江边的高要、北江边的清远、东江边的惠州为顶点，总面积 11 000 平方千米，主要包括广州、深圳、珠海、中山、佛山、东莞、肇庆等地区。

知识扩展

国家级历史文化名城——广州

广州是广东省省会，距今已有 3 000 多年历史，羊城、穗城、花城是其别称。唐以后这里即为我国岭南的主要对外贸易中心，近现代更是重要的对外通商口岸、改革开放的最早基地。广州风光旖旎，旅游资源丰富，其中以羊城新八景、中山纪念堂、黄埔军校(图 11.2)、南越王博物馆、广州艺术博物院、广州花卉博览园、华南植物园、从化温泉、宝墨园、广东美术馆、上下九路商业步行街、北京路商业步行街、江南西、农林下路、广州塔等景点最为盛名。白云山位于广州市东北部，面积 28 平方千米，最高峰摩星岭，海拔 382 米，峰顶常有白云缭绕，所以叫白云山。山上峰峦苍翠，景色秀丽，名胜古迹众多。著名的景观有滴水岩、云岩、白云晓望、白云晚望、天南第一峰、明珠楼、水月阁等。登上山顶，可以俯瞰羊城秀色，置身于云海之间，使人有飘忽迷离、如入仙境的感觉。越秀山位于广州市解放北路，俗称观音山，现称越秀公园，是广州市最大的综合性公园。园内有镇海楼、中山纪念碑、五羊石像、四方炮台等著名古迹。其中，五羊石像是用 130 块花岗石雕刻而成的，是广州市市徽；镇海楼，俗称"五层楼"，现已辟为广州博物馆；镇海楼一侧为广州美术馆。越秀公园还有 3 个人工湖和五羊仙庭、成语寓言园、竹林休闲区、植物观赏区、花卉馆、游乐场、游泳场、体育场等各种游乐设施。莲花山位于广州市番禺区珠江口狮子洋畔，是个具有 2 000 多年历史的古采石场遗址，它以"人工无意夺天工"的石景奇观闻名于世。山上有明代建筑莲花塔和清代建筑莲花城。

图 11.2　黄埔军校旧址

(资料来源：http://baike.baidu.com/view/6771.htm)

国家级历史文化名城——潮州

关于潮州的概念有两个，一是民系概念上的潮州，二是现有行政区域上的潮州，即潮州市。民系概念上的潮州指历史上的潮州府所属各县，即现在大家所认同的潮州民系。潮州市是广东省的地级市,位于广东东部,东与福建省接壤,是粤东地区政治、经济、文化中心,是国家级历史文化名城、著名侨乡、对外开放旅游城市,素有"海滨邹鲁"、"岭海名邦"之美称。潮州木雕是中国两大木雕体系之一,潮州还是中国陶瓷出口的主要基地。主要风景名胜有广济桥、韩文公祠(图 11.3)、笔架山等。广济桥又名湘子桥,位于潮州古城的东门外,初建于宋代,距今已有 800 余年的历史,是与我国赵州桥、卢沟桥等并称的著名古桥。广济桥横跨韩江两岸,共有 24 个桥墩,经历了几百年风雨,依旧牢固如初。在古代生产力落后的情况下,在大江中建造这样一座大桥,其难度极大,故潮州民间有"仙佛造桥"的传说。韩文公祠位于城东笔架山麓,唐元和十四年(819 年),韩愈因向皇帝提出停止迎接法门寺佛骨到长安供奉的建议而触怒了皇帝,被贬为潮州刺史。韩愈在潮七个多月,把中原先进文化带到了岭南,办教育,驱鳄鱼,为民众做了许多好事,被潮人奉为神,潮人还将笔架山改称韩山,山下的鳄溪改称韩江。

图 11.3 韩文公祠

(资料来源:http://baike.baidu.com/view/6843.htm)

2) 粤北旅游区

本区位于省境北部、南岭山脉南侧,统称粤北山区。这里山岭重叠,但有山间谷地及河谷盆地,自古为南北交通要冲,是湘赣文化、客家文化、瑶家文化和广府文化的交融区域。丹霞山水、峡谷奇观、客家传统古聚落、瑶族风情是其最大特色。

3) 粤东旅游区

本区位于省境东部、东江和韩江流域,东临大海,北接南岭山区,山、海、岛风光浑然一体。客家文化为其主要地域文化,并有福佬文化和广府文化的交融,潮州等地还保留着部分古老的中原文化。其中心地域为汕头、潮州、梅州、惠州等。

4) 粤西旅游区

本区位于省境西南部,濒临南海,旅游资源以山水景观、滨海度假和瓜果农业观光为主要特色。

小思考

查阅相关史料,了解客家文化,并结合所学知识,策划客家特色文化旅游项目。

经典案例

深圳欢乐谷二期：体现主题公园的主题

深圳欢乐谷二期的规划设计把自然生态环境和生物群落作为设计主题，并规划分为老金矿区、飓风湾区、香格里拉森林探险区和 URBIS 休闲区(开业后称为阳光海岸)四个主题景区，各区具有鲜明的构思特点，以主题故事线索贯穿娱乐设施、景观包装及绿化配置。基地中部为中央水体，金矿镇(图 11.4)与一期金矿环园小火车贯穿了四个主题区域，同时也丰富了游客的游览方式。

图 11.4　金矿镇

1. 老金矿区

老金矿区位于欢乐谷二期用地的东南角，与一期用地相衔接。

(1) 主题背景。18 世纪中期美国西部曾经有一个偏僻而美丽的小山谷，一条条富含黄金的矿脉在这里无人打扰地躺了几万年，直到有一天被人偶然发现，于是宁静被打破了。人们蜂拥而至，淘金狂潮再一次掀起。人们在流淌着黄金的小河旁搭起了帐篷，建起了淘金营地，后来就有了中国人开的小饭馆，接着，银行、旅店、酒吧、铁匠铺、木匠铺一应俱全，甚至还有了小铁路……

(2) 娱乐设施。该区有金矿漂流、金矿镇、金矿山、淘金营地、淘金河、金矿剧场等娱乐设施。

(3) 景观特色。该区总的体现荒芜的氛围，展现的是淘金狂潮过后留下的场景。全区色彩以土黄色为主调，在金矿镇色彩变化较为丰富，在淘金河区是掩映在绿树之下的暖色调，矿山车站的色彩是在土黄色山体映衬之下的冷色调。

(4) 绿化设计。该区主要体现美国西部山谷金矿的氛围：荒漠的风格。金矿镇选用叶子较为稀疏的大树，门前屋后布置有沙漠特点的花草。水体周边及人流集中的区域处理成沙漠绿洲，与其他区域干燥荒芜的景象形成强烈的对比。树种的选择以枝干清晰、叶片稀疏的品种作为遮阴树，配以仙人掌类叶子退化以减少蒸发的品种表现沙漠的特点。有些区域处理成岩石园的效果。淘金营地及淘金河边配植大树，以解决遮阴问题。

2. 香格里拉森林探险区

香格里拉森林探险区位于欢乐谷二期的东部，处于老金矿区、URBIS 休闲区及中央水体之间。

(1) 主题背景。原为中国滇西北大山丛林深处的一个小村，历来是探险者的必经之地。小村下临虎跳峡，远处是终年积雪的玉龙雪山。这里有纳西族的木楼、摩梭族的木楞房、藏族的石板房和藏传佛教寺庙，有一种颇具历史混杂的意味，隐隐透露出丝丝神秘的气息。

(2) 娱乐设施。该区有红龙古堡——过山车、恐龙沟——挖掘现场、断桥冷饮、水车商店、丛林狩猎、影视特技馆、香格里拉花园等娱乐设施。

(3) 景观特色。该区再现了大山深处的民族特色，弥漫着一种神秘的氛围。以山体、瀑布、跌水、溪流为骨架，冠以层次丰富的绿化环境，建筑风格有多民族混合特色。游客可由步道穿行其中。该区空间分隔多、视觉变化大，色彩以绿色为主调，远景是冷色调，近景色彩对比强烈。

(4) 绿化设计。绿化设计充分利用了有限的绿化面积，采用各种手段来体现"大森林"的生态特点。具体手法是：①营造层次丰富的植物群落。②种植适当的大树。根据实际需要多选择大树，以求在短期内营造森林效果。③水体驳岸利用水生植物做软化处理。④采用立体绿化——大量的塑石采用平面错位、空间留种植穴的办法，以增加绿化面积。⑤在屋顶、断墙处种植附生植物。⑥地面采用块料，石缝间播种草种。⑦建造园路、构筑物时"就地取材"，用原木构筑，增加"木"量。⑧在有需要的区域设置微喷头——降温并增加湿度，利于植物迅速生长，也可促进苔藓等附生植物快速生成。⑨重点地段丛林狩猎区域是多处视线的交汇处，可采用植物等多种造景元素分隔空间，使空间显得较大。

分析：

主题公园区别于传统游乐园最大的特点就是，赋予游乐形态以某种主题，围绕既定主题来营造游乐的内容与形式，使园内所有的色彩、造型、植栽等都为主题服务，成为游客易于辨认的特质和游园的线索。美国迪士尼乐园最早开创了这种形式并带动了它在全世界的普及。深圳欢乐谷是现代主题公园的一个典型例子，通过前文对其二期工程的介绍，可以看出主题公园项目策划的一些基本思路。

(资料来源：王衍用，宋子千. 旅游景区项目策划[M]. 北京：中国旅游出版社，2007.)

11.2.2　广西

广西印象

广西位于祖国的西南边陲，古时属百越之地。"桂林山水甲天下"的说法几乎家喻户晓，风靡一时的歌曲《我想去桂林》更是激起了人们对桂林无尽的向往。

喀斯特高原岩溶地貌在广西十分典型，岩溶分布广泛，特殊的地貌使广西的山水别具特色，湖泊瀑布、奇峰怪石比比皆是。游漓江，两岸青山夹一江绿水，如一卷百里长画缓缓舒展、逶迤前行。沿岸古老的小镇、渔村有特有的江南水乡的风韵，每一处景致都是一幅典型的中国水墨画。阳朔有迷人的田园秀色，西街更是闻名遐迩，洋溢着异国情调的酒吧、餐馆林立错杂，通明的灯火夹杂着异国语言的喧嚣，衣香鬓影的红男绿女、交错杂乱的杯光觥影，使旅人梦里不知身是客。龙脊梯田距今已有近 700 年历史，从流水湍急的河谷到白云缭绕的山巅，从万木葱茏的林边到石壁崖前，层层叠叠，高低错落，气势恢宏，磅礴壮观，无愧于"梯田世界之冠"的美誉。兴安灵渠建于秦始皇执政时期，是我国也是世界上最早的运河之一，它连接湘江和漓江，沟通了长江水系和珠江水系，对岭南地区的开发起了重要作用。位于大新县境内的德天瀑布是世界第二大跨国瀑布，水声激荡，水雾蒸腾。北海银滩如一条白色长练，漂浮在湛蓝的北部湾沿岸，细浪翻滚，物产丰富。

广西是由壮族、侗族、瑶族、苗族、京族、仫佬族等少数民族的民俗风情组成的画廊，语言服饰、建筑、生活习惯、风土人情、喜庆节日、民间艺术构成了古朴浓郁、多姿多彩的民族风情。壮族绣球舞、采茶舞、三排瑶寨、侗族风雨桥、资江八角寨……令人忘情于青山碧水之间，回味无穷。

(资料来源：裴凤琴. 中国旅游地理[M]. 成都：西南财经大学出版社，2011.)

1．旅游资源与环境概况

广西位于我国大陆的南部边疆，跨云贵高原东南一隅，北回归线横贯中部，南濒北部湾，西南与越南接壤，享有沿边沿海之利。全区总面积 23.67 万平方千米，辖 14 个地级市、34 个市辖区、7 个县级市、68 个县(含 12 个自治县)。境内有 11 个少数民族聚居，有 12 个民族自治县。清置广西省，省名由广西南路简化而来，因秦时为桂林郡辖地，故简称桂，1958 年成立广西壮族自治区。桂林山水便是以亚热带丘陵盆地环境、喀斯特地貌发育，地表切割破碎，大部分地区气候湿润，北部为中亚热带常绿阔叶林红壤景观。全境 85%为西江水系，主要河流有红水河、郁江、柳江、桂江等。本区自然资源富集，为全国重要的甘蔗、林木和热带、亚热带水果生产基地；红水河为全国"三大水力富矿"之一；以桂林山水、北海银滩、壮族、瑶族、苗族民族风情及边关风光为代表的旅游资源，使其成为旅游资源大区。桂林为国际性风景旅游城市，北海银滩为国家级旅游度假区，并拥有 3 处国家级风景名胜区、11 处国家森林公园、6 处国家自然保护区、1 处国家地质公园。

2．旅游开发现状及发展目标

2013 年，广西全区接待旅游者总量 2.39 亿人次，旅游总收入突破 2 000 亿元。近年来，广西在以景区开发建设为中心的指导思想下，以桂林山水、北海银滩、民俗风情、边关风貌为主要特色的各类旅游产品的开发取得了重大进展。桂(林)—(北)海高速公路旅游线和桂北山水民俗风情旅游线已开发成熟，南国边关风情旅游线、环北部湾滨海边境旅游线、桂东历史文化宗教名胜旅游线和桂西的南昆铁路奇山秀水生态风情旅游线沿线的重大旅游项目，也在有步骤地开发。今后的旅游产品在抓住重点实施旅游精品战略、推出王牌产品、带动全区旅游业腾飞思想指导下，将分期分批开发国内稀有、世界罕见的旅游精品，如桂林山水、北海银滩、南国边关、巴马寿乡、壮乡文化风情、瑶苗侗乡、花山崖画、千年灵渠、金田名胜古迹及百色邓小平足迹游等。

3. 旅游资源区域建设

1) 桂北旅游区

本区包括桂林市和柳州市,位处广西的北部、南岭山脉南侧,喀斯特地貌发育,并有花岗岩高山雄景地貌景观和丹霞地貌景观。在亚热带季风气候环境下,山奇水秀,人文历史古老,壮族、瑶族、苗族、侗族等少数民族风情浓郁。本区集中了桂林、柳州两个历史文化名城和桂林漓江国家级风景名胜区,为广西的龙头旅游区,也是全国重点旅游区之一。

知识扩展

国家级历史文化名城——桂林

桂林市地处南岭山系的西南部,平均海拔150米,属典型的喀斯特岩溶地貌,遍布全市的石灰岩经亿万年的风化侵蚀,形成了千峰环立、一水抱城、洞奇石美的独特景观,被世人美誉为"桂林山水甲天下"。其中最具有代表性的景点有象鼻山、伏波山、南溪山、尧山、独秀峰、七星岩、芦笛岩、甑皮岩、冠岩、明代靖江王城、榕湖、杉湖等。而通常所说的漓江山水最精彩的一段则在阳朔境内,桂林其他县区也有数不胜数的美景,龙脊梯田、兴安灵渠、猫儿山、资江漂流、五排河漂流、八角寨、宝鼎瀑布等都会为游客带来更多的惊喜。

桂林是一座文化古城,2 000多年的历史使它具有丰厚的文化底蕴。秦始皇统一六国后,设置桂林郡,开凿灵渠,沟通湘江和漓江,桂林从此便成为南通海域、北达中原的重镇。宋代以后,它一直是广西政治、经济、文化的中心,号称"西南会府",直到新中国建立。在漫长的岁月里,桂林的奇山秀水吸引着无数的文人墨客,使他们写下了许多脍炙人口的诗篇和文章,刻下了2 000余件石刻和壁书,另外,历史还在这里留下了许多古迹遗址。这些独特的人文景观,使桂林得到了"游山如读史,看山如观画"的赞美。抗日战争时期,桂林成为中国著名的文化城,众多的爱国作家、艺术家会集在这里,谱写出抗日文化的新篇章。悠久的历史,为这块古老而美丽的土地孕育了富饶的文化。

千百年来,桂林一直是人们旅游观光的宝地。现在,一个以桂林市为中心,包含周围12个县的风景区已经形成。这里有浩瀚苍翠的原始森林、雄奇险峻的峰峦幽谷、激流奔腾的溪泉瀑布、天下奇绝的高山梯田……在这一片神奇的土地上,生活着壮族、瑶族、苗族、侗族、仫佬族、毛南族等十多个少数民族。大桂林的自然风光、民族风情、历史文化,尤其是漓江山水、芦笛岩,深深地吸引着中外游客及国家元首纷至沓来。

在桂林市区内的开放型自然人文景区杉湖水之中,游客可以穿过水中隧道径直登上铜塔,这便是桂林著名的水上铜塔(图11.5),此塔是中国铜艺术领域第一人朱炳仁留在中国铜建筑史上的巨大的感叹号,它创造了三项中国之最:中国的第一座铜塔、中国的第一座最高的铜质大型工艺美术建筑物、中国的第一座最高的水中之塔,成为桂林一大景点。

图 11.5 水上铜塔

(资料来源：http://baike.baidu.com/subview/7304/5671788.htm)

2) 桂南旅游区

本区包括南宁、北海、钦州和防港四市及其临近地区，位于广西南部，西南与越南接壤，有 1 020 千米的陆地国界线，南部濒临北部湾，有 1 595 千米的海岸线。壮族文化、滨海风光和边关风貌为其最突出的旅游特色性资源。旅游开发建设以南宁、防城港和北海构成的旅游"金三角"与由南宁—防城—东兴—钦州—北海构成的环北部湾滨海边境旅游线和以南宁—崇左—宁明—凭祥—龙州—大新—隆安—南宁形成的南国边关风情旅游线为重点。

3) 桂东南旅游区

本区主要包括玉林和贵港及其周边邻近地区，位于广西南部，处北海、钦州、南宁、柳州、梧州、茂名、湛江等华南七市的中心位置，与诸市直线距离都在 200 千米范围之内，使这里成为大西南最便捷的出海通道。这里地处回归线南北两侧，气候终年温暖湿润，区内宗教名山众多，还有大藤峡、太平天国革命源地金田村及陆川谢鲁山庄、唐代杨贵妃出生地遗址等。本区主要风景名胜和古迹有桂平西山风景名胜区、北流勾漏山、容县都峤山等。

11.2.3 海南

海南印象

海南省简称琼，自西汉元封元年(公元前 110 年)在琼崖置郡到 1988 年建省，历时 2 098 年，曾被称为崖州、琼州、琼崖，在诗文和题词中也被称为海外、南极、天涯、海角、南天等。

海南岛在历史上曾是一个蛮荒之地，古代多位大臣曾被贬谪到这里，"九死南荒吾不悔，兹游奇绝冠平生"的诗句让海南的美好风光传遍了大江南北。如今的海南已成为旅游胜地，碧蓝透明的天空、安静洁净的城市、自由浪漫的热带风情、油绿高大的椰林、悠闲舒适的海滨游乐、稀奇古怪的热带水果，使游人络绎不绝。

第11章　旅游文化创意与策划的地域特征(岭南地区)

海南生活着黎族、苗族、壮族、回族等 30 多个少数民族,各少数民族至今保留着许多质朴敦厚的习俗、习惯。如今海南已经成为一个著名的旅游胜地,以海口和三亚为两个端点,旅游过程基本分为三条线:东海岸为海滨旅游风景线,有东郊椰林、文昌孔庙、万泉河、大洲岛、香水湾、兴隆温泉等景点;中线是黎苗少数民族风景线,番茅黎寨、毛岸苗村、五指山、七仙岭、百花岭、毛公山、黎母山森林公园等景点充溢着浓郁的民族风情;西海岸是原始丛林风景线,可以游览尖峰岭、雅龙"小桂林"、霸王岭、东坡书院、百㘃滩、松涛水库等。在遥远的天之涯海之角,空气清新,椰风海韵,碧浪白沙,旅游者所有俗世的烦恼都会烟消云散,心灵将得到前所未有的净化。

(资料来源:裴凤琴. 中国旅游地理[M]. 成都:西南财经大学出版社,2011.)

1. 旅游资源与环境概况

海南省包括海南岛和西沙、南沙、中沙诸群岛,陆地总面积 3.5 万平方千米,另有海洋国土面积 200 万平方千米,是中国的海洋大省、最大经济特区,辖 2 个地级市、4 个市辖区、6 个县级市、10 个县(含 6 个自治县)。古代称琼崖、崖州、琼州,故海南省简称琼。全省旅游资源具有明显的四大优势。首先,有宜人的海岛气候。海南岛为我国第二大岛,属典型的热带季风气候,年均气温 23.8℃,年平均晴日 300 天以上,有"终年皆是夏,一雨便成秋"之说,使其成为冬可避寒、夏能消暑的休闲、度假胜地。其次,有良好的生态环境。全岛海拔 100 米以下的平原占 1/3,多分布于北部和沿海平原,中南部为海拔 500~800 米的五指山地。平原有利于林木和经济作物培育,山地原始森林密布。岛上四季常青,遍地皆绿,森林覆盖达 52.3%,有五指山、霸王岭、尖峰岭、吊罗山、黎母山五大热带原始森林区。全岛有海岸线 1 528 千米,大多为海水清澈透明、沙滩洁白柔软的沙质海岸,还有红树林海岸奇观,是发展海滨休闲度假的理想之地。再次,有独特的热带风情。阳光、海洋、沙滩、绿色、新鲜空气,当代五大度假要素在这里一应俱全,同时还有热带雨林、椰风海韵、矿泉温泉、奇花异木、黎苗风情,共同形成了独特的热带海岛自然人文风光,使海南省成为全国第二大生态省之一,为旅游者自然回归、绿色消费的理想胜地。最后,区位交通条件得天独厚。海南隔琼州海峡与广东交界,现有跨海火车轮渡相连,并与港澳台隔海相望;西临北部湾,与越南为邻;东边是菲律宾;南经南海与马来西亚、印度尼西亚、新加坡相接,为太平洋与印度洋航线的必经之地。岛上有海口美兰国际机场、三亚凤凰国际机场和环岛高速公路,对外、对内联系都很方便。

2. 旅游开发现状及发展目标

2013 年,海南全省接待旅游者总量 3 672 万人次,同比增长 10.6%;实现旅游总收入 428 亿元,同比增长 13.1%。海南旅游业走外向型度假休闲旅游的路子,目标是将海南建成亚洲一流、世界著名的国际性热带海岛度假休闲旅游胜地。重点发展海洋旅游、文化旅游、热带风光旅游、生态旅游等旅游产品,并计划形成"两圈三线一点"的旅游区域格局。"两圈"即琼州海峡旅游圈和以三亚为中心的三亚国际度假旅游圈。"三线"即以海南东线高速公路为依托,以海洋为主题的滨海度假休闲、高尔夫娱乐及温泉康复旅游线;以海南岛中线公路为依托，以五指山为重点的以五指山、黎苗风情、热带雨林及山区避暑为重要活动内容的旅游线；以西线高速公路为依托，以热带雨林生态、温泉为特色的旅游线。"一点"即西沙旅游点。还要重点开发三亚亚龙湾国家旅游度假区、博鳌滨海旅游度假区、七仙岭温泉度假区三大国际旅游度假区，乐东尖峰岭、文昌东郊椰林、琼山红树林、西沙等生态旅游示范区，三亚天涯海角、琼山火山群、万宁兴隆热带花园、陵水南湾猴岛等重点旅游区或项目，以及五指山旅游扶贫示范区等产品。

3. 旅游资源区域建设

1) 海口—文昌旅游区

本区位于海南省北部，主要包括海口、文昌两市，旅游景观以现代城市风貌、海洋风光、文物古迹为主要特色。

2) 琼海—万宁旅游区

本区位于海南省东部，包括琼海、万宁两市，自然条件优越，工农业比较发达。主要旅游区有万泉河旅游区、官塘温泉、白石岭、红色娘子军雕像、红色娘子军纪念园、博鳌水城、东山岭、兴隆温泉旅游区、兴隆热带植物园、南燕湾高尔夫球场、东南亚风情村和亚洲风情园等。

知识扩展

博鳌水城

博鳌水城位于中国海南琼海市博鳌镇，濒临南海，是著名的万泉河入海口所在地。

博鳌水城区域内融江、河、湖、海、山麓、岛屿为一体，集椰林、沙滩、奇石、温泉、田园等风光于一身。东部的一条狭长的沙洲玉带滩把河水、海水分开，一边是烟波浩渺的南海，一边是平静如镜的万泉河；在山岭、河滩、田园的怀抱下有水面保存完美的沙美内海；万泉河、九曲江、龙滚河三江交汇，东屿岛、沙坡岛、鸳鸯岛三岛相望。

博鳌水城距海口美兰国际机场约100千米，规划面积41.8平方千米，其中水域面积8.5平方千米，距离琼海博鳌国际机场很近。东屿岛是万泉河入海口三座岛屿中最大的一个岛，岛的面积为1.72平方千米，岸线6.52千米，岛上遍布红树林、椰林、槟榔、野菠萝等热带植物，地形平缓，植被繁盛，环境幽雅，水田纵横，石路蜿蜒，民居古朴，自然景观和人文景观保存良好。开发后的东屿岛将建成一座国际一流的博鳌亚洲论坛会展中心(图11.6)。建成后的博鳌水城将是一个集国际会议中心、海滨温泉度假中心和高尔夫休闲康乐中心于一体的国际性旅游度假胜地。

博鳌水城作为亚洲地区唯一定期定址的国际会议组织总部所在地，于2002年4月12日召开了博鳌亚洲论坛首届年会，来自48个国家和地区的近2 000名代表与新闻记者参加了会议，博鳌成为亚洲和世界的关注点。水城根据论坛发展需求和水城自然地形、地貌，规划要建设田园型、岛屿型、运河型、山顶型酒店和水上宾馆、乡间别墅、高尔夫球场酒店逾30家。2003年，在东屿岛上新开业的索菲特大酒店，为博鳌亚洲论坛提供了新的高档次会议场所。

第11章 旅游文化创意与策划的地域特征(岭南地区)

图 11.6　博鳌亚洲论坛会展中心

　　高尔夫球场系列是水城的重要配套项目，规划将因地制宜设计 6 个(108 洞)不同风格的高尔夫球场，与酒店系列遥相呼应。东屿岛高尔夫球场 2003 年投入使用，是与亚洲论坛会场索菲特大酒店最紧密的配套。

(资料来源：http://baike.baidu.com/view/1306054.htm)

亚龙湾国家级旅游度假区

　　亚龙湾国家级旅游度假区位于三亚市东南 25 千米处，海湾面积 66 平方千米，沙滩绵延伸展约 8 千米。

　　亚龙湾气候温和、风景如画，这里不仅有蓝蓝的天空、明媚温暖的阳光、清新湿润的空气、连绵起伏的青山、千姿百态的岩石、原始幽静的红树林、波平浪静的海湾、清澈透明的海水、洁白细腻的沙滩及五彩缤纷的海底世界(图 11.7)等，而且 8 千米长的海岸线上椰影婆娑，生长着众多奇花异草和原始热带植被，各具特色的度假酒店错落有致地分布于此，又恰似一颗颗璀璨的明珠，把亚龙湾装扮的风情万种、光彩照人。

图 11.7　亚龙湾海底世界

亚龙湾集中了现代度假五大要素：海洋、沙滩、阳光、绿色、新鲜空气于一体，呈现明显的热带海洋性气候，全年平均气温25.5℃，冬季海水最低温度22℃，适宜四季游泳和开展各类海上运动。这里海湾面积达66平方千米，可同时容纳十万人嬉水畅游、数千只游艇游弋追逐。"三亚归来不看海，除却亚龙不是湾"，这是游人对亚龙湾由衷的赞誉。

(资料来源：http://baike.baidu.com/view/79838.htm)

五指山风景区

五指山风景区位于海南中部，峰峦起伏呈锯齿状，形似五指，故得名，是海南最高峰，绿山如指，直插云间，白云缭绕，景色绚丽，变幻万千。

五指山上动物种类繁多，野生动物有524种，占全国动物总数的22%，许多生物物种属五指山区所独有，是天然的动植物园，有独特的旅游、探险、科考、度假、疗养等价值。

山城景色和民族风情是五指山最主要的旅游内容，有"一山、一林、一情、一城、一路"之说。一山就是五指山，一林就是中部的热带雨林，一情就是中部的黎苗少数民族风情，一城就是五指山的城市旅游，一路就是通贯海南岛中部的公路。山、林、情、城、路紧密相连，融为一体，是典型的绿色生态旅游城市。

五指山市犹如镶嵌在五指山区绿涛上的一块翡翠，街道两旁菠萝蜜、椰子树和凤凰树红绿相映，美丽的南圣河像条银白色的飘带绕着山城而过。此地冬暖夏凉，清晨凉风习习、雾锁山城，午间云开雾散、阳光普照，午后乌云聚合、大雨倾盆，往往出现"东边日出西边雨"的奇异景观，有飘带似的彩虹点缀天空。五指山还是黎苗传统文化歌舞及工艺品创作和表演的主要基地，民族风情原始、古朴、浓郁，别具特色的宾馆、黎村苗寨吸引了大量游人，是海南省每年"三月三"黎苗民族传统节日庆典的主要场所。

(资料来源：http://baike.baidu.com/view/23491.htm)

3) 三亚旅游区

三亚古称崖州，在海南岛最南端，濒临南海。三亚市是海南最著名的旅游城市，旅游资源得天独厚，集阳光、海水、沙滩、气候、森林、热带田园风光和名胜古迹于一地，尤其是沙滩，堪称世界一流。主要景区有亚龙湾、大东海、南山、天涯海角、鹿回头公园、海山奇观、落笔洞等。

4) 五指山旅游区

本区位于海南省的中西部，主要包括五指山、琼中、儋州、东方、陵水等县市，地形以山地为主，历来为黎族、苗族等少数民族聚居之地。神奇的民族风情和热带山地森林景观是其旅游特色。主要的景区有五指山风景区、中华民族文化村、民族博物馆、东坡书院、南湾猴岛。

阅读材料

同样的缩微，不同的命运——三峡集锦与锦绣中华之比较

20世纪90年代初，全国大部分地方开始纷纷打造缩微景观：北京市兴建了九龙宫、老北京缩微景园等；陕西省西安市兴建了秦宫，建筑面积1万平方米；山东省淄博市修建

了齐园，占地100多亩；山东曲阜修建了六艺城，面积达20万平方米；山东省青岛市修建了中国神话第一洞，占地1万多平方米；云南省昆明市兴建了民族风情园，占地8 500亩，为我国最大的人造缩微园林；湖北襄樊兴建了国内最长的仿古街，襄樊仿古一条街长840米、宽6米；河北省修建了位于北戴河的中国万博文化城，占地600亩，位于涿州的中央电视台拍摄基地，唐代景区50亩，汉代景区300亩，共200多公顷。同时，江苏等地也建有这样一些基地。全国现有的缩微景观均规模巨大，耗资上千万元乃至上亿元。尽管这些投资不菲的缩微景观并未全部得到旅游者的认可，只有少数取得了良好的经济效益和社会效益，如深圳华侨城的锦绣中华(图11.8)、中国民俗文化村及世界之窗等，然而这并未使全国建造缩微景观的热潮降温，不少项目仍然在紧锣密鼓地筹划或建造之中。宜昌三峡集锦便诞生于这样的缩微景观热背景之下，它和深圳锦绣中华作为创意相似的两个缩微景观在经历过开始的繁华后却一成一败，走向了截然不同的局面，留给我国文化旅游产业良久的思考。

图11.8　锦绣中华

1. 宜昌三峡集锦和深圳锦绣中华的成败

1) 宜昌三峡集锦的失败

1996年前后，海内外一些旅行社和媒体，宣称三峡工程的实施将对三峡旅游资源造成毁灭性影响，"雄险奇秀的三峡美景将不复存在，大自然的鬼斧神工将没入水底"，为了能够让游客继续观赏到三峡美景，三峡集锦项目上马。这个旅游工程由原宜昌县人民政府(现宜昌市夷陵区人民政府)与宜昌市旅游局合股兴建，前者以128亩土地作价580万元入股，后者投资458万元作为股金。公司组建后，以土地作为抵押，先后从银行贷款3 500多万元作为建设资金。

三峡集锦(缩微景区)是国家旅游局配套三峡工程的重点旅游项目，第一期工程于1996年6月建成后正式开放。它坐落在长江三峡出口附近的宜昌市晓溪塔镇的湖心岛，占地面积8万平方米，水域面积17万平方米，距宜昌市区仅7千米。三峡集锦以长江三峡山水为主体，以三峡大坝为中心，集三峡地区自然风光和人文景观、民俗民情于一体，展示未来三峡工程的雄姿和三峡地区丰富的旅游资源及民族文化内涵。景区按比例缩微三峡各景点，新建了人文传说景观和民族建筑，采取现代化声、光、影的表现形式，用艺术缩微和现实写意的手法，以近百个观光景点和大型水上激光喷泉、三峡民俗歌舞艺术、多风情水上夜总会、巴楚文化精品展、土家山寨古作坊、民族风情一条街等项目，共同构建了绚丽多彩的三峡集锦景区。三峡集锦的建成在当时曾引起极大的轰动。旅游界有人称，这是继深圳锦绣中华、世界之窗后的又一大型人造缩微景观。一时游人如织，最红火时每日旅游者达到1万人次，仅门票收入每天就有6万余元。

然而，三峡大坝截流后，三峡景观"雄姿犹在，秀色更添"，旅游者对这些假三峡景观变得毫无兴趣。2002年7月，夷陵区安全生产监督管理局、旅游局等检查发现，三峡集锦存在一系列安全隐患：所有假山体都有不同程度的裂缝，雪山、神女宫、兵书宝剑峡等山体严重倾斜；土家客栈木房腐朽严重，随时有倒塌危险；大部分输水管道爆裂渗水造成建筑物周边水土流失，地基下沉。鉴于存在严重安全隐患，安全生产监督管理局责令景区停业。2002年8月1日，三峡集锦宣告停业。此后四年，三峡集锦景区完全处于瘫痪状态，景区内的餐馆、商店相继倒闭。至此，三峡集锦已走进死胡同。2006年7月，夷陵区旅游局、安全生产监督管理局等相关部门在调查后认为，三峡集锦景区存在重大隐患，且修复价值不大，已丧失旅游功能，决定予以拆除。该景区拆除后，当地政府计划在原址修建一个面积达121.4亩的城市公园。

2) 深圳锦绣中华的成功

锦绣中华缩微景区坐落在风光绮丽的深圳湾畔，于1989年9月正式对外开放，占地30公顷，第一期建成74个景点，全部景点建成后，可达130多个。锦绣中华缩微景区是由全国20多个省、自治区、直辖市的2000多名工程技术人员共同雕塑创造的，已经接待了中外游客5000多万人次，其中包括世界各地的国家元首、政府首脑、国际知名人士数百人。全园分为景点区和综合服务区两部分。

(1) 景点区中，近百处景点均是按它在中国版图上的位置摆布的，是中国自然风光与人文历史精粹的缩影。这些大致按照中国区域版图分布的锦绣中华景点，犹如一幅巨大的中国地图。这些景点可以分为三大类：古建筑类、山水名胜类、民居民俗类。这里有名列世界八大奇迹的万里长城、秦陵兵马俑；有众多世界之最，如最古老的石拱桥(赵州桥)、天文台(古观星台)、木塔(应县木塔)，最大的宫殿(故宫)、佛像(乐山大佛)、皇家园林("万园之园"圆明园)，最长的石窟画廊(敦煌莫高窟)，海拔最高最宏伟的建筑(布达拉宫)，最奇景观(石林)，最奇山峰(黄山)，最大瀑布之一(黄果树瀑布)；有肃穆庄严的黄帝陵、成吉思汗陵、明十三陵、中山陵，金碧辉煌的孔庙、天坛，雄伟壮观的泰山，险峻挺拔的长江三峡，如诗似画的漓江山水；有杭州西湖、苏州园林等江南胜景；有千姿百态、各具特色的名塔、名寺、名楼、名石窟及具有民族风情的地方民居。此外，还有皇帝祭天、光绪大婚、孔庙祭典、民间的婚丧嫁娶及楚乐编钟等。

(2) 综合服务区的建设主要采用苏州建筑及园林风格，并保留中国传统商业街坊特色。综合服务区里有京、川、苏、粤风味大菜系及各地风味小吃，有民族歌舞、民间手工艺制作表演及反映中国秀丽山河的360°全景环幕电影，此外还有琳琅满目的手工艺品、古董滋补药品、名优特产及富有锦绣中华特色的旅游纪念品。

2. 三峡集锦和锦绣中华成败原因分析

19世纪俄国最伟大的作家托尔斯泰在他的小说《安娜·卡列尼娜》开篇中写道："幸

福的家庭都是相似的，不幸的家庭各有各的不幸。"三峡集锦的建设者，没有一个在项目建设之初就决意将它打造成一个遭世人冷落的孩子，也没有谁愿意看到自己耗费了多年心血做出来的旅游项目最终在无人喝彩中死去。那么，被旅游专家或视为旷世杰作的锦绣中华，或视为旅游败笔的三峡集锦究竟因何而生，因何而死？锦绣中华的生和三峡集锦的死又带给了缩微景观旅游什么样的经验教训？下面尝试从这两个项目上马的市场调研、景观建设的高层决策及景点的经营管理三个方面展开具体解析。

1) 项目上马的市场调研

一个地方建设大规模的人造景观一般应具备这样几个条件：一是该地旅游资源贫乏，数量少，档次低，从而需要采用人造景观的办法弥补先天不足(如深圳的锦绣中华等)，或者是在旅游资源丰富的地方，利用"文化反差"原理设计建造一些高品位景观(如北京的世界公园、无锡的三国城等)；二是客源市场广阔，外来客源充足；三是区位条件优越，交通及可进入性好；四是该地区的经济背景好，资金财力较雄厚。人造景观无论成败得失，无不与上述四个地域因素有关，具备者多成功(如深圳的锦绣中华、无锡的三国城等)，不具备者多失败(如北京的秦皇宫、曲阜的六艺城、河南的三国城等)。

(1) 三峡集锦——一个盲目上马的案例。从旅游资源上分析，宜昌及三峡地区的旅游资源不是先天不足，而是得天独厚，其种类之多、品位之高在全国罕见。同时，三峡集锦人造缩微景观与附近的三峡实景在资源内容及属性上雷同，而且二者的空间距离又很近，因此三峡集锦很容易被三峡实景的巨大身影遮掩，从而降低其相对价值与品位，产生"阴影效应"与负面作用。这是三峡集锦旅游经营的最大障碍与风险所在。

从客源市场上分析，由于区位、环境等原因，宜昌及三峡地区的旅游客源市场尤其是外来客源市场不甚广阔，远不能与深圳等地相比(如深圳每年有入境游客近千万)，而且当地的固定客源市场狭小。

从区位与交通条件上看，宜昌及三峡地区偏居我国西南，地理环境较闭塞，交通条件较落后，可进入性也远不能与深圳等地相比，游客量很有限。

从区域背景上看，宜昌的经济还比较落后，财力基础比较薄弱，缺乏建设大型人造缩微景观的雄厚经济基础；同时，由于区域经济背景较差，宜昌及三峡等邻近地区的人们大多"缺钱少闲"，缺乏旅游动机，潜在的客源市场也不大。

总而言之，宜昌市建设三峡集锦有悖人造缩微景观建造的基本前提条件，盲目上马，危机四伏，为被淘汰埋下了伏笔。

(2) 围绕市场全面调研的锦绣中华。就像"不到长城等于没到过北京"那样，不去华侨城的锦绣中华等人造景点便是枉来深圳一趟。锦绣中华等景区已成为深圳市旅游业标志性、支撑性的吸引物。

从旅游资源上分析，众所周知深圳是一座移民城市，历史短暂，缺乏文化积淀，几乎无现成的旅游资源，因此从理论上可以尝试利用人造缩微景观弥补不足。在实际操作中，深圳华侨城的策划和规划的思路始终是"跟着市场走"，针对游客的心理需求，从总体布局到局部规划均精心设计、精雕细琢。

从客源市场上分析，深圳有着广阔的客源市场。深圳市本地即有300余万居民和常住人口，工薪阶层月收入人均超过1 000元，还有每年500万人次来自全国各地的出差人员和观光客。来自珠江三角洲的游客约占 50%，外省游客约占 20%，本地居民约占 15%，海外游客约占 15%。

从区位与交通条件上看，深圳毗邻香港，有 72 小时免签入境的特殊政策；同时背靠经济发达的珠江三角洲，这里人口稠密，生活富裕，人均收入高，旅游需求旺盛。改革开放以来深圳交通发展迅速，早在 1994 年年底，深圳机场就已有 48 条航线、每周 520 次航班；客运港每天进出轮船 120 班次；铁路每天进出客车 60 班次；广深高速公路和准高速铁路开通后，广州至深圳，汽车 1 小时、火车 1.5 小时即可到达。深圳市内通过三景区所在的华侨城路段，有 26 条中巴线路、7 条大巴线路。此外还有数十条不固定巴士的线路。至于的士，招手即是。这里每小时的往返车流量为 2 440 辆，交通十分便捷，可进入性良好。

从区域背景上看，深圳的经济发达，财力基础雄厚，拥有建设大型人造缩微景观的雄厚经济基础；同时，由于区域经济背景良好，深圳及珠江三角洲等邻近地区的人们大多"有钱"，旅游动机强烈，潜在的客源市场也非常广阔。

2) 景观建设的高层决策

据媒体报道，湖北宜昌已拆除耗资 4 000 万元、曾号称世界最大的人造缩微景观群的三峡集锦景区。人们在痛心疾首之余，不禁要问：这个工程当初为何要上马？三峡奇景鬼斧神工，为何要如此班门弄斧，耗巨资建这么一个假三峡？

耐人寻味的是，无论是当地的相关官员还是专家，都给出惊人一致的答案：决策存在程序错误。三峡集锦的决策没有进行可行性论证，也没有听取各方意见和建议，仅仅是走走过场，只请一些唱赞歌的人来发表高论，没有充分做到决策的科学化和民主化。这个决策失误的诱因，据说是当时有一种舆论认为，三峡工程的实施将对三峡旅游资源造成毁灭性影响。然而，现实给了否定回答。也有人认为，这是盲目跟风人造缩微景观热的结果。毗邻真三峡，固定客源少，不可避免地使这个假三峡存在先天性不足，难以凝聚人气。其实这样的观点，并非是"马后炮"，在工程上马之初就能够听得到。例如，三峡公司就曾多次公开纠正"告别三峡游"的错误。问题是，当时决策者的耳朵里是否听到了这样的声音？听到了这样的声音为什么依然我行我素？没有进行科学、民主的决策论证的三峡集锦项目能够上马，逃脱不了决策失误这个因素。

以全国知名的"深圳速度"，数月内高楼即可平地迭起，可是当初华侨城这块荒芜之地获准开发之后，却半年不见动静，令人纳闷。殊不知此时一个高层次的专家组正紧锣密鼓地精心编制总体发展战略规划。锦绣中华的决策层强调，规划一定要能经得起时间和实践的检验，以"世界第一流"为规划的目标。深圳没有现成的旅游资源，要兴建能经得起时间和实践检验、"世界第一流"的人造缩微景区，怎么造？造什么？高层决策者的思路是，从客源市场的需求中寻找答案。他们瞄准了两个 600 万：一是 600 万作为香港居民的中国人，二是每年来港旅游的 600 万世界各国旅游者。此外还有本市居民和庞大的国内旅游市场。锦绣中华的决策层们从国内和国外的旅游需求入手，准确地给景区确定了主题："一步跨进历史，一天畅游中国。"为此，锦绣中华为了真实再现原景观的风格和艺术价值，邀请原景物所在地的文物研究部门，以及上百名著名的古建专家、雕塑艺术家、园林工艺专家当顾问或亲身投入创作，并请全国 20 多个省、自治区、直辖市的 2 000 多名工程技术人员，专程赴深圳进行雕塑创造。

3) 景点的经营管理

任何事物都不是绝对的，而是不断发展变化的。事在人为，先天的不足可以由后天来弥补。如果说在建设之初三峡集锦已注定将以悲剧收场，那么建成后从旅游经营管理着手力挽狂澜还是可以改变命运的。但是在这一环节三峡集锦再次严重缺位，而锦绣中华早已穿着轻盈的红舞鞋越跳越远。

鉴于假三峡与真三峡在景点上的相似性，三峡集锦的经营管理单位其实可以广泛利用各种传播媒体大力宣传三峡集锦的内容、特色、规模及品位，努力提高其知名度，并利用三峡工程筑坝淹没前与三峡建坝后的景观变化的反差在宣传上多做文章，不断吸引众多的游客，这是其一；其二，可以在旅游经营上采用"相关性策略"，不断丰富和改善产品结构，变参观游览的单一经营为综合经营，科学地设计游览路线，把三峡集锦的游览同毗邻的中华鲟参观及邻近的葛洲坝、陆游洞、金狮洞乃至三峡、神农架等景点有机结合起来，并在缩微景区扩展经营度假、会议、展览、健身、垂钓、游乐等旅游项目，全方位综合经营，尽量减少经营的脆弱性；其三，在三峡工程建设的天时地利上多做文章，将三峡集锦作为三峡工程建设的配套项目，不断争取与利用经营中的机遇；其四，不断分析市场环境变化，在价格、销售渠道上采取一些有效措施，灵活经营，广纳旅游者。例如，在价格上可采取"撇油定价"策略(旅游产品投放初期价格定得较高，以保证初期能获得高额利润，随产品的销路逐渐扩大，再逐步降低)，抓住游客对新产品的好奇心理，以高价力争尽快收回成本，待产品进入成熟期后，再采用降价的方式提高竞争力。此外，还可以采取灵活的价格，对团队与散客、旺季与淡季有所区别。在销售渠道上，尽可能与旅行社、旅游船、宾馆饭店、航空公司、铁路等旅游相关部门联系，努力扩大销售渠道；定期召集一些专家进行会诊，为该景区的旅游持续发展出谋献策，以便在旅游经营中增强科学性与主动性。然而，三峡集锦的旅游经营管理者却没有在宣传、促销、产品等方面采取得力措施，并未很好地利用三峡工程建设的天时地利灵活经营、出奇制胜，从而导致了项目最终的败局。

与之相对，锦绣中华在经营管理方面却颇具匠心，从而保证了项目的成功运作。

在产品经营方面，作为以旅游产品为主体的景区，锦绣中华针对游客的心理需求，从总体布局到每一座建筑、雕塑、庭园、小径，以至指路牌、路灯柱、小商亭、休息椅、电话亭、垃圾箱、洗手间和花草树木，无不精心设计，精雕细琢。其造型、色彩和竹木草石自然材料的选用，都力求同景区的主体浑然一体。每个小景区的背景音乐也随景而异。把游览观光活动推向高潮的是每晚的艺术大游行和中心剧场演出，以及各种不定时的节庆活动。民俗歌舞、民族服饰、编钟演奏，以及亚、非、欧、美和大洋洲的土风歌舞，五彩缤纷，淋漓尽致，许多游客都要等到晚上看完演出才兴尽而去。这种动静结合的产品结构大大提高了观赏效果，也使大批游客留在华侨城的饭店过夜，提高了产品的附加效益。旅游规划应讲求行、游、住、食、购、娱诸要素的配套，除景区内的小配套外，还要有景区周围的大配套。他们采取的是成片开发、分期建设。除了这三大景区外，已建的还有华夏艺术中心、杜鹃山雕塑公园、深圳湾大酒店、海景酒店、艺苑酒店、新桥酒店、旅游商品开发公司和华侨城中国旅行社、沙河酒店和面积35万平方米的中旅广场(这是个花园广场，它将景区前宽阔的深南大道的车道改入地下，在地面上建成长达数里的步行街、世界风味美食街、现代化超级购物中心、会议展览中心和酒店等)、保龄球馆、港澳客运码头、华侨城医院等。

在管理方面，锦绣中华的管理包含两个层面：一是对景区的管理，二是对员工的管理，后者主要体现在对游客的服务上，而这两者是相互渗透的。他们的经验是治事(管理景区)先治人(管理好员工)，治人先治规(各项规章制度)。

对景区的管理，锦绣中华实行分片负责、三位一体、记分考核的管理制度，将景区依自然地形划分成片，每片为一个管理组。各组将景点管理、环卫管理、洗手间管理三者合一，分工不分家，奖罚分明。同时实行记分考核制，将各工种的劳务分解成若干个考核项目。例如，将环卫的劳务分解为考勤、劳动态度、清洁、烟蒂纸屑、标牌擦洗、石凳擦洗、灯具擦洗、景点监护、文明礼貌等，每天检查记分，按月累计，作为奖金发放的主要依据。其他工种也分别有各自的考核项目。对于艺术表演团则实行练功场、排练场、表演场三场管理制度，严格考勤，制定工作程序、岗位职责和奖罚制度，实行表演艺术生产全过程、全方位的跟踪管理。景区丰厚的文化内涵在管理方式上也得到了充分的体现。他们彻底抛弃了曾用过的红袖章、吹哨子、警告牌、罚款牌等那些使旅游者反感的阻吓式管理方式。跟踪式清扫体现了"游客至上"的服务精神，也是对旅游者的一种无声而有形的提示；陪游式清场使旅游者带着员工的一份温馨离园而归。以疏导代替防范，充分尊重了旅游者，创造了宽松、和谐的游览环境，化解了可能出现的纠纷，同时达到了管理的目的。

对人的管理，锦绣中华的管理者明确了企业管理的核心是对人的管理，而对人的管理除了制度还有感情。他们根据员工的特点，制定了"真诚爱护，加强教育，善于引导，严格管理"的方针。生活上充分尊重民族习俗，为伊斯兰教信仰者办清真食堂，为他们举办自己的民族节日活动，此外还有生日晚会、卡拉OK比赛、图书阅览室等。

3. 结语

尽管社会上对人造缩微景观议论纷纷、褒贬不一，三峡集锦的落马也似乎更形象地暴露了人造缩微景观的缺陷和不足之处，由于为数不少的人造缩微景观盲目跟风，不少景观的建设缺乏切实可行的总体规划和行之有效的宏观控制手段。但是这并不能否认人造缩微景观的兴起对促进我国旅游市场发展所具有的积极作用。其一，随着市场经济的不断深入发展及物质生活水平的提高，人民对精神文化的需求也进一步提高，这些新的人造缩微景观的出现，在一定程度上丰富了旅游产品，对满足来势凶猛、不断增长的国内旅游市场具有重要意义。其二，一些新建的人造缩微景观被列为当地市政府甚至国家的外事活动基地，为宣传、弘扬中华民族文化，促进国际交流和合作发挥了重要的作用，同时，也有利于提高景点所在城市的声誉，改善城市的总体形象。其三，新景点的建造、旅游活动的活跃，必定会促进相关产业的发展，带动当地服务业的发展和就业，从而促进当地经济的发展，活跃当地经济。其四，增进了与境外和国内其他地方的经济联系与交往。例如，对于深圳、北京等地，由于其特殊的地位、旅游业发展的潜力大和新建景观预期回报率高等特点，新景观的建设对境外和国内其他地区的投资者有很大的吸引力，并且不同形式的投资和合作方式又是展示这些城市投资环境的窗口，从而增进它们与境外和国内其他地区的经济交往和联系。其五，促进了精神文明建设。建成的人造缩微景观大都内容健康，旅游者通过游览能开阔眼界，得到一些知识或启迪。特别值得一提的是，部分景点都制定了一些对老年人、儿童、学生和残疾人优惠的票价，受到了社会的普遍好评。

锦绣中华的成功印证了人造缩微景观的出现和存活更多是市场引导的结果，但是这并不意味着所有的人造缩微景观都是应需而生并且具备存活的条件。分解深圳锦绣中华取得成功的几条因素，他们的经验可一分为三：一是可以学到的基本经营理念，如以市场为导向的规划设计、科学有效的经营管理、景区内外旅游设施的配套、景区开发与城区建设的结合；二是可学而难学的一些独到经验，如旅游企业创办高水平的大型艺术团、艺术表演成为旅游产品的有机组成部分、高品位的文化内涵渗透到硬件和软件建设的各个环节等，这需要有较成熟的人才市场和文化市场机制及其他社会条件的配合；三是无法照"学"的独特条件，如其坚实的先天依托，雄厚的经济实力，特殊的地理位置、城市性质及其带来的客源市场优势。

因此，在开发和经营人造景点方面没有放之四海而皆准、可照搬照抄的"深圳锦绣中华"模式，只有根据自己的现实条件，择其可行者而借鉴之。此时此地成功的经验，移植到彼时彼地就不一定能成功。

（资料来源：蔡尚伟，刘锐. 文化产业比较案例[M]. 北京：中国传媒大学出版社，2009.）

小思考

阅读以上材料，总结两种缩微景观成败的原因，并提出自己对开发缩微景观的认识及策划理念。

本章小结

本章介绍了岭南地区各省市已开发及极具开发潜力的旅游资源，包括民俗风情、历史文化、文物古迹、建筑艺术等，分析了岭南地区自然地理环境和人文地理环境的区域特征。通过对岭南地区区域文化内涵与特征的分析，结合大量应用案例、阅读材料，让学生在了解本地区旅游资源环境及重要旅游景区景点概况的同时，对其发展现状及发展趋势有了直观把握。在此基础上，锻炼提升学生的创意策划能力，即结合所学知识，设计岭南地区不同旅游资源主体的旅游线路、旅游形象，针对市场创新性地开发岭南地区的旅游产品，为区域旅游业发展贡献创意策划理念。

复习思考题

一、名词解释

1. 百越
2. 喀斯特地貌
3. 博鳌水城
4. 宋城

二、单选题

1. 属于中国"三大水力富矿"之一的是(　　)。
   A．红水河　　　　B．清水河　　　　C．洮河　　　　D．大夏河
2. 以下地区中，有"购物天堂"之称的是(　　)。
   A．北京　　　　　B．澳门　　　　　C．香港　　　　D．上海

三、多选题

1. 广西旅游区可分为(　　)三个部分。
   A．桂北旅游区　　B．桂西旅游区　　C．桂南旅游区　　D．桂东南旅游区
2. 海南古称(　　)，故海南省简称琼。
   A．琼海　　　　　B．琼崖　　　　　C．崖州　　　　D．琼州

四、简答题

1. 简述岭南地区的区域文化内涵与特征。
2. 简述海南省旅游资源与环境概况。
3. 简述广东省旅游开发现状及发展目标。

五、思考题

结合所学知识，尝试设计岭南地区以自然旅游资源为主体的旅游线路，并谈谈如何针对市场开发港、澳旅游区的旅游产品。

课后阅读

三个大S不及一个小S——中国滨海旅游的文化打造

中国有着18 000多千米漫长的海岸线，南北跨热带、亚热带、温带三个温度带，但是为什么没有一个真正的国际滨海旅游地呢？教科书上说拥有3S的阳光(Sun)、沙滩(Sandy beach)、海岸(Seaside)是构成海岸旅游的资源，为什么中国同样拥有大的3S却无法做出世界级标准的阳光海岸风光呢？我们的三亚海湾缺失的到底是什么？

从历史根源追溯，中国自古不是拥有海洋文化的国家，也不是崇尚阳光的国度，是曾经有着封建传统礼教束缚的国家，是十分注重大陆文化的国家，尽管我们拥有国际的3S，但我们缺少的是海洋国家的海洋人文情怀。

涛涛的浪花、诱人而黝黑的强壮躯体、青春性感的比基尼少女、不绝于耳的欢乐笑声、金色的海滩，这是激情又浪漫的戛纳、巴厘岛、普吉岛给我们展示的海滩魅力，那些具有人文情怀的气场让每一个去海滩的人都感受到了海洋的浪漫与美好。"我只愿面朝大海，春暖花开"，海子的诗让我们于静谧中品尝到了海的温柔、海的明丽。中国人的含蓄和保守让我们只是感受了大海娴静的一面，但是"海纳百川"，广阔的大海是博爱的，它时而温柔安静时而激情澎湃。我们不用奇怪于人们为什么要去戛纳、巴厘岛、普吉岛、马尔代夫，去

澳大利亚的黄金海岸，因为那里的大海充满了明快的、性感的、绚烂的、欢快的韵味和气息。

虽然我们也拥有着3S海滩，拥有着1.8万千米的海岸线长度，但纵观我们的海滩度假项目没有风情韵味可言，看不到热情和奔放，只有沉闷的保守的面孔，一把把遮阳伞下遮挡着一张张涂满了厚厚防晒油的脸，一个个曼妙身材被一条条笨重的浴巾完完整整地包裹，去浅滩的海里是为了泡澡而不是游泳，也没有刺激冒险的冲浪项目，但是在国外，那些冲浪的英雄就像美国的篮球英雄一样受到众人的膜拜。最遗憾的是我们的沙滩上看不到一群群浪漫性感的比基尼女郎，拥有着大S的海岸缺失了另一群小S曲线曼妙身材的独特风景，必然是一种缺失的文化。面对缺失的海洋风情文化我们该怎么办呢？我们缺少一种国际化的海洋风情文化去吸引外国人，那么唯一的出路是利用国际资源来打造国际旅游地，把崇尚海洋文化的国际友人变成我们的初期景观。因为只有当我们的景区具有国际性了，带动我们的文化，然后吸引趋同这种文化的中国人。

中国三亚的海滨资源都是顶尖的海洋资源，能不能做出国际化的旅游地不是由3S所决定的，而是由海洋文化风情来决定的。打造我们缺失的海洋文化风情必须用国际文化来打造，方案有许许多多，关键是要整合我们的资源，如沙滩排球、海上游艇项目等。例如，夏纳小镇和中国的北戴河比较，似乎有太多明显的优势。曾经名不见经传的法国东南部小镇，今已成为全世界有名的旅游胜地和国际名流社交集会场所，这其中的原因是什么？那是因为颁发的金棕榈大奖被公认为电影界最高荣誉之一，夏纳因国际电影节而闻名于世，那些电影界的俊男靓女产生了聚集效应，全世界的闪光灯在夏天都不约而同地面向他们，夏纳因此而极具魅力和风情。反观我们中国的海岸线虽然有了3S，但还应通过众多方式去打造一些极具风情的别样风采，用一些资源去整合旅游目的地，如三亚的海滨发展已经逐渐和国际化接轨。

我们是否可以说"我只愿面朝大海，热情奔放"？既然海洋文化信奉"爱拼才会赢"，既然蓝色文化本来就拥有性感、神秘、迷人的特质，那么就让国内海滩上的小S风情都动起来，通过打造我们所缺失的海洋文化风情，来和三个大S一起，奏出华美动人的恢宏篇章吧！

(资料来源：吕志埔. 中国旅游策划创意攻略[M]. 上海：文汇出版社，2009.)

分析题：结合上述案例，谈谈你对如何开发滨海旅游、如何使中国的滨海旅游走向国际化的看法，并提出自己的依据。

第12章 旅游文化创意与策划的地域特征(东北地区)

教学目标

知识要点	掌握程度	相关知识
东北区域与区域文化	掌握	东北区域的地理范围、东北区域文化地理特征
东北自然地理特征与区域文化内涵	掌握	东北自然地理特征及区域文化内涵
东北区域旅游地理概述	重点掌握	东北区域旅游资源的特征、东北旅游亚区(黑、吉、辽)旅游资源概述

技能要点

技能要点	掌握程度	应用方向
东北自然地理特征及区域文化内涵	熟悉	认识本旅游区的自然与人文地理环境特征,了解旅游地理环境对该区旅游文化创意与策划的影响
东北区域旅游地理概述	重点掌握	分析本区发展旅游业的优势与劣势,掌握本区独具特色的重要旅游景区景点,了解本区主要的旅游景点及旅游线路,为旅游景区策划、规划及旅游地项目建设奠定基础

第12章　旅游文化创意与策划的地域特征(东北地区)

导入案例

突出区域特色，构建旅游业新格局

2011年哈尔滨市旅游总收入为458.9亿元，相当于全市国内生产总值比重的10.8%。近年来，哈尔滨市旅游继续呈快速增长态势，大旅游格局已经形成，旅游产业也已经成为哈尔滨市的重要支柱性产业。

据悉，哈尔滨市将构建旅游业大发展、大建设、大繁荣的新格局。将哈尔滨市打造成集冰雪体验、避暑度假、商务会展、旅游集散功能于一体的国际旅游名城和区域旅游集散中心。哈尔滨作为中国第一批优秀旅游城市，已跻身全国旅游城市前二十强，先后被评为中国"十佳宜游城市"、"十大节庆城市"、"十大品牌城市"、"十大避暑旅游城市"。2012年被全球网民评为"中国旅游城市"第一名，被亚太旅游组织评为"大美湿地城市"。目前旅游业已成为哈尔滨市国民经济重要支柱产业和现代服务业龙头产业，并呈现出以下特点：大旅游工作格局初步形成、旅游产业体系日趋完善、旅游产品结构不断优化、冰城夏都形象靓丽凸现。哈尔滨市旅游形象实现了从"冰城"到"冰城夏都"的嬗变，"冰城夏都"知晓率由65.9%升至89.3%。

未来哈尔滨市将着重发展以下几项内容：突出区域特色，搞好旅游规划，做到一区一特色、一县一品位、一个项目就是一个精品。突出重点，以高标准建设旅游产品，加快开发建设一批"大而特、小而精"的精品旅游产品，促进全市旅游产业的整体提升；以高质量推进产业发展，在保护好生态环境的同时，重点建设好太阳岛公园、金河湾湿地公园和冰雪大世界、亚布力滑雪场等景区，进一步叫响"冰城夏都"城市品牌。随着哈尔滨市旅游产业的快速发展，到2015年，预计年接待海内外旅游者6600万人次，旅游总收入达到960亿元。

(资料来源：http://www.chinacity.org.cn/cspp/lypp/93369.html)

东北地区包括黑龙江省、吉林省、辽宁省，总面积80多万平方千米。本区位于我国东北部，为我国纬度最高地区，重工业发达，铁路交通网稠密，是一个在经济上、国防上都占有重要地位的地区。本区南临渤海、黄海，北面以黑龙江、乌苏里江与俄罗斯为界，东面以鸭绿江、图们江与朝鲜为界，近年边贸旅游发展迅速。多数地区属于温带、寒温带的湿润、半湿润气候。自然景观既有广阔的东北平原、众多的湖泊河流，也有茫茫的林海雪原，还有神奇的火山熔岩地貌，构成了独具特色的北国风光。东北旅游区在历史上曾是辽、金、清王朝兴起、长期占据的地方，历史文化比较悠远，也留下了不少文物古迹。在这片土地上居住有满族、朝鲜族、鄂伦春族等少数民族，别具特色的少数民族风俗旅游更是让人心驰神往。本区旅游资源丰富多彩，人文旅游资源具有地域特色，旅游业发展前景广阔。

12.1　东北区域与区域文化

1. 旅游资源区域组合性好

东北地区不仅是经济大区，也是旅游资源大区，拥有各种自然和人文旅游资源。从自然资源看，拥有大兴安岭、小兴安岭、长白山等以森林为主的丰富的生物资源，拥有黑龙江、鸭绿江、松花江等六大水系，拥有天池、五大连池及众多的温泉等水体旅游资源，拥有南部的海滨风光旅游资源，拥有诸多的火山景观，拥有全国少有的冰雪风光。从人文旅游资源看，拥有从旧石器时代到清代的各个时期的古人类遗址及人类历史遗存，并有大量的鸦片战争以来的战争遗迹，历史上形成的满族、回族、朝鲜族、蒙古族等少数民族聚居地使其具有丰富的民族民俗旅游资源。老工业基地的辉煌历史提供的是大量的工业旅游资源。这里有中国最早的汽车生产基地——长春一汽，中国最早的钢铁生产基地——鞍山钢铁基地，中国第一大油田——大庆油田，中国第二大油田——辽河油田。旅游资源的区域组合性好，各种资源相互补充，相得益彰。总体上看，东北北部的白山黑水、南部的碧海特色鲜明，冰雪风光覆盖全区，湿地草原又显别样风情。冰城哈尔滨、汽车城长春、北方明珠大连等著名旅游城市遥相呼应，共同撑起了东北旅游业这片广阔蓝天。各个旅游区甚至各个景点都体现了旅游资源良好的组合性特征。千山集寺庙、山石、园林于一山，不仅风景秀丽、无峰不奇、无石不峭，也无寺不古，是辽宁佛、道教的集中地。辽宁沿海地区不仅有多处海水浴场、多处温泉资源，且大多相邻近，海水和温泉旅游资源的匹配，相得益彰，可夏行海水浴，冬行温泉浴。大连旅游区不仅有号称"北方小桂林"的自然风光，也有现代气息浓厚的都市风韵。

2. 独特的区域旅游资源

一个旅游区或旅游目的地的生命力从根本上说取决于它的吸引力，而旅游目的地的吸引力则从根本上取决于它的特色。特色就是生命，特色就是灵魂。因此旅游区开发经营活动是否成功的关键是旅游资源的独特性程度。由于地理位置和地质地貌及气候等原因，东北地区形成了全国其他地区少有的独特景观。漠河是全国最北部的边境小城，同海南的天涯海角遥相呼应。该地每年夏至日白昼长达17小时，只有在此地才能看到景象万千的北极光，享有"北极村"之称。五大连池是我国著名的火山堰塞湖风景区，它由14座火山、熔岩台地及5座湖泊组成。熔岩台地上的石景、瀑布、石熊、石虎、石塔千姿百态，此种景观为五大连池所独有，在国内外素有"火山地貌博物馆"之美誉。此外，本区还有一些易形成垄断优势的旅游资源，如世界上最大的湿地苇田——盘锦双台子河口自然保护区、大连蛇岛，本溪桓仁的地温异常带，沈阳的怪坡、陨石山。本区的清代遗存有日俄战争遗址、高句丽遗迹等，另外满族、朝鲜族、赫哲族、鄂伦春族等少数民族风情人文旅游资源也具有独特的区域特色。

3. 浓厚的民族气息与浓郁的民族风情

东北地区的少数民族主要有赫哲族、朝鲜族、满族、鄂温克族等，各个民族都有自己独特的生活习惯、民族风貌、民族风情，这种以民族文化特征为内涵的旅游资源成为东北地区人文旅游资源的一大魅力。赫哲族大致居住在同江、抚远、饶河的"三江"(黑龙江、松花江、乌苏里江)汇流处，他们以捕鱼为生，不时穿上古朴的鱼皮服，使用鱼骨、鱼皮制成的生活用品或工艺品，闻名全国的《乌苏里船歌》就真实地反映了赫哲族同胞的习俗。鄂伦春族居住在黑河、呼玛、逊克，他们生活在大、小兴安岭的密林中，男女老幼枪法高超，喜欢骑马狩猎，而且能歌善舞，尤以熊舞、松鸡舞著名，善于模仿动物习性、动作、吼声，充满了原始与自然气息。这些旅游资源最鲜明的特点就是原始性、自然性，不仅反映生活的自然环境幽静、原始，还体现民族风情的古朴自然，这一特点恰好迎合了当今人们返璞归真的心理需求与远离现代都市喧嚣的渴望。特别是位于边境的地理位置，对于开发边境旅游市场、促进国际经贸和文化往来、带动边境地区经济发展也有一定的积极意义。朝鲜族多聚居在吉林的延边地区。朝鲜族讲究卫生，爱清洁，喜欢穿白衣服，特别是妇女，其洁白的衣裙配上飘带，走起路来显得飘逸优雅、婀娜多姿。然而，白衣服易脏，而穿脏衣服被认为是一种羞辱，所以朝鲜族妇女非常勤快，衣服脏了立即换洗。朝鲜族的院子和住房也总是打扫得干干净净，器物摆放得整整齐齐。他们的住房一般分里间(寝室)、外间(客厅)、厨房和库房。到朝鲜族居民家作客，要按照他们的生活习惯行事。延边朝鲜族同胞有荡秋千和踏跳板的习俗，朝鲜族女子从五六岁起，就开始进行这种民间体育活动，直至成年一直如此，每逢节假日举行运动会，妇女们便身穿鲜艳的民族服装，兴高采烈地聚集在大树下、草坪上荡秋千、踏跳板，在空中时起时落，做各种动作。延边朝鲜族自治州又有"歌舞之乡"的称号，人们喜欢且歌且舞，他们的舞蹈形式多样，性格突出，动作柔韧，伸展优美，感情朴实细腻，内在含蓄，并在动作上具有动中有静、静中有动的无限延续之感，又有悦耳的音乐和歌唱，确是一种美的表露。满族则遍布东北地区，以辽宁最集中，但现在除黑龙江省瑷珲和富裕内几个屯不少人能说满语外，普遍使用汉语。满族来源于女真人，1635年清太宗皇太极改称满洲，辛亥革命后，通称为满族。早期的满族特点很显著，这首先表现在国语、骑射。国语即满语，骑射为满族特长，女子亦骑射成风。过去满族衣着以穿长衫为特征，满族女子长衫后来演变为旗袍，并成为现在中国有代表性的女装，同时不断改进融入现代女性时装中，并受国外女子欢迎。腊八粥和酸汤子为满族同胞的传统饮食。满族注重礼节，相见时行"请安"礼。满族民间流行秧歌舞，跳方格、玩嘎拉哈为满族群众喜爱的民间娱乐活动。鄂温克族主要居住在黑龙江省的纳河。鄂温克意为"住在大山林中的人"，有自己的语言，但无文字。鄂温克族世代以狩猎为生，并有300多年饲养驯鹿的历史。驯鹿在他们的生活中有重要意义，被称为"林海之舟"。鄂温克人的舞蹈刚健有力、节奏鲜明，民歌曲调悠扬豪放、独具风格。众多的少数民族就这样繁衍生息在东北大地上，孕育了各不相同的民族文化和民族风情。各民族间又相互交融渗透，形成了东北地区特有的民族风情旅游资源。

4. 旅游节庆活动与文化艺术活动

东北地区的各种各样的旅游节庆活动，蕴涵着浓厚的地方文化色彩及传统文化的淀积，并与旅游相关产业密切结合起来，为旅游业进步和地方经济的发展起了极大的推动作用。丰富的冰雪旅游资源为冰雪旅游的发展创造了条件，在此基础上又开展了各种各样以冰雪旅游为主要内容的旅游节庆活动。哈尔滨冰雪节从1985年开始举办，冰雪节期间推出丰富的冰雪活动和体育、艺术、经贸等活动，冰灯游园会汇集了国内冰雕艺术大师的精品，艺术效果精彩纷呈，并辟有冰帆、狗爬犁、羊拉爬犁、骑马、冰上摩托、马拉雪橇等参与性项目，吸引了大量游客。黑龙江省木兰滚冰节也是一大热点，几十年来，木兰沿袭着滚冰的传统习俗，每逢正月十五元宵节晚上，男女老幼都来到松花江上滚冰、撒路灯。1991年开始，政府有关部门将每年的正月十五定为滚冰节，进行各类艺术、秧歌、文娱、风筝、焰火等文体活动，至今已举办了十多次，显示了"旅游搭台，经贸唱戏"的作用。长白山冰雪节充分发挥了吉林省的冰雪旅游资源优势，向海内外推出了吉林的冰雪旅游产品。冰雪节期间，有来自全国各地的旅行社及俄罗斯、英国、韩国、日本等国家，以及中国香港地区的旅行商和旅游者参加。此外，其他主题的旅游节庆活动也风起云涌。大连国际服装节自1989年开始举办，服装节期间，会举办规模盛大气、势恢宏的广场艺术晚会、服装博览会、服装出口洽谈会、国际名牌时装展演会、"名师论坛"国际服装文化理论研讨会、中国时装设计大赛等，已成为传统活动。世界著名服装设计大师也会前来献艺，既弘扬了中国服装文化，也带动了大连旅游业及经济的发展。另外还有大连赏槐节、大连烟花爆竹节、中国长春电影节、中国抚松长白山人参节、沈阳国际民间秧歌节、兴城海会、丹东丝绸节等旅游节庆活动。东北地区有各种艺术表演团体。剧种有京剧、评剧、话剧、歌剧、舞剧、杂技、吉剧、曲艺、二人转、龙江剧、冰上芭蕾等，其中杂技、吉剧、龙江剧及冰上芭蕾最具代表性。杂技继承了我国杂技艺术的一系列传统表演艺术，其高超的艺术深受国内外观众喜爱。吉剧为吉林省地方独创剧种，选择二人转曲牌做基调，进行戏曲化、板式化、行当化，逐渐形成柳调、咳腔两大声腔，其表演是在二人转五功的基础上，吸取其他剧种的长处，逐渐形成自己的特点。源于黑龙江省的龙江剧也是在二人转、拉场戏、皮影戏的基础上，吸收当地民间曲调发展而成的。哈尔滨的冰上芭蕾舞，动作矫健优美，舞姿轻盈柔婉，给人以美的享受。

知识扩展

东北三宝

东北三宝是指中国东北地区的三种土特产。东北三宝有新旧两种，新三宝是人参、貂皮与鹿茸，旧三宝是人参、貂皮与乌拉草。

人参指东北产的野山参，貂皮是东北的水貂皮，乌拉草是多年生草本植物。乌拉草是著名的"关东三宝"之一，具有保暖防寒的作用，山区的老百姓十分喜爱它。表面看，乌拉草样子很普通，茎叶细长，绿色，一簇簇丛生，花穗呈绿褐色。但是，数百年来，这种普通的小草与长白山区的人民生活密切相关，成为不可缺少的必需品。每到秋季，人们便到山上去割乌拉草，晒干存放，冬天时絮到鞋里，避免脚生冻疮。鹿茸就是未骨化的角生长在雄鹿的额上，是一种有组织的结构，为真皮衍生物。鹿茸主要有产于大兴安岭的马鹿茸和产于长白山的梅花鹿茸。

(资料来源：http://www.baike.com/wiki/东北三宝)

12.2 东北旅游亚区旅游资源概述

12.2.1 黑龙江

黑龙江印象

莽莽林海，皑皑雪原，鄂伦春猎人的口哨回荡其间；春江水暖，阳光普照，乌苏里江上船歌飘扬。黑龙江，以前的北大荒，如今的北大仓，在这块神奇的土地上，生长着丰饶的稻黍豆粮，养育了无数华夏儿女。

黑龙江古称黑水，清朝初期始定名为黑龙江，因省内最大的河流黑龙江而得名，是我国位置最北、纬度最高的省份，它的粗犷神秘、磅礴大气一直令人向往。这块辽阔的土地素以莽莽苍苍的森林、绚丽的冰雪景观、珍奇的野生动物、奇特的文化古迹而闻名，巍峨连绵的大兴安岭和小兴安岭、一望无际的三江平原、绿茵千里的湿地草原、浩瀚的林海雪原、五大连池火山地貌、高山堰塞湖镜泊湖等，都是北国土壤上的美景奇观。黑龙江也有独特的人文景观，鄂伦春族和赫哲族聚居在黑龙江流域，地方风情和异国情调浓郁。

(资料来源：裴凤琴. 中国旅游地理[M]. 成都：西南财经大学出版社，2011.)

1. 旅游资源与环境概况

黑龙江省简称黑，省会哈尔滨，地处我国东北地区北部，北部和东部隔黑龙江、乌苏里江与俄罗斯相邻。黑龙江省辖 13 个地级市(含 1 个地区)、64 个市辖区、18 个县级市、46 个县(含 1 个自治县)，面积约 47.3 万平方千米。黑龙江位于我国的东北部，是我国位置最北、纬度最高的省份，北部在夏至前后可以看见北极光，东部的乌苏里镇是我国最早升起太阳的地方。

黑龙江省版图状如一只展翅飞翔的天鹅。据文献记载，至少在 2 万年以前就有人类在这里生产、生活，留下了许多历史遗迹。黑龙江省动植物丰富，在大、小兴安岭的原始森林中，古松参天蔽日、傲然屹立，平原地区则是绿草茵茵、繁花似锦。黑龙江省内的野生动物中有国家一级保护动物 6 种、二级保护动物 16 种。冰雪和珍稀动植物成为黑龙江旅游的特色，冰城哈尔滨、鹤乡齐齐哈尔、林都伊春，一年四季分明，滑雪、赏冰、游湖，处处能够领略到北国风光晶莹世界的魅力。黑龙江省主要旅游线有：

(1) 天然奇景旅游线：镜泊湖—扎龙自然保护区—五大连池—漠河。
(2) 都市风光旅游线：齐齐哈尔—哈尔滨—牡丹江。
(3) 边境风情旅游线：绥芬河—抚远—同江—嘉荫—黑河—漠河。

2. 旅游开发现状及发展目标

改革开放以来，黑龙江旅游业从小到大发展壮大，产业地位逐年提高，旅游产业初具规模，对地方经济的贡献率不断增加。旅游业作为国民经济新的增长点和第三产业的支柱产业，呈现出快速、持续发展的良好势头。进入 21 世纪，黑龙江旅游业已进入大发展时期。2013 年，黑龙江省实现旅游总收入 1 384 亿元，同比增长 6.44%；国内旅游者人数约 2.92 亿人次，同比增长 15%。今后黑龙江旅游发展将主要在已基本形成的 "OKL"(以哈尔滨为中心的 "O" 字形环状旅游带；以绥芬河、虎头至齐齐哈尔、漠河，哈尔滨至伊春、嘉荫、萝北、五大连池、黑河和哈尔滨至佳木斯、同江、抚远的 "K" 字形旅游带；以黑龙江、乌苏里江为界江的 "L" 字形界江旅游带)旅游框架的基础上，调整结构，发掘产品。重点抓好冰雪游、森林养生游、中俄边界游、北极村独特风光游，以及地下森林、湖泊、湿地游。依照全面规划发展和重点开发建设的原则，开发建设具有黑龙江省特色的四条旅游带(精品线路)：以哈尔滨为龙头的冰雪旅游，以齐齐哈尔、五大连池为核心大力发展湿地、火山地貌旅游，以伊春、加格达奇为主大力发展森林避暑旅游，以牡丹江、鸡西、黑河、绥芬河等口岸为重点大力发展湖泊观光、界江、边境旅游。

3. 旅游资源区域建设

本游览区以黑龙江省会哈尔滨为中心，以国家重点风景名胜区五大连池和镜泊湖为两翼，是一个以冰雪、林海等自然景观为主，以人文历史景观为辅的游览娱乐区。

1) 哈尔滨游览区

哈尔滨是黑龙江省省会，是位于松花江畔的一座美丽的 "江城"。哈尔滨在满语中意为 "晒鱼网的场子"，是我国各大城市中冬季气温最低的地方，素有 "冰城" 之称，是我国北方重要的工业城市和交通枢纽。哈尔滨是夏季避暑胜地，是冬天观灯和冰上运动的好去处，还有独特的西方早期建筑和众多的狩猎场。

(1) 冰灯活动。每年 1 月 5 日起，哈尔滨将主办历时一个月的冰雪节，尤以冰灯游园会著名。冰灯全由天然冰经过加工而成，千姿百态，惟妙惟肖，造型优美的冰雕雪塑在声、光、电的配合下，异彩纷呈，游人络绎不绝。

(2) 太阳岛。太阳岛位于松花江畔，是松花江中的沙丘岛，总面积 38 平方千米。这里碧水环抱、林木茂密，是著名的疗养、旅游胜地，有 "哈尔滨明珠" 之称。岛上有迷人的自然美景和野味极浓的原始风情。

(3) 北极村漠河。漠河位于哈尔滨西北端，是我国最北部的一个小镇。夏季短暂而凉爽，冬季漫长而严寒，以白夜、极光、金矿而闻名。夏至日白天长达 17 小时，几乎没有黑夜，人称 "不夜城"，夏至前后可见神奇的北极光。

知识扩展

漠河成为夏日旅游热门目的地

素有 "中国北极" 和 "中国寒极" 之称的北方边陲县城漠河近来一直人声鼎沸，购买往返车票已经成了旅游者的 "头等大事"，虽然铁路部门不断加车，但仍有不少夹杂着各地方言的旅游者"望北兴叹",探秘原始森林、观北极光(图 12.1)神奇天象等活动让这里成为夏日旅游热门目的地之一。

图 12.1　北极光

　　漠河县位于大兴安岭北麓,森林覆盖率达 90.6%,北与俄罗斯隔江相望,是我国最北、纬度最高的县份,由于地处高纬度地带,年平均气温只有-5℃,天然氧吧给都市中的人们带来了难得的清凉和惬意,而体验不夜天和观赏绚丽的北极光、探秘古黄金之路,也让旅游者们多了一分惊喜。

(资料来源:http://news.xinhuanet.com/travel/2007-06/23)

2) 火山熔岩地貌和湖光山色旅游区

(1) 镜泊湖。镜泊湖位于牡丹江市境内,距牡丹江市 98 千米,是由火山爆发之后,熔岩阻塞牡丹江古河道而形成的火山熔岩堰塞湖,水面 90 平方千米,水深达 40～50 米,被誉为"东北第一湖",也是我国最大的熔岩堰塞湖。湖面四面环山,水平如镜,山峦树木倒映湖中,呈现出一派恬静的自然风光。湖中的七个孤岛和吊水楼瀑布合称"镜湖八景"。

(2) 五大连池。五大连池位于小兴安岭东侧、五大连池市境内。因火山熔岩堵塞白河河道,形成了五个相连的火山堰塞湖,故名。周围有 14 座火山,形成了五大连池火山群,它与五大连池(湖)、矿泉和熔岩地貌组成了五大连池风景区,因而有"火山地貌博物馆"之称,这里建立了我国第一个火山地质自然保护区。

经典案例

黑龙江水韵林都风情生态园创意标志

　　黑龙江水韵林都风情生态园标志(图 12.2)左上部的绿叶造型与其后面的"6"字造型合起来抽象为一只快乐飞翔的小鸟,在清河上空飞翔,勾勒了一幅健康和谐、绿色环保的祥和温馨画面。同时,标志上部以汉字"山"字形状及下部以清河流水状为主题创意设计元素,标志上半部的左"1"和其右侧的"6"字造型,即为一个抽象的"山"字,与下半部的弯弯的清河构成山水形态,意味着山水相依。创意采用流畅的书法笔触塑造出鸟儿、人和青山碧水和谐共处等造型,表现出山水相依、风景天成的意境。标志采用蓝色和绿色,显示出生态园里山水的美和旅游文化蕴涵的自然气息。

综观本标志的整体构图和分点布局,可谓动静结合、疏密相间、有破有立。

以绿色为主,寓意健康环保、绿色养老养生旅游和可持续发展。绿色的毛笔笔法粗壮,象征自然、健康、生态、环保的旅游,寓意养老养生的道法自然,直接表明项目本身是绿色养生养老事业,展示了生态园特有的自然人文风光的美好画卷。

图12.2 黑龙江水韵林都风情生态园标志

蓝色代表水的韵致,用以体现水文化内涵。蓝色自然、清新,线条活跃、明快,构图积极向上,表达了"水韵林都人"愿与各界朋友一道,同心同德,力争上游,共创旅游养老养生经济大发展的良好局面的坚定决心。

(资料来源:http://www.syldly.com/web/onepagelm.asp?userid=1254458&lanmuid=9243778)

12.2.2 吉林

吉林印象

吉林省地处我国东北中部的松花江畔,春夏秋冬景色各异,素以山河壮丽、气势雄伟著称。吉林的地理风物从东往西各具风采:东部长白山区素以"林海雪原"著称,为关外颇有特色的名胜游览区,是人参、鹿茸、貂皮的主要产地,也是我国朝鲜族、满族文化的发祥地之一;中部是"豆粮之乡"松辽平原,以城市绿化著称的吉林省会长春坐落于此,"八大部"与伪满皇宫记载了屈辱历史,电影城、汽车城的美誉见证了城市文明的崛起;西部是广阔的草原牧区,与内蒙古通辽市相接。

吉林雾凇和长白山天池为吉林省的招牌旅游项目:前者玉树琼花,使人如入冰雕玉琢的童话世界,有"冬天里的春天"般诗情画意的美,同桂林山水、云南石林、长江三峡一起被誉为中国四大自然奇观;后者为三江之源,澄澈晶莹,冰清玉洁,周围山峰林立,以神山圣水闻名天下。

(资料来源:裴凤琴. 中国旅游地理[M]. 成都:西南财经大学出版社,2011.)

1. 旅游资源与环境概况

吉林省简称吉,地处我国东北地区中部,东南与俄罗斯、朝鲜接壤,省会长春,有朝鲜族、满族、回族、蒙古族、锡伯族等少数民族。

吉林省辖1个副省级市、7个地级市、延边朝鲜族自治州和长白山管委、60个县(区、市),面积约18.74万平方千米。吉林原名为吉林乌拉,在满语中意为"沿江的城池"。近年在渤海国时期的公主墓中发现了大批壁画和铜器等珍贵文物。长白山区还是我国朝鲜族、满族文化的发祥地之一。梨树县的叶赫古城、四平市西南的山门风景区、通化市的靖宇陵园、通榆县的"丹顶鹤故乡"等,都是吉林的旅游胜地。吉林省地势东南高、西北低,地形以山地丘陵为主,西北部为我国著名的粮仓松嫩平原,东南是长白山区,森林茂密,其中白头山天池是一个火山湖,在湖旁有东北地区的最高峰白云峰,海拔 2 691 米。吉林省属温带大陆性季风气候,冬长夏短,春秋多风。吉林省森林资源丰富,农产品主要有水稻、小麦、大豆、高粱,是东北三宝的主要产地,三宝产量居全国之首。

吉林省主要旅游线有:

(1) 吉中古迹地貌与秀水寒冰旅游线:伪满皇宫—净月潭—电影城—松花湖。

(2) 长白山水与民族风情旅游线:通化—集安—长白山—延吉—珲春。

2. 旅游开发现状及发展目标

近年来,吉林省旅游部门结合实际和旅游市场的发展趋势,推出了一系列主题鲜明的吉林特色旅游活动,突出了地方特色。吉林省最具"冰雪经济"特色的冬季旅游逐年升温,且已初具规模。2013 年,吉林省共接待国内外旅游者 1.036 亿人次,同比增长 15.57%;实现旅游总收入 1 477.08 亿元,同比增长 25.38%。作为中国冬季旅游的大省,吉林省通过几年的打造,探索出"冰雪结合、以雪为主,动静结合、以动为主"的发展模式,形成了以长春市、吉林市、延吉市几大滑雪场、长白山冰雪景区为主体的冰雪旅游产品体系。由于吉林省旅游资源丰富、独特、品位高,对旅游者具有极大的吸引力。新时期,吉林省在冰雪旅游开发现状和旅游业发展战略目标基础上,参照国际上冰雪旅游产业发达国家的开发建设经验,以及中国冰雪旅游产业发展的趋势,以吉林省冰雪资源优势为基础,以长吉都市、长白山、查干湖地区为中心,延边、通化、白山为辅助,以冰雪旅游品牌项目为支撑,以构建旅游产业链条为主线,以快速交通与城镇体系为网络,加快产业集聚。并推出了五条精品线路,分别为长春—吉林—烟囱山—长吉都市冰雪旅游精品环线、长白山冰雪旅游精品小(大)环线、沿松花江森林湖泊冰雪观光休闲度假游线、长春—长白山火山温泉及冰雪运动养生休闲精品游线、长春/吉林—长白山冰雪观光及运动休闲度假精品游线。吉林将以"两城一山,一区八基地"作为冰雪旅游产业体系的发展目标,即以长春、吉林为国际冰雪名城;以长白山为世界冰雪圣山;以净月潭冰雪旅游区为核心的国家级文化产业示范区;以长白山为核心的世界冰雪旅游度假基地,以长吉两地、长白山为核心的中国体育产业基地、国际冰雪赛事基地,以北大湖、长白山等雪场及高校、俱乐部为核心的各类滑雪人才培训基地、全国中小学生冰雪教育基地,以长吉、延吉、珲春为核心的冰雪商贸基地,以冰雪大型配套装备为主、小型装备为辅的中国冰雪装备制造基地,以长白山为核心的中国冰雪运动医疗保健基地。

3. 旅游资源区域建设

吉林省有长春、吉林、长白山三大主要旅游区。

1) 长春市游览区

长春市是吉林省省会,是全省政治、经济、文化、交通的中心,有闻名中外的第一汽车制造厂和长春电影制片厂,是东北地区著名的文化和旅游城市。市区绿化覆盖率高,约达 30%,居全国各大城市之首,有"森林之城"的美称。主要旅游景点有伪满皇宫、净月潭风景名胜区、般若寺等。

(1) 伪满皇宫。伪满皇宫位于长春市内,原为伪满洲国皇宫,现辟为吉林省博物馆。

占地面积约 13 万平方米，主要建筑为内庭、外庭和御花园。

(2) 净月潭风景名胜区。净月潭风景名胜区位于长春市东南 12 千米处，水域面积 430 多公顷，主要有潭北山色、潭南林海、月潭水光、潭东村舍四个景区。这里水面宽广，湖水碧澈，林海面积大，湖光山色，景色迷人，是春季踏青、划船，夏季避暑、游泳，秋季赏红叶、垂钓，冬季观雪景和做冰上运动的四季游览胜地。

(3) 般若寺。般若寺始建于 1922 年，最初建在南关区西四马路，1931 年迁到西长春大街现址重建，1934 年命名为"护国般若寺"。该寺占地 7 200 平方米，是长春市最大的佛教寺庙。每逢农历四月初八、十八、二十八，信徒们在这里举行庙会，届时来这里游览观光的人们常达数万，摩肩接踵，热闹非凡。

2) 吉林市游览区

雾凇是吉林冬季最具地方特色的景观。严冬季节，过冷雾滴在沿江的树干和树枝上凝华成银白色的霜花，造型奇异。在松花江十里长堤上，枝头凝霜挂雪，玉树银枝，婀娜多姿，成为一大胜景，被誉为"寒江雪柳"。雾凇形成的三个阶段各有特色，游人观赏的时候有"夜看雾"、"晨看挂"、"待到近午看落花"之说。

3) 长白山游览区

长白山是世界闻名的巨型复合式盾状火山体，号称"东北第一山"，是著名的湖泊、瀑布、林海、温泉风景区。

12.2.3 辽宁

辽宁印象

循着八旗子弟的足迹，沈阳展示着前清的浮华遗迹；穿越旅顺口的硝烟，大连演绎着民族的百年复兴；跨过鸭绿江大铁桥，丹东讲述着谁是最可爱的人……进入辽宁，处处能感受到历史前行的痕迹。

辽宁位于我国东北地区的南部沿海，从丹东鸭绿江口到山海关老龙头，海岸线绵延 2 100 多千米。因其得天独厚的地理位置与自然条件，辽宁被称为东北"金三角"，旅游资源十分丰富。辽宁历史悠久，是满族发祥地，人文旅游资源中以清代遗存居首要地位；辽东半岛的长城在历史上曾经多次修筑；旅顺口、锦州等地战略地位重要，曾是甲午海战与解放战争的战场、基地。辽宁的自然景观同样值得细细道来：千山、凤凰山为辽宁平添了刚直与雄劲；千奇百怪的地下河溶洞又使其妩媚多姿；明珠城市大连浪漫时尚，大连海滨作为理想的避暑胜地更是吸引着无数游人；兴城不仅是全国目前保存最好的四座古城之一，兴城海滨也逐渐成为旅游热点景区；旅顺口的蛇岛、鸟岛、老铁山温泉等景点也是别有一番景致。

(资料来源：裴凤琴. 中国旅游地理[M]. 成都：西南财经大学出版社，2011.)

1. 旅游资源与环境概况

辽宁省简称辽，地处我国东北地区南部，省会沈阳，少数民族有满族、蒙古族、回族、朝鲜族、锡伯族、达斡尔族等少数民族。

辽宁省辖14个地级市、56个市辖区、17个县级市、27个县(含8个自治县)，面积约14.8万平方千米。辽宁，寓意"辽河流域，永远安宁"，是中国东北经济区和环渤海经济区的重要结合部。辽宁不仅是东北地区通往关内的交通要道，还是东北地区和内蒙古通向世界、连接欧亚大陆桥的重要门户和前沿地带。因其地理位置的重要性，被称为东北"金三角"。

辽宁历史悠久，战国属燕，秦属辽东、辽西等郡，汉代属幽州，辽、金为东京路，清为奉天省。这里是满族发祥地，其人文旅游资源中清代遗存居首要地位，沈阳故宫是仅次于北京故宫的保存完好的封建帝王宫殿。清朝入关前的三座皇陵都在辽宁，永陵在新宾县，而昭陵、福陵都在沈阳。辽宁有山海之胜，千山、凤凰山为著名风景区，水洞为中国北方罕见的地下河溶洞。而以大连海滨为代表的海滩及避暑胜地则是辽宁的又一景观。辽东半岛是中国历史上曾多次修筑长城的地区，其中建平县烧锅营子燕长城遗址、锦州九门口明长城遗址保存较好。旅顺口、锦州等地曾分别是甲午中日战争与解放战争的战场，留下了许多具有爱国主义教育意义的历史遗迹。

辽宁属温带大陆性季风气候，冬长夏短。

辽宁资源丰富，铁矿储量居全国首位，是我国最大的重工业基地，钢都鞍山、煤都抚顺、重型机械制造中心沈阳、造船及化工中心大连全国闻名。辽南苹果、辽西梨等是著名的土特产。

辽宁省主要旅游线路有以下几条。

(1) 辽西古迹线：沈阳—锦州北宁—义县—锦州—葫芦岛。

(2) 山水风光线：沈阳—鞍山—营口—葫芦岛—锦州—阜新，沈阳—本溪—丹东。

(3) 滨海风情名胜旅游线：兴城—大连—旅顺口—金石滩—庄河冰峪沟—丹东鸭绿江—凤凰山。

2. 旅游开发现状及发展目标

2012年，辽宁省共接待国内外旅游者3.668亿人次，同比增长11.1%；其中，接待国内旅游者3.62亿人次，同比增长11.1%；接待入境旅游者480万人次，同比增长17%。全省旅游总收入3 940亿元，同比增长18.1%。

今后辽宁省旅游发展重点是按照"一带串联、一区整合、一线突破"的布局加速推进，形成海陆互动发展的大格局。"一带串联"即串联形成辽宁沿海旅游增长带，包括大连、丹东、锦州、营口、盘锦、葫芦岛六市。"一区整合"即整合沈阳经济区都市旅游区，包括沈阳、鞍山、抚顺、本溪、营口、辽阳、铁岭和阜新八市。"一线突破"即打造辽西蒙东文化旅游精品线，包括锦州、阜新、朝阳、盘锦和葫芦岛五市。进而构建以都市文化、绿色生态、古文化观光、佛教文化体验和民族文化风情为特色的内涵丰富的旅游精品。

3. 旅游资源区域建设

辽宁省旅游资源丰富，既有历史文化名城沈阳，也有避暑胜地大连，还有国家重点风景名胜区千山和我国保存最完整的古城兴城等。

1) 沈阳市

沈阳位于辽河平原中部、浑河北岸,因浑河原名沈河,故称沈阳。沈阳是东北地区最大的城市,也是一座历史古城,主要旅游景点有沈阳故宫、福陵、昭陵等。

(1) 沈阳故宫。沈阳故宫位于沈阳市区,为清初皇宫,占地约60 000平方米,共有建筑90余座、300余间。四周围是高大的红色宫墙,整个皇宫楼阁耸立,殿宇巍然,雕梁画栋,富丽堂皇。主要建筑有崇政殿、大政殿、文渊阁等。它是我国现存仅次于北京故宫的最完整的宫殿建筑群,现为沈阳故宫博物院,主要珍藏清前期宫廷遗物。

(2) 福陵。福陵因位于沈阳东郊,故又称东陵,是清太祖努尔哈赤和皇后叶赫那拉氏的陵墓,建于1629年。福陵面临浑河,背倚天柱山,颇具气势。

(3) 昭陵。昭陵俗称北陵,位于沈阳城北,是清太宗皇太极和皇后博尔济吉特氏的陵墓,建于1643年,它是清关外三陵(昭陵、福陵、永陵)中规模最大和最完整的一座,陵园以精美的石刻艺术闻名,现辟为北陵公园。

2) 大连市

大连位于辽东半岛南部,东濒黄海,西临渤海。这里气候宜人、景色秀丽,漫长的海岸线和无数大小岛屿构成了天然的海岸风光,是国家重点风景名胜区、著名的旅游避暑疗养胜地。大连海滨景区海岸线长达30千米,分布着优良的海滨浴场和一系列景点,主要有星海公园、老虎滩、金石滩、棒槌岛、白云山庄、黑石礁等景点。

3) 千山

千山位于鞍山市东南20千米处,因有999座山峰,其数近千,故名千山,因座座山峰似莲花开放,故亦称"千朵莲花山",是国家重点风景名胜区。这里奇峰幽谷、景庙交融,自古就有"无峰不奇,无石不峭,无寺不古"之美誉。奇峰、岩松、古庙、梨花为千山四大著名景观。

4) 兴城

兴城古城始建于明代,旧称"宁远卫城",明末名将袁崇焕在此与清开国皇帝努尔哈赤展开血战,以胜利告终,史称"宁远大捷"。兴城古城是我国保留最完整的古代城池之一。

兴城依山傍海,海滨风景优美,且温泉储量丰富,泉水澄清,含多种矿物质和元素,水温达70℃,可治疗多种疾病,现已建立多座疗养院,素有"第二北戴河"之称。

经典案例

废弃的工厂成景区——德国北度易土堡

德国北度易土堡的工厂占地面积2.4平方千米,已经成为一堆没有任何经济与社会价值的建筑垃圾,且拆除作为他用成本不菲。当地政府就工厂改造与土地整合问题向社会公开招标,最后当地一家设计公司的方案中标。该方案从旅游与休闲观光的角度出发,保留了工厂建筑,将建筑构件进行改造,使之适合于游憩活动,如将工厂巨型烟囱外的铁梯做成儿童攀缘的设施,将辅助护卫设施改造成别有特色的休闲长凳,对工厂的外围环境进行适量的园林式点缀和景观照明设计。方案同时挖掘了废弃工厂的历史和文化,引导旅游者在休憩的同时了解北度易土堡的工业历史。该方案投资极少而效益明显,广受当地居民和外来旅游者的欢迎。一座废弃的工厂因为旅游策划的介入,由垃圾变为了有多重社会经济价值的旅游观光景点。

点评

旅游策划的意义和作用,并不仅仅局限于传统意义上理解的对旅游景点的开发、建设和市场营销的某种策略。在现代社会经济生活中,旅游策划还能巧妙地解决不少废旧建筑的处理问题,通过重新利用,使之产生新的价值。德国北度易土堡就是一则佳例,旅游策划对于现代社会的积极意义由此可见一斑。

(资料来源:沈祖祥. 世界著名旅游策划实战案例[M]. 郑州:河南人民出版社,2004.)

阅读材料

长白山国际度假区

被誉为生态美谷的长白山第一市——白山市,森林覆盖率高达83%,是国内首家全幅员森林旅游区,是一座著名的资源城、生态城、矿泉城、旅游城。长白山自然保护区有2/3的面积在白山境内,发源于长白山天池的三条江有两条流经白山,国内登长白山天池的三条线路有两条在白山境内,长白山周边三个县有两个属白山市管辖,发展长白山旅游业地域优势显著。闻名遐迩的长白山地位显赫,是中华十大名山、5A级旅游景区之一,是满族的发源地,是三江(松花江、鸭绿江、图们江)之源,也是东北亚著名的国际名山。美名远播的长白山资源丰富,是一座生态大山,迥然奇异的垂直植被分布带、星罗棋布保健疗养型的温泉群、气势磅礴的火山峡谷、人间仙境的高山花园、千姿百态的锦江大峡谷、奇特的山地冰雪风光等独特的自然景观汇聚一堂。历史悠久的长白山还是一座人文大山,是女真文化的发祥地,具有"三江之源五地魂"的独特魅力和悠久的封禅、萨满、人参文化底蕴。

图12.3 长白山天池

长白山丰厚的景观资源、优越的地理和人文历史条件蕴涵着巨大的开发潜能。而我国正处于观光旅游向休闲体验旅游发展的过渡期,以高山滑雪为主的"白色旅游"浪潮悄然兴起;又恰逢国家正在实施的积极的财政政策和适当宽松的货币政策,以扩大投资、拉动内需应对全球性经济危机,这些都为长白山旅游业带来了难得的发展机遇。省、市、县领导高度重视长白山旅游开发,并达成共识:加强长白山旅游开发。三级政府将为长白山开发提供全方位、高质量的服务与支持，共同把长白山旅游资源打造成精品。

长白山国际度假区是白山市、抚松县与大连万达集团、中国泛海集团、辽宁一方集团、内蒙古亿利资源集团等国内著名民营企业合作的区域旅游开发项目。长白山国际度假区位于吉林省白山市抚松县松江河镇，距长白山机场15千米，距天池风景区20千米，是吉林省头号招商引资项目。

长白山国际度假区的建设规模之大、档次之高、内容之丰富，代表了中国休闲度假旅游项目的最高水平，堪称世界级的旅游项目。项目占地面积约18.34平方千米，总投资超过230亿元，是全国投资规模最大的单个旅游项目。长白山国际度假区分为南、北两区，南区为国际度假区，由高档度假酒店群、国际会议中心、大型滑雪场、小球运动场、森林别墅、国际狩猎场、漂流等项目组成。北区规划为旅游新城，将建设抚松县行政中心及会议中心、文化中心、购物中心、学校、医院、住宅区等生活设施。高档酒店群规划建设10家酒店，首期将开工建设六星级的柏悦酒店、五星级的凯悦酒店、四星级的假日酒店和三星级的快捷酒店。同时将开工建设亚洲最大的滑雪场，占地近7平方千米，一期建设43条雪道，能满足举办冬季奥运会级别国际赛事的条件及中、初级滑雪爱好者的需求。长白山国际度假区国际会议中心将作为永久会址，每年举办"中国民营经济发展论坛"。

(资料来源：http://baike.baidu.com/view/625385.htm)

小思考

阅读以上材料，谈谈山地旅游开发的基本原则，并针对长白山国际度假区今后的发展建设方面提出自己的创意策划方案。

本章小结

本章介绍了东北地区各省市已开发及极具开发潜力的旅游资源，包括民俗风情、历史文化、文物古迹、建筑艺术等，分析了东北地区自然地理环境和人文地理环境的区域特征。通过对东北地区区域文化内涵与特征的分析，结合大量应用案例、阅读材料，让学生在了解本地区旅游资源环境及重要旅游景区景点概况的同时，对其发展现状及发展趋势有了直观把握。在此基础上，锻炼提升学生的创意策划能力，即结合所学知识，设计东北地区不同旅游资源主体的旅游线路、旅游形象，针对市场创新性地开发东北地区的旅游产品，为区域旅游业发展贡献创意策划理念。

复习思考题

一、名词解释

1．东北三宝
2．关外三陵
3．雾凇
4．冰城

二、单选题

1. 我国以雾凇景观而著称于世的城市是（　　）。
   A．哈尔滨　　　　B．齐齐哈尔　　　C．长春　　　　D．吉林
2. 兴城素有"第二北戴河"之称，是因为（　　）。
   A．古城完整　　　　　　　　　B．沙滩平缓、海水洁净、温度适宜
   C．温泉多　　　　　　　　　　D．地理位置好

三、多选题

1. 关外三陵是指（　　）。
   A．福陵　　　　B．昭陵　　　　C．永陵　　　　D．乾陵
2. 新东北三宝是指（　　）。
   A．乌拉草　　　B．人参　　　　C．貂皮　　　　D．鹿茸

四、简答题

1. 东北旅游区三省的旅游业现状有何差异？
2. 东北旅游区主要国际旅游客源市场有哪些？原因何在？
3. 东北旅游区有哪些突出的优势旅游资源？

五、思考题

东北旅游区以冰雪旅游为特色，利用特有的气候旅游资源能发展出哪些独具特色的旅游项目？如何将这种旅游文化特色运用于旅游文化创意与策划中？

课后阅读

黑龙江的冰雪经济

冰雪与经济结缘后，黑龙江人在冰雪中"淘金"的热情一年高于一年。据黑龙江省旅游局统计，2004年雪季的冰雪旅游收入高达70多亿元。业内人士认为，黑龙江已开始深挖"冰雪富矿"，让冰雪变"白金"。原黑龙江省旅游局局长宁士敏表示，旅游业已经成为黑龙江经济发展的重点产业，而冰雪旅游则是重要的支柱产品。世界旅游组织将黑龙江旅游形象定位为中国COOL(酷)省。冬季冰雪世界作为一个国际品牌吸引着国内外旅游者，冰雪旅游的发展带动了相关产业的发展。黑龙江人喜欢冰雪，但从来没有像现在这样全民皆"冰"，冰雪改变了他们的生活。过去，冰雪与经济是两个割裂的概念，做冰灯(图12.4)、滑雪只是老百姓的爱好和运动。如今滑雪节、冰雪节、冰洽会等节日和会展的背后，却是"冰雪搭台，经济唱戏"带来的全民淘金热。每年进入12月份后，哈尔滨的宾馆入住率都会节节攀升，三星级以上宾馆的入住率大多达到了100%。牡丹江等以雪为主的旅游城市也是如此，一些没有预订到房间的旅游者就吃住在景点附近的农家小院，农村经济正巧借冰雪旅游崛起。旅游活动包括食、住、行、游、购、娱六大项，而相关行业却不止6个。以

冰雪大世界为例，2004年3 000万的投入，给整个城市带来的却是10倍以上的收益。虽然旅游门票只有80元，但旅游者在哈尔滨至少要停留3天左右，三星级以上宾馆的标准间价格平均每天在300元左右，餐饮、交通、旅游纪念品也相应"火"了起来。中央大街商业圈就是一个缩影，冰雪让外地旅游者走进百年老街、品尝特色西餐、购买皮草等纪念品、领略哈尔滨人在冰雪内融入的独特城市文化气息，也带来了一桶桶"白金"。亚布力滑雪中心风车山庄企业集团总裁曹跃表示，滑雪已不只是一项运动。滑雪专业服装、雪板和雪鞋等雪具制造及经销商，已经开始抢占中国市场。同样，造雪机以往只能从国外进口，但如今国内一些厂家已经开始推出自己的机型。目前，围绕亚布力的滑雪产业圈已经初步形成，餐饮、商服为地方经济的发展带来了人流和资金流。冰雪经济的发展不仅可以带动整个行业群的腾飞，农村经济结构调整也会因此受益。哈尔滨市社会科学院旅游发展研究所所长王晶认为，冰雪产业给旅行社等企业带来了勃勃生机，也拉动了城市就业。根据有关经济学原理，1个旅游就业岗位至少可以带动其他产业5个人就业。黑龙江是农业大省，受地理因素影响每年只能进行一季耕作，冬季农闲一直是困扰农村经济发展的难题。而冰雪经济可以使农业人口从半年闲向全年有效使用转化，加速农业从半年闲经济到全年经济的转型。据统计，黑龙江每年至少有3~4万人依靠冰雪直接就业，哈尔滨冰雪大世界每年的工程制造人员就有9 000人左右，加上太阳岛雪博会、冰灯游园会的施工人员，总数在2万人左右。许多下岗工人和农民工在采冰、运冰、制冰等环节完成了就业，而亚布力、二龙山等风景区滑雪场的雪场维护、商服甚至滑雪教练等岗位，也大多是景区当地的农民工。此外，冰雪作为"白金"纽带，也密切了黑龙江许多冰雪经济区与国际的贸易交往。每年都有大量美国、新加坡等国家和地区的海内外客商，以度假的方式来到哈尔滨洽谈合作项目，寻找投资良机，2004年仅冰洽会的总成交额就高达153.23亿元，而许多无法统计的民间商业行为也非常可观。

图12.4 冰灯

(资料来源：王勇. 中国旅游地理[M]. 北京：对外经济贸易大学出版社，2006.)

分析题：谈谈黑龙江省是如何利用冰雪旅游带动经济发展的，这对其他地区旅游的发展及产业结构的调整有什么借鉴意义。

参 考 文 献

[1] 杨力民. 创意旅游：讲述旅游策划的故事[M]. 北京：中国旅游出版社，2009.
[2] 陈扬乐. 旅游策划：原理、方法与实践[M]. 武汉：华中科技大学出版社，2009.
[3] 蒋三庚. 旅游策划[M]. 北京：首都经济贸易大学出版社，2002.
[4] 沈祖祥. 世界著名旅游策划实战案例[M]. 郑州：河南人民出版社，2004.
[5] 江奔东. 文化产业创意学[M]. 济南：泰山出版社，2009.
[6] 欧阳斌. 中国旅游策划导论[M]. 北京：中国旅游出版社，2005.
[7] 刘敦荣，等. 旅游文化学[M]. 天津：南开大学出版社，2007.
[8] 武彬，龚玉和. 旅游策划文化创意：河山·因我们的到来而改变[M]. 北京：中国经济出版社，2007.
[9] 刘晓航. 旅游文化学[M]. 天津：南开大学出版社，2009.
[10] 张浩，张志宇. 文化创意方法与技巧[M]. 北京：中国经济出版社，2010.
[11] 初晓恒，吕宛青. 我国旅游产品文化挖掘与传递研究[M]. 上海：上海财经大学出版社，2008.
[12] 姚昆遗，贡小妹. 旅游文化学[M]. 北京：旅游教育出版社，2006.
[13] 谢彦君. 基础旅游学[M]. 2版. 北京：中国旅游出版社，2011.
[14] 朱桂凤. 中国人文旅游资源概论[M]. 北京：中国林业大学出版社，北京大学出版社，2009.
[15] 吴国清. 旅游资源学[M]. 北京：清华大学出版社，2009.
[16] 范周，吕学武. 文化创意产业前沿 路径：建构与超越[M]. 北京：中国传媒大学出版社，2008.
[17] 卢云亭. 旅游研究与策划[M]. 北京：中国旅游出版社，2006.
[18] 刘汉清，刘汉洪. 策划为王：经典旅游策划实战范本解读[M]. 长沙：湖南地图出版社，2003.
[19] 王承英. 策划为王：中国策划业前沿报告[M]. 成都：四川大学出版社，1998.
[20] 张廷兴，岳晓华. 中国文化产业概论[M]. 北京：中国广播电视出版社，2008.
[21] 王国新. 旅游规划系统理论与实践专题研究[M]. 杭州：杭州出版社，2007.
[22] 海洋. 灵魂之光：当代旅游文化开发的深度创意[M]. 成都：巴蜀书社，2007.
[23] 张京成，周学政. 创意为王：中国创意产业案例典藏[M]. 北京：科学出版社，2007.
[24] 卢良志，吴耀宇，吴江. 旅游策划学[M]. 北京：旅游教育出版社，2009.
[25] 吕志墉. 中国旅游策划创意攻略[M]. 上海：文汇出版社，2009.
[26] 张雪晶，徐璐，李华敏. 文化产业视野下的旅游业发展：资源开发与品牌塑造研究[M]. 杭州：浙江大学出版社，2009.
[27] 严三九，王虎. 文化产业创意与策划[M]. 上海：复旦大学出版社，2008.
[28] 郑朝贵. 旅游地理学[M]. 合肥：安徽大学出版社，2009.
[29] 王衍用，曹诗图. 旅游策划理论与实务[M]. 北京：中国林业出版社，北京大学出版社，2008.
[30] 张祖群，张宏. 旅游地策划：文化·创意·空间[M]. 北京：化学工业出版社，2007.
[31] 沈祖祥，张帆. 旅游策划学[M]. 福州：福建人民出版社，2000.
[32] 刘锋. 中国西部旅游发展战略研究[M]. 北京：中国旅游出版社，2001.
[33] 吴必虎. 区域旅游规划原理[M]. 北京：中国旅游出版社，2001.
[34] 孙德禄. 点击中国策划(三)[M]. 北京：中国经济出版社，2005.
[35] 周敏慧. 旅游概论[M]. 北京：中国纺织出版社，2009.
[36] 杨载田. 中国旅游地理[M]. 2版. 北京：科学出版社，2005.
[37] 李娟文. 中国旅游地理[M]. 3版. 大连：东北财经大学出版社，2008.
[38] 魏鹏举. 文化创意产业导论[M]. 北京：中国人民大学出版社，2010.
[39] 黄爱莲，潘冬南. 跨越文化的界限：民俗风情旅游问题及其解决[M]. 北京：旅游教育出版社，2011.
[40] 丁继华. 旅游资源学[M]. 上海：三联书店，1999.

[41] 许忠伟．文化创意产业案例研究[M]．天津：南开大学出版社，2010．
[42] 潘立勇，傅建祥．人文旅游(第二辑)[M]．杭州：浙江大学出版社，2006．
[43] 朱大仁．分省中国地图集[M]．北京：中国地图出版社，2005．
[44] 蔡尚伟，刘锐．文化产业比较案例[M]．北京：中国传媒大学出版社，2009．
[45] 鲁峰．中国旅游地理[M]．海口：南海出版公司，2010．
[46] 李娟文，游长江．中国旅游地理[M]．2版．大连：东北财经大学出版社，2002．
[47] 宋志敏．中国旅游地理[M]．郑州：黄河水利出版社，2001．
[48] 裴凤琴．中国旅游地理[M]．成都：西南财经大学出版社，2011．
[49] 熊大寻．谁在策划旅游：熊大寻旅游策划全案[M]．广州：广东经济出版社，2011．
[50] 杨振之，等．旅游原创策划[M]．成都：四川大学出版社，2005．
[51] 保继刚，等．旅游区规划与策划案例[M]．广州：广东旅游出版社，2005．
[52] 何丽芳．中国旅游地理[M]．北京：清华大学出版社，北京交通大学出版社，2008．
[53] 罗兹柏，杨国胜．中国旅游地理[M]．天津：南开大学出版社，2005．
[54] [美]劳伦斯·莱斯格．免费文化：创意产业的未来[M]．王师，译．北京：中信出版社，2009．
[55] 沈祖祥．旅游策划：理论、方法与定制化原创样本[M]．上海：复旦大学出版社，2007．
[56] 郑耀星．福建滨海旅游开发研究[M]．福州：福建省地图出版社，2011．
[57] 曹诗图．旅游文化与审美[M]．武汉：武汉大学出版社，2006．
[58] 广东省地图出版社．新编中国旅游地图册[M]．广州：广东省地图出版社，2008．
[59] 金海龙，石高俊，谭传凤．中国旅游地理[M]．北京：高等教育出版社，2002．
[60] 林婉如．中国旅游地理[M]．2版．大连：东北财经大学出版社，2008．
[61] 王勇．中国旅游地理[M]．北京：对外经济贸易大学出版社，2006．
[62] 陈世才．玩家创意：旅游产品的设计与创新[M]．北京：北京理工大学出版社，2010．
[63] 张志宇，胡柏翠．中国旅游地理[M]．北京：电子工业出版社，2009．
[64] 潘宝明．中国旅游文化[M]．3版．北京：中国旅游出版社，2010．
[65] 孙丽坤．民族地区文化旅游产业可持续发展理论与案例[M]．北京：中国环境科学出版社，2011．
[66] 赵黎明，黄安民．旅游规划教程[M]．北京：科学出版社，2010．
[67] 刘晖．旅游民族学[M]．北京：民族出版社，2009．
[68] 王衍用，宋子千．旅游景区项目策划[M]．北京：中国旅游出版社，2007．
[69] 钟保镜．旅游策划中的文化创意[J]．岁月(下半月)，2011(8)．
[70] 张振鹏，王玲．我国文化创意产业的定义及发展问题探讨[J]．科技管理研究，2009(6)．
[71] 李世忠．文化创意产业相关概念辨析[J]．兰州学刊，2008(8)．
[72] 刘志勇，王伟年．论创意产业与旅游产业的融合发展[J]．企业经济，2009(8)．
[73] 李永菊．文化创意旅游产业的内涵[J]．中国集体经济，2011(15)．
[74] 范晓峰．论区域少数民族文化旅游与文化传承的双向互动[J]．企业经济，2013(3)．
[75] 李颜，王永挺，尹正江．国际旅游岛建设与海南文化旅游发展[J]．企业经济，2011(6)．
[76] 高寿华.非物质文化遗产保护与旅游开发的互动关系研究——以浙江绍兴为例[J].对外经贸，2013(6)．
[77] 郭美斌．四川文化旅游产业集群发展的思路与对策[J]．企业经济，2012(11)．
[78] 徐丽霞．河南文化旅游产业发展探讨[J]．河北旅游职业学院学报，2012(4)．
[79] 冯茂娥．论山东省旅游商品与齐鲁文化的融合开发[J]．山东省青年管理干部学院学报，2010(5)．
[80] 何梅青．青海民族文化旅游品牌建设之我见[J]．攀登，2009(1)．
[81] 孙青，张捷，史春云．文化旅游资源市场潜力评价模型研究[J]．特区经济，2007(2)．
[82] 周雅.西安道教文化产业创意设计研究——谈西安八仙宫的旅游文化创意和道教养生[J].陕西教育(高教版)，2012(5)．
[83] 张玉蓉，张玉玲．创意经济背景下文化创意旅游综合体的发展路径研究——以重庆为例[J]．经济问题探索，2012(9)．

[84] 林光旭. 旅游项目创意策划中核心文化资源的发掘——以成都天府农耕文化博览园项目策划为例[J]. 现代商业, 2011(3).
[85] 蒋才芳, 田运海. 湘西民族文化旅游与文化创意产业融合研究[J]. 中外企业家, 2011(4).
[86] 豆豆. 文化创意力: 文化旅游产业的核心动力——天府古镇开发路径探寻[J]. 建筑与文化, 2011(4).
[87] 赵春肖. 文化创意产业与青海民族文化旅游[J]. 青海民族大学学报(社会科学版), 2011(3).
[88] 王慧君. 文化创意旅游视域下的新疆旅游发展对策[J]. 新疆社会科学, 2011(6).
[89] 席岳婷, 赵荣. 基于文化创意产业的文化遗产保护与旅游开发[J]. 长安大学学报(社会科学版), 2012(2).
[90] 潘善环. 文化创意型旅游综合体开发理论模型研究[J]. 旅游论坛, 2013(3).
[91] 王欣, 杨文华. 文化创意旅游产业发展模式及北京市发展对策研究[J]. 北京第二外国语学院学报, 2012(11).
[92] 谢倩, 王慧. 文化创意产业集聚区的旅游价值[J]. 山东工商学院学报, 2013(2).
[93] 张可欣, 傅建祥, 吴建波. 文化创意产业视角下的旅游节庆策划研究[J]. 农村经济与科技, 2011(2).
[94] 崔玉霞, 范夏薇. 发展江西文化旅游创意产业的策略研究[J]. 老区建设, 2011(Z1).
[95] 李永菊. 黑龙江省文化创意旅游产业的发展及其对策研究[J]. 学理论, 2011(28).
[96] 中国的怀化世界的湘西——"中国·大湘西文化旅游产业园"创意规划[J]. 建筑与文化, 2011(11)
[97] 王兆峰. 湘西民族文化旅游创意产业发展研究[J]. 中央民族大学学报(哲学社会科学版), 2011(6).
[98] 姚慧丽, 任兰存. 基于生态位的江苏省13城市文化创意旅游产业竞争力比较[J]. 江苏科技大学学报(社会科学版), 2012(1).
[99] 张文军, 弓弼, 魏巍. 创意城市与文化旅游[J]. 商场现代化, 2009(2).
[100] 谢新丽, 吕群超, 郑立文, 谢新暎. 基于文化真实性视阈的民族旅游节庆活动创新策划研究——以宁德市上金贝村"三月三"赛歌会为例[J]. 旅游研究, 2012(2).
[101] 陈传康, 王新军. 神仙世界与泰山文化旅游城的形象策划(CI)[J]. 旅游学刊, 1996(1).

北京大学出版社本科旅游管理系列规划教材

序号	书　名	标准书号	主编	定价	出版时间	配套情况
1	旅游景区管理	7-301-25223-9	杨絮飞　蔡维英	39	2015	课件
2	旅游文化创意与策划	7-301-25166-9	徐兆寿	43	2015	课件
3	旅行社经营管理	7-301-25011-2	余志勇	35	2015	课件
4	现代酒店管理实用教程	7-301-24938-3	林　巧　张雪晶	38	2015	课件
5	旅游学概论	7-301-23875-2	朱　华	44	2014	课件
6	旅游心理学	7-301-23475-4	杨　娇	41	2014	课件
7	旅游法律法规教程	7-301-24850-8	魏　鹏	45	2014	课件
8	旅游政策与法律法规	7-301-23697-0	李文汇　朱　华	43	2014	课件
9	旅游英语	7-301-23087-9	朱　华	48	2014	课件、光盘、视频
10	旅游企业战略管理	7-301-23604-8	王　慧	38	2014	课件
11	旅游文化学概论	7-301-23738-0	闫红霞　李玉华	37	2014	课件
12	西部民族民俗旅游	7-301-24383-1	欧阳正宇	54	2014	课件
13	休闲度假村经营与管理	7-301-24317-6	周绍健	40	2014	课件
14	会展业概论	7-301-23621-5	陈　楠	30	2014	课件
15	旅游学	7-301-22518-9	李　瑞	30	2013	课件
16	旅游学概论	7-301-21610-1	李玉华	42	2013	课件
17	旅游策划理论与实务	7-301-22630-8	李　锋　李　萌	43	2013	课件
18	景区经营与管理	7-301-23364-1	陈玉英	48	2013	课件
19	旅游资源开发与规划	7-301-22451-9	孟爱云	32	2013	课件
20	旅游地图编制与应用	7-301-23104-3	凌善金	38	2013	课件
21	旅游英语教程	7-301-22042-9	于立新	38	2013	课件
22	英语导游实务	7-301-22986-6	唐　勇	33	2013	课件
23	导游实务	7-301-22045-0	易婷婷	29	2013	课件
24	导游实务	7-301-21638-5	朱　斌	32	2013	课件
25	旅游服务礼仪	7-301-22940-8	徐兆寿	29	2013	课件
26	休闲学导论	7-301-22654-4	李经龙	30	2013	课件
27	休闲学导论	7-301-21655-2	吴文新	49	2013	课件
28	休闲活动策划与服务	7-301-22113-6	杨　梅	32	2013	课件
29	前厅客房服务与管理	7-301-22547-9	张青云	42	2013	课件
30	旅游学导论	7-301-21325-4	张金霞	36	2012	课件
31	旅游规划原理与实务	7-301-21221-9	郭　伟	35	2012	课件
32	旅游地形象设计学	7-301-20946-2	凌善金	30	2012	课件
33	旅游文化与传播	7-301-19349-5	潘文焰	38	2012	课件
34	旅游财务会计	7-301-20101-5	金莉芝	40	2012	课件
35	现代酒店管理与服务案例	7-301-17449-4	邢夫敏	29	2012	课件
36	餐饮运行与管理	7-301-21049-9	单铭磊	39	2012	课件
37	会展概论	7-301-21091-8	来逢波	33	2012	课件
38	旅行社门市管理实务	7-301-19339-6	梁雪松	39	2011	课件
39	餐饮经营管理	7-5038-5792-8	孙丽坤	30	2010	课件
40	现代旅行社管理	7-5038-5458-3	蒋长春	34	2010	课件
41	旅游学基础教程	7-5038-5363-0	王明星	43	2009	课件
42	民俗旅游学概论	7-5038-5373-9	梁福兴	34	2009	课件
43	旅游资源学	7-5038-5375-3	郑耀星	28	2009	课件
44	旅游信息系统	7-5038-5344-9	夏琛珍	18	2009	课件
45	旅游景观美学	7-5038-5345-6	祁　颖	22	2009	课件
46	前厅客房服务与管理	7-5038-5374-6	王　华	34	2009	课件
47	旅游市场营销学	7-5038-5443-9	程道品	30	2009	课件
48	中国人文旅游资源概论	7-5038-5601-3	朱桂凤	26	2009	课件
49	观光农业概论	7-5038-5661-7	潘贤丽	22	2009	课件

序号	书　名	标准书号	主　编	定价	出版时间	配套情况
50	饭店管理概论	7-5038-4996-1	张利民	35	2008	课件
51	现代饭店管理	7-5038-5283-1	尹华光	36	2008	课件
52	旅游策划理论与实务	7-5038-5000-4	王衍用	20	2008	课件
53	中国旅游地理	7-5038-5006-6	周凤杰	28	2008	课件
54	旅游摄影	7-5038-5047-9	夏　峰	36	2008	
55	酒店人力资源管理	7-5038-5030-1	张玉改	28	2008	课件
56	旅游服务礼仪	7-5038-5040-0	胡碧芳	23	2008	课件
57	旅游经济学	7-5038-5036-3	王　梓	28	2008	课件
58	旅游文化学概论	7-5038-5008-0	曹诗图	23	2008	课件
59	旅游企业财务管理	7-5038-5302-9	周桂芳	32	2008	课件
60	旅游心理学	7-5038-5293-0	邹本涛	32	2008	课件
61	旅游政策与法规	7-5038-5306-7	袁正新	37	2008	课件
62	野外旅游探险考察教程	7-5038-5384-5	崔铁成	31	2008	课件

相关教学资源如电子课件、电子教材、习题答案等可以登录 www.pup6.cn 下载或在线阅读。

扑六知识网(www.pup6.com)有海量的相关教学资源和电子教材供阅读及下载(包括北京大学出版社第六事业部的相关资源)，同时欢迎您将教学课件、视频、教案、素材、习题、试卷、辅导材料、课改成果、设计作品、论文等教学资源上传到 pup6.com，与全国高校师生分享您的教学成就与经验，并可自由设定价格，知识也能创造财富。具体情况请登录网站查询。

如您需要免费纸质样书用于教学，欢迎登录第六事业部门户网(www.pup6.com.cn)填表申请，并欢迎在线登记选题以到北京大学出版社来出版您的大作，也可下载相关表格填写后发到我们的邮箱，我们将及时与您取得联系并做好全方位的服务。

扑六知识网将打造成全国最大的教育资源共享平台，欢迎您的加入——让知识有价值，让教学无界限，让学习更轻松。

联系方式：010-62750667，liuhe_cn@163.com，moyu333333@163.com，lihu80@163.com，欢迎来电来信。